Modern Introduction
to International Law

现代国际法

朱文奇 / 著

商务印书馆
The Commercial Press

2013年·北京

图书在版编目(CIP)数据

现代国际法/朱文奇著.—北京:商务印书馆,2013

ISBN 978-7-100-09632-4

Ⅰ.①现… Ⅱ.①朱… Ⅲ.①国际法—研究 Ⅳ.①D99

中国版本图书馆 CIP 数据核字(2011)第 050043 号

**所有权利保留。
未经许可,不得以任何方式使用。**

XIÀNDÀI GUÓJÌFǍ
现 代 国 际 法
朱文奇 著

商 务 印 书 馆 出 版
(北京王府井大街36号 邮政编码 100710)
商 务 印 书 馆 发 行
北 京 瑞 古 冠 中 印 刷 厂 印 刷
ISBN 978-7-100-09632-4

2013 年 3 月第 1 版　　开本 880×1230　1/32
2013 年 3 月北京第 1 次印刷　印张 18½
定价:50.00 元

序　言

　　2012年8月这一月里,当我听到北京有人拦截日本驻华大使公务车并拔走车上的日本国旗时;当我读到中国警方将远在非洲安哥拉对自己同胞作恶多端的37名犯罪嫌疑人押送回国的新闻时;或当我得知中国国企由于欧洲杯高速公路项目而在波兰被起诉时;既没有感到意外,也没有任何的惊讶。之所以这样,是因为我了解国际法在我们中国的情况,而且心里很清楚:如果没有对涉及国际法律常识稍微有所了解及有所尊重,有些事情的发生就是早晚的事。

　　国际法是国际关系中的行为规范。教科书中一般强调它是国家相互之间关系的规范。但说得直白些,国际法其实就是国际社会的行为规范,就是告诉我们在国际关系中哪些事可以做、哪些事不能做的规则。如在上述所提案例中,拦截大使座车并拔走车上国旗的行为,这关系到外交关系法和1961年《维也纳外交关系法条约》;在外犯罪并不等于可以逍遥法外,因为国际法上有国家管辖原则、司法协助及引渡等救济措施;在波兰项目的官司则涉及到跨国合同法以及欧盟法在技术层面上的规定的问题,等等。总而言之,国际法不仅关乎国家和政府,而且也包括我们平民百姓的举止行为。

　　国际法处处都有。在现代国际社会中,如果没有国际法上制订的大量对国家和国家之间行为进行规范的规则,跨国界的人员、产品、资本和技术的正常交流就几乎不能进行。反过来说,国家与国家之间方方面面的关系,如政治、军事、经济贸易、文化、教育、科学技术等方面的关系,都是由规范这些交流的规则所构成的。

中国是世界的一部分。世界在变,我们不再是旁观者。随着中国在全球政治、经济地位的不断提升,中国对待国际法的态度也日益为世界所瞩目。此外,由于环境保护、人权及人道等问题的发展,世界外交的主体不再只是由国家和政府所垄断,而是在向民间发生位移。这种位移的直接结果是国家外交的不稳定性在增加,国家长期的外交目标很容易受到民间具体行为的干扰。就实际情况来说,中国社会一直涌动着爱国精神,民众对外交事务普遍都怀有热情,但由于以往国家外交活动的透明度不够,媒体的专业解读跟不上,所以对外交重大事件的观察往往视角有限,理性分析不够,这也是我们中国在成为世界强国进程中要解决的一个问题。

国际法的研究对象就是国际关系。国际法对维持国际秩序、世界和平和安全都发挥着重要的影响作用。在改革开放后的今天,我国和其他国家已联为一体,不管是在政治和军事领域,还是在经贸和环境保护领域等,涉外成份越来越多。毫无疑问,国际法在交流中成了必不可少的工具,它在我国改革开放、和平发展的过程中,也显得越来越重要。全球参与的同时意味着全球的责任。中国的全球参与,完全有可能成为推动全球法治的一个重要的契机。

我国需要人才。但谈到人才,一般往往只会想到科技人才、经济或金融贸易人才,很少听说国际法人才。国际法是涉及到国家能否理性地处理国际关系、赢得人心、提高自己在国际社会地位的法律规则,如果我们缺乏这方面的人才,又怎么可能顺利(也是有利)解决我国在国际事务中遇到的麻烦和问题呢?所以,本书的目的就是为了促进国际法的发展,培养我国自己的国际法人才而写。

国际法博大精深,其法律问题也纷繁复杂,所以要在一本书中对所有问题作全面介绍和解析,绝对不可能。本书不追求面面俱到,也不图四平八稳。在介绍和讨论国际法问题时特意选择的,主要是那些对于理解当代国际法的基本因素能起到作用的部分。

本书共分十八章,涵盖国际法上大部分,但不是全部的问题。有的重要问题,如关于南、北极的法律制度及其发展,由于时间所限而未能讨论。在这十八章中,重点是通过论述国际法在专门领域(问题)的法律制度,力求客观、准确地阐明国际法的基本原理。在方法上,它力求通过案例来解析国际法原理和规则。当然,国际法是"动态法"(living law),它随着国际关系的变动而不断变化和发展。国际关系的发展使得传统国际法中的许多规则发生了变化,如:追究个人刑事责任(国际刑法)、国际环境保护、人道法和国家及其财产管辖豁免问题等。这些在本书都有所讨论。

在决定内容和范围时,考虑的因素之一就是选择那些对于理解当代国际法的基本规则起重要作用的事件,如:国际法院关于科索沃宣布独立的咨询意见、国际法院关于德国诉意大利的战争赔偿问题的判决、利比亚战争的合法性、国际刑事法院的成立和国家及其财产管辖豁免等。这些都是国际法上的新问题,有的还没有定论。之所以讨论这些,用意是想引起对国际法新问题的关注,并促进对它们的研究。

毋庸置疑,这本书关于国际法的论述不够全面,也会有错。但尽管如此,仍希望这本书能激励读者学习和了解国际法的兴趣。在中国改革开放的今天,在中国与世界已经实实在在联在一起的形势下,国际法的基本制度和概念应是我国各行各业都有所了解的一门学科。

对于这本书里面的错误及不足之处,谨请批评指正。

朱文奇

2012 年 8 月 30 日

目　　录

第一章　国际法导论 ………………………………………… 1
第一节　国际法的发展历史 …………………………… 2
一、早期国际法 ……………………………………… 2
二、传统国际法学派 ………………………………… 5
三、现代国际法的形成 ……………………………… 9
第二节　国际法的编纂 ………………………………… 13
一、早期国际法的编纂历史 ………………………… 14
二、联合国组织与国际法的编纂 …………………… 15
第三节　国际法的法律特征 …………………………… 17
一、国际法的作用与职能 …………………………… 18
二、国际法的执行力 ………………………………… 20
第四节　国际法与国内法的关系 ……………………… 23
一、理论上的两分法 ………………………………… 24
二、国际法被"转化"或"采纳" …………………… 26
三、国内法 v. 国际法 ………………………………… 30
本章要点 ………………………………………………… 32

第二章　国际法渊源 ………………………………………… 34
第一节　"渊源"的定义出处与种类 ………………… 34
第二节　主要渊源 ……………………………………… 39

一、国际条约 …………………………………………………… 39
　　二、国际习惯 …………………………………………………… 42
　　三、一般法律原则 ……………………………………………… 46
　第三节　辅助渊源 ………………………………………………… 49
　　一、司法判例 …………………………………………………… 50
　　二、国际公法学家的学说 ……………………………………… 50
　　三、其他可能的国际法渊源 …………………………………… 51
　本章要点 …………………………………………………………… 54

第三章　国际法主体 ………………………………………………… 55
　第一节　国际法主体的基本概念 ………………………………… 56
　第二节　国际法主体的类别 ……………………………………… 58
　　一、国家是国际法主要的主体 ………………………………… 58
　　二、国际组织是国际法的重要主体 …………………………… 60
　　三、争取独立民族的国际法主体资格 ………………………… 63
　　四、个人及非政府组织的国际法主体资格问题 ……………… 64
　本章要点 …………………………………………………………… 68

第四章　国际条约法 ………………………………………………… 70
　第一节　定义及特征 ……………………………………………… 71
　　一、缔约的基本要件 …………………………………………… 71
　　二、缔约的主体 ………………………………………………… 76
　第二节　条约的缔结与生效 ……………………………………… 79
　　一、缔约能力 …………………………………………………… 79
　　二、缔约程序 …………………………………………………… 82
　　　1. 起草与谈判 ………………………………………………… 82

2. 草签与签署 ………………………………… 84
　　3. 批准与核准 ………………………………… 85
　　4. 接受与加入 ………………………………… 87
第三节　条约的保留 …………………………………… 89
　　一、保留的特征 ……………………………………… 89
　　二、保留的效果 ……………………………………… 91
　　三、中国与条约的保留 ……………………………… 96
第四节　条约的遵守与适用 …………………………… 98
　　一、条约的遵守 ……………………………………… 99
　　二、遵守条约与"情势变迁" ……………………… 100
　　三、对非缔约方的效力 …………………………… 103
第五节　条约的修改、无效及终止 …………………… 104
　　一、条约的修改 …………………………………… 105
　　二、条约的无效与终止 …………………………… 106
　　三、强行法 ………………………………………… 108
本章要点 ………………………………………………… 110

第五章　承认与继承 …………………………………… 112
　第一节　对国家或政府的承认 ……………………… 113
　　一、承认的方式、效果及原则 …………………… 113
　　二、"承认"法律效力的理论 …………………… 116
　　三、国家承认 ……………………………………… 119
　　四、政府承认 ……………………………………… 124
　第二节　国家与政府继承 …………………………… 127
　　一、国家继承 ……………………………………… 128
　　二、政府继承 ……………………………………… 130

4　现代国际法

　　第三节　中华人民共和国承认与继承问题 …………………… 131
　　　　一、中华人民共和国的承认是政府承认问题 ………………… 132
　　　　二、关于中华人民共和国的继承 ……………………………… 134
　　本章要点 ……………………………………………………………… 135

第六章　国家管辖权 …………………………………………………… 137
　　第一节　管辖基本原则 ……………………………………………… 137
　　　　一、属地管辖原则 ……………………………………………… 138
　　　　二、属人管辖原则 ……………………………………………… 139
　　　　三、普遍管辖原则 ……………………………………………… 141
　　　　　　1. 海盗罪 …………………………………………………… 142
　　　　　　2. 国际罪行与国家的共同义务 …………………………… 144
　　　　　　3. 普遍管辖权的实践与案例 ……………………………… 146
　　第二节　国籍与外交保护 …………………………………………… 149
　　　　一、国籍 ………………………………………………………… 149
　　　　二、外交保护 …………………………………………………… 151
　　第三节　引渡和庇护 ………………………………………………… 153
　　　　一、引渡 ………………………………………………………… 154
　　　　　　1. 引渡制度的发展 ………………………………………… 154
　　　　　　2. 引渡的主体、对象及基本原则 ………………………… 156
　　　　　　3. 中国的引渡实践 ………………………………………… 159
　　　　二、庇护 ………………………………………………………… 161
　　　　　　1. 庇护的基本原则 ………………………………………… 161
　　　　　　2. "域外庇护"实践中的问题 ……………………………… 163
　　　　　　3. 庇护的发展 ……………………………………………… 164
　　本章要点 ……………………………………………………………… 167

第七章　国家及其财产管辖豁免 …… 168

第一节　基本概念与发展 …… 169
一、基本概念 …… 169
二、管辖豁免原则的发展趋势 …… 172
三、国际法院对国家主权豁免的坚持 …… 176

第二节　联合国《国家及其财产管辖豁免公约》 …… 179
一、公约的要点 …… 179
二、豁免的主体 …… 180
三、商业交易的判断标准 …… 182
四、国有企业与国家的关系 …… 183
五、执行豁免 …… 185

第三节　中国的实践与政策 …… 186
一、中国有关国家豁免的立法 …… 187
二、中国有关管辖豁免的案例 …… 189
  1. 湖广铁路债券案 …… 189
  2. 莫里斯诉中华人民共和国案 …… 191
  3. 香港刚果(金)案 …… 193
     (1) 国家主权豁免原则 …… 193
     (2) 香港基本法的解释 …… 195
三、立法的必要性 …… 196

本章要点 …… 197

第八章　外交特权与豁免 …… 199

第一节　驻外使馆的特权与豁免 …… 200
一、使馆的特权与豁免 …… 200
  1. 使馆馆舍不可侵犯 …… 200

2. 使馆档案及文件不可侵犯 ································ 201
　　3. 通讯自由 ······································· 201
　　4. 免纳捐税、关税 ·································· 202
　　5. 使用本国国旗和国徽 ······························· 202
　二、享有特权与豁免的使馆人员 ··························· 202
　　1. 使馆馆长 ······································· 203
　　2. 外交官员 ······································· 204
　　3. 其他使馆职员 ··································· 205
　三、保护使馆特权与豁免的实践 ························· 205
第二节　使馆人员的特权与豁免 ···························· 207
　一、不可侵犯权 ······································ 208
　二、管辖豁免权 ······································ 209
　三、外交特权与豁免的理论根据 ······················· 211
第三节　外交特权与豁免的发展 ···························· 213
　一、传统外交代表机关的特权与豁免 ····················· 213
　二、国家官员的特权与豁免 ···························· 216
本章要点 ·· 220

第九章　国家领土 ·· 221
　第一节　基本概念 ······································ 221
　第二节　国家领土取得的方式 ···························· 225
　　一、何为"领土取得"？ ······························· 225
　　二、割让与合并 ····································· 228
　　三、先占 ··· 231
　　四、征服与时效 ····································· 233
　第三节　国家领土争端及其解决 ·························· 235

一、对条约文本的解释 …………………………………… 236
　　二、主权行为的行使 ……………………………………… 239
　　三、一般性法律原则的适用 ……………………………… 243
　第四节　中国与周边国家的领土争端 ………………………… 247
　本章要点 …………………………………………………………… 250

第十章　国际海洋法 ………………………………………………… 252
　第一节　海洋法发展阶段 ……………………………………… 253
　　一、1958年之前的第一阶段 …………………………… 254
　　二、1958年至1982年的第二阶段 ……………………… 255
　　三、1982年以后的第三阶段 …………………………… 256
　第二节　基线 …………………………………………………… 258
　　一、基线的种类 ………………………………………… 258
　　二、基线在实践中的适用 ……………………………… 260
　第三节　内水与群岛水域 ……………………………………… 261
　　一、内水 ………………………………………………… 261
　　二、群岛水域 …………………………………………… 263
　第四节　领海与毗连区 ………………………………………… 264
　　一、领海 ………………………………………………… 264
　　二、毗连区 ……………………………………………… 266
　第五节　专属经济区 …………………………………………… 267
　　一、专属经济区的设立 ………………………………… 267
　　二、专属经济区与大陆架的关系 ……………………… 268
　第六节　大陆架 ………………………………………………… 270
　　一、大陆架的概念 ……………………………………… 270
　　二、联合国大陆架范围界定委员会 …………………… 273

三、中国的大陆架 ······ 275
四、中日东海大陆架划界争端问题 ······ 276
  1."自然延伸"和"中间线"的争议 ······ 276
  2. 划界方面的"公平原则" ······ 278
本章要点 ······ 282

第十一章 空气与外层空间法 ······ 284
第一节 空气空间法的基本概念 ······ 285
一、空气空间的法律地位 ······ 285
二、国家的领空主权 ······ 287
第二节 国际航空的法律制度 ······ 290
一、飞行器的国籍 ······ 290
二、损害赔偿与安全 ······ 293
三、反对劫持国际民用航空器 ······ 293
四、反对恐怖行为 ······ 296
第三节 外空法律的制订 ······ 297
一、科技与法律的结合 ······ 297
二、联合国组织对外空法律的推动 ······ 299
第四节 外空法律制度 ······ 302
一、关于损害责任制度 ······ 302
二、营救制度 ······ 305
三、登记制度 ······ 307
四、月球开发制度 ······ 307
第五节 外空法中的热点问题 ······ 309
一、静止轨道的公平利用问题 ······ 309
二、卫星遥感与卫星直播 ······ 311

三、外空使用核能源及外层残骸 …………………………………… 314
　　四、防止外空军事化 …………………………………………………… 316
本章要点 ……………………………………………………………………… 319

第十二章　国际环境法 ……………………………………………………… 321
第一节　早期的实践与案例 ……………………………………………… 321
　　一、基本概念与历史发展 …………………………………………… 321
　　二、环境保护中的跨国因素 ………………………………………… 324
　　三、环境保护的法律文件 …………………………………………… 326
第二节　国际合作及重要发展 …………………………………………… 328
　　一、斯德哥尔摩会议 ………………………………………………… 329
　　二、里约热内卢环境会议 …………………………………………… 331
第三节　国际环境法的基本原则 ………………………………………… 333
　　一、资源开发主权的权利与不损害环境原则 …………………… 333
　　二、可持续发展原则 ………………………………………………… 335
　　三、预防性原则 ……………………………………………………… 336
　　四、共同但有区别的原则 …………………………………………… 337
第四节　环境保护的主要领域 …………………………………………… 339
　　一、臭氧层保护 ……………………………………………………… 339
　　二、全球气候变化 …………………………………………………… 341
　　三、《联合国气候变化框架公约》 ………………………………… 343
　　四、《京都议定书》 ………………………………………………… 344
　　五、生物多样性 ……………………………………………………… 347
　　六、中国与环境保护问题 …………………………………………… 349
本章要点 ……………………………………………………………………… 350

第十三章 国际人权法 ……………………………………… 352
第一节 人权法的历史发展 …………………………… 353
第二节 人权的国际保护 ……………………………… 357
一、《联合国宪章》………………………………… 358
二、联合国成立初期关于人权保护的实践 ………… 359
三、《世界人权宣言》……………………………… 363
第三节 联合国人权公约 ……………………………… 366
一、《公民权利和政治权利国际公约》…………… 366
二、《经济、社会和文化权利国际公约》………… 369
第四节 专门性人权条约 ……………………………… 370
一、《防止及惩治灭绝种族罪公约》……………… 371
二、《消除一切形式种族歧视国际公约》………… 374
三、《禁止并惩治种族隔离罪行国际公约》……… 376
四、《禁止酷刑或其他残忍、不人道或有辱人格的待遇或处罚公约》
……………………………………………………… 377
五、《消除对妇女一切形式歧视公约》…………… 379
六、《儿童权利公约》……………………………… 380
第五节 联合国人权理事会 …………………………… 381
一、联合国人权委员会 ……………………………… 381
二、联合国人权理事会 ……………………………… 383
第六节 国家保护责任 ………………………………… 384
一、"国家保护责任"的拟订 ……………………… 385
二、"国家保护责任"的影响与冲击 ……………… 387
本章要点 ………………………………………………… 389

第十四章 和平解决国际争端 …………………………… 391

第一节　解决争端方式的选择 …………………………………… 392
　　　一、提倡非武力的解决方式 …………………………………… 393
　　　二、"国家同意"是和解的前提条件 …………………………… 396
　　第二节　国际法院的司法途径 …………………………………… 398
　　　一、司法在和解争端上的意义 ………………………………… 398
　　　二、接受法院管辖权问题 ……………………………………… 404
　　　三、"初步反对"问题 …………………………………………… 409
　　　四、国际法院的司法判决的执行 ……………………………… 413
　　第三节　中国和解争端的实践 …………………………………… 416
　　　一、国家排它性的自主选择权 ………………………………… 417
　　　二、中国坚持谈判解决争端的立场 …………………………… 419
　　　三、国际法院咨询意见 ………………………………………… 422
　　本章要点 …………………………………………………………… 425

第十五章　国家责任 …………………………………………………… 427
　　第一节　演变与发展 ……………………………………………… 428
　　第二节　国际不法行为的构成要件 ……………………………… 431
　　　一、国际行为的不法性 ………………………………………… 432
　　　二、可归责于"国家" …………………………………………… 433
　　　三、国家"行为"的内涵 ………………………………………… 436
　　第三节　责任的内容与形式 ……………………………………… 438
　　　一、停止、赔偿、恢复原状及补偿 …………………………… 438
　　　二、受害国以外的国家援引责任 ……………………………… 442
　　第四节　国家责任的免除 ………………………………………… 445
　　　一、同意、自卫及反措施 ……………………………………… 445
　　　二、不可抗力、危难及危急状态 ……………………………… 447

本章要点 ………………………………………………………… 450

第十六章 武力的使用 ………………………………………… 452
第一节 限制战争权的历史演变 ………………………………… 453
一、早期关于使用武力的争论 …………………………………… 453
二、尝试限制武力的使用 ………………………………………… 456
第二节 禁止使用武力 …………………………………………… 459
一、文艺作品改变民众对战争的认知 …………………………… 459
二、《联合国宪章》与使用武力问题 …………………………… 460
第三节 禁止使用武力原则的例外 ……………………………… 465
一、自卫权 ………………………………………………………… 465
二、联合国集体安全体制 ………………………………………… 468
第四节 使用武力问题的新发展 ………………………………… 470
一、预防性自卫 …………………………………………………… 471
　1. 预防性自卫的基本要件 …………………………………… 471
　2. 伊拉克战争与预防性自卫 ………………………………… 473
二、"人道"因素 …………………………………………………… 476
　1. 安理会决议中的"人道"因素 …………………………… 477
　2. "人道"因素的合法性 …………………………………… 479
本章要点 …………………………………………………………… 481

第十七章 国际人道法 ………………………………………… 483
第一节 历史发展 ………………………………………………… 485
一、保护战争受难者的日内瓦公约 ……………………………… 485
　1. 早期的日内瓦公约 ………………………………………… 486
　2. 1949年日内瓦四个公约 …………………………………… 488

二、1977年两个附加议定书 …………………………………… 494
　第二节　战争行为的基本原则与主要内容 ………………………… 497
　　一、基本原则 ………………………………………………………… 497
　　　1. 对战争手段和方法的限制 …………………………………… 498
　　　2. 区分原则 ………………………………………………………… 500
　　　3. 比例原则 ………………………………………………………… 502
　　　4. 禁止使用导致不必要痛苦的武器 …………………………… 503
　　二、非国际性武装冲突问题 ………………………………………… 506
　　　1. 日内瓦公约共同第三条 ……………………………………… 507
　　　2. 日内瓦公约第二附加议定书 ………………………………… 508
　第三节　惩治严重违反日内瓦公约的行为 ………………………… 510
　　一、"严重违反日内瓦公约"的行为 ………………………………… 510
　　二、"严重违反行为"的时间和空间要素 …………………………… 512
　本章要点 …………………………………………………………………… 514

第十八章　个人刑事责任 ……………………………………………… 515
　第一节　历史发展 ……………………………………………………… 516
　　一、追究刑事责任的理念 …………………………………………… 516
　　二、个人刑事责任原则的确立 ……………………………………… 519
　第二节　追究个人刑事责任的国际司法机构 ……………………… 522
　　一、"特设"国际刑事法庭 …………………………………………… 522
　　　1. 纽伦堡与远东国际军事法庭 ………………………………… 523
　　　2. 前南与卢旺达特设国际法庭 ………………………………… 524
　　二、混合型法庭 ……………………………………………………… 526
　　　1. 东帝汶严重犯罪特别法庭 …………………………………… 526
　　　2. 塞拉利昂特别法庭 …………………………………………… 527

3. 柬埔寨特别法庭 …………………………………………… 529
　　三、常设国际刑事法院 ………………………………………… 530
第三节　被追究的国际罪行 ………………………………………… 532
　　一、种族灭绝罪 ………………………………………………… 533
　　二、反人道罪 …………………………………………………… 534
　　三、战争罪 ……………………………………………………… 536
　　四、侵略罪 ……………………………………………………… 538
第四节　基本原则 …………………………………………………… 540
　　一、官方身份不免责 …………………………………………… 540
　　二、执行命令不免责 …………………………………………… 542
　　三、被告的人权保障原则 ……………………………………… 544
　　　1. 无罪推定 ………………………………………………… 545
　　　2. 获得律师帮助权 ………………………………………… 546
　　　3. 平等诉讼权 ……………………………………………… 547
　本章要点 …………………………………………………………… 548

参考文献 ……………………………………………………………… 550
索引 …………………………………………………………………… 557

附 图 解 目 录

关于《条约法公约》规定的保留效果图解 …………………………… 95
1982年《海洋法公约》中关于不同海域规定的图解 ………………… 257
关于"正常基线"和"直线基线"的图解 ……………………………… 259
《格尔尼卡》(1937年)布面油画 ………………………… 毕加索 461

第一章 国际法导论

国际法(International Law)有时被称为"国际公法"(International Public Law),以区别于国际私法(International Private Law)。国际公法是关于国家相互或与其他国际法主体之间关系的法律规范的总体;国际私法"则涉及各国所发展作为其国内法一部分、以解决有涉外因素的私人的案件所发生的法院有否管辖权以及准据法的选择的问题。"[①]

在称谓上"国际法"还能进一步细分。《奥本海国际法》认为,"对于一切国家有拘束力的那一部分国际法,以及很大部分的习惯法,可以被称为普遍国际法,以别于只对于两个或少数国家有拘束力的特殊国际法。一般国际法是对于很多国家有拘束力的国际法。一般国际法,例如,有广泛但非普遍拘束力并确立适宜于普遍适用的规则的某些条约的规定,就有成为普遍国际法的趋势。"[②]

国际法是在国际关系的实践中形成和发展的。它是近代欧洲的产物,是随着西欧国家相互之间的外交实践形成和发展的。如果能了解国际法的过去,就会有助于了解它的今天以及今后的动向,就能将国际法中的规则、原则和法律制度放到一定的历史背景中来理解和研究。

---

① 〔英〕詹尼斯·瓦茨修订:《奥本海国际法》(第九版),王铁崖、陈公绰、汤宗舜、周仁等译,第一卷,第一分册,中国大百科全书出版社1995年,第4页。
② 同上,第3页。

第一节 国际法的发展历史

在关于国际法的讨论中,时不时地能听到"自然法学派"、"实在法学派"、"格老秀斯"或"法泰尔"等,这是因为这些国际法学派和法学家在国际法的形成的发展过程中,发挥了相当的影响作用。今天的学术方面的影响已不再像以前那么重要,但对早期国际法历史学派以及法学家的了解,能帮助理解现代规则是如何发展起来的。

一、早期国际法

关于国际法形成的历史,一般人会认为它很遥远,甚至还有人将它的起源追溯到古代奴隶制或中世纪的封建制时代。确实,国际关系及国家之间的交往,在那个时期就已经存在。但那时的国际交往不很密切,国际关系也不是经常性的。尽管有一些国际法的规则,但没有形成一套国际法完整的体系。例如在中国的古代,尤其是战国时期,就有"两国交战、不斩来使"的习惯做法,这其实是国际法外交制度中"使节豁免"规则的萌芽。然而就总的情况来说,尽管那时就有规范,但却是比较零碎和偶然,并不构成一个法律体系。因此,将古代奴隶制或中世纪封建制时代的规范看作是现代国际法的起源,不是太合适。

一般来说,国际法的近代体系是最近 400 年的产物。1648 年的威斯特伐利亚和会(the Peace of Westphalia),是国际法上一个重要的时间点。它被认为是近代国际法的起源,并被视为是独立主权国家产生的标志。传统的西方观点认为国际法是基于国家间的共同意志而建立的,并且认为主要是通过国家实践(国际习惯)以及国家间订立的协议(国际条约)而形成的。1648 年以后,随着神圣罗马帝国的逐渐瓦解,一些国家如英国、荷兰、法国及西班牙等国逐渐强大并且摆脱了罗马教皇及皇帝法令的束缚。没有了罗马教皇及皇帝法令的影响,调整国家间关系的新的规则产生了。

教会法及罗马法学说对国际法新的规则的产生有重要贡献。16世纪和17世纪有影响的法学家和学者首先明确阐述了一些国际法的基本原则,如主权原则、独立原则及平等原则,这为近代国际法的建立奠定了基础。这一时期重要的法学家有博丹(Bodin,1530—1596)、霍布斯(Hobbes,1588—1679)和马基雅弗利(Machiavelli,1469—1527)。而后的自然法学派对战争法表现出浓厚的兴趣。16世纪末的两个法学家真提利斯(Gentilis)和格老秀斯(Grotius)常常被称为近代国际法的奠基人[①]。格老秀斯于1625年发表的《战争与和平法》(De Jure Belli et Pacis),论述了正义战争与非正义战争、个人权利和义务及近代国家制度的产生等问题。

欧洲各个国家在经济方面寻求发展的愿望,使得这些国家的经济活动超越了本国的国界,从而促进了世界市场的形成。国际法是建立在这一秩序和对封建割据的扬弃以及领土主权国家的成立的基础之上的法律体系。封建君主制为了经济发展采取了重商政策,这就如同"发现新大陆"一样,使本来局限在本国的经济关系扩到了世界范围,形成了一张网。在这一形势背景下,国家为了使跨国界的人员、商品以及资本的移动成为可能,就需要一些最起码的行为规范方面的公共规则,以便能有一个可预测性和安定性。而这些需要所有国家普遍遵守的行为规范的公共规则,就是国际法。

简而言之,曾被称作"万国法"的国际法,就是随着近代民族国家的出现而成为一个独立的法律学科。但像"互派外交特使"和"缔结停战

[①] 〔英〕蒂莫西·希利尔(Timothy Hillier):《国际公法原理》,曲波译,中国人民大学出版社2006年3月,第1—11页。

协定"等实践,以及适用这些方面的规则,则历史悠久,甚至可以追溯到中世纪之前。如果说那些形成国与国相互之间行为规范的规则,并且作为一个独特的法律体系,这还是近代国际社会的事。在这个过程中,国际法规则大多源自于自然法原则的罗马法或教会法。这两个法律渊源奠定了欧洲民族国家中国内法律的基础,极大影响了欧洲的政治家和法学家们,形成并促成了近代国际法的系统化。所以,早期国际法的发展与宗教有很大的关系,以至于现代国际法到今天为止,在外交使节法方面还有"教廷大使"和"教廷公使"的头衔。

"国际法"在中国最早是被称作"万国公法"。它是丁韪良(William M. P. Matin,1827—1916)在清朝末期将美国著名国际法学家亨利·惠顿(Henry Wheaton,1785—1848)于1836年出版的《国际法要件》(Elements of International Law)一书中的 International law 一词译过来的用语。丁韪良将该书译为《国际公法》,出版于1864年。这是丁韪良对于国际法在中国的发展作出的一个重要贡献。

中世纪时,西方人讲到国际法时,用的是罗马时期使用的拉丁语 Jus gentium(万民法)。一直到格老秀斯(H. Grotius,1583—1645)创立近代国际法这一学科时,表达国际法一词用的仍然是 Jus gentium。1650年,英国牛津大学教授苏世(Richard Zouche,1590—1660)在其《万国法的解释和一些有关的问题》一书中,开始使用 jus intergentes(万国法,英语为 Law of nations)。之后,Law of nations 一词在西欧曾流行过一阵子。1789年,英国著名法律改革家边沁(J. Bentham,1784—1832)在其《道德及立法原理绪论》一书第十七章中,正式使用了 international law 一词。边沁解释说,law of nations 一词不仅平凡无意义,而且容易被人误解为国内法,因此,使用 international law 一词要更好一些。从此以后,International law 一词遂成为西方表达国际法这一学科以及法域的通用术语。①

"万国公法"一词。虽然因清末中国法学界接受日本学者的汉字译文"国际法"一词而逐步消亡,但"公法"一词保留了下来,尤其是"国际法是关于调整国家之间的法律关系的公共法律"这一观念开始在中国生根发芽,并为中国近代国际法的诞生提供了基础。

二、传统国际法学派

在国际法的早期形成阶段,学术方面讨论的影响要比今天大得多。由于在那个时候,以条约和习惯法为主要成立形式的国际法还未成熟,所以,作为欧洲国家传统的法学思想被认为是国际法形成的基本要素。

为了能科学地说明国际法的基本法理和现象,自《战争与和平法》发表以来的 300 多年的时间内,西方学者对国际法的分析,可以说是派别林立、学说众多。然而概括起来,不外乎两大学派,即自然法学派和实在法学派。自然法学派可以说是从格老秀斯开始,在 16、17 世纪盛行。这个学派的观点是:国际法制度不是人所选定的,而是自然存在的。比如,在世界上自然就存在着一种观念,这就是正义、和平和公正。国际法是自然而然的,你不能制订它,而只能发现它,等等。这就是自然法学派的观点。

荷兰的格老秀斯,是自然法学派的代表人物,也是普遍被认为是近代国际法的创立者。格老秀斯出生在一个文化氛围浓厚的家庭。在他很小的时候,父亲就开始教他学习亚里士多德的哲学理念和人文主义哲学。格老秀斯在家庭的熏陶下,8 岁能用拉丁文写诗,12 岁进入莱顿大学,15 岁开始融入外交领域,16 岁就被任命为海牙律师。他于 1604 年开始接触国际法事务,当时正值伊比利—荷兰战争,荷兰在新加坡海

---

① 刘达人、袁国钦著:《国际法发达史》,商务印书馆 1937 年,第 16—18 页。

峡占领了葡萄牙的"圣塔林娜"舰,荷兰政府派他前往为荷兰辩护。后来,他根据这个案例写了他的第一部专著《捕获法》(De jure praedae)。在这之后,又惊人地创作了很多著作,其中包括1609年的《论海洋自由》(也译作《海上自由论》,Mare liberum)和1625年的《战争与和平法》(De jure belli ac pacis)。

《战争与和平法》是国际法上最早系统阐述关于战争与和平的著作。《海上自由论》则代表海上自由航行权的思想。在所有这些著作中,格老秀斯认为自然法理论就是人性的论点,它与人的国籍无关,与神赐的条例法规无关。他认为自然法原理根植于人类自身的本性当中。这为后来所有世俗自然的法律理论树立了典范,也为现代国际法的形成和发展打下了基础。[①]

根据格老秀斯的论点,公法可分为两种,一种是规范人类早期(无国无君、人们天然同居时)活动的行为规则,这就是自然法;另一种是将这种自然法推广至人类进入文明社会、有了阶级和国家之后,使其在各国交往中得到适用,这样形成的规则,即各国公议之法。不管这两种法的具体内容有何不同,其基础都是来自人的自然本性。"人生在世,有理有情。事之合者当为之,事之背者则不当为之。此乃人之良知,一若有法铭于心,以别其去就也。与性相背者,则为造化之主宰所禁;与性相合者,则为其所令。人果念及此,便知其为主宰或禁或令,自可知其为犯法与否。"因此,所谓自然法,并不是其他东西,"乃世人天然同居当守之分,应称之为天法。盖为上帝所定,以令世人遵守。或铭之于人心,或显之于圣书。"格老秀斯所著的《战争与和平法》"成为一切后来发

---

① "国际法之父——格老秀斯"词条,载于罗伯特·霍克特:《话说法律》,北京大学出版社2010年,第102—103页。

展的基础"。①

除了格老秀斯以外,其他重要的自然法学家还有西班牙的维多利亚(Francisco de Vitoria,1480—1546)和侨居英国的意大利人真提利斯(Albericus Gentilis,1552—1608)等。这些学者虽然在许多问题上意见不同,但是有一点是一致的,就是包括国际法和国内法的一切法律的基本原则都不是人的选择或决定,而是源于具有普遍和永恒效力的正义原则。根据这一原则,法律只能被发现,而不能被创造。

这些基本的法律原则,被称为自然法。自然法被认为是源自上帝,并被推至到了极端。格老秀斯甚至写到,即使上帝不存在,自然法则依然存在。格老秀斯之所以这么认为,是因为他相信人类是在社会中共同生活,并且能够认识到:为了维持社会,就必须要有一定的规则。比如,禁止谋杀是一条独立于任何禁止谋杀的立法的自然法规则,因为每一个有理智的人都应认识到这样的规则是正义的,是维护人类社会所必须的。

自然法学家以自然法作为法律的根据,在国际法方面当然就主张:国际法是自然法的组成部分,是自然理性在所有国家之间建立的法。他们认为自然法是普遍的、绝对公正的、恒久不变的,因而是不能违背的。在国际法上,他们还把这种自然理性称之为"法律良知"、"正义观念",或"最高规范"等;将航海自由原则、国家的独立、平等以及自保等方面的权利,则定义为永恒的自然权利。

格老秀斯之后的早期国际法学者当中,德国学者普芬道夫(1632—1694)是一位重要人物。在 1672 年的《自然法与万民法》一书中,普芬道夫坚持自然法为国际法的渊源或基础的观点。

---

① 〔英〕詹尼斯·瓦茨修订:《奥本海国际法》(第九版),第一卷,第一分册,王铁崖、陈公绰、汤宗舜、周仁等译,中国大百科全书出版社 1995 年,第 3 页。

自然法学派在历史上无疑起过积极的作用,对现代法律思想产生过重要影响,但同时也存在致命的弱点。自然法学派从一些抽象的概念出发,显然使法律与道德有所混同。这个学说的实质是:法律来源于正义。尽管律师和法官为了弥补法律的不足或者为了解决法律不明确的地方来借助正义,但这又很难为自然法学派所接受。因为按照他们的逻辑,不合乎正义的规则就不是法律;由于不是法律,法官就可以弃之不顾。但这样一个逻辑,在现代的法律制度下几乎是不可能被接受的。

自然法学派难于在实践层面上加以检验。国际法如果仍然建立在自然法学派基础之上,就会丧失人们对它的尊重。所以在格老秀斯逝世后,学术界就倾向于怀疑论。到了 1700 年,人们就开始主张:国际法规则主要是实在的,也就是说是人制定的。从而,法律和正义并不是一回事,法律可以依照立法者的思想来改变。如果将实证主义适用于国际法,就是认为国际法的基础是国家的实际行为。

国际法上第一个实在法学派学者,是另一位荷兰人,他名叫宾凯姆斯·胡库(Cornelius Van Bynkemshoek,1673—1743)。他和德国的莫舍尔(Johann Jacob Moser,1701—1785)都主张将国家主权作为国际法基础。后来盛行的实在法学说及其他新的流派,就把各国通过国际习惯和条约表现出来的"共同意志"视为国际法效力的根据。

实在法学派认为,国际社会的规则不能仅仅因其合理而成为国际法,只有在证明该规则确已为各国所共同同意后才能成为国际法;这种"共同同意"是国际法效力的基础。与自然法学说重视内容上的正义性相比,实在法学说则重视形式上的有效性。它认为法律与道德之间没有必然的联系。即使法律在内容上不符合正义的要求,只要是依正式程序制定的,也是有效的。

在国际法领域还有一位影响比较大的国际法学家,他名叫法泰尔

(Emer de Vsttel,1714—1767),是一名瑞士外交官。在国际法的发展过程中,法泰尔曾长期与格老秀斯相提并论。他的理论在18至20世纪初期对许多学者起到很大的影响。1758年出版的《万国法》是法泰尔的主要著作,这也是各国外交人员的国际法实用指南,并一直都被各国政府广为引用。

法泰尔努力将自然法学派与实在法学派结合起来。他强调引申自自然法的国家的固有权利,但同时又认为,除非国家明白表示同意把自然法所规定的义务视为实在法的组成部分,否则遵守这种义务只是它良知上的责任。国家实践才是国际法的渊源。法泰尔最终引导人们接受了这样一个观点,即:国际法成为法律,取决于组成国际社会的主权国家的同意。这种必不可少的同意,必须从各国认为具有法律效力的实践中才能找到。

三、现代国际法的形成

在近代和现代国际关系历史上,有几个重要事件促进了国际法的发展。除上面提到的《威斯特伐利亚和约》以外,这些事件还特别需要提及的有维也纳和会、国际联盟和《联合国宪章》。

《威斯特伐利亚和约》结束了欧洲的三十年战争(1618至1648年),建立了一个以条约为基础的国际体系。在《威斯特伐利亚和约》的基础上,欧洲国家享受了长达100多年的和平与合作。不仅如此,1848年的威斯特伐利亚和会,奠定了"约定必须遵守"这一国际法上基本原则,还设立了一个解决缔约方之间争端的机制,为以后国际关系实行多边会谈打下一个良好的基础。

1815年签署的维也纳和会的最后文件,正式结束了拿破仑战争,并在欧洲构建了一个多边政治和经济合作体系。维也纳和会通过了有史以来第一套规范外交使节的规则,确立了横贯该地区国际河流自由航行原则。维也纳和会还为最终承认瑞士的中立打下基础,获得了欧洲主要强国对瑞士中立制度的保证。维也纳和会最后文件的附件由多个多边和双边协定组成。在《威斯特伐利亚和约》的基础之上,还订立了一批条约。所有这些条约为欧洲提供了大量的国际法规则,为近代国际法的发展作出了重大贡献。维也纳和会体系所建立起来的和平秩序延续的时间比较长,到1914年第一次世界大战爆发为止,几乎有100年的历史。产生于欧洲的近代国际法是随着条约的形成及习惯的发展而形成、发展起来的。随着新国家的产生,这些国家渴望用遵守国际法规则的方式获得国际社会的承认。

20世纪期间,国际法经历了巨大的发展,国际社会开始承认一些学者对国际法作出的"传统"国际法与"现代"国际法即"后传统"国际法的区分。1919年是国际法发展的分界线。第一次世界大战的结束及国际联盟的出现引起国际法性质的巨大转变。这种转变的一个表现是国际常设法院(the Permanent Court of International Justice)的建立。

1918年,第一次世界大战结束。《国际联盟盟约》为结束第一次世界大战而订立的《凡尔赛条约》的一个组成部分。随着《国际联盟盟约》的生效,1920年成立了国际联盟。这是世界上第一个全球性的政府间的常设国际组织。尽管国际联盟在机构设置上有不少缺点,但它是国际社会为了解决国家相互之间的分歧、维护国际和平作出努力的结果,"仍不失为世界上第一个世界性国际政治机构"[1]。国际联盟创立的国际常设法院,也是世界上第一个向所有国家开放、解决国家相互之间争端的国际司法机构,它"开了历史的先例,在国际关系上对一些国际争端的解决提供了一种可能性。同时,它的判决在一些方面在国际法上

---

[1] 王铁崖:《国际法引论》,北京大学出版社1998年,第291页。

作了贡献。"①。

概括地讲,正如美国华裔法学家熊玠教授所指出的那样:"国际法本是17世纪以来现代国际社会的产物。但这个国际社会直到20世纪中叶止,迄为西方国家所垄断与主宰;传统国际舞台亦历来主导于欧洲。国际法虽然发挥了它促进与维系西方国家彼此间关系之功能,但无可讳言,它也一度沦为西方强权对于世界其他地区与民族欺凌剽窃之后盾。"②这一现象一直到联合国组织的成立才有所改观。

联合国组织于1945年成立至今,已有60多年的历史了。尽管不少人对联合国组织不满意;尽管这一组织在自身结构上还有许多缺陷,但该国际组织为发展国际法还是作出了很大努力,其目标就是使国际法成为维护世界和平和改善全球人类生存条件的更加有效的工具。联合国在法律和政治上的成就充其量是有限的;但是,如果将它与以前的国际法和国际组织所取得的成就对比考量的话,联合国贡献的意义却是重大的。在当今世界里,国际法和国际组织是否能够为解决人类所面临的问题,作出真正有意义的贡献,是摆在世界各地国际事务律师面前的最关键的问题。

国际形势的变化,势必要对国际法的发展产生影响。国际法源于欧洲西方国家。但从19世纪末开始,新兴的中小国家就开始对传统国际法提出了批判。1917年诞生的苏联,是世界上第一个社会主义国家,其社会制度的不同意味着国际法主体将发生前所未有过的变化。第二次世界大战后,尤其是上世纪60年代,亚非地区国家民族解放运动风起云涌,不少殖民地国家获得独立,这些国家当然要提出变革国际法的要求。

---

① 王铁崖:《国际法引论》,第292页。
② 熊玠著:《无政府状态与世界秩序》"中文版自序",余逊达、张铁军译,浙江人民出版社2001年。

与国际社会的上述变化相呼应,传统国际法开始实现向现代国际法的结构性的转变,使得传统国际法有以下根本性的变化:

第一,传统国际法只是承认"文明国家"的国际法主体资格,使殖民统治合法化;但现代国际法则认为殖民统治为不法现象。作为一项政治原则的自决权,也通过国际法上的权利得以确立。在现代国际法中,所有具有不同社会制度、文化传统或经济发展水平的国家,都具有平等的国际法主体资格。

第二,传统国际法并不完全禁止战争,认为国家具有战争的权利。但在第一次世界大战后,由于《国际联盟规约》和《联合国宪章》等法律文件,国际法上确立起禁止使用或威胁使用武力的原则。现代国际法上,侵略战争不仅被禁止,而且还成为国际法上的一项严重罪行。

国际关系的发展,使得现代国际法在各个领域都要得到了极大的发展。但由于国家相互之间的历史及文化传统等的区别,在国际法上的侧重点会有所不同。英国学者阿库斯特曾就"共产主义的国际法学说"和"新独立国家的态度"作了一个归纳,认为"共产党关于国际法的观点中一个显著的特点是强调主权,强调国家的优越地位"。[①] 在国际法主体上,"正统的共产主义观点向来是,只有国家才在国际法上享有权利。现在这种观点已经被修改成允许国际组织(它们是根据国家间的协议建立起来的)享有国际法上的权利。不过,共产主义法学家拒绝仿照西方法学家承认个人所享有的国际法上的权利。"对于新独立国家来说,它们"都珍惜它们的独立,原因很简单,就是它们是新独立的。"此外,"新独立国家往往感觉国际法是为了那些历史较久和经济较富裕的国家的利益而牺牲它们的利益。因此,它们要求改变国际法。不幸的

---

① 〔英〕阿库斯特著:《现代国际法概论》,汪瑄、朱奇武、余叔通、周仁译,中国社会科学出版社 1981 年第 1 版,1983 年第 2 次印刷,第 21 页。

是,如果没有普遍的同意,往往很难在不破坏国际法的情况下改变国际法。"①

其实,国际法的效力主要来源于各国的意志的协调一致。国家相互之间如果想要继续保持正常关系,就必须遵守国际法原则、规则和制度。当然,国家相互之间还存在共同利益。这种共同利益的观点比较符合现代国际法的实际情况,同时也揭示了未来国际法发展的趋势。随着全球性问题的不断出现(如国际环境保护、外层空间的利用、国际海底区域的开发、防止与惩治国际犯罪、国际人权保护等),国际社会的共同利益越来越影响着国际法的发展,"国际法的原则、规则和制度的制定与实施不再仅仅是各国国家意志协调的结果,还必须适当顾及国际社会的其他行为主体的意志,尤其是要考虑与人类整体利益的协调基本一致。"

第二节 国际法的编纂

所谓"编纂"(codification),"应是'法典编纂',也就是法律的'法典化',简言之,即将现行法律进行编纂而制定成为法典。"②所以,"编纂"从字面上理解,就是把分散的现有国际法原则、规则和制度以法典的形式明确化和系统化,把正在形成中的国际法原则、规则和制度以法典的形式明确化和系统化,以便在国际关系的实践中易于研究和使用。

国际法主要是由习惯规则和条约规则组成。由于传统国际法中的大部分规则属于习惯规则,缺乏精确性,适用起来极为不便。于是也就有了编纂国际法的要求。

---

① 〔英〕阿库斯特著:《现代国际法概论》,第 21—27 页。
② 王铁崖:《国际法引论》,北京大学出版社 1998 年,第 145 页。

一、早期国际法的编纂历史

国际法的编纂,就是国际法的法典化。"编纂",可以是官方,也可以是非官方所为。官方编纂,主要是指国际外交会议和政府间国际组织的编纂;而非官方编纂,则是指个人或学术团体的编纂。如果从国际法的性质上看,官方编纂当然具有法律上的指导意义,非官方编纂则仅相当于学者的著作,只能作为确定法律原则的辅助资料。

在国际法的编纂方面,英国法学家边沁(J. Bentham)首先于18世纪末在其《国际法原则》一书中倡导对国际法进行编纂。虽然在当时的历史条件下将国际法规则进行编纂,存在着一定的困难,但其意见显然对后来的编纂产生了一定的影响。

在边沁之后,其他一些个人和学术团体为编纂工作作出努力,并对国际法的发展产生了相当大的影响。例如,1868年瑞士法学家步伦执礼提出有862条的《现代国际法》;成立于1927年的国际法学会(l'institut du droit international)和国际法协会(International Law Association)、哈佛大学国际法研究部等国际学术团体拟订了国际仲裁、陆战海战、国籍、领水、条约法、中立等专题的法规草案,这些都对国际法的编纂发挥了一定的影响。

19世纪以来,一些重要的外交会议开始了官方的国际法编纂活动。1815年维也纳会议及1818年亚琛会议在禁止奴隶贸易、国际河流自由航行、外交使节制度等方面达成了国际协议。1856年巴黎和会将有关海战规则编纂成《海上国际法原则宣言》。1899年和1907年两次海牙和平会议共通过了有关战争法规和惯例的16个公约和三项宣言,成为历史上大规模编纂国际战争法的两次重要国际会议。

国际联盟成立以后,国联行政院指派一个法学家委员会就国际法编纂问题提出报告。1930年3月13日至4月12日,国联主持召开了海牙国际法编纂会议,就国籍、领水、损害外侨之国家责任三个专题进行编纂,最后通过了一项《关于国籍法冲突的若干问题的公约》及三项有关的议定书,一个《领海法律地位草案》。虽然这次会议没有取得更多的成就,但作为一次有组织的大型国际法编纂会议,在国际组织历史上具有重要意义。"正如《奥本海国际法》所指出的,'至于真正称得起法典编纂问题有系统的处理,则是国际联盟的事。'"[①]

自那以后,国际社会在外交会议上就许多其他问题制定了国际法律规则,如和平解决国际争端,统一国际私法,保护知识产权,管理邮政和电信、航海和航空的管理及各种其他国际性的社会和经济问题。虽然对国际法进行全面编纂,其任务繁重,困难很大,但将国际法规范的部门法分别编纂为一部或几部专门法典,这对国际法的发展还是有很大益处的。

二、联合国组织与国际法的编纂

第二次世界大战以来的国际法的编纂活动主要是在联合国的主持下进行的。对国际法编纂,有全球性和区域性编纂。所谓"区域性编纂",自然是指世界某一区域内的编纂活动,例如,拉美国家就编纂了一些地区性公约,如1928年《哈瓦那关于领事官的公约》,1933年《美洲国家间引渡条约》等。但由于其地域局限性,"区域性编纂"与全球性的相比,自然就有不足之处。

联合国是当今世界上最具普遍性的国际组织。联合国自成立之时,就非常重视国际法的发展。《联合国宪章》除在序言和第1条中强调国际法外,特别在第13条规定了"提倡国际法之逐渐发展与编纂"。但需要指出的是:这里的"逐渐发展"英文是"progressing",其最基本的

[①] 王铁崖:《国际法引论》,北京大学出版社1998年,第157页。

要意其实是要努力"推进"。

联合国下属的"国际法委员会"(International Law Commission),是联合国负责根据宪章第 13 条逐渐发展与编纂国际法的主要机关。1946 年联合国大会在首届会议上决议成立一个专门委员会,研究国际法的逐渐发展与编纂问题。1947 年 11 月 21 日,联合国大会通过第 174(II)号决议,建立国际法委员会,并通过了该委员会章程。

按照《国际法委员会规约》的规定,委员会由 15 名委员组成(1981 年增至 34 名);委员由联大选举产生,以个人资格任期 5 年,连选连任;委员必须是"国际上公认合格的人士",并能代表"世界主要文明形式"及"各主要法系"。国际法委员会于 1949 年 4 月正式开始工作,每年开会三个月。

《联合国国际法委员会规约》第 15 条规定,"'国际法的编纂'一词是用以指在已经有广泛的各国实践先例和学说的领域内对国际法规则进行更精确的制订和系统化";"'国际法的逐渐发展'一词是用以指对尚未为国际法所调整的或在各国实践中法律尚未充分发展的问题拟订公约草案"。

国际法委员会的职能主要有两个:一是对国际法的逐渐发展;二是对国际法的编纂。国际法委员会主要参与国际法的起草工作。有些专题是委员会决定的,而有些是由大会提交的。每当委员会完成了一个专题,大会往往召集一个全权代表国际会议,经协商一致通过草案,缔结公约,接着向各国公开签署。

自 1949 年以来,国际社会在国际法委员会拟订的公约草案基础上通过了不少重要的多边公约。如《海洋法公约》、《维也纳条约法公约》以及《维也纳外交关系公约》等。然而,这些条约的编纂习惯法的倾向较强。自冷战结束之后,随着以市场经济为基础的西方价值观念的增强,国际法委员会还完成了一些其他涉及国际法的基本问题的重要草案,如《国际刑事法院(ICC)规约草案》以及《有关国家和国家财产管辖豁免的条文草案》等。

另外,国际法委员会以外的编纂机关在有关人权法、外层空间法、海洋法和环境法等领域也取得了可贵的成果。例如国际民用航空组织法律委员会负责起草了1970年海牙外交会议上通过的《关于制止非法劫持航空器的公约》。而且,联合国以外的国际组织也在持续不断地努力,如国际红十字委员会在战争法的编纂方面作出了贡献。

尽管国际法委员会及其他一些国际机构在国际法"逐渐发展与编纂"上成效卓著,但决不能因此就将其编纂活动视同"国际立法"。在国际社会没有任何超国家的立法机关,所以也就不存在所谓的"国际立法"之说。

第三节 国际法的法律特征

常有人质疑国际法的法律性质,认为它顶多算是"软法",不是真正的法律。之所以这么说,主要是因为国际法缺少集中及有效的立法、执法或司法体系;国际法偏袒强国而忽视弱国;国际法只是对现实国际行为的无奈的反映,违反国际法的行为得不到惩治等。

诚然,国际法规则存在受到违反而违反者没有受到惩治的现象。如2003年3月20日,美国在未经联合国安理会授权情况下,对伊拉克使用武力、颠覆了伊拉克政府,从而侵犯了伊拉克国家主权。与此同时,国际社会似乎对美国没有办法,即没有哪个国家,或哪个国际组织去惩治美国。

其实,国内法中的刑法、民法、经济法或行政法等,同样都有大量的违法行为。如果因为存在违法而否定其法律性质,显然没任何道理。法作为法律的适用以及法是否具有实效性,是两个不同的问题。国际法是否真的是法律？这不能从国内法一般意义上来理解。国际法具有它自己的特征。

一、国际法的作用与职能

在司法审判过程中，国际性的和国内法院都会援引国际法。但如果说国内法的作用主要表现在诉讼过程，国际法则与此不同。国际法不仅与诉讼程序有关，而且更主要的是：各国在国际舞台和对外关系中的行为，则都要以国际法为根据。所以，国际法尽管也是争端发生时国际法院用来判案的裁判规范，但更主要的是：国际法规范的是国际法主体的行为，如果"没有这些原则、规则和制度，整个国际社会就要处于极端无政府的混乱状态，国家之间的种种关系就难以存在、继续和发展。"[①]

一个国家之所以在对外关系上要采取这样或那样的政策，其中肯定有不少因素，这些因素可能有政治的、经济的、军事的或其他方面的。然而，一旦当其政策在国际上受到质疑或受到挑战，该国都必然会利用国际法来为其辩护。所以，国际法规则是一个衡量的标准："如果国际共同体中没有一整套共同的行为准则，正常的国际关系将不可能存在。……对于国际舞台上的行为者来说，这一整套标准决定了什么样的行为是可以被接受的。"[②]从这意义上讲，国际社会将国际法当作"法律"，国际法便对各国的行为产生约束力，并影响它们的决策过程。在有些情况下，国家会就某一特定的国际法规则的性质和适用范围上产生严重分歧，但在国际社会中，几乎没有哪一个国家会承认自己违反了国际法，更不会有哪一个国家会公开地主张其具有违反国际法的权利。

---

① 王铁崖：《国际法引论》，北京大学出版社1998年，第2页。
② 熊玠著：《无政府状态与世界秩序》，余逊达、张铁军译，浙江人民出版社2001年，第1页。

即便美国于2003年3月20日单方面决定进攻伊拉克,它也要通过扩大性地解释《联合国宪章》第51条中"自卫权"的规定,竭尽全力强调其军事行为符合国际法。①

在现代国际社会中,一个国家在制订对外政策时必然要预测其他国家对该政策可能作出的反应,同时会考虑可适用的国际法规则。为了达到某个目的,一国或许会违反国际法规则。但它在作出违反决定前则一定会考虑到这种违反行为所带来的代价,另外它还得考虑与国际法规则相关的问题。任何一个国家如果违反国际法,事先就要考虑被国际社会认为是违法者而必然产生的法律和政治后果。

在国际法的适用方面,国际与国内层面有很大的不同。在国内层面,国际法须通过一国的法院和行政机关来执行,这就如同执行国内法一样。但在国际层面,由于世界上没有超国家的立法机构,国际性法院对国家相互之间发生的国际法律争端并不当然享有管辖权。国家具有主权,国际法院审理争端的权力将首先以国家是否接受其管辖为先决条件。只要争端中的双方或一方拒绝接受国际司法机构的管辖,该国际法律争端就不会得到审理。但需要指出的是:国际法院不是国际法上解决国家之间争端的惟一机构。国家不愿意提交国际司法裁决的争端,还可以通过谈判、调停、斡旋或仲裁等其他方式得到解决。当然,这些方式本身也属于国际法的适用问题。从这意义上讲,国际法发挥着类似国内法处理纠纷时的作用。

除了国际司法机构以外,国际法上还存在着包括政治、准司法和外交性质等其他解决争端的方法和组织,例如:联合国安理会、联合国大会、区域性的国际组织、外交会议以及其他专门的国际机构等。通过以上这些方式和组织,国际法可以发挥化解国家间冲突的作用。

---

① 关于美国的这一观点,参见本书第十六章《武力的使用》。

国际法作为对国家与国家之间关系进行规范的规则的总体,它对维持国际秩序、国际政治力量相互之间的重新组合以及国家在政治、军事、经济和贸易等各方面的发展,始终发挥着相当重要的作用。在现代国际社会中,如果没有国际法上制订的大量对国家和国家之间行为进行规范的规则,跨国界的人员、产品、资本和技术的正常交流就几乎不能进行。事实上,国家与国家之间方方面面的关系,如政治、军事、经济贸易、文化、教育、科学技术等方面的关系,都是由规定这些交流的规则所构成的。

二、国际法的执行力

国际法的法律性质问题,既涉及国际法在国际关系中的作用问题,也涉及国际法如何影响不同国家的行为和国家为何要遵守国际法的问题。在任何国家,都存在着负责制定法律的立法机构、负责审判的司法机构和负责执行立法机关和司法机关决定的行政机构。然而,国际法上,这些却都没有。由于国家具有主权,国际法规则由国家来创立。鉴此,有人就认为国际法是"软法"或"弱法"(soft law),认为国际法从效力上说不如国内法,是一种强制力较弱的法律。[1]

国际法缺乏一个实施法律的中央机关,这不是一个严重的问题。即便在国内法,其实也有这样的现象。国内法院的判决执行对象,有时是私人机构,有时却是政府机构。对于针对私人机构判决的执行,法院可以查封其财产,但这种救济措施就不可能用来针对政府机构。政府机构遵从国内法院的判决,不是因为法院拥有可以让政府机构就范的警察或军事力量。政府机构遵从法院判决,主要是政府的政治合法性和道德信用度在起作用。因为政府需要这种合法性和信用度来获取广

---

[1] 《奥本海国际法》上卷,王铁崖译,第一分册,商务印书馆1981年,第10页。

大民众对政府的信任,另外政府也希望民众对法律能敬畏和遵守。

国家可以制订国际法规则,但却没有超越国家的强制力保证国际法的实施。即便是审理国家相互之间纠纷和争端的国际法院,也没有任何能不按照其指令去执行判决的警察或军事人员。但国际法不像国内法那样具有强制执行的机制,受害国却可以自助。自助存在于任何法律体系当中,如果一个国家对另一个国家犯有国际不法行为,那受害国唯一能够采取的方式就是自助。这就是为什么国际法允许"自卫"的道理。

传统国际法并未禁止国家诉诸战争行为的权力。战争不仅用来恢复被侵害的权利,有时还被用来作为获取新的权利的手段。报复,会对一个国家履行国际义务产生重要影响。现代国际法要求各国尽可能地不诉诸武力,而采用其他国际规则来解决相互之间的冲突。联合国的强制措施也不是以恢复被侵害的权利自身为目的,而是为维持和恢复国际和平与安全为目的(《联合国宪章》第39条)。

国际法上不存在对违法行为的强制执行制度,国家为什么还遵守国际法呢?这是因为在国际法的形成与执行过程中,国家一直在发挥重要作用。是国家自己制订了国际法,所以这些规则反映了国家的利益和主张。从一时一事来看,个别国家可能会陷于无视国际法可能带来的诱惑之中;但如果从长远来看,遵守国际法则可能更符合该国的长远利益。另外,国际法虽然不像国内法那样对违法行为具有完备的强制性的机制,但它还是存在那些通过核查、监督、协商等用来确保履行义务的各种手段。从国际法与国际关系的实践来看,这些方法具有相当的效果。事实上,如果一国被认为经常违反国际法规则,它在国际关系中就会被其他国家疏远。从这个角度看,国际舆论也发挥相当的作用。

国际法的规则一旦确立,就适用于所有的国家,其中含有相互作用。比如,国际法有关于外交特权的规定。如果 A 国拒绝诸如给予 B 国以外交特权与豁免,B 国也同样会拒绝给予 A 国相同的权利。另外,由于是 A 国首先违反了国际法,它的行为有可能在将来成为他国对 A 国援引的先例。

所以,一国如果不遵守国际法,它与其他国家跨国界的交流就无法顺利进行。在全球化的时代,国家在政治、经济、文化等人类活动的所有领域都处在相互依存之中,即使是大国和强国,如果没有与他国的交流也不可能单独地存在下去。为使这种交流能顺利进行,国际法发挥着不可缺少的作用。

国内法的实施主要由各国的司法机关和强制机关予以保证。但在国际社会,既没有一个处于国家之上的司法机关来适用和解释法律,也没有这样一个行政机关来执行法律。"国家不仅是自己应遵守的国际法规范的制定者,而且在一定程度上又是这些约束它们自己的规范的解释者和执行者"[①]。国际法的实施在很大程度上主要是凭借国家自身的力量和国际组织有限度的强制力,国际法的很多规则主要是通过"相互"原则得以遵守执行。

国际法是在国际关系中用来规范国家相互之间关系、具有法律拘束力的原则、规则和制度的总称。如果国家元首和外交部长也和普通人一样对国际法持怀疑态度,认为它不是真的法律,不一定要遵守,那国际社会制度就不会像现在这么稳定,各国的政治和经济生活也不会像现在这么有序。

国家之间产生国际争端,会有各种各样的因素。它可能是因为事实真相还不明确。例如,俄罗斯与格鲁吉亚在 2008 年北京第 29 届奥林匹克运动会开幕前夕处于战争状态,如要确定这两个国家中哪一个

[①] 梁西主编:《国际法》,武汉大学出版社 2000 年修订第 2 版,第 15 页。

犯有国际法上的违法行为,首先要对发生在南奥塞梯事件的事实有一个确定;另外,国际法上的规则不像数学或物理学,不只是一个错或对的问题。它本身就有同时存在、相互矛盾的规定。例如,要解决中国与日本之间存在的东海划界,国际法上有关于适用大陆架的规定,同时也有适用中间线的规定。国际关系是动态性质的,它一直在发展。国际法没有给所有国际争端都提供了解决方法,正如国内法没有给所有纠纷提供解决方法一样。规则都一样,关键在于如何解释和适用。

国际上那些引起世界关注的严重违反国际法的行为,如干涉他国内政、侵犯他国主权的行为,或对他国威胁使用或实际使用武力等行为,有时会让人觉得国际法没有得到遵守。但尽管如此,也不应对这样一个事实视而不见,即:大量规范国家与国家之间的经济和商业往来、通讯、运输、日常外交和领事关系等的国际法规则,每天都被国家适用和遵守。

第四节　国际法与国内法的关系

国际法与国内法的关系问题,是国家在适用国际法过程中有时要解决的问题,尤其是当本国法律与国际法发生冲突时。所以,这既是一个理论问题,也是一个实践问题。

当国际法与国内法之间出现冲突时,应适用什么规则来解决？在实践中不大好解决。国际法与国内法之间的冲突体现了国家主权与国际法律秩序之间的冲突。国家主权要保护一国的国内法律体系免受国际法的干预;国际法律秩序则是要寻求对整个国际社会进行整合与组织。国际法的发展,尤其是人权法与环境法上的规则,使得本来不少属于国内法的问题都需要通过适用国际法来进行调整。

一、理论上的两分法

国际法与国内法的关系问题,曾经在国际法上引起激烈的讨论。国际法学家们因此还被划分为"一元论者"和"二元论者"。这在《国际法》教材中一般都会提到①。

一元论者,顾名思义,就是认为国际法与国内法属于同一个法律体系,或者说是一个单一的法律结构的一个组成部分。一元论的代表人物为凯尔森(H. Kelsen)和菲德罗斯(A. Verdross)。他们认为,在国际法与国内法构成的同一个法律体系内,国内法的效力来源于国际法,而国际法的效力则来源于一个最高规范,即"约定必须遵守"或者是"国际社会的意志必须遵守"。②

但在一元论者内部,相互之间还有争论。他们虽然都同意国际法与国内法属于同一个法律体系,但究竟是国际法的效力优于国内法呢、还是国内法的效力优于国际法? 对这个问题的回答,一元论者分成了两个阵营:凯尔森是国际法优于国内法观点的支持者;佐恩(A. Zorn)则是国内法优于国际法观点的代表。

凯尔森认为,国际法和国内法作为强迫性秩序并没有什么本质的不同。③ 同时,国际法的所有规则都要高于国内法的规则,如果国内法与国际法发生了冲突,国内法就将自动无效,并且国际法的规则可以直接适用于国内。④ 但19世纪末期和20世纪初期的许多国际法学者,

---

① 例如,〔英〕詹尼斯、瓦茨修订:《奥本海国际法》(第九版),第一卷,第一分册,王铁崖、陈公绰、汤宗舜、周仁等译,中国大百科全书出版社1995年,第31—32页。
② 参见王铁崖:《国际法》,法律出版社1995年,第28页。
③ 参见汉斯·凯尔森著:《国际法原理》,王铁崖译,华夏出版社1989年,第333—334页。
④ Peter Malanczuk, *Akehurst's Modern Introduction to International Law* (*Seventh Edition*), London & New York: Routledge, 1997, p.63.

如伯格鲍姆(C. Bergbohm),佐恩和温策尔(M. Wenzel)等,则认为国际法是国内法的一部分,是适用于对外关系的国内法,国际法应当服从于国内法。①

二元论者认为国际法与国内法属于两个独立的法律体系,因此国际法本身不会成为国内法的一部分;在特殊情况下,国际法规则可以在国内适用。二元论的代表人物是奥本海(L. Oppenheim,1859—1919)。他们认为,国际法和国内法规范的社会关系不同。国内法规范个人之间,以及个人与国家之间的关系。而国际法则规范国家之间的关系。国际法和国内法虽然有密切联系,但是绝不是互相隶属。②

尽管国际法教科书一般都要提到一元论和二元论,其实这方面的争论主要是理论上的,或者说是人为的。国际法与国内法的关系问题,主要是一个在实践中如何落实国际法规则的问题。

"巴塞罗那牵引机车公司案"是国际法上时常提到的一个案例。它里面涉及国际法院适用国内法的问题。具体点说,该案涉及到一个名为巴塞罗那牵引机车、在加拿大注册的公司。巴塞罗那公司因为不能支付债券利息,被西班牙地方法院于1949年2月12日宣告破产。因此,该公司的外国股东就在西班牙法院起诉,但没有得到解决。基于该公司股东中有比利时国民,比利时政府1958年向国际法院起诉了西班牙,称西班牙国家机关的行为违反国际法,侵害了巴塞罗那公司的权利,要求国际法院责成西班牙政府负责赔偿责任。由于国际条约法和习惯法对公司人格问题都没有特别的规定,国际法院在审理和裁决这一案件时就不得不适用国内法。

---

① Antonio Cassese, *International Law* (*Second Edition*), Oxford University Press, 2005, pp. 213—214.

② H. Lauterpacht, *Oppenheim's International Law* (*Eighth Edition*), vol. I, 1955, pp. 37—39.

国际法与国内法的关系问题，主要是在实践中的适用问题。在"巴塞罗那牵引机车公司案"中，由于比利时的诉讼请求是代表巴塞罗那公司提出来的，这就牵涉到一个前提性的判断问题，即：巴塞罗那公司在西班牙的破产程序中是否具有独立的法律人格；如果巴塞罗那公司还具有独立的法律人格，那么比利时的诉讼请求就应当被驳回了。但是，判断公司是否具有独立的法律人格，当时的国际法没有既有规则，所以国际法院需要求助于各国公司法上原则。[①]

国际法对国内法也有一定影响作用，这从我国加入世界贸易组织前后的准备工作清楚地表现出来。由于世界贸易组织的各项法律规则均对成员方的国内法作出了明确要求，因此我国要加入世界贸易组织，就必然要对国内相关法律进行调整。为此，我国先后修改了著作权法、商标法、专利法等法律，以消除它们中与世界贸易组织相关条约之间的冲突。我国老一辈著名国际法学家周鲠生先生(1899—1971)指出，"二元论的国际法国内法对立或平行说固然比较能为实在法学派所接受，但也偏于强调两者形式上的对立，而忽视它们实际的联系。这种联系首先在于这样一个客观事实，即国家是制定国内法的，同时也是参与国际法的。"[②]所以，国际法和国内法是两个不同的法律体系，但相互之间有联系。

二、国际法被"转化"或"采纳"

国际法要求国家履行其承诺的国际义务。如果不履行，国家就要负责。至于以何种方式来履行义务则由国家自己决定。由于各国法律制度不同，并且国际法的主要渊源是国际习惯和条约两种，这就使国际

[①] *Case Concerning Barcelona Traction*, Light and Power Company Ltd, (Belgium v. Spain), judgment of second phase, at para.37.

[②] 周鲠生著：《国际法》上册，武汉大学出版社2007年，第17页。

法在国内法中的适用问题变得非常复杂。一般而言,国家主要是采用以下两种方式使国际法在国家内部得以适用,即转化和采纳。

"转化"是指国际法的原则、规则和制度由于国内法律行为而纳入到国内法律体系中,成为国内法律,或者具有国内法律的效力。"采纳"是指条约或者是其他国际法规则经一国批准后就可以在该国国内直接适用,其国际法规则的形式与内容没有改变。所以,"转化"与"采纳"两种方式的不同之处,在于前者是先将国际法规范转变为国内法规范,进而在一国国内被适用;而"采纳"则是直接将国际法规范在国内适用。

从世界有代表性国家的做法来看,这两种方法都有。英国对国际条约在其国内的适用,是采取"转化"的方法。[①] 根据英国不成文宪法的原则,缔结和批准条约的权力虽然属于英国女王,而英国议会则享有立法权。所以,英国女王缔结和批准的条约不能自动地成为英国国内法律的一部分,否则就会有悖于上述宪法原则。如果一个条约中的规定会对英国国内法产生一些变更,则必须先由议会通过一个法令以便使英国相关国内法与条约的规定保持一致。所以对英国而言,条约在国际法上的效力与条约在国内法上的效力是两个不同的问题:英国女王批准一个条约后,该条约就在国际层面上对英国有约束力,而只有当英国议会通过一个法令赋予该条约在国内的效力时,该条约才能在英国国内适用。

美国的制度则不同。美国1787年《宪法》第6条第2节规定:"美国宪法和法律,以及在美国权威下缔结的条约,都是美国的最高法律;即使任何一个州的宪法或法律与之抵触,(联邦宪法、法律以及上述条约——作者注)也都约束每一个州的法官。"因此,美国缔结的条约与其

[①] 参见〔英〕伊恩·布朗利著:《国际公法原理》,曾令良、余敏友等译,法律出版社2001年,第47页。

国内法律,包括联邦宪法,是具有相同的法律地位的,可以在美国国内直接适用,不需要经过立法行为加以确认和执行。

但在美国的司法实践中,美国缔结的条约可被分为"自动执行的条约"和"非自动执行的条约";只有"自动执行的条约"才可以在美国国内直接适用,"非自动执行的条约"必须要经过立法机关的法律行为才能具有国内效力。另外,在美国,除了条约之外,还有一种总统签订的行政协定。由于行政协定不被视为条约,所以从理论上来说,它们的适用要经过国内机关的法律行为。[1]

美国将条约分为"非自动执行"与"自动执行"的做法,得到了不少其他国家的效仿。例如,意大利宪法法院在 1979 年的"洛克希德案"的判决中就认定,《公民权利和政治权利公约》第 14 条第 5 款的规定属于"非自动执行"的条款,因而只有当立法机关通过一个关于上诉程序的法律时,该条款才能得到适用。[2] 再如,1995 年 7 月 21 日生效的《俄罗斯联邦国际条约法》第 5 条规定:"官方颁布的俄罗斯联邦签订的国际条约的条款,如果不要求通过国内立法才能发生效力,则可以在联邦内直接适用;反之,则要通过相应的国内法令才能适用。"应当指出的是,许多国家的法院往往通过扩大解释"非自动执行"条约条款的办法来有意识的使国内法律制度免受外部的影响。这也是为什么"非自动执行"与"自动执行"条约分类得到许多国家接受的重要原因。

对于国际习惯法,美国采取的原则是,得到普遍承认的或至少得到

---

[1] 李浩培先生认为:"在国际上,行政协定和按照繁复程序缔结的狭义的条约,具有同一的效力,因为国际法并不要求条约必须经过批准。"李浩培:《条约法概论》,法律出版社 1987 年,第 96 页。

[2] Antonio Cassese, *International Law* (*Second Edition*), Oxford University Press, 2005, p. 227.

美国同意的国际习惯法,对于美国法院是有拘束力的,并为它们所适用。① 就这一点而言,美国和英国的实践是基本一致的。

对于条约或国际习惯法在中国如何适用的问题,我国《宪法》还没有一个总括性的规定,但却有一些部门法的规定。从实践上看,条约在我国的适用方式,既有选用"采纳"方式直接适用的例子,也有通过"转化"为我国国内法而得以执行的例子。

关于国际条约直接对我国适用的问题,《民法通则》第142条第2款规定:"中华人民共和国缔结或者参加的国际条约同中华人民共和国的民事法律有不同规定的,适用国际条约的规定,但中华人民共和国声明保留的条款除外。"根据这一规定,国际条约在民事法律方面不仅可以直接适用于我国,而且还有相对于国内法律的优先权。同样,我国1991年《民事诉讼法》第238条规定:"中华人民共和国缔结或者参加的国际条约同本法有不同规定的,适用该国际条约的规定,但中华人民共和国声明保留的条款除外。"1989年《行政诉讼法》第72条也有类似规定。

在我国的司法实践中,也出现了在判决书中直接适用国际条约的例子。例如,北京市高级人民法院2001年11月15日就荷兰英特艾基系统有限公司(宜家)、美国杜邦公司、美国宝洁公司状告北京国网信息有限责任公司域名纠纷等六个涉外知识产权案做了终审判决。由于我国《商标法》对域名纠纷、驰名商标的认定尚无立法,故判决书中直接适用了《保护工业产权巴黎公约》。这在国内外产生一定的影响。②

---

① 〔英〕詹尼斯、瓦茨修订:《奥本海国际法》(第九版),第一卷,第一分册,王铁崖、陈公绰、汤宗舜、周仁等译,中国大百科全书出版社1995年,第42页。
② 李罡:"入世预热国际法断案",北京青年报2001年11月27日,第17版;吴慧:"国际法与国内法的关系",载于余民才主编:《国际法专论》,中信出版社2003年,第15—16页。

另一方面,有些国际条约是通过我国的国内立法而在国内执行的。最明显的例子就是我国根据 1975 年加入的《维也纳外交关系公约》和 1979 年加入的《维也纳领事关系公约》而制定了《中华人民共和国外交特权与豁免条例》以及《领事特权与豁免条例》,从而将两个公约中有关特权和豁免的规定制定成了国内法予以实施。[①] 通过国内立法执行国际条约的方式,可以将国际条约的规定更加细化,有助于更好的履行条约规定的义务。

在国内法中如何适用国际条约?是一国国内法要解决的问题。但从国际法角度来看,重要的是一国如何履行了它的(条约)义务,至于它在形式上如何履行,国际法并不关心。所以,"采纳"和"转化"的方式在国际法上没有实质性的区别。

三、国内法 v. 国际法

一个国家的国际法权利和义务,在国际层面上应该优先于其在国内法中的权利或义务。1969 年《维也纳条约法公约》第 27 条规定:"一当事国不得援引其国内法规定为理由而不履行条约。"如果一国通过本国的法律程序,已经批准加入、成为国际法一个有效和有约束力条约的缔约国,国际法就不允许该国以本国法律(如该国最高法院宣告条约违宪)为借口来拒绝履行条约的义务。

在国内法上,契约一方如果不能或者不愿意履行契约义务,就要对违约后果承担法律责任。国际法同样如此。虽然一国的宪法可以在其国内效力上优先于国际法,但在国际层面却不能取代国际法。条约违宪纯属一个国家国内的事,如果违宪,该国可以选择不批准或加入该国际条约,但一旦参加并在参加后拒绝履行该条约,就构成了国际法中的

[①] 程晓霞主编:《国际法》,中国人民大学出版社 1999 年,第 27 页。

违约,就要根据国际法承担国家责任。

2010年11月,瑞典警方对维基揭秘网创始人阿桑奇发出国际通缉令,称其当年8月在斯德哥尔摩演讲期间对两名女子实施性侵犯。2012年5月30日,英国最高法院判决要将在英国的阿桑奇引渡至瑞典。但阿桑奇随后却进入了厄瓜多尔驻英国使馆,并获得使馆给予的政治庇护。对此,英国政府正式向厄瓜多尔使馆发函,告知其如果不交出阿桑奇,英国就可以根据它自己1984年通过的《外交和领事馆法案》,取消厄瓜多尔使馆的外交特权,强制进入逮捕阿桑奇,因为"根据英国法律,我们可以提前几周通知他们,然后再进入使馆。该使馆将不再享受外交保护。"① 显然,英国的立场在国际法上是说不通的:《外交和领事馆法案》只是其本国的法律,既然1961年《维也纳外交关系法公约》赋予驻外使馆具有"不可侵犯性",既然英国参加了该公约,就再也不能以自己在本国的立法来对抗国际法。正是基于这样的道理,美洲国家组织对厄瓜多尔政府表示声援和支持。②

国际法院于2012年2月就"德国诉意大利案"所作的判决,也涉及到国内法与国际法的关系问题。该案的诉由,是因为意大利最高法院支持费利尼(Ferrini)的诉求,裁决他由于二战期间被纳粹军队抓获和劳役、因而享有要求德国赔偿的权利。这是人权法发展的结果。但德国认为:虽然国际法应以价值为导向,但国际法与国内法不同:在国家主权豁免领域,国内法院可以发挥相当大的作用,法官或许可以通过自由裁量权来填充一些基本原则,但在国际法中不能采用这样的方式,因为国际法是以国家的一般同意为基础发展起来的,是要通过在国家的

---

① "英扬言硬闯厄使馆抓捕阿桑奇",《参考消息》2012年08月17日,第2版。
② "南美多国力挺厄瓜多尔",《参考消息》2012年8月26日,第3版。

同意来解决问题。对此,国际法院也表示同意并裁决德国胜诉。①

本 章 要 点

要研究国际法,最好是对它的历史和基本特征等能有所了解。

早期国际法学界的派别,主要是自然法学派和实在法学派。自然法学派认为国际法制度不是人所选定的,而是自然存在的,如正义、和平和公正。你不能制订它、而只能发现它;实在法学派却认为国际法规则是人制定的,国际法的基础是国家的实际行为。

国际法的编纂,可以是官方、也可以是非官方所为。官方编纂,主要是指国际外交会议和政府间国际组织的编纂;非官方编纂则是指个人或学术团体的编纂。如果从国际法的性质上看,官方编纂当然具有法律上的指导意义,非官方编纂则仅相当于学者的著作,只能作为确定法律原则的辅助资料。而在编纂方面,国际联盟和联合国组织发挥了很大的作用。

世界上不存在超国家立法或执法机构,但国家为什么还遵守国际法呢?这是因为国际法主要是由国家所制订,因而反映了国家群体的利益和主张。如果一国被认为经常违反了国际法规则,它在国际关系中就会被其他国家疏远。从一时一事上看,个别国家有时会掉进违反国际法带来利益的诱惑中去;但从长远看,遵守国际法会更符合国家的根本利益。

一个国家的国际法权利和义务,在国际层面上优先于其在国内法中的权利或义务。国际法不允许该国以本国法律为借口来拒绝履行条

---

① *Case Concerning Jurisdicitonal Immunities of the State* (Germany v. Italy), Judgement, February 3, 2012.

约的义务。"一当事国不得援引其国内法规定为理由而不履行条约。"如果一国通过了本国法律程序,已经批准、加入并成为一个有效条约的缔约国,就必须要履行其在国际法上的义务。这是国际法上的一个基本原则。

第二章 国际法渊源

国际法渊源（Sources of international law），是指国际法的成立形式。

凡是法律就都会有自己的渊源，国内法有，国际法也有。但国际法与国内法不同，它没有国内法意义上的宪法那样的根本法律渊源，也不存在像国内立法机构那样颁布法律的立法机关。即便是国际社会最主要司法机构的联合国国际法院，对国家相互之间法律问题的争端都没有绝对的管辖权，因为它的职能源于国家的同意，其判决也仅仅是对当事国具有法律约束力。但尽管如此，国际关系中仍然存在着对国家的行为具有拘束力的法律规范。

那么在一个由主权国家组成，但又不存在统一立法机关的国际社会中，国际法是如何形成的呢？其形成的方式又有哪些呢？

第一节 "渊源"的定义出处与种类

"渊源"（sources），意为河水的源头。在这里指法律的来源，即国际法作为有效法律规范所形成的方式。

在法庭上，不管是刑事还是民事案件里，控辩双方或当事者都会在诉讼过程中引用法律规则，来支持自己的诉求。在一国内部，宪法以及其他法律和行政规章是该国的正式渊源。如在英美法系国家，司法裁判庭的判决、即判例法也会构成法律的正式渊源。国内法庭解决争端，依据的就是宪法、制定法、在行政或司法过程中那被普遍接受的法律原则等。同样,在国际关系中也存在着有根有据的国际法规则。但国内法与国际法形成的方式却不一样。

对"国际法渊源"一词,国际法学家有不同的理解。我国著名国际法专家周鲠生先生认为:"国际法的渊源可以有两种意义:其一是指国际法作为有效法律规范所形成的方式或程序;其他是指国际法的规范第一次出现的处所。从法律的观点来说,前一意义的渊源才是国际法的渊源;后一意义的渊源只能说是国际法的历史渊源。在前一意义上,国际法的渊源,应该说是只有惯例和条约两种。"[1]

由此,周老认为国际法"渊源"本身就具有两个意义,他在国际法作为有效法律规范"形成的方式或程序"与"规范第一次出现"之间作了区别,并认为只有"作为有效法律规范形成的方式或程序"才是国际法的渊源。周老的这个观点,对理解国际法渊源具有重要的意义。

现在国际法学界一般都普遍地认为,除了惯例和条约两种主要渊源以外,还存在其他渊源,如"一般法律原则"。《国际法院规约》第 38 条规定:

"法院对于陈诉各项争端,应依国际法裁判之,裁判时应适用:

(子)不论普遍或特别国际协约,确立诉讼当事国明白承认之规条者。

(丑)国际习惯,作为通例之证明而经接受为法律者。

(寅)一般法律原则为文明各国所承认者。

(卯)在第 59 条规定下,司法判例及各国权威最高之公法学家学说作为确定法律原则之补助资料者。"

《国际法院规约》的这个规定,本身没有提到国际法"渊源",甚至没

---

[1] 周鲠生:《国际法》上册,商务印书馆 1964 年,第 10 页。

有要对国际法渊源作出规定的意思。相反,"裁判时适用"一词清楚地表明:它只规定国际法院的诉讼程序,描述国际法院可以适用的国际法的性质。但这条规定其中所列举的又显然是国际法实践中主要应用的国际法渊源,因此被国际法学者普遍认为是国际法渊源的权威性的说明。例如:布朗利(Brownlie)认为它是"国际法渊源的权威性定义"[1];布赖尔利(Brierly)认为它是关于国际法渊源的具有"最高权威的文本"[2];劳特派特(Lauterparcht)也认为它是"国际法渊源的权威定义"[3]。

根据《国际法院规约》第38条第1款的规定,国际法规范的形式有:国际条约、国际习惯、一般法律原则、司法判例及各国权威最高之公法学家学说等。但上述法律形式的地位有区别。从规定上看,国际法院显然是把"国际条约、国际习惯法和一般法律原则"放在前面,作为真正的国际法渊源,以区别于法院的司法判决和最有名的国际法学家的著作学说。换句话说,法院的司法判决和最有名的国际法学家的著作学说,其本身还不是国际法的渊源,它们只是被国际法院作为确定法律准则的辅助手段。

世界主要是由国家所组成。国家相互之间发生联系,从而形成一个国际社会。在现代国际社会中,国家再也不可能封闭式地单独存在。国家相互之间必然要彼此往来,而且这种往来越来越多,越来越经常,越来越广泛。

在《国际法院规约》第38条中所列举的国际法渊源的顺序当中,条约为第一位。这基本上是符合正确的法律原则,同时也符合建立在各

---

[1] Ian Brownlie, *Principles of Public International Law*, 4th edition, 1990, p. 3.
[2] J. L. Brierly, *Law of Nations*, 6th edition, by Waldock, 1963, p. 56.
[3] *Lauterpacht's Collected Papers — International Law, being the Collected Papers of Hersch Lauterpacht*, ed. By E. Lauterpacht, Vol. 1, 1970, p. 231.

国同意基础上的国际法规范在一定程度上高于国内法规范这一特征的。正如在国内法中个人作为主体,个人的权利是由合同明确确定的一样,国家的权利和义务是由它们在国际条约中所表达的合意决定。当两个或更多国家就条约中所规定的事项发生争议时,争端当事方很自然地寻求法律帮助,并且裁判方首先应适用有关的条约中的规定来解决争端。

所以不难理解:国际法的效力是依据于国家的同意。国家的同意并不是每一个国家的同意,也不是所有国家的"共同同意",而是各国的意志经过协调而取得的一致。国际常设法院在"荷花号案"的判决书认为:"对各国有拘束力的法律规则……是来自各国的自由意志,表现于公约或一般接受为表示法律原则的惯例,并确立以规范这些共存的独立社会之间的关系或目的在于取得共同的目的。"[①]

"国家同意"很重要,这是国际法之所以是法的特征之一。国际法院于 2012 年 2 月就"德国诉意大利案"所作的判决,清楚地体现了这一点。

案由主要涉及意大利公民费利尼(Ferrini)先生。费利尼二战期间被纳粹军队抓获,随后被迫从事军工行业,直到 1945 年才获得释放。因为这段经历,所以费利尼于 1998 年 9 月在意大利法庭(Arezzo)起诉德国,要求赔偿。主权国家在国际法上享有管辖豁免,这是常识,但意大利最高法院在审理后认为:意大利的国内法院对德国为被告的这一案子拥有管辖权。[②]

意大利最高法院的判决很有意思,其理由主要是放在国际法的发展方面。它在肯定德国在武装冲突中的行为是主权行为,应享有管辖

---

① PCIJ Publication, Series A, Judgment No. 10, p. 18.
② *Ferrini v. Germany*, Appeal Decision, No. 5044/4; ILDC 19 (IT 2004), March 11, 2004.

豁免的同时,也指出:当具体不法行为构成国际犯罪以及侵犯国际法基本规范时,豁免原则就应另外考虑。驱逐平民以及强迫其劳动在国际法上是国际罪行,它不仅严重侵犯基本人权,而且还危害到人类的整体利益。由于对人权的保护是不可减损的,所以不管它是属于国际法上的条约性质的还是习惯性质的规范,在法律位阶上都应优越于有关国家豁免的规范。[1]

德国的回应也很有意思。它虽然同意意大利最高法院的某些观点,如:鉴于当今国际法律秩序以价值为导向的特点,所以应该通过给予这些价值以优先地位来解释有关国家主权的豁免体系;再如:国际法并非由一套一成不变的规范组成,它也会改变,如主权豁免本身就已从绝对理论发展到限制理论,但德国明确地表示:国际法与国内法不同,在国内法中,法官或许可以通过自由裁量权来填充一些基本原则,但在国际法中不能采用这样的方式,因为国际法是以国家的一般同意为基础发展起来的。一国的国内法院通过单方面采取自认为的法律来发展国际法,不管多么有吸引力或极大地体现了法律的价值,国际社会的其他国家都可以拒绝接受。德国对于自己在二战的严重罪行并不否认,但解决战争索赔的传统方法,是通过在国家层面上相互来缔结协定。[2]

在听取了德国和意大利陈述之后,国际法院在 2012 年 2 月做出了判决,裁定德国胜诉。[3] 国际法院认为:德意两国参加的有关管辖豁免方面的公约不同,所以解决两者相关问题只能从习惯国际法入手。

这个案子对国际法学人来说,非常有意义。如果细听两边的陈述,

---

[1] *Ibid.*

[2] *Case Concerning Jurisdicitonal Immunities of the State* (Germany v. Italy), CR 2011/17; *Case Concerning Jurisdictional Immunities of the State* (Germany v. Italy), Memorial of Germany, June 12, 2009.

[3] *Case Concerning Jurisdicitonal Immunities of the State* (Germany v. Italy), Judgement, February 3, 2012.

意大利论点主要是放在"国际法应该是什么样"的问题上。认为随着国际法的发展,基本人权已受到禁止国际罪行以及施加给国家特定义务的规范的保护,因此国家主权豁免问题也应重新考虑;而德国则将其重点放在"国际法现在是什么样"的问题上,强调基本人权虽然要保护,但眼下判断国家行为是否合法或不法时,依据只能是国际法已经有的规则,换句话说,也就是主权国家现在已经同意的规则是什么,而不是"应该是什么"的问题。如果细琢磨,这对了解"何为国际法"的问题是有益处的。

第二节 主要渊源

《国际法院规约》第38条的规定表明:国际条约和国际习惯是国际法的主要渊源,国际法原则、规则和制度一般都是通过国际条约和国际习惯而取得法律的拘束力。原苏联国际法学家童金(Tunkin)认为:"作为创立国际法规范的方法,乃是国家意志协调一致和相互制约的结果和体现。"[1]

除了国际条约和国际习惯以外,国际法渊源中还有"一般法律原则"。

一、国际条约

条约是国际法的渊源之一,这已得到了公认。

条约是国际法主体间就权利义务关系所缔结的一种书面协议。虽然条约和国际习惯都是国际法的主要渊源,但条约与习惯相比,具有后者所没有的明确性。条约里的规则是国家的明示同意,对国家有直接

---

[1] 童金:《国际法理论问题》,刘慧珊等译,世界知识出版社1965年,第142—143页。

的拘束力,所以在国际法上越来越重要。国家相互之间缔结的条约数目非常之多,从贸易、经济、军事、教育、科学等领域一直到民间往来等,可以毫不夸张地说,今天国际社会里的活动,基本上都是由条约来规范的。

在对国际法渊源的列举中,《国际法院规约》第 38 条第 1 款首先提到,"不论普通或特别国际协约,确立当事国明白承认之规则者"。这里的"普通或特别"国际条约,其实就是"一般或特殊国际公约"两种。如果从当事国数量来进行区别,前者是指多数,甚至是所有国家都参加的普遍性条约,后者是指双边条约或少数国家缔结的条约。"国际协定"根据参加国数目,经常简单地被分为双边和多边条约。1990 年 8 月 8 日中华人民共和国与美国关于在美国海岸外捕鱼的渔业条约,就是一个双边条约;订立于 1982 年 12 月 10 日的《联合国海洋法公约》则是一个多边条约。

国际法还有其他的分类方法。例如,《联合国宪章》属一般的国际法;《北大西洋公约组织条约》属特殊的国际法;东南亚联盟组织《章程》属区域的国际法,等等。广义上的条约有公约、协定、宪章、议定书、宣言和换文等各种称谓;还可分为造法性条约和契约性条约开放性条约和封闭性条约等。然而,不管一项国际法的条约阐述的是一般的国际法、特殊的国际法还是区域的国际法,也不管它是一项多边条约、双边条约或是其他,其法的渊源性质是相同的,其法律效力也是相同的。

假设国际法院就一项发生在中华人民共和国与美国之间、就关于在美国海岸外渔业争端要作出判决时,这就必须要应用那些对中美两国都适用的国际法律文件,如双边条约和两国都是缔约国的多边条约。在上述这个假设的案子中,国际法院就有可能适用中美两国关于在美国海岸外捕鱼的渔业条约和《联合国海洋法公约》的有关规定,因为中美渔业条约反映了这两个当事国关于在美国海岸外捕鱼事项上的同意。同样,如果两个国家都批准加入了《联合国海洋法公约》(美国迄今为止还未批准加入),也表明它们已经同意里面的规定。

缔结国际法条约,有时被称之为"国际立法"。这样的提法听起来很有道理,但其实不太合适。国内一旦通过某项法律,就约束该法辖区的全体成员。国际法不同,它不适用于第三国。如上面提到的中美关于在美国海岸外捕鱼的渔业条约是一个双边条约,它对于中美双方就条约内容所产生的争议而言,是一个法律渊源,但对于国际社会其他成员(国家)来说,就不是一个国际法渊源。

《国际法院规约》第38条第1款所列举的国际法渊源,对没有参加国际法院《规约》和国际法院诉讼程序的国家就没有拘束力。因为《国际法院规约》本身是一项国际法的条约,它和任何其他国际条约一样,只约束缔约国和参加国际法院诉讼程序的国家。

正因为条约只是对同意的国家(当事国)有拘束力,所以,条约原则上不是一般国际法,而是仅适用于当事国相互之间的特别国际法。随着国际关系的日益密切和科学技术的发展,需要由法律来规制的新问题不断地出现,条约特别是多边条约在国际法中所占比例越来越大。

国际刑法方面追究个人刑事责任的活动,主要就是源自国际条约的规定。例如,前南国际刑事法庭《规约》第2条,是关于"严重违反1949年日内瓦公约行为"的罪行,根据该条规定,"国际法庭将有权力起诉严重违反或下令严重违反1949年8月12日日内瓦公约的人,严重违反即下列针对相关日内瓦公约条款保护的人或财产的行为。"所以,其中具体的一项犯罪行为,如"故意杀害","酷刑或非人道待遇,包括生物实验","故意对身体或健康造成巨大痛苦或严重伤害",以及"劫持平民作为人质"等,都是从1949年制定的日内瓦四公约中来的。

卢旺达国际刑事法庭《规约》第4条,是关于"违反1949年日内瓦四公约共同第3条及其第二附加议定书行为"的罪行。根据这条规定,

"卢旺达国际法庭将有权力起诉严重违反或下令严重违反1949年8月12日保护战争受难者日内瓦公约共同第3条以及1977年6月8日第二附加议定书的人。"该条款里所规定的"违反行为"(violations),如"对人的生命,健康以及肉体或精神福祉(well-being)的暴力,除了作为诸如酷刑、截肢或任何形式的肉体惩罚等残酷待遇外,特别是杀害","集体惩罚","劫持人质","恐怖主义行为",以及"抢劫"等,也都是1949年日内瓦四公约共同第3条及其第二附加议定书里所规定的、属于严重违反国际人道法的行为。

二、国际习惯

习惯被视为法律的渊源,有着很长的历史。罗马法将法律分为"成文法"(*jus scriptum*)和"不成文法"(*jus non scriptum*)。格老秀斯受罗马传统的影响,认为"万国法的证明与不成文国内法的证明是相类似的:它是以不间断的习惯和对该习惯有专门知识的人们的证词中找出的。"① 瓦泰尔(Emmanuel)在其国际法著作中把习惯界定是"为长期使用所尊崇并为各国在其互相交往中作为法律加以遵守的格言和习惯。"②

所以国际习惯与条约不同,是一种"不成文"法。国际习惯法的产生,一般是通过相同方式的实践以及通过一种能体现相同实践的法的信念。换句话说,习惯法来自国家的一般和一贯的实践,它被各国当作法律义务遵守。正如我国著名法学家周鲠生所概括的那样:"惯例(即习惯)是各国的一般实践被接受为法律的。"③

那何为"国家实践"呢?国家实践包括表明国家对习惯规则的自觉

---

① 王铁崖:《国际法引论》,北京大学出版社1998年,第69页。
② 同上。
③ 周鲠生,《国际法》上册,商务印书馆1964年,第9—10页。

态度或对习惯规则承认的任何行动、语言或其他的国家行为。1950年,国际法委员会列出了以下"习惯国际法依据"的典型形式:

(a)条约;

(b)国内法院和国际法院的裁决;

(c)国家立法;

(d)外交文书;

(e)国家法律顾问的态度;

(f)国际组织实践。[①]

这儿的内容虽然宽泛,但还不算是穷尽。《国际法院规约》第38条中的"实践"一词,实际上可用来包括国家的任何行动或行为。如果各国或国际组织的实践是稳定的、统一的,也就是说,如果实践在某种程度上是持久性的,而且不为相反的行为所打断,就表明存在着相同方式的实践。国际法上经常说,"国际习惯"是各国重复类似的行为而产生的具有法律拘束力的行为规则,是国家间明示或默示的协议。在这里,国家是指所有的国家机关,因为所有的国家机关都参与国家意志的形成。

因此,一般国际法教材在谈到国际习惯的形成时,认为它必须具备物质和心理这两个要件。所谓"物质要件",是指必须要有各国重复的类似行为。它要求时间上连续适用、空间上的普遍适用、数量上的多次不断重复,以及国家在方式上对同类问题采取一致的做法。所谓"心理要件",则是指法律确信(opinio juris)。法的信念就是国际法主体确信它们的行为(实践)就是法,惯例被各国视为法律规则而具有拘束力。

关于"物质要件",国际法院在北海大陆架案中指出,"惯例的存在

[①] 参见《联合国国际法委员会年刊》,纽约联合国,1950年,第368—372页。

应包括有关国家在内的相当多数并有代表性的国家参与。"①关于"心理要件",国际法院在北海大陆架案中对此也进行了阐释,认为:"不仅行为必须表示为一致的通例;更须证明此种通例是一种法律规则,而必须遵守之的信念:当事国必须有履行一种法律义务的感觉,而非仅单纯出于礼让或传统的考虑。"②

"法律确信"是"法律和必要的确念"的简称。习惯法必须具有"法律确信",这点很重要。某个习惯不能仅仅由于它被广泛地应用,就自然成为习惯国际法规则。它还必须被各国认为具有法律的强制性特点。如果习惯是出于礼让,或者该习惯被认为可以随时被违反,那么就没有达到法律"强制性"的标准。所以习惯只有满足了"法律确信"这一要求,才能够转化成为习惯国际法。

习惯规则的形成和存在需要有普遍的国家实践。国际法院在判决"北海大陆架案"(1969年)时对1958年《大陆架公约》关于大陆架划界的等距离方法是否形成国际习惯法规则这一问题时认为:"可能的是,即便未经过相当长的时间,该公约有极为广泛和具有代表性的国家的参加,可能就够了,特别是包括那些利益特别受影响的国家在内"。③所以从国际法院的判决上看,国际习惯应有"数量"和"种类"。其中"相当多数",不一定非要"普遍"、它只须广泛就可以;而"有代表性的国家"一语,则表明不一定非要包括所有的国家。由于世界上时时存在不同利益的国家集团,少数国家的反对不影响习惯法的成立。但毋庸置疑的是,它必须被世界主要大国和受其影响的国家所接受,同时不能有数量众多的国家一贯反对它。

国际法是国家"同意"才具有拘束力的。但习惯要成为国际习惯法

---

① I. C. J. Reports, 1969, p. 42.
② *Ibid*, p. 43.
③ *Ibid*, p. 42.

不必非要得到所有国家同意,所以在某个习惯国际法规则形成过程中,一国可以坚持反对、以表示不参与该规则创立的立场。在习惯成为国际习惯法之前,一贯反对它的国家可以不受其约束。但当一个习惯取得法律地位之后,所有事先没有对它表示反对的国家在国际法上就都有义务遵从。国际法院在 1951 年英、挪渔业案判决中就表达了这样的意见。

国际习惯是"习惯",是由国家实践发展而来,是国际法古老的渊源。从这个意义上讲,有的国际条约虽然还未生效,但也不能认为它是一纸"死文字"。联合国《海洋法公约》于 1982 年 12 月 10 日签订。在其以后的五年时间内,只有 31 个国家批准,离公约要求的 60 份批准书还差近一半,是一个还未生效的公约。但即便如此,王铁崖先生认为:它"在法律上也不是没有意义的。"[①]其原因就是因为该《海洋法公约》的序言指出,公约是海洋法的编纂和逐渐发展。它的编纂部分是对国际习惯法的编纂,因而是有拘束力的。

国际习惯是一种"不成文"的法律,所以如要证明某项规则已经确立为国际习惯,就必须从国家的实践中查找,并要按上述两项要件予以证明。这种实践存在于各国外交文件和国家、国际组织及国际会议的有关文献资料之中,通常包括国际会议和外交照会中的官方声明、对外交人员的训示、国内法院的判决、法律措施,以及政府其他处理国际事务的行为,等等。不作为也可以被看作是国家实践的一种形式。

从国家实践中查找国际习惯的证据,多有不便。国际习惯的形成是一个漫长的过程,所以在现代国际法上,条约有取代习惯成为首要的国际法渊源的趋势。倘若原来属于国际习惯法的规则用条约形式确定

---

① 王铁崖:"新海洋法公约与海洋法的发展",载于外交学院国际法研究所主办:《国际法论丛》第 1 期,法律出版社 1989 年,第 1 页。

下来,那对于有关缔约方来说,它就成了条约法。例如,"公海自由"的原则原来是习惯法,但自从 1958 年《日内瓦公海协定》签订以来,就成了条约法;外国的国家元首进行国事访问时不可侵犯,外国的外交人员也不可侵犯,这在以前是习惯法,但自从 1961 年《维也纳外交关系公约》以外交特权豁免作了规定以后,就成了条约法。

条约只对当事国有效,且其内容不可能包罗万象,所以在没有条约调整的领域内依然有赖于习惯来调整。在现代国际法上,许多条约本身就是在习惯规则的基础上编纂而成的,有些双边或少数国家参加的条约中的规则经各国不断接受成为习惯规则。所以,国际习惯作为国际法的渊源,仍然有其相当的重要性。

习惯法和条约法都具有权威性,但如果相互之间存在冲突,通常是条约优先。例如在 1923 年的"温勃勒顿号案"(the Wimbledon case)中,国际常设法院认为,尽管习惯国际法禁止载有军需品的船舶通过中立国领土进入交战国领土,但另一方面,《凡尔赛和约》(the Treaty of Versailles)第 380 条却明确规定基尔运河(the Kiel canal)允许一切与德国处于和平状态的国家的所有商船和军舰通过。由于德国阻止与其处于和平状态的国家的船舶的通过,因而违反了其所承担的条约义务[①]。不过条约优先有一个很重要的例外,即当条约与国际强行法规范(*jus cogens*)相冲突时,条约则无效。这也是 1969 年《维也纳条约法公约》里明确规定的。

三、一般法律原则

国际法的成立形式不仅仅只限于习惯法和条约。除了条约和习惯

---

① 〔英〕蒂莫西·希利尔(Timothy Hillier):《国际公法原理》,曲波译,中国人民大学出版社 2006 年,第 16 页。

法以外,国际法院《规约》第 38 条第 1 款规定:"法院对于陈诉各项争端,应依国际法裁判之,裁判时应适用:……一般法律原则为文明各国所承认者。"国际法的这项规定,是从 1920 年《常设国际法院规约》第 38 条第 1 款那儿承袭来的。

对于这项规定,应该首先指出:"文明各国所承认"中的"文明"一词,实属非常不妥。如根据 1920 年及 1945 年制订文件时的背景来看,起草者的心目中的"文明国家",就是指西方工业国家;其他国家(尤其是发展中的国家)则被排除在外。这显然是殖民主义的观念,也是错误、过时的观念。

那么,"一般法律原则"是指什么? 它在国际法的渊源中应处于什么地位呢? 在国际法成立形式方面又是起到什么作用呢?

国家的外交实践中很少提要适用"一般法律原则"。但尽管如此,一般法律原则还是存在。《联合国宪章》第 2 条规定:"各会员国应一秉善意,履行其依本宪章所担负之义务,……"1969 年《条约法公约》在"条约必须遵守"的第 24 条中规定:"凡有效之条约对其各当事国有拘束力,必须由各国善意履行之。"在上述重要法律文件中提到的"善意",就是一项"一般法律原则"。《国际法院规约》第 9 条还规定,法官的选举"应注意务使法官全体确能代表世界各大文化及各主要法系",《国际法委员会规约》对委员的选举也有类似规定。这些都从一个侧面说明"文明各国所承认的一般法律原则"是各国法律体系中共有的原则。

在国际司法和仲裁实践中,"一般法律原则"多次被提到及适用。例如,在 1928 年的"色格姆雷夫案"中,国际常设法院就提到"一个一般法律概念"[①];在 1954 年的"关于联合国行政法庭的赔偿判决效力的咨

---

① PCIJ Publications, Series A, No. 17, p. 21.

询意见"中,国际法院提到"一项十分确定的和一般承认的法律原则"[1]。

虽同是国际法渊源,"一般法律原则"与国际习惯法之间却有区别。国际习惯法仅仅包括一些涉及国际法主体的主权关系的规则;而一般法律原则则不局限于国际法,而是从根本上包含着法的基本思想。例如,国际法上通常例举的关于"时效"或"禁止反言"(*estoppel*)的原则,其实是反映了与国内法规则协调一致的法律原则。此外,"不干涉原则"起源于国际法共同体的特殊结构的法律原则;"善意"、"信用"和"禁止权利滥用"等,则是任何法律制度都共有的一般法律原则;"后法优于前法"以及"特殊法优于一般法",则是法逻辑的原则,等等。

所以"一般法律原则"被各国用来调整它们的对外关系。其基本理论是:只要这些原则在其国内法中普遍适用,就可由此推断在国际层面上亦同样应该适用。在国际法学界,"一般法律原则"大都被认为是一般国际法原则或国际法的基本原则,是"一般法律意识"所产生的原则,也是各国法律体系中共有的原则。依此理解,一般法律原则应是国际法的独立渊源。[2]

国际刑法关于追究个人刑事责任中适用的不少一般性原则,其实就是刑事法上的一些基本原则,如:合法性原则、无罪推定原则、平等诉讼原则等。这些国际刑法原则是从国内法制度向国际法逐渐转化的结果。它们通过实践被融进国际法律体系之中。

著名国际刑法学者 Cherif Bassouini 教授认为:"国际刑法的一般部分本质上在国际司法机构的诉讼程序中实施,即,在直接适用体制的背景下适用。然而,这些规则中的一些已经成为习惯国际法的一部分,

---

[1] I. C. J. Reports, 1954, p. 53.
[2] 参见:〔奥〕菲德罗斯等著:《国际法》上册,商务印书馆 1981 年,第 183—185 页。

并且也适用于涉及特定国际犯罪的国内诉讼程序。这些规则来源于一般法律原则并且包括:刑事责任要素,免除刑事责任的因素,犯罪要素(elements of crimes),合法性原则(principles of legality)以及一事不二审原则(*ne bis in idem*)。"①

现代国际法弱化了对一般法律原则作为法律渊源的依赖。究其原因,一是由于其不确定性,因"一般法律原则"可说是比较含糊的国际法渊源;另一原因是因为条约和国际机构迅猛发展,它使得一般原则的规范推移变成了习惯国际法。

从国际法院《规约》第 38 条规定来看,条约和国际习惯处于平等的地位,然后是"一般法律原则"。在司法实践,国际法院首先适用条约规则和习惯法规则,然后是一般法律原则。所以"一般法律原则"起到一种补充条约和国际习惯不足的作用。比如在处理程序事项和国际司法行政问题,某个国际法庭还会裁定国际法官必须以其无可置疑的公正和独立性行事;这儿的"公正性"和"独立性"就属于"一般法律原则"的范畴。

第三节 辅助渊源

《国际法院规约》第 38 条第 1 款,将司法判例及权威公法学家的学说"作为确定法律原则之补充资料者"。这一规定表明:法院的判决及国际法学家的学说不是国际法渊源,但它们能帮助国际法院来找到国际法规则。当某一个国际法规则的存在与否存有疑问时,就可将法院的判决及国际法学家的学说作为"补充资料"来予以证明,或当作证据。

---

① Charif Bassouini, *Introduction to International Criminal Law*, Transnational Publishers, Inc., Ardsley, New York, 2003, p. 7.

一、司法判例

国际司法判例的重要意义,就在于它有先例价值。对于需要适用国际法的人,这些判例具有重要参考作用。援引其作为辩护理由,已是司空见惯。

"司法判例"就是指司法机构的判决。它既包括国际法院本身的判决,也包括常设仲裁法院、临时性国际法庭以及国际仲裁庭等的裁判和决定;既可以是国际司法机构的判例,也可以是一国国内法院的判例。

从《规约》第 38 条规定上看,它对"司法判例"没有进行区分。只要是判例,似乎是同等的重要,但在实践中并非如此。由于法律权威性不同,某些法院的司法判例会享有更高的地位。例如,国际法院如果认为某一主张已成为一项习惯国际法规则,虽然这只是"对于当事国及本案"具有"拘束力"(法院《规约》第 59 条),但如从实际效果上看,它却是"法律",对国际法的发展会产生影响。

同样,其他一些国际法庭(如国际刑事法院)的判例,也都具有很高的权威性。相比之下,国内法院不同。一个国家最高法院关于解释国际法的判决,即便与国际法院的相左,它在其国内也是终局性和权威性的。但由于这是一国的国内判决,所以在其他国家、其他国际组织或国际场合,其权威性就肯定不如国际法院的。

二、国际公法学家的学说

《国际法院规约》第 38 条除了法院判决以外,还将国际公法学家的学说也确定为国际法规则的"补充资料"。所以,国际公法学家的学说和司法判例一样,虽然不是国际法规则,但却可用来当作"补充资料",以帮助确定国际法规则。

从国际法发展历史来看,国际公法学家的学说在阐释法理及确定国际法规则的生成和演变等方面,曾起过一种非同小可的作用。例如,格老秀斯在其1609年所作的《海洋自由论》著作中所主张的公海自由的原则,起先成为国际习惯法规则①,1958年以来又成为国际条约所确定的准则。再例如,国际法院在"诺特鲍姆案"中,就引述了近代公法学家著作中流行的关于国籍的意见。②

如果从国际法的主体方面看,个别国际法学者自己不可能订立国际法。国际法学家的学说或观点只有在被采纳成为国际法规则之后,才能在解释习惯法或一般的法律原则方面发挥其特别的作用。另外,由于《国际法院规约》第38条第1款的用语是"各国权威最高之公法学家学说",所以,不但是公法学家学说,而且这些学说还须是各国"权威最高"的公法学家学说。如果没有这种权威性,国际法院还不能适用,也能不采纳有关当事方的援引。但公法学家学说是否达到了这种"最高权威性"的要求,就由国际法院自己来裁量。

三、其他可能的国际法渊源

如上所述,现代国际法主要由国际协定和习惯以及一般法律原则所组成。在今天的国际关系中,造法性条约对造法进程发挥非常重要的作用,并开始将国际法转变为一个动态性更强的法律体系。但在这个进程中,国际法是否还存在其他渊源或成立形式呢?比如说,《国际法院规约》中没有提及的国际组织决议,是否也可能是一种国际法渊源呢?

国际组织的机关,特别是联合国大会的决议有时被认为是新的国际法的成立形式。联合国大会就其组织内部问题可通过有拘束力的决

---

① 〔英〕詹尼斯、瓦茨修订:《奥本海国际法》(第九版),第一卷,第二分册,王铁崖、陈公绰、汤宗舜、周仁等译,中国大百科全书出版社1995年,第153页。

② I.C.J. Reports, Nottobohm Case (2nd phase), 1955, pp.22—23.

议(如《联合国宪章》第 4 条 2、第 5 条、第 6 条、第 7 条和第 22 条等)。另外,国际民用航空组织(ICAO)、世界卫生组织(WHO)、世界气象组织(WMO)等一些专门机构有制定技术性规则的权限。在这些国际组织中,最主要的还是联合国,因为它是一个全球性和一般的政府间国际组织。"联合国主要机关的决议在国际法上不仅有重大的政治意义,还有重大的法律意义。其中特别是联合国大会的决议对国际法有重大的影响。"①

根据《联合国宪章》的规定,联大决议只具有建议性(第 10 条、第 13 条),它们对会员国没有法律拘束力。但如果从传统国际法成立形式上看,联大决议还是具有一定的法律意义,它有时在发挥作为习惯法存在的证据的作用。国际法院在尼加拉瓜案判决中就援引联大通过的决议,来说明作为国家的法律确信问题。有时,联大决议还被引用,来说明《联合国宪章》里的原则和规定有否被接受,如 1970 年的《友好关系宣言》。

联大决议还可被看作是国家明示同意的一类条约,或是一种法律确信的表现。联大决议虽为会员国规定了权利义务,在某种意义上是"软法"。当然,国际组织决议的权限,建立在有关该组织的宪法性文件(章程)的基础之上。决议对其成员国是否有拘束力,或有多大拘束力,完全取决于该组织的宪法性文件(章程)的规定。

以联合国安理会为例,《联合国宪章》第 24 条规定,为了保证联合国能迅速有效地行动,各会员国将维持国际和平及安全的主要责任授予安理会,并同意安理会在履行此项责任时代表所有会员国。《联合国宪章》第 25 条又接着规定:联合国会员国同意接受并履行安理会的决议。宪章第 48 条进一步明确规定,在和平受到威胁、和平受到破坏和

---

① 王铁崖:《国际法引论》,北京大学出版社 1998 年,第 107 页。

发生侵略行为时,安理会的决议有拘束力。所以根据以上这些规定,联合国安理会的决议对联合国的成员国就具有强制性质的拘束效力。

还有类似安理会这样的一些国际组织。如《欧洲经济共同体条约》第189条规定,欧洲经济共同体理事会和委员会的法规、方针和决定有拘束力。国际民用航空组织所颁布的各种法律措施也是如此。这些国际组织的文件具有约束力的这一特性,是由成立这些国际组织的条约所规定的。因此,这些国际组织的决议成为条约法的一种形式,同时也就据此成为一个法律渊源。

然而,绝大部分国际组织的决议并不具有法律约束力的特性,联合国大会的决议就是一例。我国著名国际法专家王铁崖先生将联大文件与条约连了起来,认为在"例外情况下,联合国大会的决议可以构成国家之间的协议,形成一种简单形式的条约。"[①]

要明了国际组织文件的地位,除了形式以外,重要的是看其他相关的要素。由于习惯国际法是由国家实践演变而来的,所以各国在国际组织内如何投票,发言说些什么等,都是国家实践的一种表现形式。国家实践对造法过程的意义,取决于实践在多大程度上与各国于同一时期在其他场合的行为和声明相一致。如果一个决议被全体一致通过,而且还被其后的决议所反复认可,同时被各国在其他场合所遵从,那么,该决议作为国际法的宣示形式就达到了得以最终确立的尺度。尽管确定达到这个程度的具体时间是困难的,可是这些决议在国际造法过程中所扮演重要角色的事实,已是无可置疑的了。

---

① 王铁崖:《国际法引论》,北京大学出版社1998年,第119页。

本 章 要 点

"渊源"的本意为河水的源头。国际法渊源,就是指国际法的成立形式,就是解答关于国际法规则是从哪儿来的问题。

国际法上没有关于国际法成立形式的规则,但国际法院关于自己司法判决依据的《规约》第 38 条规定被普遍认为是国际法渊源的权威性的说明。根据该条款规定,国际法形式有:国际条约、国际习惯、一般法律原则、司法判例及其各国权威最高之公法学家学说等。但它们之间还不太一样:"国际条约、国际习惯法和一般法律原则"是真正的国际法渊源;法院的司法判决和最有名的国际法学家的著作学说,只是被国际法院用来作为确定法律准则的辅助手段。

条约和国际习惯都是国际法的主要渊源,但条约与习惯相比,就具有习惯法所没有的明确性。条约里的规则是国家的明示同意,对国家有直接的拘束力;国际习惯则是一种"不成文"法,来自国家一般和一贯的实践并被各国当作法律义务遵守;一般法律原则则不局限于国际法,而是从根本上包含着法的基本思想。例如,国际法上通常提到的"时效"或"禁止反言"原则,就反映了与国内法规则协调一致的法律原则。

法院判决及国际法学家学说不是国际法渊源,但它们能帮助国际法院来找到国际法规则。此外,国际组织的机关,特别是联合国大会的决议有时也被认为是国际法的成立形式。

第三章 国际法主体

所谓"法律主体"(subjects of law),是指享受权利、承担义务的法律人格(legal personality)。国际法主体(subjects of international law),就是国际法律关系中的当事者,即直接在国际法上享受权利、承担义务的法律人格。

国际法是国家间具有法律拘束力规则的总体,其适用对象是国家之间的关系①。所以国际法行为的前提条件,是行为者的国际法能力。只有在法律上具备了行为能力,才能从事一项法律行为,否则就不行。比如,中国的一个省在未经中央政府同意情况下就没有资格与外国签订协议,因为它只是一个省,不是国际法上的主体,因而并不具备签署国际法律文件的能力。

所以国际法行为有效的前提条件,是行为者的国际法能力。科索沃2008年2月17日宣布独立时,当时的中国台湾当局马上发表声明对它表示承认②。但科索沃自己没有任何反应,原因就是它知道台湾是中国的一部分,不是国际法主体,所以这一承认并不是国际法意义上主权国家的行为。

---

① 〔英〕詹尼斯、瓦茨修订:《奥本海国际法》(第九版),第一卷,第一分册,王铁崖、陈公绰、汤宗舜、周仁等译,中国大百科全书出版社1995年,第3页。
② "科索沃将拒绝台湾的'承认'",《环球时报》,2008年2月19日。

第一节 国际法主体的基本概念

国际法是调节国际法主体相互之间法律关系的规则的总称。国际法主体是指具有国际法能力者、具有直接享受国际法上权利和承担国际法上义务的能力的国际法律关系的独立参加者。所以国际法主体问题，就是关于谁是国际法权利和义务的承担者的问题。

作为国际法上的主体，就是为了能够实现国际法上的权利，比如缔约、外交、管辖以及求偿方面的权利等。当然还要承担义务，如履行条约义务以及承担国际责任等。所以作为国际法的主体，必须具有独立参加国际法律关系的能力，另外还得具有直接享有与承受国际法上权利与义务的能力。

概括地说，国际法行为能力包括：

1.国际法上的事务能力，即通过发表和接受国际法的意愿声明，参加国际法上的法律交往能力；

2.国际法上的不法行为能力，即成为某一国际法上不法行为的主体或客体的能力；

3.国际法上的诉讼能力，即在国际法庭上控告和被控告的能力。

国际法能力可以分无限和有限两种。倘若是所有国际法权利和义务的承担者，那这国际法能力就是无限的；倘若仅是有限的国际法权利和义务承担者，那这国际法能力就是有限的。比如，世界卫生组织是国际法主体，但在国际法的能力则是有限的，因为该组织不能缔结文化协定和海洋法协定。

国际法行为能力是以国际法能力为前提条件的，只有具有法律能力的才能采取法律行为。在例外情况下，一个国际法主体可能完全或部分丧失国际法上的行为能力。例如，在1945年8月，日本对盟国无条件地被美国军事占领,它作为国际法主体还继续存在,但由于国家被占领,所以实际上不具备国际法上一些行为能力。

国际法上的"国家",一般是指一个主权国家。一个实体要具备国际法中国家的资格,就必须要拥有像领土、人口、政府,以及开展外交或对外关系的能力。联邦制或共和制国家里的州、省或县通常没有一个能独立开展外交或对外关系的能力特征,但由于这是一个至关重要的主权因素,因此,这些州、省或县自然就不是国际法意义上的主体。

所谓的"台湾在联合国的代表权"之所以屡屡被联合国组织拒绝,原因就是因为台湾是中国的一个省。联合国组织是政府间的组织,只有主权国家才能成为其组织成员。另外,2007 年 5 月,正在日内瓦召开的第 60 届世界卫生大会总务委员会,再次拒绝将少数成员国提出的"台湾以观察员参加世界卫生大会"的议题列入大会议程。这是该委员会第 11 次拒绝这一提案,其原因也是因为主体问题,即:世界上只有一个中国,台湾作为中国的一部分,如果没有中国中央人民政府的同意,它就不具有独立参加国际法律关系的能力,因而不能加入由主权国家组成的国际组织。

2007 年 7 月,台湾将其所谓的"立法院"核准、并由陈水扁签署的《消除对妇女一切形式歧视公约》通过南太平洋邦交国瑙鲁,代交联合国秘书处并转函致联合国秘书长潘基文。结果,潘基文将该件退回给了瑙鲁,理由就是"台湾是中华人民共和国的一部分",不具有会员身分,所以不接受此公约的递交。①

---

① "陈水扁签署公约呈送联合国,被秘书长潘基文退回",《参考消息》,2007 年 7 月 19 日。

第二节 国际法主体的类别

根据参加国际关系的程度不同以及承受国际法上权利与义务的范围不同,国际法的主体可以按不同的标准被划分为不同的类别。这些标准包括:渊源、组织形式、国际法能力的范围以及在同其他国际法主体关系中其国际法能力的效力等。

如果按其"渊源",即按照国际法主体产生的方式这一标准,可以对国际法主体进行不同的区分:一类是它们的国际法能力是由自己的权利组成,也就是说,它们是自我构成的,是"天生的"或"原始的"国际法主体;另一类是它们的国际法能力是由其他的国际法主体所创造组成的,所以有时被认为是"派生的"或"从属的"国际法主体。前者是指国家,认为国家是天生的国际法主体;后者是指国际组织,认为国际组织是由国家通过订立条约而创建的,因而是"派生"出来的国际法主体。

一、国家是国际法主要的主体

所谓国际法主要的主体,就是指国际法律关系中处于支配地位和起着主要作用的主体。国家是国际法的基本主体,就是认为国家是国际法律关系中占支配地位和起主要作用的主体。

国家以前是、现在是、而且将来仍将是国际事务中起支配性作用的实体。它们实施外交、谈判及制订条约、创设国际组织、拥有军事武装力量以及在其相互之间进行贸易、经济、政治和军事方面的往来等活动。

在传统国际法上,"国际法"被认为是"处理国与国之间关系的法律"。历史上,国家曾经被认为是国际法惟一的主体。因为在近代国际法尚未形成之前,国际关系就一直是国家与国家之间的关系。但从19

世纪下半叶开始,国际社会开始出现了国际组织,国际组织与国家,或国际组织相互之间的交往也成为国际关系的一部分,国家是国际法唯一主体的观点已经过时。但尽管如此,国家仍然是国际法主要的主体。

国家是国际法最主要的主体,这是国际法的性质和特点所决定的。国际法的渊源,主要是国际条约和国际习惯。所有这些国际条约和国际习惯,均主要是国家之间的协议。如果从其效力根据上看,这些协议体现了国家的自由意志;如果从其内容看,这些协议给国家规定了权利和义务。在国际关系上,不论是在国家领土、外交关系或战争方面,还是在海洋、外空或环境等方面,国际法的大部分总是由拘束国家的规则构成的。

按照国际社会的组织形式,可分为国家的和非国家的国际法主体。国际法以国际关系为研究对象;国际关系是国际法赖以存在和发展的基础。国际关系原本就是国家之间的关系。尽管从现代国际关系的基本结构看,国际关系除了包括国家与国家之间的关系、国家与国际组织之间或政治实体之间的关系以外,它还包括国际组织、政治实体相互之间的关系等,但尽管如此,国家之间的交往仍是现代国际关系的主要内容和基本形式;离开了国家的参与和交往,国际关系的形成、发展是不可想象的。

从理论上讲,国家是无限期的,但它们的国际法能力可能由于若干国家自愿联合为一个新国家,或者由于一个国家分裂为若干国家(dismenbration),或者一个国家为另一个国家的武力吞并(annexion)而终止。所以,在国际法上,一个国家的国际法能力可能会发生变化。比如,当1990年也门民主人民共和国和阿拉伯也门共和国联合为也门共和国时,当南斯拉夫社会主义联邦共和国于1991年后分解为斯洛文尼亚、克罗地亚、波斯尼亚和黑塞哥维那、马其顿以及塞尔维亚时,或者当苏联于1991年分解为俄罗斯、乌克兰、白俄罗斯、哈萨克斯坦、吉尔吉斯斯坦、塔吉克斯坦、土库曼斯坦、乌兹别克斯坦、亚美尼亚等国家时，都发生原来一些国际法主体的终止或变更。

不论是过去、现在还是将来相当长的时期，国际法调整对象主要是国家之间的关系。从国际法的渊源看，国际条约的签订者主要是国家；国际习惯的形成也主要是依赖国家的反复实践。因此，国家是国际法的主要主体。

二、国际组织是国际法的重要主体

国家是国际法主要的主体。即是"主要的"，就意味着还有其他的。除国家以外，国际组织也是国际法的主体。

国际组织，是指若干国家或其政府通过缔结国际条约而建立的常设机构，即政府间国际组织。国际组织虽然包括政府间和非政府间这两种类型，这里讨论的国际组织仅限于政府间的国际组织。

现在一般都认为：国际组织有能力拥有国际人格，有能力成为国际法主体。但在20世纪以前，传统国际法一般不涉及国际组织的主体资格问题。在那时，国家被认为是惟一的国际法主体。但第一次世界大战，尤其是第二次世界大战以后，国际组织迅速在增加，其种类也越来越多。它们既有普遍性的国际组织，如国际联盟和联合国，而且也有大量的专门性的国际组织，如世界卫生组织；既有区域性的国际组织，也有世界性的国际组织。这些国际组织广泛地参与国际关系。基于它们在国际事务中的重要作用，国际组织的国际法主体资格随之也为人们所重视。

尽管国家仍然是国际事务中的主要活动者，但国家正在将其传统上的一些职能和权力让位于国际组织。由国家或政府自己创设的国际组织，却在限制国家在其领土范围内行事及作决定的权力。例如在欧洲，欧洲联盟正在承担起以前由国家所独自享有的重要职能。

关于国际组织是否具有国际法主体问题,联合国国际法院曾在1949年有一个比较著名的咨询意见,该意见对肯定国际组织的国际法主体资格起了较大的影响作用。

1948年9月17日,联合国派往中东调停阿以冲突的瑞典籍调解员和法国籍观察员在耶路撒冷以色列控制区遭暗杀,于是联合国欲根据国际法要求赔偿。联合国大会通过决议,请求国际法院就"国际组织是否有权向有关国家提出国际求偿"问题发表咨询意见。

1949年4月11日,国际法院作出了决定[①],认为"国际求偿能力"是指有提出抗议、要求调查、谈判以及请求交付国际法院或仲裁庭等的能力。国际组织当然有此能力。但在任何法律体系中,法律主体的性质取决于社会的需要。《联合国宪章》使得联合国成为一个协调各国活动的中心,并赋予其特殊任务。在国际法院看来,其成员国通过托付其一定的职能及相应的义务和责任,已赋予其以有效履行其职能的能力。联合国应该具有完成其职能的权利。因为如果它缺乏这种权利,就不可能实现其创建者的意图。所以,国际法院最后得出如下结论:联合国是一个国际人格者,是一个国际法主体并能够享有国际权利和义务,以及它有能力提起国际求偿以维护其权利。

国际组织具有国际法主体资格问题,是一种客观现实,并获得了国际法学界的普遍认同。《联合国宪章》第104条明确规定,联合国组织"于每一会员国之领土内,应享受于执行其职务及达成其宗旨所必需之法律行为能力。"第105条还进一步地规定,联合国组织"于每一会员国之领土内,应享受于达成其宗旨所必需之特权及豁免。"订立于1946年《联合国特权及豁免公约》也确认联合国具有法律人格。

国际组织拥有广泛的外交能力,它参与和主持各种外交谈判,向一

---

① *The Reparation for Injuries Case*, ICJ Report, 1949, p. 174.

国派出代表或代表机构,甚至同许多国家建立外交关系、互换使节,它本身及其财产和工作人员还享有类似于国家主权豁免、外交特权与豁免。例如,欧洲经济共同体1975年与中国建立外交关系并互换使节等。另外,国际组织拥有广泛的缔约能力,典型的例子是有关国际组织都与其所在国缔结了东道国协定。当然,国际组织还具有作为国际法主体所拥有的承担国际责任的能力,例如1967年《外空条约》第6条,1972年《国际责任公约》第22条均规定了国际组织应对外空活动造成损害承担国际责任。

国际组织具有国际法主体的资格已经得到普遍承认,但值得注意的是,国际组织作为国际法主体同国家作为国际法主体的地位还不能相提并论。主权国家的国际法主体资格主要取决于国家主权的特性,它拥有国际法所承认的国际法主体的全部国际权利和义务。而国际组织作为国家协议的产物,其拥有的权利义务,取决于组织约章明示的或组织宗旨和职能隐含的规定,其权利能力、行为能力的性质和范围主要取决于组织的职能需要,局限于特定的范围之内。所以,国际组织的国际法能力是有限的,即局限在有关组织的职能范围内。至于每个特定的组织的职能范围有多大,这应视产生于组织的章程,如条约或宪章而定。

所以,国际组织与国家相比,是一种特殊的国际法主体。由于国际组织是通过政府间协议的意志产生的,是主权国家明示或默示授予的,国际法上经常称其具有派生性和有限性。"原则上,现今确实公认的是,国际组织的确具有客观的国际法律人格。在具体情况下是否如此取决于该情形的特定情况。一个组织在国际法上是否具有人格取决于其组织文件的地位、其实际权力和实践。"[1]

---

[1] 〔英〕马尔科姆·肖:《国际法》(第六版)上,白桂梅、高健军、朱利江、李永胜等译,北京大学出版社2011年,第208页。

国际组织的法律人格通常包括：缔约权、特权与豁免、进行诉讼的能力等。例如，联合国安理会于 1993 和 1994 年设立的前南与卢旺达国际刑事法庭，由于它们本身不是国家、没有领土，所以为了能安排被定有罪的被告服刑，就必须与主权国家谈判和签订协议，以达到让这些被定有罪的被告有地方服刑的目的。当然，一个国际组织的国际法能力可能会终止。如它由于条约期满，或者由缔约各方协商同意废除成立该组织的条约，如冷战后被解散的华沙条约军事组织。

三、争取独立民族的国际法主体资格

国家是国际法的基本主体。然而，一个新国家的产生，有时是以原来国家内部的一个武装团体的解放运动为前提的。所以按照传统国际法，争取独立民族的武装团体倘若在国际法上得到承认，也具有一定的国际法能力。

从国际关系的实践来看，争取独立民族的国际法主体资格已得到国际社会的普遍承认，早在第一次世界大战期间，捷克斯洛伐克和波兰为争取民族独立而在巴黎设立的民族委员会，先后获得英、法等国的承认。

第二次世界大战后，民族解放独立运动更加蓬勃发展，争取独立民族的国际法主体资格获得更多的国家承认。例如，阿尔及利亚人民从 1954 年开始民族解放战争以后取得独立以前，就先后得到中国等 20 个国家的承认。巴勒斯坦解放组织于 1964 年成立后，被阿拉伯联盟接纳为正式成员。1974 年第 29 届联大通过决议邀请巴勒斯坦解放组织以常驻观察员身份参加联大的会议和工作，并参加联合国其他机构的国际会议。1977 年制订的关于 1949 年《日内瓦公约》的第一附加议定书，还明确规定了反殖民主义的解放运动等同于国际性的武装冲突。2011 年 11 月，联合国教科文组织甚至还通过决议，正式接纳巴勒斯坦

为该组织的成员,从而使它能与其他国家一样,享有联合国教科文组织成员国所具有的权利。

争取独立的民族具有一定的国际法主体资格,是因为它在争取独立的斗争中已形成政治实体,并能有效地参加国际交往。当然,由于争取独立的民族还没有建立国家,其享受国际权利,承担国际义务的能力与国家相比还有很大的限制,因此争取独立的民族只能在一定范围内成为国际法的主体。也就是说,它们作为国家的前身,能够在一定范围内可以行使国际法上的权利,并具有相应的行为能力。例如可以派遣外交代表、参加外交谈判、出席国际会议、参加国际组织、缔结国际条约等。因此争取独立的民族符合国际法主体的基本条件。

四、个人及非政府组织的国际法主体资格问题

中国不少国际法学者都持个人不是国际法主体的观点。例如,我国著名国际法学者周鲠生先生认为,"只有国家是享受国际权利和负担国际义务的人格者,个人则与国际法没有直接的法律关系,他们唯有通过国家才能享受国际法的利益,简言之,个人不是国际法主体。"[1]另一著名国际法专家学者、王铁崖先生在其主编的《国际法》中也持相同的观点。[2]

认为个人不能直接享受国际法上的权利,其理由主要是:个人不能直接承担国际法上的义务和责任。个人可能因犯有国际罪行而成为惩罚的对象,但不能独立承担国际法上的义务。如果个人按照国际法或者依据国际法能够享有某些权利,这只是通过国家对国际法权利和义务的享受和承担而间接的享受到这些权利的。例如:一些国际人权公

---

[1] 周鲠生著:《国际法》上册,商务印书馆 1976 年,第 62 页。
[2] 王铁崖主编:《国际法》,法律出版社 1995 年,第 77 页。

约中确实有关于保障基本人权的规定,但实际上,国际人权公约与其它国际公约一样,是国家间的协议,个人只是作为人权的主体而成为国际人权公约的直接受益者。

相反,西方学者一般不这么认为。例如,根据《奥本海国际法》的观点,"国家不是国际法的唯一主体。国际组织,以及在某种范围内的个人,可以是国际法所给予权利和认定义务的主体。"[①]

其实,关于个人是否是国际法的主体,只是一个有争论的理论上的问题,它对实践并没有产生影响。从国际法的发展来看,国家是国际法的基本主体,现代国际法依然还是主要处理国家与国家之间关系的法律,但显而易见的是,它涉及的范围越来越广。它不再仅仅局限于国家之间关系。由于国际人权法、国际环境法以及国际刑法等的迅速发展,现行国际法不仅规范国家与国家、国家与国际组织或国际组织相互之间的关系,而且还规范国家或国际组织与自然人或法人之间的某些联系。

第二次世界大战后,随着保护人权条约的出现,国际法上个人的地位将得到迅速提高。比如,1948 年联合国通过的《人权宣言》和 1966 年制订的两个人权公约。另外,《欧洲人权公约》根据 1998 年生效的《第十一议定书》进行了修订,规定主张该条约规定的权利受到侵害的受害者个人可以向欧洲人权法院提起诉讼,从而承认个人具有与国家一样的当事者资格。《美洲人权公约》和《非洲人权宪章》在向委员会提出申诉的权利方面,也有一些规定。联合国通过的人权条约,其中也赋予个人向实施机关通报的权利,如《废除种族歧视公约》第 14 条、《公民及政治权利公约任择议定书》、《禁止酷刑和其它残忍、不人道或有辱人

---

① 〔英〕詹尼斯、瓦茨修订:《奥本海国际法》(第九版),第一卷,第一分册,王铁崖、陈公绰、汤宗舜、周仁等译,中国大百科全书出版社 1995 年,第 3 页。

格的待遇或处罚公约》第 22 条、《废除妇女歧视公约任择议定书》等。

随着国际人权法,尤其是国际刑法的发展,个人对诸如种族灭绝罪、危害人类罪和战争罪等严重的国际罪行也都负有直接责任。就个人承担的国际法义务而言,近年来为惩治国际犯罪活动而成立的国际性司法机构也越来越多。例如,1993 年成立的前南斯拉夫国际刑事法庭,1994 年成立的卢旺达国际刑事法庭,以及通过《罗马规约》成立的国际刑事法院。所有这些国际刑事司法机构,都是为了惩治个人的战争罪行而成立的。国际法这个新的发展表明:在一定条件下,个人在国际法中可以直接享有权利,承担义务,这与传统国际法观念下的派生权利和义务已大为不同,个人有时"在国际法上以法律人格者出现"。[①]但尽管如此,个人与国家的地位有很大的不同。国际法院于 2012 年 2 月就"德国诉意大利案"的判决,能比较清楚地说明这一点。

德国之所以要去国际法院诉意大利,是因为意大利公民费利尼(Ferrini)先是在其本国法院诉德国。费利尼二战期间曾被纳粹军队抓获并被迫从事军工行业,一直到战争结束。为此,他于 1998 年将德国这个国家列为被告,并要求赔偿。而意大利最高法院居然还受理了这个以国家为被告的案件。[②]

对此,德国认为二战的赔偿机制是建立在国家层面上的,个人并无求偿权,德国对意大利之间有过相关赔偿的协定,且意大利已经代表自身的国民放弃了权利。对于战争赔偿问题,虽然国际法有关文件要求一国严重违反国际人道法后负有进行赔偿的义务,但战争赔偿是在国家间这样层面进行的,或通过和平条约或通过和解协定。虽然人权理

[①] 〔英〕伊恩·布朗利著:《国际公法原理》,曾令良、余敏友等译,法律出版社 2001 年,第 74 页。

[②] *Ferrini v. Germany*, Appeal Decision, No. 5044/4; ILDC 19 (IT 2004), March 11, 2004.

念在现代社会得到不小的的强化,个人仍然不具有直接向不法行为国提出索赔的权利。①

德国的论点得到国际法院的支持。所以,尽管国际法很多领域发生着巨大的变化,尤其大量人权条约的制订以及个人开始受到国际层面上的法律的保护,但即使这样,国家依旧是国际法的核心主体,国家间的同意是国际法的根基。②

个人不能像国家那样进行谈判和参与国际法规则的制订,所以个人作为国际法的主体,其范围有限,且具有派生性。个人的权利义务能力是国家通过条约方式赋予的,它依赖于各主权国家的意志。如果从当今国际实践中越来越多涉及到个人在国际法上的权利和责任的规定上来看,个人实际上已经在直接享受了国际法上的某些权利,并同时承担义务。这些权利和义务尤其表现在国际人权法、国际人道法与国际刑法领域。

在国际关系的舞台上,非政府组织(Non-governmental Organization)也已成为一支重要的力量。传统国际法比较强调国家在国际法上的作用,认为国际法主体主要是国家,国家与政府间国际组织仍是国际法的最终制定者,但在过去的二三十年的时间里,非政府组织的数量不但没有减少,而且有了很大的发展。它们甚至成了推动全球化的重要载体。就是在制定条约及外交谈判的过程中,非政府组织正在发挥越来越大的影响作用,这在前些年国际刑事司法组织(如国际刑事法院)以及环境保护问题方面,显得尤为清楚。

---

① *Case Concerning Jurisdicitonal Immunities of the State* (Germany v. Italy), CR 2011/17; *Case Concerning Jurisdictional Immunities of the State* (Germany v. Italy), Memorial of Germany, June 12, 2009.

② *Case Concerning Jurisdicitonal Immunities of the State* (Germany v. Italy), Judgement, February 3, 2012.

国际社会将非政府组织称呼为"非国家行为体"(Non-state entity)。非政府行为体不仅仅包括组织，其实也包括个人。在今天的国际形势下，有时一个小小的非政府组织或为数很少的几个人，就能触动敏感的话题，就能引起国际社会的高度重视，如 2010 年 5 月 31 日一艘驶往加沙地带的国际人道救援船只被以色列海军在公海上击沉的事件，不仅使得受害人所属的土耳其与以色列关系紧张，而且使得整个地区的和平与安全都陷入了严重危机。以至于联合国秘书长潘基文不得不宣布成立一个包括以色列人和土耳其人在内的小组，调查这一援助船遭以色列致命袭击的事件。[①]

综上所述，国际人格是一个灵活的概念，它可以在不同程度上存在。虽然个人在一定程度上是国际法的主体，但原则上国际法还是以国家和政府间的国际组织为主体。从国际实践上看，国家和政府间国际组织是积极的、能动的主体；个人在一些范围内，则是被动的、消极的主体。

本 章 要 点

"法律主体"，是指国际法律关系中的当事者，即直接在国际法上享受权利、承担义务的法律人格。国家是国际法主要的主体，因为国家始终是国际事务中起支配性作用的实体。它们实施外交、谈判及制订条约、创设国际组织、拥有军事武装力量以及在其相互之间进行贸易、经济、政治和军事方面的往来等活动。

由国家或其政府通过缔结国际条约而建立的国际组织，也是拥有国际人格和能力的国际法主体。此外，由于新国家的产生有时是以原

---

① "联合国调查以袭船事件"，《参考消息》，2010 年 8 月 3 日，第 2 版。

来国家内部的一个武装团体的解放运动为前提的。所以按照传统国际法,争取独立民族的武装团体倘若在国际法上得到承认,也具有一定的国际法能力。

至于个人是否是国际法主体?这是一个有争议的问题。由于国际人权法、国际环境法以及国际刑法等迅速发展,今天的国际法不仅规范国家与国家、国家与国际组织或国际组织相互之间的关系,而且还规范国家或国际组织与自然人或法人之间的某些联系。不过,国际法关于国际法主体问题的讨论,主要是理论层面上的,它对实践并没有大的实际影响。

第四章 国际条约法

国际条约(international treaties),是对国际法主体产生拘束力的国际法律文件。国际法主要由习惯与条约所组成,所以国际条约是国际法的主要渊源之一。

习惯和条约作为国际法的渊源相互存在,都来源于国家的同意。由于国家是主权的,国家之上不存在超国家的立法机构,国家的同意(consent)以前是、现在仍然是国际法的基础。一个国家通过同意,既约束了自己,也约束了他国。当然,国家表达同意的最主要方式之一就是通过协议。

习惯是在实践中长期形成的,条约则是制定出来的。国家以条约来规定相互之间的义务和权利。随着经济全球化的趋势日益加强,国家签订的条约已涉及所有的领域,如政治、军事、对外贸易、经济合作、渔业、科学技术、司法引渡等,国际条约的地位日益重要。

"国际条约法",是关于条约缔结、解释、终止等一系列法律问题的规则。在这方面,1969年维也纳《条约法公约》是一个重要的国际法律文件。它共有85条和一个附件。主要内容包括条约的缔结与生效,条约的遵守与适用,条约的修正与终止等,是各国在条约实践中所应遵循的一个最基本的国际法文件。本章将以《条约法公约》的规定为基础,来阐述条约法。

第一节 定义及特征

《国际法院规约》第 38 条,是关于国际法院据以判案的国际法依据。它明确将条约与国际习惯一道确定为国际法的两大渊源。在国际法早期发展阶段,国际习惯法所占比重比较大。但在近代国际社会,条约数量越来越多,国家之间的权利和义务也因此越来越明晰。所以国际条约就成为现代国际法最重要的渊源,它在确定国际法律方面的权利和义务形成方面发挥着重要作用。

一、缔约的基本要件

1969 年《维也纳条约法公约》第 2 条对"条约"的定义是:"称条约者,谓国家间所缔结而以国际法为准之国际书面协定,不论其载于一项单独文书或两项以上相互有关之文书内,亦不论其特定名称如何。"这个规定涉及条约的主体、缔约各方间的权利和义务关系、名称及形式等等。

条约法第 2 条由于一开始便是"称条约者,谓……",所以往往被认为是关于"条约"的定义。但其实它这里是说"用语"(英文是"ues of term"),并没有说"定义",另外它还说"就适用本公约而言",那如果不是适用本公约的条约呢?自然就不一定是这个定义。它只是说本公约里说的那种"条约"是什么,而不是指一般条约意义上的定义。理解了这一点,其他的就容易解释了。

"国家间所缔结"(concluded between states)一语,只是将缔约方限为国家,表明了公约的适用范围仅仅是国家之间缔结的协议。不难设想,条约不只是国家间的条约,国家以外缔结的条约也有的,但在这个《条约法公约》里,它只是把条约限定在国家与国家之间缔结的条约,而国家与国际组织之间或者国际组织与国际组织之间的协定,都不叫条约。

从实践上看,国家是国际法最重要的主体,条约主要是国家之间签订的条约。国际组织作为国际法的主体,也具有缔约能力,也可以和国家以及其他国际组织缔结条约,比如联合国这个最大的国际组织在1947年就与美国政府签订了《联合国与美国关于联合国会所的协定》。实际上,联合国国际法委员会于1986年通过的《国家与国际组织之间及国际组织之间条约法公约》(简称"1986年公约"),就是专门调整国家与国际组织之间签订的条约以及国际组织互相之间签订的条约问题的一个国际文件。

此外,为独立而斗争的民族也具有国际法主体资格,这是由现代国际法所确认的民族自决原则而确定的。它作为代表该民族的政治实体,可以在一定范围内参加国际会议、谈判,并缔结在某一定范围内的条约。例如,巴勒斯坦就与一些国家签订了协议,并在世界上不少国家都设有使馆。

正因为条约在实践中不仅仅是国家之间的协议,公约从而并不否认其他国际法主体之间所签订的协议可以构成条约。其第3条第1款明确规定:"本公约不适用于国家与其他国际法主体间所缔结之国际协定或此种其他国际法主体间之国际协定或非书面国际协定,此一事实并不影响此类协定之法律效力。"

"国际协定"(an international agreement)一词,说明条约是一种双方或多方的合意,从而将国家的单方面的意思表示排除在外。国际法委员会特别报告员布赖尔利曾明确指出,将"草案中的'条约'定性为'协定',足以将国家单方面声明排除在外"[1],这表明:这里的"协定"就

---

[1] J. L. Brierly, *First Report on the Law of Treaties*, YILC (1950), Vol. II, p.227.

是指双方或多方意思表示的一致,而不是一种单方行为。

其实,条约与一般平民百姓订立的合同一样,就是具有意思表示一致。民法中的合同法(或称为契约法)规定,一个合同要先来一个要约,然后是一个承诺。要约与承诺意思一致,合同就成立了。这是合同成立的一个必要条件。要约叫 offer,承诺叫 acceptance。比方说我这里有件衣服,卖给你 100 块钱,你要不要？这就是要约,即 offer,如果你说要的,两个人意思表示一致了,这是一个合同成立的实质要件。条约也一样,也有意思表示一致。如果没有意思表示一致,条约是不可能成立的。所以,条约至少是双方或者多方的行为,一定要有要约与承诺两方面的一致。

然而,"国际协定"中的"国际"一词,对条约的协定范围构成了一定的限制。它表明条约不但表示的是一种合意,还必须具有国际性。大概是因为这一点,国际关系上有时也把条约称作"国际条约"。但有时"条约"与"国际协定"似乎又不完全是一回事,如《联合国宪章》第 102 条规定:"本宪章发生效力后,联合国任何会员国所缔结之一切条约及国际协定应尽速在秘书处登记,并由秘书处公布之。"但这种区分在实践中意义不大,因为从实践上看,条约一般情况下就是"国际协定"的一种。

需要注意的是,尽管"国际协定"排除了单方面声明,但它并没有否认这类声明具有国际法上的拘束力。"书面形式"(in written form)一语,要求条约应当以书面形式缔结。条约当然绝大部分是书面的,因为不是书面的话,不容易证明。条约是非常慎重的东西。国家同国家之间订立条约或者国家同国际组织之间订立条约都是非常重要的事情。所以要使之能够证明。但问题在于,书面以外订立的东西是不是也可以称为条约？

《维也纳条约法公约》使用这一用语,只是表明该公约的适用范围,即书面形式的条约。从国际法本质上说,条约是合意的结果,是一种意思表示的一致,至于是否一定要以书面形式缔结,对条约的性质没有任何影响。比方说有两个国家元首碰到一起,他们就一个具体问题达成了协议、要签订一个条约。由于他们都是国家元首,可以代表国家来订立条约,而且谈得很好,但说明不要书面的,就录个音,口头成立一项条约。所以这里虽然不是书面的,但录音也是很容易证明的。在"东格陵兰法律地位案"中,安齐洛蒂法官就认为,丹麦和挪威之间"以纯粹口头的表示缔结了一个协定……没有任何国际法规则要求这类协定必须以书面缔结才能有效。"常设国际法院在最终的判决中也支持了这一口头协定的效力。① 此外,在"巴勒斯坦特许权案"②以及"上萨瓦和热克斯自由区案"③中,常设国际法院都表达了肯定口头条约效力的立场。

所以在今天的信息时代,"书面形式"应当宽泛的理解,一切可以永久性记录保存条约内容、可供查证的方法都可以被视为书面形式,如录音电话、传真等方式。如果条约通过电子邮件、电子数据交换(EDI)等方式缔结,也应被视为书面条约。1998 年,美国总统克林顿和爱尔兰首相就以这种方式发表了一项联合公报,也应被认为是具有国际法效力的国际协定。④

"不论特定名称为何"(designation)一词,表明条约采用何种名称不是决定条约性质的关键因素。书面形式是规定缔约各方权利和义务的最常见的方式。《联合国宪章》第 102 条及《国际法院规约》第 38 条,都笼统地将各国所缔结的协定统称为"条约或协定"。所以,只要条约

---

① *Legal Status of the East Greenland Case*, PCIJ, Series A/B, No. 53, pp. 91—92.
② *Mavrommatis Jerusalem Concessions Case*, PCIJ, Series A, No. 5, p. 37.
③ *Free Zones of Upper Savoy and the District of Gex Case*, PCIJ, Series A/B, No. 46, pp. 170—172.
④ 安托尼·奥斯特:《现代条约法与实践》,江国青译,中国人民大学出版社 2005 年,第 19—20 页。

的内容是规定国际法主体相互之间的权利和义务,不论其具体名称为何,就是国际法意义上的"条约"。一项国际协议是否依据国际法在为当事方创设权利义务,是判断该协议是否属于条约的要件之一。称谓则并不重要。

例如,1984年12月19日,中英两国政府签订的《关于香港问题的联合声明》,虽然没有使用"条约"这个名称,但是其第6条明确规定:"中华人民共和国与联合王国政府同意上述各项声明和本联合声明的附件均将付诸实施。"这就充分表明了中英双方同意承担一定义务的愿望,符合条约的一般特征。相比而言,联合国大会于1963年通过的《关于管理各国在探测和使用外层空间活动中的法律原则的宣言》就不是一个条约,因为联合国大会只能对会员国提出建议。①

所以关于条约的名称如何,并不重要。国际实践中时常会有各种不同的名称,如"公约"、"宪章"、"协定"或"换文"等,但不管名称及文件形式如何,它们都是国际法意义上的条约。国际法既没有规定哪些名称是条约的专用名称,也没有规定哪些条约必须采用何种特定的称呼。条约名称不同,只表现在缔结方式或生效程序的不同,但条约的效力不取决于它的名称。

简单地说,"条约"就是国际法主体相互之间就它们之间权利与义务而缔结的法律文件。它通常须经缔约各方最高权力机关通过特定的法律程序批准方能生效,因为它通常以国家名义缔结,而且涉及到该国家重大的政治、军事及经济利益等。如2002年12月23日缔结的《中华人民共和国和哈萨克斯坦共和国睦邻友好合作条约》,2005年11月14日缔结的《中华人民共和国和西班牙王国引渡条约》等都是解决中国与相关国家重大事务的书面协定,并且需经全国人民代表大会常务

---

① 李浩培:《条约法概论》,法律出版社2002年,第25—26页。

委员会作出批准的决定,由中华人民共和国根据全国人民代表大会常务委员会作出的批准决定而得批准。

"以国际法为准"(governed by international law)一语在理解上可能会有争议。一般教科书都以为:条约是指以国际法为准则确立相互权利和义务关系的书面协议,所以条约的依据是国际法,条约必须以国际法为准。反过来说,判定条约是否有效的标准是国际法规则。[①] 然而,这样的观点,似乎将条约的效力和条约的概念等同起来。

从国际法委员会的报告来看,它所表达的真实意思包括以下三个方面:

第一,条约受国际法支配,而不是受其他法律体系甚至是国内法的支配,从而将条约与国家契约区分开来;

第二,国际法适用于条约,表明条约在国际法上具有拘束力,从而将其与政治性的或道义性约定区分开;

第三,它表明了缔约方准备将条约作为法律而遵守的意图,这是构成条约的一个关键因素。[②]

条约不仅在"缔结"方面、就是在条约执行及变更等情形下,也都要以国际法为准。根据公约第 2 条规定,条约是以国际法为准而缔结的国际协定;第 53 条进一步规定,条约与一般国际法强制规则抵触者无效。

二、缔约的主体

在国际法上,国家是国际法的主要主体,也是缔结条约的主要主

[①] 端木正主编:《国际法》,北京大学出版社 2000 年,第 267 页;王虎华主编:《国际公法学》,北京大学出版社、上海人民出版社 2005 年,第 379 页。

[②] *Report of the International Law Commission on the work of its eighteenth session*, YILC (1966), p.189.

体。但除了国家以外，如国际组织这样的国际法主体也时常签订协议，自1948年国际法院关于"为联合国服务人员受到损害的赔偿案"的咨询意见作出之后，国际组织的国际法主体地位得到确认。例如为了惩治国际犯罪，1997年签订了《联合国和柬埔寨王国政府关于按照柬埔寨法律起诉在民主柬埔寨时期所犯罪行的协定》；出于同样目的，塞拉利昂政府也与联合国在2000年进行了谈判，并就成立塞拉利昂特别法庭达成了协议。

非国际法主体之间缔结的协议，如法人与国家、个人与国家之间缔结的协议，不能称为条约。例如，联合国组织与一位联合国官员相互之间签订的雇佣合约不是一种国际法条约，因为该联合国官员在其同联合国的雇佣合同关系中不是一个国际法主体。同样，中华人民共和国和外国某一航空公司之间签订关于电视卫星的合约也不是一种国际法条约，因为该航空公司不是一个国际法主体。

但需要注意的是，缔约主体和国际法主体是两个既紧密联系又相互区别的概念。缔约主体可以自己的名义成为条约的当事方，一般来说是国际法主体，但有时也存在例外。最显著的例子就是有关世界贸易组织的各种协定，中国香港、台湾等地区都可以单独关税区的身份成为缔约方，在这种情况下，它们是缔约主体，但不是国际法的主体。这种情况出现一般应满足两个条件：一是条约并不要求必须国际法主体才能缔结；二是拥有国家的授权。

中国在香港1997年回归后，就通过"一国两制"赋予了香港特别行政区高度的自治权，包括相关特别行政区基本法所赋予的独立的立法权和司法权。在此前提下，中华人民共和国香港特别行政区与外国政府签订了一系列刑事司法合作协定、移交逃犯协定、移交被判刑人协定等法律文件。譬如在《中华人民共和国香港特别行政区政府和大不列颠及北爱尔兰联合王国政府关于移交逃犯的协定》中，首先就规定"香港特别行政区政府经中华人民共和国中央人民政府正式授权缔结本协定,与大不列颠及北爱尔兰联合王国(以下简称"联合王国")政府,(下文称为"缔约双方"),愿订立相互移交逃犯的安排,协议如下：……。"①这是条约法上典型的一个国家的地区拥有该国中央政府授权的案例。

个人是否是国际法的主体一直是一个有争议的问题。在某些领域,个人的国际法主体地位得到了一定的承认,如在国际刑法和国际人权法领域。但个人不能缔结条约,不能成为缔约主体。在1952年的"英伊石油公司案"中,国际法院就明确指出个人与国家缔结的协议不属于条约,而是国家契约。

1933年4月29日,伊朗与英国"英伊石油公司"签订了一项特许权协议。授予英伊石油公司在伊朗的一个特许区域内开采和加工石油的专属权利,同时规定协议的有效期为60年,即到1993年。同时规定,在协议有效期内,非因特殊情况并经仲裁裁决,协议不能被废除。但是1951年3月4日,伊朗国会通过了有关石油工业国有化的法律,因而取消了英伊石油公司的上述特许权。英伊石油公司要求进行仲裁,但被伊朗政府拒绝。于是,英国政府于1951年5月16日向国际法院提交请求书,请求法院判决伊朗政府有义务将这一争端提交仲裁解决,或者宣布伊朗撤销英伊石油公司的特许权违反了国际法和根据1933年的协议所承担的义务。然而,国际法院于1952年7月22日经过审议后认为：1933年的特许权协议不构成国际法上的"条约",因而国际法院认为自己对此案不具有管辖权。②

缔约主体问题与国际法性质有关联。在国内层面,法律由一国立

---

① 赵秉志、黄芳编著：《香港特区国际刑事司法制度研究》,中国人民公安大学出版社2004年,第377页。

② Case concerning Anglo-Iranian Oil Co. (United Kingdom v. Iran), preliminary objections, Judgment of 22 July 1952, ICJ Reports (1952), p.112.

法机构来制订,如宪法、刑法或民法等。但在国际层面,由于不存在一个超国家立法机关,国家的意愿主要就是通过条约来表明。但与国内法规不同的是,条约在国际层面还发挥着多种多样的作用:它可以是国家相互之间变更领土、规范经贸活动、保障投资以及解决争端等的协议,也可以是一个国际组织的章程,等等。

第二节 条约的缔结与生效

《维也纳条约法公约》和《国家和国际组织间和国际组织相互条约法公约》第 6 条分别都明确规定,"每个国家都有缔约能力"以及"国际组织缔约能力依该组织的有关规则规定"。

这两个规定里有一个重要概念,即"缔约能力"(the treaty-making capacity),或缔结条约的资格。衡量一个主体是否能缔结国际法上的条约的标准,就是看其是否具备缔约能力。[①] 不同主体的缔约能力也是不同的。一般来说,享有完全的缔约能力的国际法主体只有国家,而其他国际法主体在缔约能力上或多或少的都存在限制,而不具有国际法主体地位的非主权实体的缔约能力则更加有限。

一、缔约能力

国家的缔约能力和国家主权具有密切的联系。国家主权的对外表现就是国家独立自主地和其他国家进行平等交往、处理相互之间的关系的权利,而条约关系就是其中的一种。所以,国家是国际法的首要主体,同时也是条约缔结的主要当事方,它是完全的国际人格者,因此具

[①] 有的国际法学者将该能力称为"资格",如中国著名的国际法学家周鲠生先生。周鲠生著:《国际法》下册,武汉大学出版社 2007 年,第 516 页。

有完全的缔约能力。

国家的缔约能力不仅是当然的和完全的,也是固有的。所谓固有性是指国家的缔约能力无须进行特别的宣告或者得到其他任何国家的承认。缔约能力源于国家主权,而这不以其他国家的承认为存在的前提条件,这也是被现代国际法所承认的。譬如以色列仍然未被许多阿拉伯国家承认,但是却不影响它与其他国家签订条约甚至和不承认它的阿拉伯国家一起参加同一个多边条约或缔结双边条约。

国家的缔约能力,体现的是国家进行条约交往的一种资格,具备缔约能力并不意味着国家必须行使这样的权利。是否要同外国缔结条约或怎样与外国缔结条约,是由国家自由决定的。有些国家与外国缔结条约的活动就是由其他国家代表其进行的,譬如欧洲的一个小国列支敦士登,其外交事项均由瑞士代表,这其中就包括缔约的权力。[①]

根据条约法,只有作为国际法主体的国家和政府间国际组织具有缔结条约的能力。至于如何运用这个能力,国家一般由其《宪法》或其他法律文件做出规定;政府间国际组织一般是由其组织《章程》或《宪章》做出规定。

我国《宪法》第 67 条第 14 款规定,全国人民代表大会常务委员会"决定同外国缔结的条约和重要协定的批准和废除";第 81 条还规定,中华人民共和国主席根据常委会的决定,"批准和废除同外国缔结的条约和重要协定";第 89 条第 9 款规定,国务院行使"管理对外事务,同外国缔结条约和协定"的职能。此外,《中华人民共和国缔结条约程序法》第 3 条规定,"中华人民共和国国务院,即中央人民政府,同外国缔结条约和协定。全国代表大会常务委员会决定同外国缔结的条约和重要协定的批准和废除。中华人民共和国主席根据人民代表大会常务委员会

---

① 倪征𠍈:《淡泊从容莅海牙》,法律出版社 1999 年,第 230 页。

的决定,批准和废除同外国缔结条约和重要协定。"

所以,中国的缔约权主要是由国务院行使,并通过对条约的起草、谈判、全权代表的委派、签署、生效、修改、延长、终止等程序来体现;而全国人民代表大会常务委员会和国家主席,则在批准和废除同外国缔结的条约和重要协定时行使其权力。

政府间的国际组织,也是国际法主体之一,所以也具有其组织章程所赋予的职能,包括为实现其宗旨、目的而行使职能时所需具备的缔约能力。1986年《国家和国际组织间和国际组织相互间维也纳条约法公约》对国际组织的缔约能力予以确认,规定国际组织的缔约权主要由该组织的规则确定。国际组织缔约,主要是国际组织与国家间以及国际组织相互间订立的条约。从国际组织的缔约实践可以看出,国际组织不仅具有组织章程明文赋予的缔约权,而且还具有从实践发展而来的默示缔约权。其实,只要国际组织为履行其职责常驻一个国家,它就必然要与该国签订东道国协议。例如,中国政府1991年就与国际货币基金组织签订了《关于国际货币基金组织在华设立常驻机构的协定》以及1998年与国际清算银行签订《关于国际清算银行在香港特别行政区设立代表处和代表处地位的东道国协定》,等等。

在国际法上,缔结条约本是一个国家的主权行为,只有国家才具有国际法意义上的缔约能力。但在某种情况下,如国内法规定或经一国中央政府授权的同意,其地方政府亦可以对外缔结属于其管辖事务范围内的有关条约。在中国,根据邓小平"一国两制"的构想,为具体解决这两个特区对外事务的有关问题,我国全国人大常务委员会分别于1990年4月4日和1993年3月31日通过了《中华人民共和国香港特别行政区基本法》和《中华人民共和国澳门特别行政区基本法》,其中规定,除外交、国防事务由中央政府负责外,特别行政区享有高度的自治。这种自治权包含了对外缔结经济、社会、文化等事务性协议的一定权限,这类协议主要限于双边领域。

二、缔约程序

国际法并没有关于缔约程序的强制性规则。正如我国国际法学家周鲠生所说:"国家享有缔约权,至于什么机关代表国家行使缔约权问题,则不在国际法规定的范围,而一任各国国内法特别是宪法,自行决定。"[①]所以条约的缔结程序是由缔约主体的内部法律来规定,例如我国关于缔结条约的程序,就是根据我国于1990年颁布的《中华人民共和国缔结条约程序法》来进行。

从实践上看,一个国家接受条约约束的方式,一般是通过谈判、签署、批准、接受、赞同和加入。

1. 起草与谈判

关于缔约的基本程序,在双边条约方面,原则上由有意向缔结条约的一方起草条约的草案,并提交给对方;另一方可在对方草案基础上提出自己的草案,作为今后谈判的基础。但同时,已商定缔结条约的双方可各自事先起草条约草案并相互交换,以便了解对方的约文,然后确定自己对条约谈判的方案。

如果是多边条约,情况就比较复杂些。它可能是由各参加谈判的国家就拟议中的条约的机构和内容提出意见或表示看法,并在此基础上,经过磋商形成进一步谈判的综合或单一的谈判案文。也可能是由一个起草委员会起草条约案文,参加谈判的国家根据条约所涉事项准备自己的谈判原则方案。另外还有一种可能性,就是由联合国国际法委员会起草案文,一读二读以后就交给联合国大会通过,如《维也纳外交关系公约》、《维也纳领事管辖公约》、《维也纳条约法公约》、《联合国

---

① 周鲠生著:《国际法》下册,武汉大学出版社2007年,第517页。

海洋法公约》、《联合国国家及财产管辖豁免公约》以及国际刑事法院的《罗马规约》等一些重要的国际公约。

条约谈判是代表国家,所以当然要经本国有权机关授权。全权证书是授予代表全权谈判并签署条约或出席国际会议的主要证明文件。它的法律意义在于证明签发机构所特派或委派的代表拥有全权与对方谈判并签署该条约的资格。全权证书上谈判或委派的全权代表是特定的,如果需要易人,须再次颁发全权证书。经缔约双方协议,可以互免双方代表的全权证书。有时,因时间紧迫或其他情况,在条约签署以前,一方或双方不能准备好全权证书,经缔约双方协商,可以先签署条约,之后再补交全权证书。在中国,全权证书只能由外交部负责办理。

中国缔约程序法第6条,对条约、协定的谈判和签署作了明确的规定:以国家或政府名义缔结的条约,由外交部或国务院有关部门报请国务院委派代表,代表的全权证书由国务院总理或外交部长签署。以政府部门名义缔约协定,由部门首长委派代表,代表的授权证书由部门首长签署。部门首长签署以本部门名义缔结的协定,全权证书则由国务院总理或外交部长签署。

中国缔约程序法对我国参加国际会议的代表应提交什么样的证书,并未作明确规定。但在一些国际组织的程序规则或议事规则中,却会有明确规定。例如,联合国大会就有"证书委员会"(Credentials Committee),它要求参加大会的代表持有本国国家元首或外交部长签署的代表证书,而且大会开会之前,还要首先对参加会议的代表进行资格审查。

如果是双边谈判,那么在谈判开始之前,双方就应相互校阅全权证书。但在实践中,谈判代表在进行谈判时一般不出具全权证书,而只有在签字时才出具全权证书。

2. 草签与签署

所谓草签（initialing），一般是指在双边条约中，由双方谈判代表团团长就已达成一致的条约草案进行非正式的签字。说"非正式"，是因为一般来说，它不具有法律上的拘束力。"草签"只是表示谈判代表对达成的协议文本认可。在理论上，草签后的条约文本仍可以改动。不过在实践中，缔约方对草签过的文本内容一般不会再进行实质性的修改。当然，对草签文本在措辞或漏字等方面做的修改，这还是比较常见的。

签署（signature），则是指条约文本经缔约各方谈判达成协议后，由各方全权代表在条约的正式文本上签署其姓名（签字）。需要注意的是，谈判结束时对议定条约约文的认可还不一定等于受条约的约束。参加条约起草及议定条约约文的国家在这个阶段只是"谈判国"。签署的意义，主要在于对约文的认证，表示其所代表的国家已经初步同意该条约，但还需要经过国内批准或其他国内程序，才受该条约的拘束。尽管如此，"条约的签字是缔约程序中的一个关键性的过程，具有重要的或者决定性的法律效果。"[1]

双边条约签字时，一般应举行正式签字仪式，由双方签字代表在一张长桌前并坐签字。签字时一般还有一名助手协助签字代表进行签字，被称为"助签人"。助签人站在签字代表的外侧。担任助签人的职别不限，根据签字代表的身份和其他具体情况而定。助签人特别是双边条约的助签人应事先同对方助签人商定签字程序。

当双边条约签字时，双方代表先在各自保持的文本上签字，然后由助签人交换文本，再由签字代表在对方保持的文本上签字。签完后由签字代表相互交换文本。多边条约一般只备正本一份，供有关根据的

---

[1] 周鲠生著：《国际法》下册，武汉大学出版社2007年，第533页。

全权代表签署,该正本保持于条约规定的保存机关。保存机关将核对无误的副本分送有关缔约国。

一般而言,仅仅签署并不能代表国家已经接受了条约的约束,还要经过批准才能产生这种效力,但也有例外。以下就是三种例外情况:

(1)条约规定签署有此效果;

(2)谈判方另经协商,同意签署有此效果;

(3)谈判方使签署有此效果之意思可见诸其代表所奉之全权证书或已于谈判时有此表示。

但即使是在签署后经过批准才能使条约发生拘束力的情况下,签署也具有相当的意义。根据《条约法公约》的规定,在签署后和批准前或者条约生效前,签署国不得采取有悖于该条约的宗旨和目的的行动。

一国在签署之后、是否可以撤销呢?《条约法公约》对此没有明文规定。但从第18条规定上看,它并没有禁止国家撤回对一项有关法律文书的签署。《条约法公约》倒是规定一项有关条约失效、终止、退出条约或停止实施条约的通知或文书,得在其发生效力以前随时撤销(第68条)。实践中比较近的一个例子,是美国布什政府于2002年5月宣布"撤销签署"他的前政府,也就是克林顿政府签署的国际刑事法院的宪法性文件,即《罗马规约》。

3. 批准与核准

对条约的批准(ratification),包括对内和对外两种程序、具有国际法和国内法两方面的意义。

在国内法层面,"批准"是指缔约方内部有权机关对其谈判代表所签署的条约予以确认,从而表明该缔约方同意接受条约约束的行为。"有权机关"到底指的是哪个机关?这就由缔约方国内法自己来规定。有的规定是由国家元首来批准,如法国;也有的规定是由立法机关批准,如中国。

在国际法层面,条约的"批准"指的是缔约方将其同意接受条约约束的意愿通知其他缔约方的行为,而将这种意愿通知其他缔约方的形式就是制作批准书,并送交其他缔约方。即使一个条约经过了某缔约方国内有权机关的认可或批准,但没有将这种意愿通知其他缔约方,那么有权机关的这种"批准"并没有国际法上的效力。

条约在国内被批准后,缔约方之间一般都需要交换批准书。如前所述,制作批准书并送交其他谈判方是使批准具有国际法效力的方式。交换批准书之后,条约开始对谈判方产生约束力。关于批准书的格式,国际法则没有统一的规定,完全是由各国按照自己的习惯办理。但各国批准书的内容大体相同。它一般分为两部分,首先是声明该国已批准某一条约,其次是声明该国将遵守该条约中的一切规定。

我国国际法学家周鲠生先生指出:"在现代各国缔约的实践上,并不是一切的条约都需要经过国家元首(或最高权力机关)批准的形式。有些条约特别是重要的政治性的条约,一般必须是国家元首或最高权力机关批准,有的条约则可以径由政府核准。核准可说是代替批准的一种简易方式。"[①]在我国,依法须经批准的条约签署后、由外交部或国务院有关部门会同外交部报请国务院核准,并由国务院提请人大常委会审议批准。请示报告应说明条约的主要内容,参加的利弊,对中国将产生的权利和义务,建议批准的主要理由以及可能的后续工作安排等。如果需要并可以对多边条约某些条款作出保留或声明,应在报告中详细说明。签署时所作的保留或声明,应在批准书中重申。人大常委会作出批准的决定后,由主管部门根据人大常委会批准决定,函请外交部办理批准书。批准书由国家主席根据人大常委会的决定签署,由外交部长副署。批准书应加盖火漆印(国印和外交部印)。

---

① 周鲠生著:《国际法》下册,第536页。

批准或不批准条约,完全是一国国家主权范围内决定的事。一国对于已签署的条约没有必须批准的义务,也无须向他国陈述拒绝批准的理由。条约一国对其全权代表已签署的条约,可以批准,也可以不批准,这些都是一国的主权范围内的事项。例如,中国和俄罗斯于2009年10月13日在北京签署了《通报弹道导弹发射协议》。根据这一协议,中国和俄罗斯就承诺在弹道导弹方面,如果发射的射程超过2000公里,就要向对方通报。协议规定了通报的暂行范围、有效期和信息内容。协议签署后,俄罗斯议会分别于2010年10月20日和27日通过了根据协议制定的上述法律。2010年11月5日,俄罗斯总统梅德韦杰夫签署了关于批准该协议的联邦法律[①]。而俄罗斯关于使《通报弹道导弹发射协议》生效所需的国内程序,完全是该国自己决定的。

批准以后还有核准(approval)。它是一个国家认可已签署的条约并同意其拘束的法律程序。在中国,核准条约的机构是国务院。

4. 接受与加入

接受(acceptance)是一个国家同意受条约拘束的简便形式,类似核准手续。这是一个国家为了避免繁杂的批准程序,根据多边条约的相关条款规定及本国的国内法所采取的一种参加条约方式。有时候立法机关会否决行政机关已经签署的条约,如1999年,美国参议院就否决了克林顿提交的《全面禁止核试验条约》。为避免出现这些情况,实践中出现了接受来替代批准方式,表示缔约方同意接受条约约束。"接受",是指由行政机关,而非立法机关做出缔约方同意受条约约束的行为。从本质上来说,批准和接受并无不同。它只不过是一种简单化的、行政机关的"批准"。

中国缔约程序法第12条规定,中国接受多边条约和协定由国务院

---

① "俄总统批准俄中通报导弹协议",《参考消息》,2010年11月7日,第8版。

决定。如 1970 年 11 月 17 日订于巴黎的《关于禁止非法进出口文化财产和非法转让其所有权的方法的公约》该公约第 19 条规定,本公约须经联合国教育、科学及文化组织会员国按各国宪法程序批准或接受。中国是以采取接受的方式参加的,1989 年 9 月 25 日中国政府决定接受该公约,并于 1989 年 10 月 25 日交存接受书,该公约于 1990 年 1 月 25 日对中国生效。

加入(accession)则是表示一个国家对未经本国代表签署的条约同意拘束的一种法律程序,是参加未签署的多边条约最常见的一种形式。其目的是吸收更多的国际法主体成为条约的缔约方,扩大条约的适用范围和影响。加入针对的是多边条约,双边条约一般不存在加入的问题。

绝大多数多边条约都有关于加入的规定。这是因为这些条约的开放签署期是有规定的,一旦期满,就终止签署,其目的在于加快条约生效。同时也为有关非签署国参加条约提供方便。如 1997 年 9 月 18 日签订于渥太华的《关于禁止使用、储存、生产和转让杀伤人员地雷及销毁此种地雷的公约》第 16 条第 2 款规定,本公约应开放供未签署本公约的任何国家加入。

1969 年公约第 15 条规定了没有签署条约的国际法主体在三种情况下可以"加入"条约,即:条约明文规定某国可以加入;谈判国商讨后同意该国可以加入;全体当事国嗣后协议,该国可以加入。由此可见,加入条约的主体是要具备一些条件的:或者是条约规定了其可以加入,或者是得到了其他原始缔约方的同意。例如,《不扩散核武器条约》第 9 条第 1 款规定:"凡未在本条约按照本条第三款的规定生效前在本条约上签字的国家,得随时加入本条约。"中国于 1991 年 12 月 29 日决定加入该公约,1992 年 3 月 9 日递交加入书,同时对中国生效。

加入手续如何履行,由各国国内法决定。中国缔约程序法第 11 条规定:加入多边条约和协定,分别由全国人民代表大会常务委员会或者国务院决定,即依据条约性质分别由国务院或全国人大常委会决定加入,由中国人大决定加入的条约范围与人大批准的条约范围相同。中国加入书由外交部签署,具体手续由外交部办理。

第三节 条约的保留

前面讨论的主要是关于缔约程序方面的规则,这方面国家的分歧意见不大。但条约保留制度则是条约法理论和实践中比较复杂的一个问题。

从一般意义上讲,对多边条约提出保留和声明为国际法所允许。"保留"事实上存在于多边条约中,这主要是因为众多缔约方有各自不同的利益,有时难以接受整个条约,所以就通过保留的方式进行折衷。然而问题是:提出的保留可能会被其他缔约方接受,也可能不为其他缔约方接受,这就使得多边条约的效力产生了疑问,也使得缔约方的权利和义务变得复杂。

一、保留的特征

《条约法公约》第 2 条第 1 款规定:"一国在签署、批准、接受、赞同或加入一个条约时所作的单方面声明,无论措辞或名称如何,其目的在于排除或更改条约中若干规定对该国适用时的法律效果"。[1]

根据这个定义,可以看到"保留"的一些基本特征,即:

—— 保留是一种单方面声明,是一个国际法主体对条约的某些条

---

[1] 我国著名国际法学家李浩培先生认为:"在实质上,保留国所提出的保留,必须使条约的某一规定的法律效果在对保留国的适用上被排除或被改变,否则就不是保留。"李浩培"条约中的保留意义",载《李浩培文选》,法律出版社 2000 年,第 606 页。

款表示不能接受而单方面做出的一种行为；
— 保留的目的在于排除或改变条约中某些规定对提出保留的缔约方适用时的法律效果；
— 保留必须以书面形式做出；
— 保留一般要在缔约方表示同意接受条约约束时提出。

国际条约有双边和多边之分，但双边条约一般不会发生保留问题。因为如果某一方要对某个条款予以"保留"，等于是在向对方提出新的谈判建议，对方若不同意修改，谈判要继续到达成协议为止；对方若同意修改，被保留的条款将被删除或修改，成为无保留的条约。所以，"保留"只是适用于多边条约。

多边条约由于涉及国家多，各国利益往往不尽一致或相互冲突，有时要使所有缔结国对条约全部条款都完全同意，会不太容易做到或经常做不到。多边条约为了追求条约的普遍适用性（universality），不至于因为个别分歧而将某些国家排除在条约之外，所以发明了条约的保留制度。这实际上是为了求同存异。

缔约国提出保留时可能使用不同的名称，如"保留"、"声明"、"解释性说明"等，这些名称并不重要，关键看它是否有排除或更改某些条约规定的意图。例如，1996 年 6 月 7 日中国政府向联合国秘书长交存 1982 年《联合国海洋法公约》的批准书时同时声明：

"1. 按照《联合国海洋法公约》的规定，中华人民共和国享有 200 海里专属经济区和大陆架的主权权利和管辖权；

2. 中华人民共和国将与海岸相向或相邻的国家，通过协商，在国际法基础上，按照公平原则划定各自海洋管辖权界限；

3. 中华人民共和国重申对 1992 年 2 月 25 日颁布的《中华人民共和国领海及毗连区法》第二条所列各群岛及岛屿的主权；

4. 中华人民共和国重申：《联合国海洋法公约》有关邻海内无害通

过的规定,不妨碍沿海国按其法律规章要求外国军舰通过领海必须事先得到该国许可或通知该国的权利。"

如果从内容上看,这一声明显然没有排除或更改公约对中国适用效果的意思,而仅仅是阐明中国的立场,因而是解释性声明,不能算是保留。

保留是单方面声明,其实质是排除条约中某些条款对提出保留的缔约方的拘束力。因此,有些国际条约选择采用"一揽子解决"的办法,规定不允许保留。例如,1982 年《联合国海洋法公约》第 309 条规定,"除非本公约其它条款明示许可,对本公约不得作出保留或例外"。2002 年 7 月生效的国际刑事法院《罗马规约》也不允许保留。

二、保留的效果

保留的效果在国际法上曾有较大争议。多边条约在国际组织或国际会议上以多数票通过时,不可避免会有对条约规定不满的国家,会提出保留。如不加限制地允许附有保留,将损害条约的完整性。

在 19 世纪、20 世纪直到第二次世界大战前,对于多边条约的保留问题,都主张采取"全体一致原则"(unanimity rule),即一国对条约的保留只有得到其他所有缔约国的明示或默示同意才能成立,否则提出保留的国家不能成为条约的当事国。换句话说,一个国家提出保留后,得要其他缔约国都承认这个保留才能成立。其他缔约国中如有一个不同意,这个保留就不成立。所以在这种情况下,提出保留的国家只有两个办法,或者撤回保留,或者就不参加这个条约。中国北洋政府时,曾在第一次世界大战后参加订立凡尔赛和约。由于中国不同意将原来德国在山东的一些特权移交给日本,北洋政府参加和会的代表团就对凡尔赛和约第 156 到 158 条关于处理山东问题的规定提出保留,但其他国家不同意,所以中国代表团就没有在和约上签字,没有成为该和约的缔约国①。这一规则在当时的国际多边条约实践中就曾被广泛采用，甚至曾被国际法院鲁达(J. M. Ruda)法官推论为早已确立的国际习惯法规则。②

国际联盟成立后在条约的保留方面，适用的就是"全体一致原则"。1927年6月13日，国际法编纂专家委员会在应国际联盟行政院请求而提出的报告中说："为了对条约某一条款提出任何保留，正如在谈判过程中被提出的那样，该项保留必须得到所有缔约国接受。否则，该项保留，如其所附的签署一样，是无效的。"③同年6月17日国际联盟行政院通过了这一报告，要求主管条约登记的国联秘书处依此处理多边条约的程序问题。

联合国组织在其成立后的最初几年里，也继续沿用这一规则。在1951年以前，在联合国秘书处关于条约保留方面起支配作用的还是这个"全体一致规则"。④ 然而，1951年国际法院对《防止及惩治灭绝种族罪国际公约》（简称《禁止灭绝种族公约》）关于保留问题的咨询意见，成了条约保留制度的一个重要转折点。

根据《禁止灭绝种族公约》第13条规定，公约应自第20份批准书或加入书交存之日起90日后发生效力。截至1950年10月12日，联合国秘书长共接到了19份批准书和加入书，但其中菲律宾和保加利亚的保留受到其他一些缔约国的反对。⑤ 于是，这就涉及到当联合国秘书长在接到第20份批准书或加入书时，公约能否在90日之后生效的问题。鉴此，联合国大会在1950年11月16日通过第478(V)号决议，

---

① 《李浩培文选》，第609页。
② J. M. Ruda, *Reservation to Treaties*, 146 Recueil des Cours(1975), p.112.
③ McNair, *The Law of Treaties*, Oxford: Clarendon Press, 1961, p.163, p.176.
④ Ibid.
⑤ UN Multilateral Treaties, Ch. IV. 1.

请求国际法院对下述问题发表意见,即:"就《防止与惩治灭绝种族罪公约》而言,在一国批准或加入该公约的同时附有保留的情况如下:

(1)如果该项保留受到一个或多个当事国反对,但不为其他当事国反对,那么该保留国是否能在继续维持其保留的前提下成为该公约的当事国?

(2)如果第一个问题的答案是肯定的,那么该项保留在保留国与反对保留国以及与接受保留国间是什么效果?

(3)如果一个尚未批准该公约的签署国或一个有权签署或加入但尚未签署或加入该公约的国家对一项保留提出反对,则对第一个问题的答复将有什么法律效果?"①

1951年5月28日国际法院以7对5票的相对多数作出咨询意见。法院认为《禁止灭绝种族公约》"显然是为了纯粹的人道和文明的目的而被通过的"。"禁止灭绝种族公约其宗旨和目的意味着制定该公约的(联合国)大会和国家的意图是应该有尽可能多的国家参加该公约。把一个或更多的国家完全排除不仅将限制该公约的适用范围,而且将贬损作为该公约基础的道德和人道原则的权威。不能想象,缔约国对一项次要的保留的反对就能轻而易举地产生这种结果。"②

关于条约保留问题,国际法院的主要结论可以归纳如下:

1.一个国家对该公约的保留受到一个或更多的当事国反对而未受到其他当事国反对,只要保留与该公约的目的和宗旨(object and purpose)相符合,提出和维持保留的国家仍然可以被看作是该公约的缔约国;

---

① 中国政法大学国际法教研室编:《国际公法案例评析》,1995年,第90—93页。
② Reservations to Convention on the Prevention and Punishment of Crime of Genocide, Advisory Opinion, International Justice of Court (I. C. J.) Reports, 1951, pp. 23—24.

2. 如果一个当事国认为该项保留不符合公约的目的和宗旨而反对保留时,事实上可认定该保留国不是该公约的当事国;

3. 如果一个当事国认为该项保留符合该公约的目的和宗旨而接受保留时,事实上可以认为该保留国是该公约的当事国。①

根据国际法院这一咨询意见,除非同意另有规定,根据具有对条约提出保留的权利,条约保留的效力应由各缔约国分别判定。这样,传统国际法上关于条约保留的"全体一致"传统规则就被国际法院所否定。

国际法院的咨询意见本身并不具有法律拘束力,但对奠定现代保留制度还是会产生相当的影响。然而,国际法院的这一咨询意见并没有得到广泛的支持。1951年,国际法委员会曾对国际法院的这项咨询意见表示反对,认为该咨询意见中所提出的保留与公约的目的与宗旨相符合的标准过于主观而不好适用,而该委员会则更倾向于一致同意规则。②

直到 1961 年英国国际法学家沃尔多克(Waldock)被任命为第四任条约法专题特别报告员以后,国际法委员会坚持"一致同意规则"的立场才开始发生变化。1952 年 1 月 12 日,联合国大会在综合考虑了国际法院的意见和国际法委员会的报告后,作出第 598(VI)号决议,要求将 1948 年公约的保留作为独立的问题处理并遵循国际法院的咨询意见。此后,条约的保留作为条约法的一部分成为国际法委员会研究和编纂的对象,并最终形成了 1969 年《条约法公约》规定的保留制度。

根据《条约法公约》的规定,除条约禁止保留或条约允许特定的保

---

① Ibid., pp. 29—30.

② Report of International Law Commission on Reservation to Multilateral Conventions, Yearbook of the International Law Commission, 1951, Vol. II, pp. 125—131.

留不在该范围内时,保留如与条约的宗旨和目的相一致,一国可附有保留而成为条约的当事国(第19条)。条约的其他当事国,接受或反对该项保留或虽然反对保留但并未反对条约的产生效力或明确反对条约产生效力时,条约关系将变得非常复杂,对此参见下图:

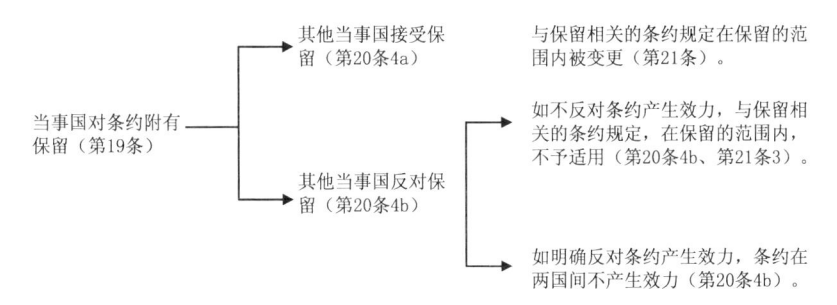

```
                          ┌─→ 其他当事国接受保留    与保留相关的条约规定在保留的范
                          │   （第20条4a）          围内被变更（第21条）。
                          │
当事国对条约附有          │                        如不反对条约产生效力,与保留相
保留（第19条）────────────┤                        关的条约规定,在保留的范围内,
                          │                        不予适用（第20条4b、第21条3）。
                          │
                          └─→ 其他当事国反对保留
                              （第20条4b）
                                                  如明确反对条约产生效力,条约在
                                                  两国间不产生效力（第20条4b）。
```

关于《条约法公约》规定的保留效果图解

所以现在维也纳公约关于条约保留的规则规定要灵活多了,它并不需要全体国家同意。而是一个国家提出保留之后,只要另外一个国家同意这个保留,保留就可以成立。这同原来规则完全不同。其他国家反对这个保留怎么办呢?《条约法公约》明文规定,反对的国家可以表示意见。表示意见可以用两种办法:一种是虽然我反对这个保留,但我还愿意同这个国家发生条约关系。另一种是反对保留的国家可以同提出保留的国家不发生条约关系。还有一种办法是,我反对这个保留,但是反对保留的结果只是在提出保留的那个条文上同提出保留的国家不发生条约关系,而其他条文还是同它成立条约关系。这样就灵活多了。这样,保留既然容易多了,条约的缔结也就容易多了。如按以前传统的办法,保留一定要全体缔约国同意,那么多边条约的缔结就困难了,现在就容易得多了。

新的条约保留制度在国际实践中所带来的最明显的后果,就是促

使更多的国家参加到许多重要的国际多边条约中,特别是那些建立在"道德和人道原则"基础上的人权条约。① 然而,在条约保留方面否定"全体一致"的传统规则,也带来了削弱条约"整体性"(integrity)的后果,即不仅在内容上而且在保留国与其他缔约国之间的关系上,等于把每个条约又分解为截然不同的条约关系。② 国际法院强调的以符合条约"目的和宗旨"作为限制保留的许可性标准,尽管具有重要指导意义,但不仅本身具有一定的主观性,而且由各缔约国自行判断则更容易引起缔约国之间的分歧。

正是因为有这些问题,条约保留问题再次被提上国际法委员会的日程。1993年12月9日,联合国大会第48/31号决议核准了国际法委员会将该专题列入议程的决定。根据该决议,国际法委员会于1994年7月22日在其第46届年会第2376次会议上任命阿兰·佩莱(Alain Pellet)先生为该专题的特别报告员。③

三、中国与条约的保留

截至2008年年底,中国参加多边条约已超过340项。其中,中国对50多项条约提出了保留。④ 如果对中国提出的保留进行分类,就可

---

① 到目前为止,世界上绝大多数国家都已批准加入了重要或核心的国际人权公约。截止到2011年5月,《公民权利和政治权利国际公约》当事国167个;《经济、社会、文化权利国际公约》当事国160个;《禁止种族歧视公约》当事国174个;《禁止歧视妇女公约》当事国186个;《儿童权利公约》当事国193个;《禁止酷刑公约》当事国147个。此外,《防止及惩治灭绝种族罪国际公约》在1951年5月28日国际法院对做出咨询意见以前,只有25个当事国,现在增加到141个。UN Multilateral Treaties, Ch. IV. 4.

② P. Reuter, *Introduction to the Law of Treaties*, trans. by J. Mico and P. Haggenmacher, London: Pinter Publishers, 1989, p.61, p.65.

③ *Report of the International Law Commission to the General Assembly*, YILC (1994), Vol. II, part 2, p.179.

④ 段洁龙主编:《中国国际法实践与案例》,第六章中国的条约法实践,法律出版社2011年。

以看到：我国除对与国内法有抵触的条款、对目前履约有技术困难、对可能损害我国主权、利益或与政治制度、外交政策等不相符条款予以保留以外，主要是对争端解决方式条款的保留。这种保留数量较多，它占了中国声明保留总数的一半。

例如，中国政府于1972年12月5日声明，"中华人民共和国政府不承认旧中国政府1946年10月26日关于接受国际法院强制管辖的声明"，排除了《国际法院规约》第36条第2款关于强制管辖的适用；在加入《联合国特权与豁免规约》时，中国对该公约第8条第30节予以保留。该公约第8条第30节规定：除经当事各方商定援用另一解决方式外，本公约的解释或适用上所发生的一切争议，应按照宪章第96条及法院规约第65条请法院就所牵涉的任何法律问题发表咨询意见。当事各方应接受法院所发表的咨询意见为具有决定效力。

中国对争端解决方式条款保留的立场，比较容易理解。这主要是为了排除国际法院等对缔约国之间对条约的解释、适用发生争端时的强制管辖权。具体的说，是为了排除国际法院等强制仲裁或审理的权利，以及在某些情况下由国际法院发表具有决定效力咨询意见的权利。这与我国一贯主张以谈判或协商方式通过外交途径解决国际争端的立场是一致的。[①]

中国还根据本国特有的国情，对公约适用范围问题也作了保留。条约适用的空间范围，通常是条约当事方的全部领土，除非条约另有规定或当事方另有协议。但国际上也存在一些限制领土适用范围的条约。例如，在一些联邦制国家，如美国，联邦各州（邦）可以在联邦政府的同意下或以联邦政府名义同外国缔结一些仅适用于本州（邦）的条约或协定。就我国的情况而言，我国是单一制国家，条约适用的空间范围

---

① 段洁龙主编：《中国国际法实践与案例》，第六章中国的条约法实践。

当然包括我国全部领土。但依据1984年《中英联合声明》和1990年《中华人民共和国香港特别行政区基本法》的有关规定,中国缔结的国际协议,中央人民政府可根据香港特别行政区的情况和需要,在征询香港特别行政区政府的意见后,决定是否适用于香港特别行政区。

因此,中国政府参加的除外交、国防以外的多边条约,在适用于香港特别行政区和澳门特别行政区之前需征求两特别行政区政府的意见,并在交存批准书、加入书、核准书、接受书等文书时,同时声明公约是否适用于香港特别行政区和澳门特别行政区。

据此,1970年《关于从国外调取民事或商事证据的公约》于1998年2月6日对我国生效,我国将该条约扩展适用于澳门时就做了如下声明:"除第十五条外,澳门特别行政区不适用公约第二章的规定;澳门特别行政区不适用公约第四条第二款的规定。"[1]

还有,2003年9月23日中国向联合国秘书长递交2000年《联合国打击跨国有组织犯罪公约》的批准书时声明:"在中华人民共和国政府另行通知前,本公约暂不适用于中华人民共和国香港特别行政区。"[2]

第四节 条约的遵守与适用

条约的遵守与适用,原是由国际法本身的特点所决定的。包括条约在内的国际法,是各主权国家之间在自愿同意的基础上达成的法律制度和规则。但另一方面,由于国际社会并没有国内社会那样一套具有强制力的机器(如军队、警察、法庭和监狱)来保证国际法的遵守和执

---

[1] 《中华人民共和国多边条约集》第七集,法律出版社2002年,第200页。
[2] 《中华人民共和国多边条约集》第八集,法律出版社2006年,第352页。

行,因此,国际法的有效性和国际法律秩序的稳定性在很大程度上取决于各国能否善意履行其所承担的国际义务。

条约是为了履行而制定的。条约依法缔结生效后,即对各当事方具有拘束力,必须由各当事方善意履行。

一、条约的遵守

"约定必须遵守"(pacta sunt servanda)是条约法的一个基本原则,条约应当是缔约方意愿的真实表达,如果条约是有效的,缔约方就必须遵守条约的规定。这本来就是一个习惯法规则,《维也纳条约法公约》第 26 条对此加以确认:"凡有效之条约对其各当事国有拘束力,必须由各该国善意履行。"所以根据这个原则,各方在条约生效后就必须按照规定行使权利和履行义务,不得违反。我国著名国际法学家李浩培先生甚至认为这是条约法"一个最重要的基本原则"。[1]

条约必须遵守,违反了条约规定自然就产生国家责任。这在一系列国际法案例与文件中反复得到确认和重申。早在 1927 年,常设国际法院在《霍茹夫工厂案》(*Chorzow Factory Case*)的判决中就指出:"对约定的违背产生以适当形式提供赔偿的义务,这是一项国际法原则。因此,赔偿是违背一项条约的不可或缺的补足,这一点无须在条约中载明。"[2]《联合国宪章》也要求其会员国"尊重由条约与国际法其他渊源而起之义务"和"履行其依本宪章所担负之义务"(第 2 条),《条约法公约》也明确规定:"凡有效之条约对各当事国有拘束力,必须由各当事国善意履行。"(第 26 条),所有上述规定,都是对"条约必须遵守"这项久

---

[1] 李浩培:"条约中的保留意义",载《李浩培文选》,法律出版社 2000 年,第 665 页。
[2] 贺其治著:《国家责任法及案例浅析》,法律出版社 2003 年版,第 59—60 页、第 221—222 页。这里实际上阐述了国际习惯法的两个基本规范:一是条约必须遵守原则;二是对于不公正地造成的损害,须负赔偿的责任。

已确立的习惯国际法规则所作的编纂和重述。

关于"必须由各该国善意履行"一语,《条约法公约》第31条规定:

"一、条约应依其用语按其上下文并参照条约之目的及宗旨所具有之通常意义,善意解释之。

二、就解释条约而言,上下文除指连同弁言及附件在内之约文外,并应包括:(甲)全体当事国间因缔结条约所订与条约有关之任何协定;(乙)一个以上当事国因缔结条约所订并经其他当事国接受为条约有关文书之任何文书。

三、应与上下文一并考虑者尚有:(甲)当事国嗣后所订关于条约之解释或其规定之适用之任何协定;(乙)嗣后在条约适用方面确定各当事国对条约解释之协定之任何惯例;(丙)适用于当事国间关系之任何有关国际法规则。

四、倘经确定当事国有此原意,条约用语应使其具有特殊意义。"

由此可见,解释条约首先要遵守的就是善意原则,要从诚实信用出发解释条约。如果能够证明条约当事方旨在赋予某个术语以特定的含义,则就应当按该特定含义解释,要从该用语的上下文、条约的宗旨和目的来进行分析,等等。

二、遵守条约与"情势变迁"

"约定必须遵守"是条约法的一个重要原则,但也并不是绝对的。例如,当一个条约本身是无效时,也就不存在必须遵守的问题。此外,情事变迁原则也是"约定必须遵守"原则的一个例外。

"情势变迁",是指缔约方在缔结条约时存在一个假设,即缔约国缔约时情势不变为条约有效的前提，一旦情势发生根本性变化，缔约国便有权终止条约。因为该原则可以使缔约方不再履行条约，所以如果缔约方对其滥用，则会导致条约关系的不稳定。因此，该原则的适用受到某些条件的限制。《条约法公约》就有条件地承认"情势变迁"原则，该公约的第62条将之称为"情况之基本改变"。

《条约法》第62条规定："一、条约缔结时存在之情况发生基本改变而非当事国所预料者，不得援引为终止或退出条约之理由，除非：（甲）此等情况之存在构成当事国同意承受条约拘束之必要根据；及（乙）该项改变之影响将根本变动依条约尚待履行之义务之范围。二、情况之基本改变不得援引为终止或退出条约之理由：（甲）倘该条约确定一边界；或（乙）倘情况之基本改变系援引此项理由之当事国违反条约义务或违反对条约任何其他当事国所负任何其他国际义务之结果。三、倘根据以上各项，一当事国得援引情况之基本改变为终止或退出条约之理由，该国亦得援引该项改变为停止施行条约之理由。"

公约以否定性的措辞，规定了适用"情势变迁原则"的范围，即在一般情况下"不得"援引该原则作为理由要求终止条约，"除非"在特殊情况下才能如此。

那何为"特殊"情况呢？一般来说，它主要是指发生情势变迁是在缔约之后，其程度是根本性的，而且还必须是缔约国在这之前没有预见到的，从而丧失了缔约国缔约时同意接受该条约约束的根本前提。但需要指出的是，情势变迁不能是由于缔约国自己的违约行为所造成的。此外，边界条约或条款不受情势变迁的影响。

为解释"情势变迁"原则，可以来看一下常设国际法院于1932年审理瑞士诉法国的上萨瓦及捷克斯自由区案。

上萨瓦（Upper Savoy）1860年前是萨丁尼亚的一部分，与瑞士相邻，历史上与日内瓦形成了经济和商业上的密切关系。在拿破仑战败后,欧洲国家为解决众多的领土问题,于1815年召开了维也纳会议,瑞士的未来也是会议讨论的问题之一。法国参加了这次会议,但瑞士并没有参加。

1815年3月20日,与会国家通过了一个宣言,表示如果瑞士同意本宣言所包含的条款,他们将承认和保证瑞士在其疆界内永久中立,其中包括在捷克斯(Gex)区为瑞士的利益创设一个撤销法国关税线的权利,法国对从捷克斯地区输入瑞士的货物将免征关税。瑞士接受了宣言,维也纳宣言的国家于1815年11月20日在维也纳宣布瑞士永久中立。萨丁尼亚的撒瓦区也被做了类似的安排,这种安排后来被称为自由区。

但第一次世界大战结束后,法国认为情势发生重大变迁,建立捷克斯区和上萨瓦区的根据已经消失,于是要求改变这些附着于其领土上的地役。在法国的建议下,在1919年的《凡尔赛和约》中加入了第435条,认为这些自由区"不再与现在的情况相符,法国和瑞士应该通过协议协商解决这些领土的地位……"随后,两国通过协商草拟了一个协议,虽然该协议得到了瑞士会议(Swiss Diet)的批准,却遭到国民投票的否决。因此,法国宣称单方面废除自由区,在法国和日内瓦的边界征收关税。两国最后在1924年10月30日签订了一个特别协定,将争端提交常设国际法院解决,两国请求法院判决:《凡尔赛和约》第435(2)条是否已经废除了自由区?或者至少含有废除这些自由区的意图?他们还请求法院就主要问题做出判决并解决一切与执行《凡尔赛和约》第435(2)条有关的问题。

经过审理后,常设国际法院于1932年6月7日发布裁决,认为《凡尔赛和约》第435(2)条没有废除自由区,也没有废除自由区的意图。所以根据法院的判决,法国有义务将海关边界撤回到这两个自由区与法国之间的边界上,但它有权在法国和日内瓦的边界上征收财政费。另外,国际常设法院拒绝解决与执行第435(2)条有关的一切问题,因为做出一个要靠双方以后批准的判决,不符合法院规约和法院的地位。

在这个案件中,常设国际法院没有接受法国关于自由区情势已发生重大变迁的主张。它认为法国所依据的变迁与在自由区成立时各缔约国心目中的所有情势无关,因此不能对这些变迁加以考虑。

条约的缔结和维持是以一定的客观事实为基础的,一旦客观事实发生改变,并且给缔约一方带来过分的负担,基于公平原则,该条约应予以终止或修改。1969年《维也纳条约法公约》第62条主要是基于这一观点之上制订的。

三、对非缔约方的效力

传统国际法认为,"条约不约束第三方",例如在上面提到的"上萨瓦和捷克斯自由区案"中,常设国际法院在判决中就写道:"瑞士不是《凡尔赛和约》的缔约方,只要瑞士未承认该和约,就不能以该和约的内容对抗瑞士。"但该原则也有例外情形。

根据维也纳《条约法公约》第36条的规定,条约有时也可以为非缔约方创设权利,只要该非缔约方同意即可。至于同意的形式,则可以是明示表示接受,也可以是从该非缔约方的行为进行推定,总之,只要该方没有做出相反的表示,条约就可以为非缔约方创设权利。

为非缔约方创设权利的最明显例子就是最惠国待遇条款。它是一国在贸易、航海、关税、国民法律地位等方面给予另一国的优惠待遇不得低于现时或将来给予任何第三国的优惠待遇。该项待遇通常是通过签订双边贸易条约并在其中订入最惠国待遇条款得以进行。例如,甲国和乙国签订的一个经贸条约中订入了"最惠国待遇条款",那如果今后甲国和丙国签订的经贸条约中给予丙国的待遇要比甲国在前一个条约中给予乙国的待遇高,那么这时候乙国自动获得和丙国一样的待遇。

《条约法公约》中同样有允许对非缔约方施加义务的条款。该公约

第35条规定:"如条约当事国有意以条约之一项规定作为确立一项义务之方法,且该项义务经一第三国以书面明示接受,则该第三国即因此项规定而负有义务。"

在国际关系的实践中,为非缔约方施加义务的情况其实并不少见。如《联合国宪章》第2条第6款规定,在维护国际和平及安全的必要范围内,应保证非联合国会员国遵行第2条所列的原则(即联合国组织有基本原则和宗旨)。这条规定一般被认为是对非会员国有效。出于同理,《联合国宪章》第32条规定,非联合国会员国之国家,如于安全理事会考虑中之争端为当事国者,应被邀参加关于该项争端之讨论。

为非缔约方施加义务就是对其主权的一种限制。由于国际法的这一发展,使得传统国家主权受到了挑战。1998年7月17日通过的《国际刑事法院罗马规约》中就有一些对非缔约国施加义务的条款。例如,《规约》第12条规定,如果一个或多个缔约国接受了该法院的管辖权,国际刑事法院即可以行使管辖权。按照这个规定,只要犯罪行为地国或者被告国籍国是《罗马规约》缔约国,国际刑事法院对案件进行管辖,即便该案件可能会涉及非缔约国。

此外,根据国际刑事法院的"补充性原则",它只有当该国的国内法庭不愿意或不能够对案件进行管辖时,国际刑事法院才能行使管辖权。然而,是否属于"不愿意"或"不能够"的情况,则由法院自己定。所以在这种规定下,当案件涉及非缔约国,为了表明自己"能够"或"愿意",该非缔约国也不得不来法庭陈述。因此,《罗马规约》事实上为非缔约国也创设了义务。

第五节　条约的修改、无效及终止

条约的修订、无效及终止,在条约法上也是有重大实际意义的问题。

国际条约同国内法一样,在缔结时也不可能预见到以后会发生的所有问题。适时地更新条约以适应国际实践的发展,是应对国际社会各种情况变化的必然要求。所以,一般来说,条约一般都会如此规定:"经缔约方同意可对本协定进行修改,"条约的无效和终止,则是指条约由于某些原因的出现,导致不再对当事国具有拘束力的法律状态。

一、条约的修改

所谓条约的修改(revision),是指更改或删除原条约规定的行为。

在实践中,双边条约的缔约方可以随时提出修订,并以换文或议定书的形式确认该项修订。如2000年《中华人民共和国政府和秘鲁共和国政府民用航空运输协定》第18条规定:"(1)缔约一方如认为需要修改本协定或者其附件的任何规定,可随时要求与缔约另一方以书面或者会晤形式进行协商,并应在缔约另一方收到要求之日起九十天内开始,除非缔约双方同意延长这一期限……(3)对本协定或者附件的任何修改,应通过外交途径换文确认后生效。"

双边条约的修改,光是一方不行,得两边都同意。2010年4月,美国奥巴马总统与俄罗斯梅德韦杰夫总统签署了《削减和限制战略核武器条约》。但过后在美国国会批准的辩论过程中,共和党人认为这份条约会限制美国的国家安全选择,因而提出要在投票前对条约进行改动。对此,俄罗斯警告说:对原来文本"进行的任何改动都可能会扼杀这份条约"。[1]

总的来说,双边条约的修订较为简单,一般不会有太大的技术困难。多边条约不同,它通常是无限期有效的。由于缔约国数目比较多,

---

[1] "俄警告美勿修改核裁军条约",《参考消息》,2010年12月22日,第2版。

造成同意对多边条约进行修订以及随后使之生效的过程可能和谈判该原始条约并使之生效一样困难。因此,修订的规则和程序要复杂得多。

修正协议通过和生效的程序,原则上适用《条约法公约》里有关条约的缔结和生效的规则:修正协议仅需要参加修正谈判的国家或国际组织三分之二的多数即可通过(第9条)。如果没有这样的规定,则需要参加谈判的国家或国际组织全体同意才可生效(第24条第2款)。因为就修正协议的性质来说,本就应适用于参加条约修正的所有谈判方,如果它们意图使修正协议仅在部分谈判方同意受其约束时即可生效,自然应当作出明文的规定。

二、条约的无效与终止

条约的无效是指条约不再具备产生效力的实质要件,因而在国际法上不产生拘束力的一种法律状态,将归于无效。

根据《条约法公约》第42条的规定:导致条约的无效的原因只能在公约规定的范围内,除此以外的其他原因都不能产生使条约无效的效果。另根据公约第46至53条,有效的条约须满足三个条件,即:缔约主体要具备缔约能力,具有同意的自由,而且也符合强行法。这三个条件必须同时满足,缺一不可,才能使条约实质上产生效力。

《条约法公约》的这些要件,都比较容易理解。一个国际法主体的缔约能力是由国际法决定的,如果它超出了国际法赋予它的缔约能力范围缔结条约,也就是说,如果代表逾越了国家赋予它的权限范围,那么在权限范围之外它的活动就不能代表国家,也因而丧失了缔约能力。

当然,只有缔约各方意思表示的一致,可以使条约成立。如果使条约在实质上有效,还必须保证这种意思表示是真实的。但有时"同意"会有瑕疵。1969年《条约法公约》明确规定了构成同意的瑕疵的几种情况,即:错误、诈欺、贿赂和强迫(第48—52条)。

条约的终止是指条约生效后,由于某些原因的出现,导致条约不再对当事国具有拘束力的法律状态。为了保持条约的稳定性,与条约的无效一样,只有公约规定的法定原因才能导致条约终止的后果。1969年《条约法公约》规定:"终止条约、废止条约,或一当事国退出条约,仅因该条约或本公约规定之适用结果始得为之。同一规则适用于条约之停止施行。"(第42条第2款)

公约规定的法定原因主要被规定在维也纳《条约法公约》的第五编第三节里面,它分为三个方面,即:条约本身的规定、当事国嗣后共同同意和一般国际法规定的原因。

缔约方可以在条约中约定该约在何种情况下终止,这是缔约方意思自治的体现。现代条约大多数都会包含某些条款,规定条约的有效期或者条约终止的日期或者是条约终止的条件,还有可能直接规定当事方拥有单方面废除或退出条约的权利,这些既有可能导致条约本身的终止,也可能导致条约仅对特定的当事国终止。

从国际实践来看,条约所规定的终止原因主要有:期限届满、到达终期、满足条约规定的终止条件,或行使解约权或退约权,等等。

条约一般不能单方面被废除,但在下述情况下是被允许的,即:

(1)互负条约义务的当事国,如果一方违反或未履行条约义务,他方可以拒绝该方要求其履行条约的主张,这是得到普遍承认的一个国际法原则;

(2)情势变迁(fundamental change of circumstance,或 *rebus sic stantibus*)。就是一个条约缔结并生效后,如果缔结时存在的情况嗣后发生了当事国无法预见的根本性的变更,那么在特定条件下,当事国有权予以终止、退出或暂停实施该条约的一项国际法的适用原则。该原则源于国内法,是世界各大法系普遍承认的一项契约原则,被认为是除事实上履行不能外的又一项合同不适用的原因。

三、强行法

与条约无效相联系的还有强行法。1969年公约第53条规定:"条约在缔结时与一般国际法强制规律抵触者无效。就适用本公约而言,一般国际法强制规律指国家之国际社会全体接受并公认为不许损抑且仅有以后具有同等性质之一般国际法规律始得更改之规律。"所以强行法(jus cogens)就是"国家之间国际社会全体接受并公认为不许损抑且仅有以后具有同等性质之一般国际法规律始得更改之规律",条约在缔结时如果与之相抵触就无效。"1969年《维也纳条约法公约》明文规定了强行法,这在国际法理论上和实践上是有重大的意义。"[①]

所以根据上述规定,如果一个法律规则是不能用条约来排除适用的,就是强行的法律规则。比如《联合国宪章》规定,一个国家不得侵略其他国家的政治独立或者领土完整,这个规则就是强行法规则。因为存在这条法律规则,国际法主体(如国家)不能够订立一个条约来排除这个规则的适用。假设两个国家缔结一个条约来瓜分一个国家(二战前苏联与德国就曾为了瓜分波兰而签订过这样的条约),这种条约缔结就当然是无效的,因为它违反强行法规则。

这样的规则当然很好,对小国或弱国是有利的。所以强行法规则一定是要对于国际社会的集体利益非常重要的规则,个别国家不能用缔结条约来违反它。"强行法"的对应词是"任意法"(jus dispositivum),意思是说,这种国际法规则是可以由当事国订立条约来排除适用的。比如说,《维也纳外交关系公约》规定了外交官的特权和豁免,其中包括一个国家的外交官在对方国家不受对方国家法院的审判,或者可以免税,等等。这些特权和豁免的规则是不是强行法的规则呢? 不

[①] 李浩培:"强行法与国际法",载《李浩培文选》,法律出版社2000年,第489页。

是。它们是"任意法规则",因为这些规则可以由当事国缔结条约来排除适用。中国也加入了《维也纳外交关系公约》,但如果我们同另外一个国家比较好,就可以另外再订立一个条约,使得两国的外交官在对方国家享有的特权和豁免待遇超过外交关系公约所规定的待遇。从法理上这当然可以,因为它对于国际社会没有什么坏处,对国际社会的利益没有什么损害。因此,维也纳外交关系公约中关于外交官特权和豁免的规定我们叫做任意法规则。任意法规则可以由两个当事国或者几个当事国任意缔结条约排除规定的适用。不仅可以缔结条约来提高外交官的待遇,也可以缔结条约来降低这种待遇。如两国商量好关于某一维也纳外交关系公约中规定的待遇在两国不适用,这当然也可以。这种情况,国际法上称为任意法规则。

这种关于强行法、任意法的区分,过去在许多国际法学者中是不被承认的。一般都认为在国际法里面只有任意法规则,没有强行法规则,所以任何国家都可以用条约来排除国际法的适用。但现在有了强行法就不可以了。

国际法院在"巴塞罗那电气、电车与电力公司案"中也间接承认了强行法规则的存在:"应当把一国对国际社会整体的义务和由另一国在外交保护领域而生的那些义务做必要的区分。从性质上说前者同所有国家都有利害关系……它们是对一切人(*erga omnes*)的义务。在当代国际法中,这种义务源于侵略、灭绝种族行为的非法性,也源于和人的基本权利有关的那些规则和原则,包括使人免遭奴役和种族歧视。这些相应的受保护的权利一部分成为一般国际法的主要部分;其他的则被国际文件赋予普遍性或准普遍性的特征。"[①]这里提到的"一般国际

---

① Case Concerning Barcelona Traction, Light and Power Company, Limited(Belgium v. Spain), Judgment of 5 February 1970, ICJ Reports (1970), p. 32, para. 33—34.

法",就是指强行法。

到目前为止还没有一个被普遍接受的强行法的定义。但根据上述国际法院的判决,强行法所包含的内容大体仍能判断出来。一般来说,强行法主要包括下列规则:(1)公认的国际法的基本原则,如禁止使用武力和武力威胁、和平解决国际争端、民族自决原则等;(2)国际人道法和国际人权法的一些规则,如保护战争受难者、禁止贩奴、禁止贩卖妇女儿童等;(3)国际刑法的一些规则,如禁止灭绝种族、禁止侵略等。1969年公约明确宣示强行法存在的原因,就是为了限制各缔约方所谓的"绝对缔约自由"。

强行法起源于国内法。在任何一个法律体系中,都存在一些强制性的一般规则,不能由当事方通过约定加以修改和排除,早在古罗马法中,就有"公法的规范不得由私人之间的协议而变更"(*jus publicum privatorum pactis mutari non potest*)的说法。强行法规则在某种程度上限制了当事方的缔约自由,通常与一国国内的公共秩序和善良风俗等概念相联系。例如1999年《中华人民共和国合同法》第7条规定:"当事人订立、履行合同,应当遵守法律、行政法规,尊重社会公德,不得扰乱社会经济秩序,损害社会公共利益。"由于该法第52条又继续规定损害社会公共利益或违反法律、行政法规的强制性规定的合同无效,因此这里的第7条就属于强行法规则。

本 章 要 点

在今天的信息时代,任何国家都不可能独立存在,每个国家都需要与其他国家缔结或参加国际条约;而国家相互之间方方面面的关系,如在政治、军事、贸易、教育、科学技术等领域,都是由规范交流的规则所构成。根据国际法"约定必须遵守"原则,国家一旦同意加入或接受条约,就承担了要善意履行条约的义务。

条约是国家参与国际关系和进行国际交往的主要工具。国家在国际关系的交往中通过条约来规定相互之间的义务和权利。"国际条约法",是关于条约缔结、解释、终止等一系列法律问题的规则。制订于1969年的《维也纳条约法公约》是一个至关重要的国际法律文件。

《维也纳条约法公约》使用"书面形式"词语,要求条约应当以书面形式缔结。从国际法本质上说,条约是合意的结果,至于是否一定要以书面形式缔结,对条约性质没有任何影响。条约的名称如何也并不重要。实践中有各种不同的名称,如"公约"、"宪章"、"协定"或"换文"等,其实都是国际法意义上的条约。

条约的缔结需要遵循一定的程序,但这一般是由缔约主体的内部法律来规定,国际法没有关于缔约程序的强制性规则。从实践上看,一个国家接受条约约束的方式,一般是通过谈判、签署、批准、接受、赞同和加入。对条约的批准含有对内和对外两种程序,具有国际法和国内法两方面的意义。"批准"是指缔约方内部有权机关对其谈判代表所签署的条约予以确认,但到底指的是一国哪个机关?则由缔约方国内法自己来规定。但如果一旦批准并交存了批准书,就具有国际法效力。

一般意义上讲,对多边条约提出保留为国际法所允许。我国就对不少国际条约提出了保留。如果分类一下就可看到,我国主要是对争端解决方式条款予以保留。这种保留占了中国声明保留总数的一半。

第五章 承认与继承

世界由一个个国家所组成。但当某一新国家诞生时、其他既存国家是否一定要承认它呢？或者说这种"承认"对这个新国家是否很重要呢？另外，如果既存国家承认它，那"承认"的本身是否有一定的标准呢？其实，这些问题在国际法上并没有定论，它们的实践也是五花八门。

2010年2月，国际法院就"科索沃单方面宣布独立是否合法问题"提供的咨询意见，引起了世界的高度关注。科索沃原来是塞尔维亚国家的一部分，它是自己宣布自己为一个独立国家的，从而从原来的塞尔维亚分了出来。由于国际法上不存在关于国家如何产生的规范，也没有允许现存国家内部是否可以分离的规则，再加之世界上不少国家正面临本国分裂势力带来的困扰，所以当国际法院审议时，许多国家都去参与陈述意见。就连对国际法院一直敬而远之的我们中国，也第一次派出国际法专家[①]前往海牙，让整个世界听到了中国在该问题上的立场。

承认具有宣示或表态作用。既存国家承认一个新国家或一个新政府，其实就是在表明：我认为该新国家或新政府已具备国际法主体资格，并愿意与其发生法律意义上的联系。承认具有法律效果，但承认的

[①] 中国派出前往国际法院陈述立场的国际法专家，为曾任中国外交部条法司司长、中国驻荷兰使馆大使的薛捍勤女士。2010年10月，她在继史久镛法官之后成为国际法院另一中国籍的法官。

决定主要是出于政治考虑。由于世界各国政治立场不尽相同,承认问题也就显得复杂和不确定。

与国家相联系的还有继承问题。在国际法上,一个国家如果同意并签署条约,于是就和另一国际法主体之间建立了法律关系。所谓继承,就是原来国家享有的权利和义务被另一国家取代的情形。国家的变化或更迭会产生国际法上的继承问题,这也是国际关系中另一最实际和重要的问题。

第一节　对国家或政府的承认

每当世界上出现一个新国家或新政府时,就会有承认问题。"承认"(recognition)是既存国家单方面表现出来的意愿,是一个既存国家愿意确认该新国家或新政府具有国际法上的人格,同时表示愿意与其交往。① 这样的例子举不胜举,如瑞士于1950年和美国1979年承认中华人民共和国政府,以及1992年欧洲共同体对斯洛文尼亚和克罗地亚的承认,等等。

一、承认的方式、效果及原则

"承认"的方式可分"明示"和"默示"两种。

明示承认是一种直接的、明文表示的承认。它可通过照会(或函电)的形式来表示承认,也可通过议定或条约来表示承认。例如,中国承认孟加拉人民共和国时在其成立时就发出了正式的和明确的通知,其形式为:

---

① 1933年《美洲国家权利义务公约》第6条:"对国家的承认,仅仅意味着承认对方的国际人格,并承认其具有国际法所规定的一切权利和义务。"

"达卡：致孟加拉人民共和国总统孔达卡尔·穆什塔克·艾哈迈德阁下

阁下：

我谨代表中华人民共和国政府荣幸地通知你,中国政府从即日起承认孟加拉人民共和国。我深信,我们两国人民之间的传统友谊必将不断得到发展。

中华人民共和国国务院总理　周恩来
1975年8月31日于北京"[①]

默示承认则是一种间接的、通过行为表示的承认,如通过建立或维持外交关系或领事关系,无须明确地声明。例如,中国通过1975年向欧共体派驻外交使团来表示对该组织的承认。所以,默示承认是指与新产生的国家通过缔结一项国际法条约或者建立外交关系,但却没有发表正式声明予以承认。

承认是国家单方面的行为。是否要对新国家予以承认？是既存国主权范围内的事,是它根据其外交政策和国家利益决定的问题。在国际法上,对国家或是对政府的承认,是国际社会中的既存国家以一定方式对新国家或新政府出现这一事实的确认,并表明愿意与之建立正式外交关系的国家行为。所以,既存国家是否要给予新国家或新政府承认,是既存国家在政策上权衡的结果,也是国家单方面的行为。既定国家承认一个新国家或新政府,是为了表达自己愿意与之进行交往,这在客观上有助于建立该新国家或新政府的国际地位。

对新国家承认的效果,往往就是相互建交。但承认不等于建交。承认是单方面行为,建交则是双方行为,所以宣告承认不一定非要建

---

① 《人民日报》,1975年9月1日。

交。此外在国际法上,承认不可撤销。外交关系可以断绝,但断交也不能取消承认的效果。因为承认在性质上就是不能撤销的。

关于"默示承认"还需要注意的是,不是所有国家与国家或政府与政府之间的任何技术性的接触都可被当作承认的。中国和美国1955年至1972年间在瑞士日内瓦、波兰华沙和法国巴黎等地举行了许多次的大使级会谈,那这是否意味着美国默示承认了中国政府吗?从国际法的角度来看,这并不意味着对中国政府的默示承认,因为美国政府在举行大使级会谈期间一再否认其有承认的意向和意愿。

承认是承认国对新国家或新政府单方面决定的结果,它取决于承认国的政治利益和对外政策,是否承认?何时承认?完全由其自由裁量。承认一经宣布,它就在既存国家与新国家或新政府之间奠定了相互交往的一个基础。

即使还未被承认,一个国家或政府也不能认为它同其他国家完全没有关系,例如它可以与其他不承认它的国家一起参加外交会议、成为同一国际组织的成员。在此种情况下,还未被承认国家和政府的国内法的效力应得到承认,其行为也享有司法豁免。

对新国家或新政府是否予以承认,原则上由各国自由决定。例如:2003年3月,美国与西方其他一些国家对伊拉克发动了军事进攻。它们在推翻伊拉克萨达姆政权后建立的新的临时政府。对伊拉克这一新的政府是否予以承认,则是一个由各国自己需要决定的事。但"承认"行为也有一定的原则可循,它不能违反国际法。

罗马法上有句古老的格言:"不法行为所产生的结果,是不合法的。"禁止干涉他国领土完整原则从来都是国际法的一个重要原则。根据这个格言,一个国家政权如果是外国侵略或干涉的结果,其存在就是违反国际法的,其他国家为了维护国际法原则,就不应对此予以承认。1931年"9·18事件"后,日本入侵并占领了中国东北,策划制造了伪

"满洲国",并匆忙给予"承认"。对此,美国国务卿史汀生照会中、日两国政府,宣布美国不承认损及中国主权独立或领土及行政完整等的任何情势、条约或协议;此即为"史汀生主义"(Stimson)。[①] 当时的国联也不予承认。

1931年"9·18事件"发生后,国联派出了以李顿为首的调查团来中国就日本入侵的性质进行调查。1932年10月2日,国联在南京、东京和日内瓦同时发表了"李顿调查团报告书"。该报告书里断定:"不能认为日军在1931年9月18日采取的行动是合法的自卫手段。"对"满洲国"的成立,报告书认为:"满蒙毫无疑义属于中国领土,现在之政权不能认为是由真正及自然之独立运动所产生",从而否定了"满洲国"的合法性。国联大会还于1932年3月11日通过决议,确认国联成员国不承认"满洲国"的义务。

以后,针对国际不法行为产生的国家或政府的"不承认主义"为一系列国际文件和国家实践所接受。例如,针对南非罗德西亚的"独立"和南非策划的特兰斯凯"独立"的决议,联合国大会和联合国安理会于1965年和1976年还都分别通过决议,一致谴责在南非罗德西亚(现津巴布韦)建立的种族主义政权,并呼吁联合国所有成员国都不要以任何方式承认它们。[②] 1970年《国际法原则宣言》和1974年《侵略定义》均规定:使用威胁或武力等取得领土或特殊利益均不得也不应承认为合法。1978年12月越南入侵柬埔寨后建立的韩桑林政权、1979年12月前苏联入侵阿富汗后建立的卡尔勒政权,都没得到国际社会的普遍承认。

二、"承认"法律效力的理论

对一个国家和政府的承认,是既存国家以一定方式对新国家或新

[①] 周鲠生著:《国际法》上册,武汉大学出版社2007年,第95页。
[②] Security Council Resolution 277(1965) March 1970.

政府产生的确认,它是国家单方面作出的行为,不需要国家之间任何谈判,也不需要签订任何条约,但关于承认的性质及法律效力却在国际法学界引起激烈的争论。

传统国际法为此分为两派。一派为"构成说",认为承认可以创造新国家的法律人格,即一个新国家只有得到既存国家承认,才能成为国际法主体;另一派则为"宣告说",认为这些条件都具备时,一个实体就可以依照事实的本身而成为一个国家,无需得到其他国家的同意。换句话说,一个国家的成立及其国际法的主体资格的取得并不依赖于他国的承认。①

少数构成说学者认为承认是一种法律行为,虽然它们也不否认其中政治因素,如劳特派特、凯尔森。劳特派特将承认视为既存国家执行的一种"准司法"的义务,虽然其不可避免地受政治考虑的影响,但它标志着那个被承认的社会的国际权利和义务的开始。凯尔森则认为承认行为分为政治行为和法律行为,而在国际法上有意义而且有必要的是后者,它是既存国家确定一个共同体是国际法上的国家的行为。②

构成说主要流行于19世纪。当时,原有的国家认为自己已经组成一个俱乐部,非经其同意,新国家就不能成为成员。20世纪的奥本海、劳特派特、凯尔森等国际法学家也都支持这一理论。比如,奥本海就主张:"一个国家只有经过承认,而不是由于其他原因,才能够算作并且成为一个国际人格者。"③

两者比较,"构成说"对既存国家有利,因为它赋予既存国家以同意或拒绝一个新国家享有国际人格的权利;"宣告说"则对新的国家有利,

---

① 1936年国际法学会《关于新国家及其政府的决议》指出:"新国家的存在及其附着于这个存在的一切法律的效果,并不因一国或多国拒绝承认而受影响。"
② 凯尔森:《国际法原理》中译本,华夏出版社1989年,第224—226页。
③ 周鲠生著:《国际法》上册,武汉大学出版社2007年,第107页。

因为根据这一学说,新国家是先于独立于外国的承认而存在的,其国际人格并不是由其他国家的承认与否决定的,在实践上他国的承认只是一种对新国家已经存在这一既存事实的确认。

因为这两种学说之间的区别,弱小国家一般对"别人的承认才能决定自己资格"的理论(构成说)表示反感,认为它是对一个国家内部事务的干涉。1930年,时任墨西哥外交部长的赫纳罗·爱斯特拉达(Estrada)主张说,一个新政府以什么方式上台,这完全属于一个国家的内部事务。其他国家不应该通过给予或者拒绝承认,来试图影响一个国家内部争斗的结果[①]。

爱斯特拉达主义一出来后比较受欢迎。许多国家认为,一个在事实上为国家的实体就是法律上的国家,一个事实上是政府的政权就是法律上的政府。其他政府是否要与这个新国家或新政府建立关系,这是由它们自主决定的事,并不存在法律上的义务要求与另一国或另一政府建立或维持关系。这是既定的主权国家在承认问题上可以自由决定的权利。

从国际关系的实践上看,"宣告说"显示出比较大的优势。国家由于政治等特定的原因拒绝承认其他的国家,例如阿拉伯联盟的国家对以色列、美国等西方国家在冷战时对某些社会主义制度的国家。然而它们在拒绝承认的同时却很少认为对方不是国际法主体,也不认为对方不具有国际法上的权利和义务。相反,它们坚持认为,拒绝承认主要是由于政治原因,国际法对这些不被承认的国家还是有拘束力的。以阿拉伯联盟国家不承认以色列为例,如果"构成说"成立的话,就意味着以色列不是一个国家,因而它也不受国际法上关于禁止侵略和军事干

[①] Phillip Jessup, *The Estrada Doctrine*, 25 American Jounal of International Law, 719 (1931).

涉规则的拘束。相反,阿拉伯联盟国家始终认为,以色列在任何情况下都应遵守国际法。

三、国家承认

"国家承认"似乎与"国家"的定义有关联。但由于"国家"定义可从多个角度审视,所以定义本身在国际法,或在承认方面并不具有决定性的意义。

新加坡的李光耀先生,在其2011年出版的《李光耀:新加坡赖以生存的硬道理》一书中认为:"新加坡建国虽然已经几十年了,但现在仍然难以称为一个真正的国家"①。因为"目前的新加坡是在人民都没有共同点的基础上建立起来的,新加坡人也只能算是个概念。"②

李光耀先生的观点很有特点,他从人文角度来看"国家"。但国际法讨论国家,是在法理层面上展开。国家之所以有别于其他非国家实体,是因为国家具备其他非国家实体所不具备的一些条件。

国际法教科书谈到国家,一般都会提国家构成的四个要素,即:

1. 有定居的居民;
2. 确定的领土;
3. 拥有政府;
4. 具有与其他国家发展关系的能力。

这四个要素最早是1933年《关于国家的权利与义务的蒙特维迪奥公约》确定的③。如此确定有一定的道理:国家是由一定数量的人组

---

① 张旺:"新内阁资政李光耀:新加坡还不是真正的国家",《环球时报》,2011年1月24日,第3版。
② 同上。另根据他的观点,中国才是一个"真正的国家",因为中国在遭受"蹂躏和破坏"后,"人民总是能团结起来重建家园"。
③ 1933 Mentevideo Convention on Rights and Duties of States, Art. 1.

成,没有定居的人口不构成国家(至于人口多寡或种族民族构成等,则无关紧要);国家要有一定领土,这是其居民生存和发展的物质基础,也是国家主权活动的空间;国家不能没有政府,因为政府是执行国家职能组织机构(在国际法上,政府代表国家);国家还必须具有主权,主权是衡量国家在国际法上的地位、即能否保持其独立于他国并与他国平等交往的标准,没有主权,国家就不能成为完整意义上的国家。所以,这些被认为国际法意义上的国家应该具备的条件。

虽然传统国际法理论普遍接受这些关于国家的构成要素,但在实践中一个新国家是否已满足这些条件,却没有客观的标准。最要紧的是:既存国家并没有一定要对新国家予以承认的法律义务。因此,是否应对新国家予以承认,很难仅仅通过法律来解释。

对国家的承认问题,其实是一个政治和法律胶着在一起的问题。当既存国家在决定给予或拒绝承认一新国家时,起决定作用的并不是法律因素,而是政治或其他因素,尤其是当一个国家中的一部分要脱离本国而建立一个新的国家时。

国际法上的承认,是指一个现存国家对新国家或者新政府的出现以某种形式表示接受的政治和法律行为。但新国家的产生有多种情势,如:宣告独立的新国家属于既存国家的一部分;既存殖民地和平地分离而独立;或新国家为既存一国分裂为数国或既存数国合并为一国。在上述情况当中,既存殖民地和平地分离而独立或新国家为原一国分裂为数国或数国合并为一国,相对来说好办一些。既存国家的一部分或殖民地以和平的方式独立出来,这在上个世纪 60 年代初比较多见,不少亚非国家或原联合国托管地都是通过这种方式取得独立成为新国家的,国际社会不会有什么异议。新国家通过分裂或合并,也比较好办,如 1990 年东德与西德的统一,1992 年原苏联分成 15 个国家,都属此类情形。

如果新国家是在原既存国家还未同意的情况下自行宣布独立,情况就会有点复杂,如原属塞尔维亚的科索沃于2007年宣布独立;原属格鲁吉亚的南奥塞梯和阿布哈兹则于2008年宣布独立。在这种场合处理承认问题,其他既存国家就要慎重。由于新国家原属于既存国家的一部分,对其承认可能会认为是侵犯母国的内政,所以承认国必须审时度势。

从理论上讲,有些国家在承认方面比较强调新国家对本国的实际控制。例如美国国务院指出:"美国认为,国际法并不要求一国承认另一个实体为国家;一个实体是否值得承认,这是每个国家自己判断的事情。为了作出这种判断,美国的传统做法是,注意查看某些事实,包括对确定领土和人口的有效控制、对该领土有组织的政府管理和有效地进行外交关系和履行高级义务的能力。美国还考虑相关实体是否得到国际社会的承认。"[①]

英国所持立场似乎与美国的非常相似。英国认为:"本政府承认国家的一般标准是:它应有,而且可能继续有,确定的领土和人口、自己能够对该领土实行有效控制的政府和对外关系上的独立。其他因素,包括联合国的一些决议,也是相关的。"[②]

英国关于国家承认的条件还包括"其他因素"。而后来的国际实践表明,对西方国家而言,所谓的"其他因素"里还包括人权和其他一些条件。只有当这些条件满足后,才会予以承认。

当苏联及其他东欧国家在上世纪90年代初解体时,欧共体就1991年12月16日发表了一份《承认东欧和苏联新国家纲领宣言》,里面将人权和民主理念作为它对这些新国家承认的先决条件,要求这些

---

① 转引自〔英〕马尔科姆·N.肖(Malcolm N. shaw):《国际法》(第六版)上册,白桂梅、高健军、朱利江、李永胜、梁晓晖译,北京大学出版社2011年,第355—356页。

② 同上。

国家遵守由《赫尔辛基最后法案》以及《巴黎宪章》中相关条款确定的义务,特别是那些关于法治、民主以及人权的要求;接受所有关于裁军、防止核扩散以及关于保持地区安全与稳定方面的承诺;并承诺采用适当情况下提交仲裁在内的协议方式解决涉及国家继承和地区的争端。[①]

在承认南联盟共和国的问题上,欧共体则施加了更为苛刻的条件。根据欧共体公布的宣言,南联盟要获得欧共体的承认,除了满足关于人权和民主理念方面的一般条件以外,还得在"本共同体及其所有成员国同时要求南联盟共和国在取得正式承认之前,应该承诺采取一系列宪法上和政治上的保证,确保其与其相邻的共同体成员国没有任何领土争端,并保证对与其相邻的共同体成员国不采取包括命名其有主权要求的领土等方式在内的敌对性宣传活动。"[②]

这些欧共体提出的以其能够履行或承担某些国际义务为条件的承认条件表明,承认是一个具有政治影响的法律行为,也是非常有争议的问题。

2010年7月22日,位于荷兰海牙的国际法院就"科索沃宣布独立是否符合国际法"问题提供了咨询意见。这对研究国际法上的承认问题,提供了一个案例。

2008年2月17日,科索沃宣布从塞尔维亚中独立,成为新的国家。[③] 2008年8月,南奥塞梯及阿布哈兹宣布独立,脱离了原来其属的格鲁吉亚,要成为新的国家。对此,俄罗斯出于自身利益考虑,马上宣

[①] EC Declaration on the Guidelines on Recognition of New States in Eastern Europe and the Soviet Union, December 1991, 4 European Journal of International Law (1993) 72.

[②] EC Declaration on Yugoslavia, 16 December 1991, 4 European Journal of International Law (1993) 72.

[③] 截止2012年8月,世界上已有91个国家承认了科索沃。参见:"科索沃"(百科名片), http://baike.baidu.com/view/77659.htm. 最近一次访问时间为2012年8月29日。

布予以承认。然而,不管是对科索沃还是对南奥塞梯或阿布哈兹,联合国安理会成员国相互之间存在着分歧,所以这些国家至今还未被接纳为联合国成员国。

2007年2月17日当科索沃宣布独立以后,塞尔维亚向联大提交了一份决议草案,主张科索沃通过单方面宣布独立解决领土问题不应被国际社会所接受。联合国大会则于2008年10月8日通过第63/3号决议,要求国际法院就"科索沃单方面(unilateral)宣布独立是否违反国际法"问题提供咨询意见。经过审议,国际法院在其提供的咨询意见中,认为"国际法没有任何规则禁止一个国家的部分分裂出来成为另一个国家",因此"科索沃宣布独立"并不违反国际法。① 但国际法院的这一意见并不是所有人都能同意的。

从背景方面看,当科索沃局势发生动荡时,联合国安理会认为它对国际和平与安全构成了威胁,就于1999年6月10日通过了第1244号决议。在该决议中,安理会授权联合国秘书长在科索沃通过设立一个临时行政当局,以便"使科索沃人民能够在南斯拉夫联盟共和国内享有高度自治,并确保科索沃所有居民有正常和平生活的条件。"然而,就在联合国安理会第1244号决议还继续有效,并还在实施的过程当中,科索沃自治政府临时机构却在没有得到任何授权的情况下单方面地宣布独立。显然,这种解决方式不是安理会原来所期待的。

联合国大会请求咨询的问题是"科索沃单方面宣布独立是否符合国际法?"但国际法院认为,"是否符合国际法"等于"国际法是否禁止",从而把"是否符合国际法"(in accordance with international law)变为"是否为国际法所禁止(prohibited by international law)"的问题②。由

---

① *Advisory Opinion on Kosovo Unilateral Independence*, See: www.un.org.international law/International Court of Justice/Cases.
② Ibid, para. 56.

于"国际法没有禁止",所以也就"符合国际法"。然而,这样的逻辑思维是有问题的。因为要分析科索沃宣布独立"是否符合国际法",光是看是否有禁止性的规定不够,还得要审议国际法的一些基本原则,如"尊重国家领土完整"原则等。事实上,安理会 1244 号决议序言第十段明确"重申……对南斯拉夫联盟共和国以及该区域其他国家的主权和领土完整的承诺"。国际法院既然认为安理会 1244 号决议是"国际法的一部分"[①],就要分析科索沃宣布独立是否构成了对南斯拉夫联盟共和国(现在为"塞尔维亚共和国")的国家主权及领土完整是否形成了违反。国际法院也可以分析"宣布独立"是否符合国际法上的"民族自决原则"。但国际法院只是将"是否符合国际法"等同于"是否有禁止性规定"、进而裁定"国际法上没有禁止",从而对"是否符合国际法"问题不作任何分析。这不符合联合国大会对它的要求。

四、政府承认

一般来说,当一个新国家成立时,承认该新国家是通过该国的政府,因此在承认国家的同时也承认了该政府;反过来说,承认一新国家的政府,也就当然承认了其所代表的那个新国家。所以,政府与国家承认在这种情况下是一致的[②]。

然而,并不是所有政府变更的情况都导致政府承认的问题。一国如果只是按照宪法程序进行政府变动,就不会引起政府承认。但如果新政府是由于政变或革命后成立,而且它与被它推翻的旧政府根本对立、使得该国奉行的内外政策有相当大或甚至是彻底改变,那在这种情况下,其他国家或政府需要对该国新政府重新表示承认。这方面,1917

[①] Ibid, para. 93.
[②] 周鲠生著:《国际法》上册,武汉大学出版社 2007 年,第 116—117 页。

年俄国十月革命是一个典型的例子。美国在1933年以前和瑞士在1946年以前就只是承认苏联这一个国家,但不承认苏联的苏维埃政府①。所以,国家承认与政府承认还不太一样,不能混淆。对政府的承认是声明接受该政府作为该国家的国际法主体。

从理论上讲,某一在事实上行使主权的政府应该被承认,也必须被作为政府来对待。如果该政府对该国在进行有效的行政管理,在决定着该国国内和国际方面政治、军事及经济、贸易等方面的往来,要否定它就不是容易的。但里面也同样充满了政治或政策考虑的因素。

西方国家对在苏联于十月革命胜利后成立的新政府,在很长的一段时间内都采取敌视的态度,不予承认。对此,美国的法院指出:"作为一个正义的概念,苏俄是什么呢?是一帮匪徒还是一个政府?我们都知道这是一个政府。国务院了解这一点,法院了解这一点,大街上的人们也都了解这一点。……拒绝承认苏俄是一个管理其国家内部事务的政府,只能制造一个根本不存在的幻影。"②

20世纪初,厄瓜多尔外长托巴提出,凡是依宪法外的手段掌握政权的政府,在其依宪法重新组建前不应被承认,此即"托巴主义"(Tober Doctrine);一战后,有的国家如美国,以民主主义为借口,主张新政府必须制定宪法或举行公民投票才能得到承认(所谓"威尔逊主义"),这些都已为国际实践所否定。一国或政府可以对新政府予以承认或不予承认,但是绝不能利用承认干涉他国内政。

在拉丁美洲,正统主义的影响极深,承认行为历来被作为干涉一国内政的手段。在历史上,1907年时任厄瓜多尔外交部长的托巴曾主张,应该拒绝承认任何通过政变或革命而掌握的政府(Tober Doc-

---

① 〔德〕英戈·冯·闵希著:《国际法教程》,林荣远、莫晓慧译,世界知识出版社1997年,第85页。
② "萨利茅德公司诉纽约标准石油案",《纽约判例汇编》262卷(1933年),第220页。

trine),其用意是不鼓励通过政变或革命的方式来取得政权。但是，1930年9月27日时任墨西哥外交部长的艾斯特拉达发表一项声明，认为政府的组成方式不应该涉及政府的承认问题，政府的组成属于该国不可触犯的主权，如果将承认建立在"有效控制"的基础上，就是对一个国家内部事务的干涉。宣称给予承认是对外国内政加以判断后作出的决定，不论其善意或恶意，本身就构成了对该国家主权的侵犯。倘若采用暴力来更迭政府，其他国家需要审查的只是它们自己是否要撤回外交人员问题。因此，墨西哥政府决定今后在外国发生政变或革命时，将避免从是否给予新政府承认的角度，而从是否继续交换外交使节的立场来处理问题。此即"艾斯特拉达主义"（Estrada Doctrine）。它得到不少国家的支持。

在现代国际法，国际法行为的合法性应该有些先决条件，其中一个就是国家行为机关采取行为的决策是在没有任何强制力的情况下自己决定的（《维也纳条约法公约》第51条），并且不得违反强制性的国际法准则（《维也纳条约法公约》第53条），比如禁止种族大屠杀及贩卖奴隶等，这些都已成为强制性的国际法准则。

在政府承认方面，国际法并无明确的规定。按照惯常的国际实践，当一个国家决定是否承认一个新政府时，关键因素是这个政府是否"有效控制"了这个国家。对于新政府的起源及其成立的法律依据，一般都不需考虑。然而它与国家承认一样，里面更多的是政治方面的考虑。美国在1949年至1979年的30年中拒绝承认中华人民共和国政府，不是因为不接受中国政府对全国绝大部分领土实施有效控制的事实，而是不愿意让承认产生其法律后果。

所以政府承认与国家承认一样，作决定时主要的不是法律因素，而是政治考虑。因为是政治考虑，所以有时就会变。如2011年7月当利比亚处于战争状态时，俄罗斯就采取与大多西方国家不一样的立场、拒绝承认利比亚反对派政府,认为这时的承认"无异于在一场内战中偏袒其中一方"。① 但一个月之后、当局势发生变化时,俄罗斯总统就赶紧签署了一份关于采取措施实施联合国安理会第 1973 号决议的总统令,加强对该国的制裁,并冻结卡扎菲亲属、亲信的资产,以及禁止其中一些人进入俄境内或过境。②

有时虽同意在政府间建立正常关系,但却附有条件。如美国在缅甸军政府上台后的 22 年间从未向缅甸派遣大使级人员,但 2012 年 5 月当缅甸政局发生变化时,奥巴马政府放宽了对其制裁措施,并提名米切尔为新一任美国驻缅甸大使。然而,米切尔却对缅甸缺少透明性和与朝鲜的军事关系表示忧虑。他认为缅甸政府应遵守针对朝鲜的联合国安理会决议和核不扩散义务,并公开表示:"如果我正式出任大使……,我会很明确地指出,在缅甸与朝鲜彻底结束非法关系之前,缅甸和美国的邦交正常化是绝对不可能的。"③

第二节 国家与政府继承

在国际社会,有些国家合二为一,原来欧洲的东德与西德;有的国家一分为二,如原来非洲的苏丹。而当国家发生如此变故时,其他国家免不了就会关心一个问题:原来的国家在发生变故前的同意(协议)还有效吗?

在国际法上,当一个新国家或新政府产生后,如何处理其前国家或前政府的国际权利与义务,此为国家或政府的继承问题。国家继承的对象,是与继承领土有关联的特定国际法权利和义务。这种权利和义

---

① "俄拒绝承认利比亚反对派",《参考消息》,2011 年 7 月 19 日,第 2 版。
② "俄总统下令对利比亚实施制裁",《参考消息》,2011 年 8 月 13 日,第 2 版。
③ "美要求缅甸与朝断绝'非法关系'",《参考消息》,2012 年 6 月 29 日,第 2 版。

务主要有两大类:一是由条约引起的权利和义务;另一则是条约以外的权利和义务。对于前者,1978年通过了《关于国家在条约方面继承的维也纳公约》,该公约已开放签署;关于后者,国际法委员会1979年也拟定了一项《关于国家对条约以外事项的继承的条文草案》。

一、国家继承

国家继承,是指当一国丧失其国际法律人格或部分领土时,其在国际法上的权利和义务移转给他国的情况。1978年《关于国家在条约方面继承的维也纳公约》规定:"国家继承是指一个国家在国际关系方面对领土的责任由另一个国家所取代"。这里涉及到两方面的国家:前者为被继承国,后者为继承国。当被继承国的国际人格完全丧失时,便会发生全面继承的问题;当被继承国的国际人格还继续存在,但只丧失一部分领土时,就会产生部分继承的问题。

国家继承主要是国家领土变更的原因。国家领土从一个主权移转于另一个之下,主要有分裂、合并或分离。分裂就是一国分裂为数国;合并则是即两个或两个以上国家合并为一国;分离是指国家的部分领土分离出来,组成一个新国家。它们都涉及到原来作为条约当事国的权利和义务。

条约的继承,指继承国对被继承国签署的条约中规定的权利义务的继承,其实质就是被继承国的条约对继承国是否继续有效的问题。按照国际法,与国际法主体资格相联系的所谓"人身条约",如参加某一国际组织的条约,它们是随着被继承国国际人格的消灭而消灭的。所以像政治性条约,如同盟条约、共同防御条约等,一般都不继承。而那些与所涉领土有关的"非人身条约",如有关边界和边境制度的条约,有关河流使用、水利灌溉、铁路交通的条约,尤其是为当地利益而缔结的条约等,一般都应继承。

苏联于1991年解体,成了15个独立的加盟共和国,其中一个是俄罗斯联邦。俄罗斯联邦与其他十个加盟共和国就继承原苏联在国际社会中的权利、义务问题,于1991年12月签订了一个协议。根据这一协议,这些国家将共同承担原苏联在国际条约中的义务,并同意俄罗斯联邦来继承原苏联在联合国的要位,其中也包括在联合国安理会常任理事国的地位。据此,俄罗斯联邦于1992年1月17日照会了所有驻莫斯科的外国使团:俄罗斯联邦将继续履行原苏联所签订国际条约中的权利和义务。

国家继承还涉及到国家财产,涉及到国家继承发生时按照被继承国国内法为该国所拥有的财产、权利和利益问题。[①] 被转属的国家财产大多与被继承的领土有关联,所以,国家财产一般随领土转移而被继承。当然,财产可分为动产和不动产。凡位于所涉领土内的被继承国的不动产,当然转属继承国;对于动产,则是以其是否与所涉领土活动有关为依据。与所涉领土活动有关的动产,不论其位于所涉领土之内或之外,应转属继承国。在一国将其部分领土移交给另一国时,被继承国的国家财产转属继承国的问题应按照它们之间的协议解决。

捷克斯洛伐克国家于1993年1月1日分成了两个国家,即:捷克共和国和斯洛伐克。这两个国家在继承方面达成的协议,基本上与1978年《关于国家在条约方面的继承的维也纳公约》里面的规定是一致的。换句话说,捷克共和国与斯洛伐克发表声明,认为它们是原来捷克斯洛伐克国家的继承者,并愿意承担原来捷克斯洛伐克所承担的国际义务。

国家继承除了财产以外,还有债务。国家债务,是指一国以国家名

---

① 参见《关于国家对条约以外事项的继承的条文草案》,第5条。

义对外所负的财政义务的总和。[①] 国家债务继承是指被继承国的国家债务转属继承国。它所要解决的基本问题是如何处理被继承国的国家债务。

领土变更的情况不同,处理规则也不同。在一国部分领土移交给另一国,或一国的一部分或几部分领土分离出去而组成一个新国家或与另一国合并的情况下,被继承国的国家债务转属继承国的问题,应依双方协议解决;若无协议,则应按公平的比例转属继承国,但应考虑到转属继承国的财产、权利与该项国家债务之间的关系。

"柏林墙"的倒塌在国际关系上经常是被认作"冷战"结束的象征。1990年10月,德意志联邦共和国(西德)与德意志民主共和国(东德)组合后,西德就根据本国《宪法》第23条规定,将它作为"合并"(accession)来处理。由于"东德"不复存在,"西德"的国名也不再使用,取代之的就是"德国"。尽管如此,德国对于两个德国合并时,东德还拖欠联合国关于中东维和行动的两笔费用,拒绝予以偿还。对于所有原东德与外国所签订协议中规定的权利和义务,德国也并不是采取"全盘"、"自动地"继承的立场,而是采取与所有有关国家逐一谈判的方式来解决。

南也门在与北也门统一后在国家继承方面所采取的立场,与德国形成一个明显的反差。南、北也门于1990年统一后就发表声明,表示统一后的也门将继承原来南、北也门参加的所有国际条约。即便原来只有其中一国参加的国际条约,统一后的也门也继承该条约中规定的权利与义务。

二、政府继承

政府继承是指因革命或政变而导致的政权更迭,从而使得旧政府

[①] 《关于国家对条约以外事项的继承的条文草案》第16条将"国家债务"界定为:(1)一国对另一国、某一国际组织或任何其他国际法主体所负的财政义务;(2)一国应担负的任何其他财政义务。

在国际法上的权利义务由新政府来取代。政府继承与国家继承不同：国家继承一般是由领土变更而引起的，政府继承则是政权更迭的结果；另外，国家继承一般发生在不同的国际法主体之间，而政府继承发生在同一国际法主体内部的新旧两个政府之间。从理论上说，政府变更不影响国家的国际人格，但由于通过革命而产生的新政府与前政府是根本对立的，这就必然会使国家的对外政策发生根本的变化。

政府继承的基本原则是：一是对于一切不平等的掠夺性的秘密条约，以及与新政府所代表的国家利益根本对立的条约不应继承；二是新政府可无条件地废除一切恶债。除此之外，新政府应继承其他条约权利和义务以及一切财产、权益及其义务。

虽然国际法上已有关于国家与政府继承方面的基本原则，但在实践中具体如何落实，则要根据每一情势的特点，以及相关国家的立场和要求，会有所变化和调整。例如，爱沙尼亚、立陶宛、拉脱维亚属于波罗的海国家。它们先是于 1940 年合并入前苏联，后又于 1990 年和 1991 年宣布独立。而独立时得到前苏联在内的不少国家的承认。此后，这三个国家也都先后成了联合国的会员国。然而，波罗的海的这三个国家是新的"独立"国家、还是从前苏联分离出来的国家？波罗的海这三个国家自己并不认为是"继承"了前苏联，因而拒绝根据国际法上有关继承条约方面的理论来承担任何由前苏联与其他国家订立的多边条约所产生的国际义务。

第三节　中华人民共和国承认与继承问题

中华人民共和国于 1949 年 10 月 1 日成立后，也涉及到国际法上关于国家及政府的承认与继承问题。苏联于 1917 年"十月革命"胜利后，认为自己新成立的苏维埃联盟共和国是一个不同于以前的国家，是一个新的国家,而不是一个新政府[①]。新中国则采取了与前苏联截然不同的立场。

一、中华人民共和国的承认是政府承认问题

我国著名国际法学家周鲠生先生认为:"作为一个法律问题,中华人民共和国的承认,应该是理解为承认新政府的问题。中华人民共和国作为一个国际法的主体就是旧中国的延续,而不是一个新中国,因而不需要外国的承认。"[②]

所以中华人民共和国作为一个国际法主体,是旧中国的延续。如果从作为一个国家所应具备的四要素来衡量,中国作为国际社会成员的资格并不因革命而有所改变。中华人民共和国的成立并未在国际关系上增加一个新的国家成员,而只是在中国产生了一个新政府,即以中央人民政府取代了国民党政府;另外,对国家的名称作了改变,即将"中华民国"改为"中华人民共和国"。因此,对新中国的承认是一个新政府的承认问题。

1949 年 10 月 1 日毛泽东主席在天安门城楼上宣布"中华人民共和国中央人民政府成立了"。同日发布的《中华人民共和国成立公告》也宣布:中华人民共和国中央人民政府"为代表中华人民共和国全国人民的唯一合法政府,凡愿遵守平等互利及互相尊重领土完整和主权等项原则的任何外国政府,本政府均愿与之建立外交关系";1950 年 9 月 17 日,中华人民共和国中央人民政府外交部长致电联合国秘书长,申明:"中华人民共和国中央人民政府是代表中国人民的唯一合法政府,中国国民党反动残余集团已丧失了代表中国人民的任何法律的与事实

---

① *Restatement of the Law*, *The Foreign Relations Law of the United States*, American Law Institute Publishers, 1990, Volume 1, p. 101.
② 周鲠生著:《国际法》上册,武汉大学出版社 2007 年,第 121 页。

的根据"。

在国际关系的历史上,不少国家"有条件的承认"的政策,试图利用附条件的承认来对新国家或政府施加影响。新中国政府诞生后也有这种情况发生,例如前澳大利亚外长伊瓦特就声明说,"如果新中国不具体保证尊重邻国,尤其是香港的领土完整和履行全部国际义务,就不能承认中华人民共和国政府"。[①]

针对所谓"有条件的承认",中华人民共和国政府反而规定了对它承认的条件。即,必须承认中华人民共和国政府是代表中国的唯一合法政府,断绝与台湾当局的一切官方关系以及承认台湾是中国领土不可分割的一部分、是中国的一个省。只有在这些条件得到满足后,中国政府才接受对方的承认。例如,中国和希腊之间建立外交关系时希腊政府的声明:"希腊政府承认中华人民共和国政府为中国唯一的合法政府。中国政府重申,台湾是中华人民共和国领土不可分割的一部分。希腊政府注意到中国政府的这一立场。"

1950年1月6日英国政府照会中华人民共和国政府表示愿与其建立外交关系,但它并未完全断绝与台湾当局的官方关系,它的承认没有全部实现中国政府的条件,是不完全的。所以,中国政府于1954年与其建立了仅是代办级的外交关系。直到1972年,当英国宣布:"联合王国政府承认中国政府关于台湾是中华人民共和国的一个省的立场"并决定于撤销其在台湾的官方代表机构时,中国才与英国建立了全面的外交关系。

1978年12月16日中、美两国建交宣布相互外交关系。与此同

[①] 〔德〕英戈·冯·冯希著:《国际法教程》,林荣远、莫晓慧译,世界知识出版社1997年,第104页。

时,美国也发表了关于美国撤消对中华民国(台湾)政府的承认声明。[①] 1979年1月1日中美两国发表的《关于建立外交关系的联合公报》,其中宣布:美国"承认中华人民共和国政府是中国的唯一合法政府。在此范围内,美国人民将同台湾人民保持文化、商务和其他非官方关系"。另外,美国还承认"中国的立场,即只有一个中国,台湾是中国的一部分。"

我国关于"一个中国"的立场始终坚持如一。2011年9月,当利比亚政权发生变更,中国对利比亚"国家过渡委员会"表示承认时,利比亚该委员会的负责人也明确表示,他们"将切实遵守双方此前签署的各项条约和协议,坚定奉行一个中国的政策,欢迎中方参加利比亚重建,共同推动利中关系稳定、持续发展。"[②]

二、关于中华人民共和国的继承

中华人民共和国的成立在国际法上是政府承认问题。所以,新中国对旧中国的继承问题,也只能是政府继承问题。

在对待中华民国政府及其他前政府的国际权利及义务方面,我国政府的原则立场是"区别对待"原则。1949年《中国人民政治协商会议共同纲领》第55条规定,"对于国民党政府与外国政府所订立的各项条约和协定,中华人民共和国中央人民政府应加以审查,按其内容分别予以承认,或废除,或修改,或重订。"

根据这一原则,新中国政府废除清朝与中华民国时期历届政府所

[①] 《美国撤消对中华民国(台湾)政府的承认声明》,国务院通讯1979年第80号,第26页。
[②] "'过渡委'迅速接管利比亚",《环球时报》,2011年9月13日,第2版。

订立的一切不平等条约[①];对于原来在平等基础上订立的条约,由于情势变迁已不适应两国关系新情况的条约重新协商,加以修订;对于边界条约一般予以尊重,但对于某些有争执的边界,要考虑到条约的历史背景,根据具体情况,分别对待。当然,任何旧条约在未经中国政府承认之前,外国政府不能援用为对抗中国政府的根据而提出要求。

在国家财产方面,由于是政府继承,新中国政府对于以前中国政府在国外的财产,包括公营企业,享有合法的继承权利。所有当时属于中国的国家财产,包括动产和不动产,不论位于何地,也不论其所在地的国家或政府是否承认了新中国政府,一律归新中国政府所有,它有权接收和处理。

在国家债务方面,新中国政府对于旧中国历届政府留下来的债务,根据其性质区别对待。那些"已经并将继续使中国陷于内战、反动、丧权辱国、殖民地化、混乱与崩溃的危机之中"的债务,中国政府自然是不予继承;而对其他的债务,中国政府则与有关国家或政府友好协商,进行清理,求得公平合理的解决。

在联合国及其他国际组织的代表权方面,中国新政府不是作为一个新会员国加入,而是作为一个创始会员国或原会员国恢复其既得合法权利和地位的问题。中国政府多次致函致电联合国秘书长、大会、安理会等,要求由其取代已丧失代表中国及中国人民资格的中华民国政府,继承其代表权。

本 章 要 点

"承认"是既存国家单方面表现出来的意愿。既存国家如果承认了

[①] 20世纪40年代,南京国民党政府通过外交努力,已经废除了以前中国政府与外国列强签署的一系列不平等条约。新中国政府重申废除不平等条约。

一个新国家或新政府,就是在表明:自己认为该新国家或新政府已具备国际法主体资格,并愿意与其发生法律意义上的联系。承认是国家单方面作出的行为,不需要国家之间任何谈判,也不需要签订任何条约。

关于承认的性质及法律效力却在国际法学界引起激烈的争论。传统国际法分为两派。一为"构成说",认为只有得到既存国家承认,才能成为国际法主体;另一为"宣告说",认为依照事实的本身而成为一个国家,无需得到其他国家的同意。但这只是理论上的争论,对实践并没有影响作用。

承认的决定主要是出于政治上的考虑。既定国家承认一个新国家或新政府,是为了表达自己愿意与之进行交往,这在客观上有助于建立该新国家或新政府的国际地位。然而对新国家或新政府承认与否,则由各国自由决定。所以承认中起主导作用的是政策(政治)因素。

但另一方面,承认也要遵循国际法。由于禁止干涉他国内政是国际法的基本原则之一,所以一个新的国家政权如果是外国侵略或干涉的结果,其存在就是国际不法行为的结果,其他国家就不应对此予以承认。这方面的典型案例就是1931年中国"9·18事件"后成立的所谓的伪"满洲国"。

当一个新国家或新政府产生后,如何处理其前国家或前政府的国际权利与义务,此为国际法上的国家或政府的继承问题。国家继承主要是国家领土变更造成的,其形式主要有分裂、合并或分离。形式虽然不同,但都涉及到如何对待原来条约当事国权利和义务的问题。条约继承,是指继承国对被继承国签署的条约中规定的权利义务的继承,实质就是被继承国原来的条约对继承国是否继续有效的问题。

第六章 国家管辖权

国家管辖权(jurisdiction),是国家主权的基本属性,是指国家管理人、物及事项的权力。国家管辖权具有不同的类型,如立法或司法管辖权。行使管辖权本来是国家自行决定的事项,但它会具体涉及到国际法上关于管辖基本原则、国籍与外交保护以及引渡与庇护等。所以"管辖权既涉及到国际法,也牵涉到国内法。国际法决定国家可以采取各种形式的管辖权的可允许限度,而国内法则规定国家在事实上行使它的管辖权的范围和方式。"[①]

国家司法管辖会涉及到民商事项。但就国际公法而言,管辖权通常是关于一国如何对非本国公民行使刑事管辖权或对本国领土外发生的行为行使刑事管辖权的讨论。至于对民事管辖权的行使主要是国际私法的问题,不属于国际公法的讨论范围。

第一节 管辖基本原则

根据国际法,国家对其领土范围内的一切人、物和所发生的事件,以及对在其领域外的本国人都具有行使管辖的权力。前者被称为"属地管辖原则",后者则为"属人管辖原则"。自 2000 年以后,中国政府在长达 11 年的时间里就一直与加拿大有关方面联系,要求将"远华案"涉

---

① 〔英〕詹尼斯、瓦茨修订:《奥本海国际法》(第九版),第一卷,第二分册,王铁崖、陈公绰、汤宗舜、周仁等译,中国大百科全书出版社 1995 年,第 327 页。

嫌犯罪的赖昌星引渡回中国接受司法审判。赖昌星是中国公民,且犯罪行为地也是在中国境内,中国要求的依据就是属人和属地管辖原则。

此外,由于海盗等国际罪行的出现又有了"普遍管辖权"。它的理论根据是:某些国际罪行的性质是如此严重,侵犯了整个国际社会的利益,因而任何国家都可以基于普遍管辖原则对其实施管辖。

一、属地管辖原则

国家基于领土而具有管辖权,正如《奥本海国际法》所说:"由于国家领土内一切人和物都属于国家的属地权威的支配,因而每个国家对他们都有管辖权——立法、法院和行政。"[1]所以属地管辖原则(the Principle of Territoriality)是国家管辖权最基本的原则。一国对在其领土内的犯罪行使管辖权的能力是主权的本质属性,这已在国际社会获得普遍的认可。

早在1927年,常设国际法院(the Permanent Court International Justice)在"荷花号案"(*The Lotus*)中就已指出:"(尽管)刑法的地域性(territoriality)……不是国际法的一个绝对性的原则,并且与领土主权原则不完全一致,但在所有的法律体制中,刑法的地域特征原则却是根本性的(fundamental)……。"[2]

加拿大最高法院(the Canadian Supreme Court)在 United States v. Burns 案中认为,"那些选择离开加拿大的人在离开这个国家时,也离开了加拿大的法律和程序,他们一般性地接受外国当地的法律(the local law)、程序和惩治。"美国法院在"里格德案"(Rigaed v. the United

---

[1] 〔英〕詹尼斯、瓦茨修订:《奥本海国际法》(第九版),第一卷,第二分册,王铁崖、陈公绰、汤宗舜、周仁等译,中国大百科全书出版社1995年,第328页。

[2] Antonio Cassese, *International Criminal Law*, Oxford University Press, 2003, pp. 277—278.

States)认为,"世界上所有的国家都承认这样的原则,即一个人在一个国家之外故意让行为在这个国家生效的话,那么他应在罪行发生地对此负责(answerable at the place where the evil is done)。"① 根据美国法院的这个判决,即便行为发生在国家领土外,但如果行为效果波及本国领土以内,该国也具有管辖权。例如,如果一个人站在境外向境内开枪,从而伤及境内人员,就会导致该国对这一行为行使管辖权。

1948年制订的《种族灭绝罪公约》中也有属地管辖原则的规定。该公约在对"种族灭绝罪"进行界定后明确规定,公约缔约国在"预防和惩治种族灭绝罪"方面承担国际义务,并规定罪行将在发生地国家的法庭或在一个国际刑事法庭受到审判。

属地管辖原则之所以是国家在行使管辖权方面最主要的原则,是因为它与国家主权原则紧紧联系在一起。国家主权对内是最高的,所以自然对自己境内发生的一切都具有管辖权。

我国法律也有关于属地管辖权的规定。1997年3月修订的《中华人民共和国刑法》第6条第1、3款明确规定,"凡在中华人民共和国领域内犯罪的,除法律另有特别规定的以外,都适用本法。"2010年,中国对在中国境内进行贩毒活动的一个英国和两个日本公民适用中国刑法,将他们判处死刑,其原则就是国际上普遍承认的属地原则。同样,在2011年3月,菲律宾3名贩毒者也被我国法院判处死刑。判决作出后,菲律宾总统阿基诺三世为死囚请求延期执行或缓刑,但在中国表示要坚持执行后,菲律宾也表示"尊重、服从中方的决定。"②

二、属人管辖原则

属地管辖是国家管辖权中最基本原则,但除此以外还有属人管辖

---

① Antonio Cassese, *International Criminal Law*.
② "菲称尊重中国处决菲籍毒贩",《环球时报》,2011年3月24日,第3版。

原则等,"国际法不禁止国家对其在国外旅行或居住的国民行使管辖权,因为他们仍受国家的属人权威的支配。"①

属人管辖原则(the Principle of Nationality)是国家基于本国公民国籍因素而行使的管辖权。属人管辖原则本身又可以分为两种：一种是积极属人原则(Principle of Active Nationality),即：国内法院对它们的国民在海外实施的特定刑事犯罪具有管辖权,而不管这些罪行根据当地国法律是否为犯罪。另一种是被动属人原则(Principle of Passive Nationality),即各国可以对在发生在国外针对它们自己的国民实施的犯罪实施管辖。

"积极"和"被动"之间存在差别。"积极属人原则"强调国家对本国公民在国外的犯罪行为具有管辖权。只要是本国公民的违法行为,即便不发生在本国,但也要追究和惩治;"被动属人原则"则注重保护本国的公民：只要是本国公民受到伤害,不管行为在什么地方发生,就都要对行为人进行追究和惩治。2011年10月5日,13名中国船员在位于泰国境内的湄公河上惨遭杀害。2012年5月10日,老挝将涉及此案的重大嫌疑人糯康引渡给中国方面。糯康的国籍为缅甸,而中国之所以要对糯康行使司法审判权,依据就是属人管辖中的被动原则。

我国1997年3月修订的《中华人民共和国刑法》第7条,就是关于属人管辖的规定。根据这一规定,"中华人民共和国公民在中华人民共和国领域外犯本法规定之罪的,适用本法,但是按本法规定的最高刑为三年以下有期徒刑的,可以不予追究。中华人民共和国国家工作人员和军人在中华人民共和国领域外犯本法规定之罪的,适用本法。"

在涉及解决震惊全国的厦门远华特大走私一案的过程中,我国自

---

① 〔英〕詹尼斯、瓦茨修订：《奥本海国际法》(第九版),第一卷,第二分册,王铁崖、陈公绰、汤宗舜、周仁等译,中国大百科全书出版社1995年,第330页。

2000年后在长达11年多的时间里一直在与加拿大进行沟通和协调,要求将潜逃到加拿大的该案主要嫌疑人赖昌星引渡回国,以便对他能进行司法审理。在经过长期交涉和司法程序之后,加拿大有关部门终于在2011年7月23日将赖昌星遣返回中国来面对法律的审判。① 中国要求加拿大遣返赖昌星,理由和根据就是他的犯罪行为发生在中国,他本人是中国的公民。中国要求引渡赖昌星,是国家行使司法主权的结果,也是国际法属人管辖原则的自然结果。

2012年初,中国驻安哥拉大使馆致函公安部,告知2011年以来在安哥拉境内不断发生针对中国公民的抢劫、绑架、敲诈勒索、拐骗妇女强迫卖淫等犯罪案件,严重危害了在安哥拉中国公民安全。为此,中国警方与安哥拉警方联合行动,摧毁一批侵害在安中国公民合法权益的违法犯罪团伙,并将顾昌峰、薛怀彪等37名涉嫌犯罪的疑犯于2012年8月25日押解回国②。这是中国警方为了维护中国公民及机构的安全、第一次在非洲组织的大规模打击侵害中国公民犯罪行动,其法律根据也是国际法属人管辖原则。

三、普遍管辖原则

国家倾向于将管辖权的行使,限定在本国领土范围以内或与本国公民有关的事项方面。但有些罪行发生在国家管辖范围以外,而且它们的性质和危害是如此的严重,以至于破坏了国际社会的共同利益,因此每个国家对国际社会整体在防止和惩治这些罪行方面都负有义务,而不论这些罪行的犯罪行为发生在哪个国家,也不论罪犯的国籍属于哪个国家。这就是国际法上关于"普遍管辖权"(Universal Jurisdic-

---

① "外媒关注赖昌星抵京被逮捕",《环球时报》,2011年7月25日,第3版。
② "37名中国人海外强迫同胞卖淫、用烧汽油活埋逼取赎金",《新京报》,2012年8月26日;《参考消息》,2012年8月26日,第3版。

tion)原则的基本定义①。

1. 海盗罪

"普遍管辖权"的原则的适用,最早始于海盗罪。海盗行为通常都是发生在公海上。为了方便行事,海盗船只一般不悬挂国旗。由于不悬挂国旗,就处于一种无国籍的状态,法律上与任何国家都没有联系。另外海盗行为发生在公海,是各国管辖权涉及不到的地方,其行为的受害者却又都是各具体国家的国民。所以为了保护本国国民的利益,同时也是为了保护整个国际社会的利益,国际社会为惩治海盗就引申出了"普遍管辖权"的概念。

国际法学家奥本海(Oppenheim)认为:"依照国际习惯法规则,每一个海洋国家都有权惩罚海盗。国家的一切船舶,不论是军舰,其他公船或商船,都可以在公海上追逐、攻击和逮捕海盗,并且把他带回本国,由本国的法院审理和惩罚。"②

国际社会在 1878 年至 1940 年间订立的一些公约,如 1878 年《建立国际私法统一规则的利马条约》规定了对海盗罪可以实行普遍管辖。1958 年订于日内瓦的《公海公约》确认了这一规则,其第 19 条规定:"在公海上或在任何国家管辖范围以外的任何其他地方,每一国家均可扣押海盗船舶或航空器,或为海盗所夺取并在海盗控制之下的船舶,和逮捕船员或航空器上人员并扣押船上或航空器上的财物。扣押国的法院可判定应处的刑罚,并可决定对该船舶、航空器或财物所应采取的行动,但不得影响善意的第三者的权利。"1982 年《联合国海洋法公约》进一步重申了普遍管辖权原则,其第 100 条规定:"所有国家应尽最大可能合作,以制止在公海上或在任何国家管辖范围以外的任何其他地方

---

① 王铁崖主编:《国际法》,法律出版社 1995 年,第 125 页。
② Oppenhein (ed.), *International Law*, Vol. Ⅰ, 1905, p.330.

的海盗行为。"

如果对以上惩治海盗的有关国际条约规定进行分析,可以看到它有以下三个特征:(1)国际法明确规定海盗为一种犯罪;(2)明确要对海盗行为进行惩治;(3)国际社会成员起诉、惩治及合作的权利与义务。这些特征构成了国际社会对海盗行为予以惩治的法律基础。

海盗行为是比较古老的国际法罪行,但它却一直延续到现代社会。当世界进入21世纪以后,活跃在亚丁湾地区的索马里海盗就困扰着整个世界。

索马里被称作"非洲之角",海岸线长达3200公里,地处险要位置,与亚洲的也门共同扼守红海,是印度洋经苏伊士运河通向地中海和欧洲的必经通道。全球每年经过索马里海域的船只近5万艘[①]。索马里由于国内政局不稳,自1991年以来就一直战乱不断,亚丁湾地区海盗活动猖獗,使得该海域成为世界上最危险的区域之一。

索马里海盗在亚丁湾劫持了包括我国香港等船只在内的世界许多国家的商船,甚至还有军火船和超大型油轮。亚丁湾和索马里周边海域上活动的海盗的活动很猖獗,而且截至2010年12月31日,仍有28艘船只和638名船员在索马里海盗手中。[②] 索马里海盗直接威胁到国际社会许多国家的海上利益。

海盗行为属国际罪行。为了打击索马里海盗行为,国际社会需要将各国海上力量整合起来。鉴此,联合国安理会专门通过决议[③],认为《联合国海洋法公约》反映了"国际法确立了适用于打击海盗和武装抢

[①] 《学者:反海盗耗资千亿 中国远航剿匪不现实》,载 http://news.ifeng.com/mil/special/antipirates/comment/200811/1127_5234_930116.shtml.

[②] 《国际海事局海盗活动报告中心年度报告》,载 http://news.cntw.cn/world/20110120/100266.shtml. 最近一次访问为:2011年12月14日。

[③] 联合国安理会第1816号(2008)决议。参见 www.un.org.Security Council/resolutions.

劫以及适用于其他海洋活动的法律框架(the legal framework)",并呼吁各国来"制止海盗和海上武装抢劫行为"。

在联合国安理会通过决议以后,中国于2008年12月也向亚丁湾派出了军舰,以执行对商用船只的护航和打击该地区猖獗的索马里海盗活动。当然,如果从国际法有关海盗的国际法律文件上看,中国派出军舰是为了惩治国际犯罪、"替天行道",也是在为维护世界的和平与安全作贡献。

在2010年1月至8月的七个月内,"索马里海域发生了139起与海盗有关的事件,共有30艘船只被劫持。"①鉴此,联合国秘书长潘基文于2010年8月25日向安理会提出7项建议,以解决索马里海盗问题,其中包括由安理会设立一个反海盗法庭。对该建议中国也表示支持。②

2. 国际罪行与国家的共同义务

在第二次世界大战后的国际形势下,国际法上开始强调对所有人(erga omnes)的国际罪行及国际社会的"共同义务"(common responsibility)问题。"所有人"的概念,原是强行法的概念。"所有人"的义务和强行法的概念通常作为同一事物的两个方面出现。"所有人"一词是指"对于所有的人",源于强行法(jus cogen)的义务就是针对所有的人。所以法律逻辑也支持"强制性"(compelling)必须产生"面向全面"义务的观点。

1945年纽伦堡与1946年东京国际军事法庭的审判,开始了国际法上对反和平罪、战争罪和反人道罪适用普遍原则的实践。当时盟军最高司令部颁布的《第十号管制法案》规定:纽伦堡国际军事法庭对犯

---
① "联合国考虑设反海盗法庭",《环球时报》,2010年8月27日,第2版。
② "中俄支持建国际海盗法庭",《环球时报》,2010年12月9日,第3版。

有这些罪行的人具有管辖权,不管他们身在何处,都要将其抓获。这一原则后又为联合国大会 95 号决议通过,形成了国际法上的《纽伦堡原则》。这些原则,确立了现代国际法在惩治严重国际罪行的基本原则。①

1949 年《日内瓦公约》还订立有关于"严重违反"的规定②。例如,日内瓦第一公约第 50 条规定:"上条所述之严重破坏公约行为,应系对于受本公约保护之人或财产所犯之任何下列行为:故意杀害,酷刑或不人道待遇,包括生物学实验,故意使身体及健康遭受重大痛苦或严重伤害,以及无军事上之必要,而以非法与暴乱之方式,对财产之大规模的破坏与征收。"

为了对以上这些严重违反公约的行为进行有效的追究和惩治,1949 年《日内瓦公约》第 49 条规定:"各缔约国担任制定必要之立法,俾对于本身犯有或令人犯有下条所列之严重破坏本公约之行为之人,处以有效之刑事制裁。"以及"各缔约国有义务搜捕被控为曾犯或曾令人犯此种严重破坏本公约行为之人,并应将此种人,不分国籍,送交各该国法庭。该国亦得于自愿时,并依其立法之规定,将此种人送交另一有关之缔约国审判,但以该缔约国能指出案情显然者为限。"根据这一规定,任何《日内瓦公约》的缔约国都有权利和义务搜捕被指控为严重违反公约的个人,并将其送交该国法庭审判,不论其国籍是哪个国家;或者在另一缔约国提出要求并且提供足够初步证据的前提下将其引渡到该国。

有些国际公约更是明确地提到要适用普遍管辖原则。例如,联合

---

① 见国际法委员会:《由纽伦堡宪章及审判确认的国际法原则》(以下称《纽伦堡原则》)第 1—4 条。

② 1949 年日内瓦《第一公约》第 49 条第 2 款,《第二公约》第 49 条第 2 款,《第三公约》第 129 条第 2 款,《第四公约》第 146 条第 2 款。

国大会于 1984 年通过了《禁止酷刑和其他残忍、不人道或有辱人格的待遇或处罚公约》,有时被简称为《反对酷刑公约》,它禁止"蓄意使某人在肉体或精神上遭受剧烈疼痛的任何行为",并在第 4 条规定:"每一缔约国应保证将一切酷刑行为定为刑事罪行。"第 5 条接着规定:"每一缔约国应采取必要措施,以确立在下列情况下,该国对第四条所述的罪行有管辖权。"

3. 普遍管辖权的实践与案例

有些国家根据"普遍管辖原则"立法,对犯有国际法罪行的人进行了审判。其中比较著名的有阿道夫·霍尔曼(Adolf Eichmann)案。

阿道夫·霍尔曼为德国人,曾在第二次世界大战中担任德国"国家秘密警察"犹太科首领,是德国"最后解决政策"的执行者之一。"最后解决政策"的执行,使得成千上万的犹太人被杀害。霍尔曼本人曾在欧洲奥地利和波兰等国家杀害大量犹太人。为躲避惩罚,他在战后潜逃到阿根廷,但在 1960 年被以色列保安人员发现后劫持回以色列接受审判。为此,阿根廷对以色列侵犯其国家主权表示了强烈的抗议,后来以色列为绑架行为向阿根廷道歉,但坚持其对霍尔曼拥有管辖权。

在 1962 年 5 月 29 日的审判中,霍尔曼声称,以色列法院对他所犯的罪行没有管辖权,因为这些犯罪既不发生在以色列境内,又没有以色列人参与。针对他的这一辩解,以色列高等法院认为,"这些罪行属于构成损害世界根本利益的行为,危害了国际社会的基础和安全,侵犯了具有普遍性的道德价值和文明国家刑法体制中的人道原则。……这些罪行让个人承担刑事责任,是因为它们挑战国际社会的基础并且冒犯文明国家的良知。"①

---

① *Isreal v. Eichmann*, 36 International Law Reports 277, 291 – 293 (Isr. S. Ct. 1962).

由于以色列高等法院认为霍尔曼所参与的犯罪,不仅具有国际性质,而且它们所造成的不良影响非常深远而且广泛,以至深深地动摇了整个国际社会的基础和侮辱了文明国家的良心,因此,至于其中的犯罪行为发生时以色列政府是否存在并不重要。以色列政府为了捍卫国际法尊严,就有权根据普遍管辖原则对反人道罪行进行审判。

"霍尔曼"案发生以后,世界上一些国家,如西班牙、比利时和德国,当对国际犯罪有管辖权的地区或国家未能行使司法权时,现在已开始取代那些国家完成审判职责。他们对那些发生在国外的由外国人对另外一些外国人犯的罪行行使了刑事管辖,比较突出的有皮诺切特案件。正是根据这些国际公约及《反对酷刑国际公约》,英国法院认为,英国对到该国来治病的犯罪嫌疑人、智利前总统皮诺切特所犯罪行享有司法管辖权,因而具有把皮诺切特引渡到西班牙进行审判的权力。

法国高等法院在"巴赫比案"(*Barbie*)认为,"(……)由于其性质,危害人类罪(……)不单单在法国国内法管辖范畴内,而且也受制于国际刑法秩序,对于该秩序来说,边界的概念和边界概念产生的引渡的原则是完全无关的。"[①]

比利时一国国内法庭在 2001 年 6 月 18 日作出的一个判决,是对违反战争罪行为进行审理的结果。该案里的四个被告人是卢旺达人,其被指控的是 1994 年在卢旺达国内的大屠杀中犯下的战争罪行,受害者也是卢旺达人。另外该案所适用的法律是比利时于 1993 年通过的国内法律。所以,不管是罪行的发生地,还是罪行的行为人以及受害人,都与比利时没有一点关系。比利时法院适用的就是国际法上的"普遍管辖权"。

---

① *Federation Nationale de deportes et Internes Resistants et patriots and Others v. Barbie*, 78 International Law Reports 125, 130 (Cass. Crim. 1983).

比利时国内法庭受理该案的法律依据,是该国 1993 年 6 月 16 日通过的《关于惩处违反 1949 年 8 月 12 日日内瓦公约和 1977 年 6 月 8 日其附加的第一、第二议定书的法律》①和 1999 年 2 月 19 日修正的《惩处严重违反国际人道法的法律》②。这两项法律明确规定:"比利时法院对于本法规定的罪行有管辖权,无论该行为发生于何处。"以及"因官方身份而享有的豁免权不妨碍本法的适用。"所以,比利时国内法院对种族灭绝罪、战争罪(不论是在国际性武装冲突中发生的还是在非国际性武装冲突中发生的)以及反人道罪行都可以行使管辖权,即使犯罪嫌疑人当时并不在比利时的领土范围之内。这一法案明确不允许援引政府官员的豁免特权来规避该法案规定措施的实施。

惩治海盗方面适用普遍管辖原则已是国际习惯法的一部分。但战争罪、反人道罪、种族灭绝罪和侵略罪等与海盗罪不同。它们基本上发生在一国的领土范围之内,所以它与国家管辖有紧密联系。要惩治这些罪行,就要行使国家主权行为,如起诉、调查取证、传唤证人、逮捕、审判等等。③ 这会引起其他相关国家的反对。比利时 1993 年 6 月 16 日通过的关于普遍管辖权的立法在美国的压力下于 2003 年 4 月 30 日得到了修正,规定以后被指控严重违反国际法行为的人必须是针对比利时国民或至少在比利时已合法居住三年以上的人,而且包括初步调查在内的任何追诉必须在联邦检察官请求的情况下才能展开。④

但尽管如此,由于严重的国际罪行伤害所有国家的利益并震撼人

---

① 惩治严重违反 1949 年《日内瓦公约》及其 1977 年第一、第二附加议定书的罪行的法律,参见《比利时观察报》,1993 年 8 月 5 日。
② 关于惩治严重违反国际人道法的行为的法律,参见《比利时观察报》,1999 年 3 月 23 日。
③ 詹宁斯、瓦茨修订:《奥本海国际法》第一分册,中国大百科全书出版社 1995 年,第 332 页。
④ 〔英〕马尔科姆·肖:《国际法》(第六版)下,白桂梅、高健军、朱利江、李永胜等译,北京大学出版社 2011 年,第 526 页。

类的良心,所以国际社会为了不让犯罪嫌疑人有躲避之处,就越来越强调普遍管辖权的实际意义,要求对这些罪行予以惩治。

第二节　国籍与外交保护

与国家管辖问题有关的还有外交保护问题。按照国际法,一国对自己的国民具有管辖权。但如果本国的国民在外国受到不法侵害,依该外国国内法程序得不到救济时,该国民的本国可以通过外交途径或国际司法手段向该外国要求适当救济,此为"外交保护权"。主权国家根据其属人优越权,具有对本国在外国的侨民进行保护的权利。各国驻外国的使、领馆的职务之一,就是护侨。但是否为"本国侨民"？首先就有国籍上的认定问题。

一、国籍

国籍是一个人(自然人和法人)与一个国家稳定的法律联系;它表示对该国家在法律上的从属关系,表示由于这一关系而使该自然人或法人享有权利并对国家负有责任,国家据此对其行使属人管辖权,但也因此保护他在本国境内或境外的权利和利益。

按照国际法,国籍问题原则上属于每个国家的国内管辖事项。每个国家有权以自己的法律决定谁是它的国民。1930年《关于国籍法冲突的若干问题的海牙公约》(以下简称《海牙公约》)第2条规定:"关于某人是否具有某一特定国家国籍的问题,应依据该国的法律予以断定。"所以,国籍属于一国管辖范围内的事项。

取得国籍主要有两种途径:一种是因出生而取得一国国籍,此称为原始国籍;另一种是因入籍(也称为归化)而取得一国国籍,此称为继有国籍。

原始国籍，是指一个人由于出生而具有国籍。世界上大多数人都是因出生而取得国籍的，其适用的原则主要有血统主义、出生地主义和混合主义这三个。血统主义是以父母的国籍来确定一个人的国籍；出生地主义则依出生地来决定一个人的国籍；而混合主义则是兼采血统主义和出生地主义。继有国籍是指一个人由于加入某国国籍而取得该国国籍，主要是通过婚姻、收养、认领等。

也有丧失国籍的事发生。国籍的丧失是一个人丧失某一特定国家的国民身份。丧失国籍的情况分为自愿和非自愿两种情况。自愿丧失国籍是以当事人的意志为基础的，但也有因为被剥夺而丧失国籍的。例如，前苏联曾于1921年12月15日通过了关于剥夺国籍的法令；纳粹德国也曾大规模地剥夺犹太人的国籍。这种做法，是国家对其国民采取的一种惩罚或刑罚措施。现今剥夺国籍的实践比较罕见，但还是会发生。例如，2007年非洲突尼斯总统就颁布第1976号总统令，取消了阿拉法特遗孀苏哈的突尼斯国籍，理由是她"已丧失了作为突尼斯国民应有的物质和精神权力。"[①]

正是由于上述的各国对出生赋予国籍采取的方式不同，就会导致双重国籍或多重国籍的产生。而且对管辖权也会产生影响。联合国国际法院曾经审理的"诺特鲍姆案"（列支敦士登诉危地马拉）就涉及到国籍、管辖以及外交保护的问题。

费德里克·诺特鲍姆（Friedrich Nottebohm）于1881年生于德国汉堡，其父母均为德国人。以德国国籍法规定，诺特鲍姆出生时即取得了德国国籍。1905年，他离开德国前往危地马拉居住并在那里经商。直至1943年，其居住地一直都在危地马拉。在1939年10月9日，在第二次世界大战爆发一个多月后，当危地马拉是一个中立国时，诺特鲍

---

① 黄培昭："阿拉法特遗孀被取消国籍"，《环球时报》，2007年6月14日，第3版。

姆提出申请，要求通过归化来加入并取得列支敦士登的国籍。这一申请四天后得到同意，诺特鲍姆由此取得列支敦士登的国籍。而根据德国法律，诺特鲍姆则因此丧失德国国籍。

1940年初，在返回危地马拉后，诺特鲍姆就提出申请，要求将他在外国人登记册上注明的德国国籍改为列支敦士登国籍。这一要求得到了准许。然而，危地马拉在1941年向德国宣战后，于1943年11月逮捕了诺特鲍姆，将他送往美国并拘留在那儿。同时扣押和没收了他在危地马拉的财产和商店，还于1944年12月取消了把他登记为列支敦士登国民的行政决定。1946年获释后，他向危地马拉驻美国领事馆申请返回危国，遭到了拒绝后回到列支敦士登居住。列支敦士登于1951年12月7日向国际法院提起诉讼，反对危地马拉逮捕诺特鲍姆和没收他的财产，认为这是违反国际法的，应给予损害赔偿和补救。

在该案的审理中，国际法院认为，国籍是个人与国家间联系的基础，也是国家行使外交保护的唯一根据，但一国以国籍来反对别国时，该国籍必须符合实际情况。本案中，诺特鲍姆的出生地在德国，他长期的居住地和工作地点在危地马拉，而他与列支敦士登之间的联系并不紧密，他取得该国国籍的目的也不是为了脱离德国政府。因此，列支敦士登不得以此作为行使外交保护权的依据。[1]

二、外交保护

外交保护是国家的主权行为，针对本国的自然人或法人，其根据便是国家对于自己国民所享有的属人管辖权。我国宪法第50条规定："中华人民共和国保护华侨的正当的权利和利益。"

---

[1] Case Concerning Nottebohm, *Liechtenstein v. Guatemala*, in "A Digest of the Decisions of the International Court", Edited by krystyna Marek, Martinus Nijhoff, The Hague, 1978, pp. 390—419.

从国家与其国民的关系的意义上,国家有对其国民行使外交保护的责任。但是,从国家之间关系上,外交保护权实质上是国家的权利。因为,一旦国家代表本国国民进行外交交涉或提起国际诉讼或仲裁,原来一国国民与外国国家间的关系就转变成国家之间的关系。所以,外交保护制度本质上是处理国家之间关系的制度。国家可以纯粹为其国民的私人利益行使外交保护权,也可以为其本身的利益行使这种权利。在具体案件中,是否行使外交保护权,由国家自由裁量。个人虽然有权要求国家对他进行外交保护,但国家却可以不行使这种权利;反之,即使个人不要求国家的外交保护,国家也可行使这种权利。

外交保护是国家享有的一项权利,但没有必须这样做的义务和责任。由于政治的原因,国家拒绝行使外交保护的情况屡见不鲜;反之,即使个人没有请求本国的外交保护,国家也可以行使这一权利。正如国际法院在"巴塞罗那电车、电灯和电力公司案"中所指出的:"在国际法规定的范围内,一国可采用其认为妥当的手段、在其认为妥当的程度上实行外交保护,因为国家维护的是本身的权利。……必须认识到,只有国家可以决定是否提供保护,在何种程度上提供保护,以及何时停止提供保护。在这方面,国家保留酌处权,这种权力的行使可取决于与特定案件无关的政治考虑或其他考虑。因为国家的要求不同于它所支持的个人或法人的要求,国家享有完全的行动自由。"①

一个国家行使外交保护权,得具有三个先决条件,即:一国国民在外国受到的侵害是由可以引起该外国的国家责任的不法行为所致;请求国能证明受害者为其本国国民,以及用尽当地救济。

关于外交保护问题,国际法上除已有不少相关的公约和大量的理

---

① 《国际法委员会的报告》(2004),第 4 章;〔英〕詹宁斯,瓦茨修订:《奥本海国际法》,第一卷,第二分册,中国大百科全书出版社,1998 年,第 321 页、417 页以下。

论以外,还有许多国家实践和国际司法判决。然而,这些理论和实践相互之间又存在不一致的地方。鉴此,联合国大会根据《联合国宪章》第13条关于要"逐渐发展与编纂"国际法的规定,于1996年通过第51/160号决议,邀请国际法委员会审议"外交保护"这一议题。因此,联合国国际法委员会于1996年成立了工作小组,以澄清(clarify)"外交保护"的适用范围和确定(identify)与"外交保护"相关的问题。

在国际法实践中,"外交保护"有不少新问题。比如,按照传统理论,只有当一国国民在国外受到不法行为侵害、并在穷尽所有国内司法程序时,就可以要求通过外交途径向该外国要求适当救济。这里,"国籍"是个重要的因素。然而,有的人具有两个或两个以上的国籍,因此产生国籍的抵触;有的人又属于无国籍人,似乎在法律上不能得到国家的保护。此外还有些实际问题,如:一个国家能否对在该国注册的飞机或轮船上的人行使"外交保护"? 一个国家在它临时行使管辖权的领土上能否行使"外交保护"? 由于国际人权法的发展,国家行使"外交保护权"是否只能针对本国公民? 对其他的人是否也应行使"外交保护"? 等等。毫无疑问,国际法委员会在这一问题上的编纂,必将能对"外交保护权"的定义和适用范围作出积极的贡献。

第三节　引渡和庇护

与管辖权有关的还有引渡与庇护问题。这是国际法领域经常涉及到的两个非常实际的问题。在没有引渡协议的情况下,国家没有引渡的义务,但反过来也不禁止该国引渡,如与中国还没有引渡协议的加拿大将赖昌星引渡给中国就是一例。当然,国家亦有权对外国国民提供庇护。引渡与庇护在国际法上已有一些成文法和习惯法规定。

一、引渡

引渡(Extradition)就是指一国把在该国境内而被他国追捕、通缉或判刑的人,根据有关国家的请求移交给请求国审判或处罚。所以,引渡是国家间的一种司法协助行为。

在国际法上,国家没有引渡的义务,除非条约另有规定。在没有条约义务的情况下,一国是否接受他国的引渡请求,由被请求国自行决定。国家之间一般通过国内立法或缔结双边条约、多边条约规定引渡问题。有的学者比较强调双边条约的作用,如英国国际法教授肖先生认为:"它(引渡)是建立在双边条约的基础之上的,而不是作为习惯法对国家施加的义务而存在的。"[①]但包括引渡规定的多边条约其实也很多,如1949年日内瓦四公约,里面就对严重违反公约的行为规定了"或起诉、或引渡"的义务。

1. 引渡制度的发展

在通常情况下,被一国通缉的人在犯罪时或犯罪后都会在该国的领土之内。但随着现代交通的发展和人们在国家之间的频繁流动,犯罪人越来越容易逃往境外而躲避一国的追捕。即使是身处一国领土之外,如果一个人犯罪的效果或者犯罪的一个构成要素发生在某国领土之内,也有可能被推定为在该国犯罪。由于国家主权原则的限制,一国很难在他国领土上独立实现自己的刑事管辖权,而必须依赖国家之间的合作,引渡制度无疑是解决此问题的最佳途径之一。

引渡通常是一种条约义务。没有条约的引渡通常基于互惠原则。[②]

---

① 〔英〕马尔科姆·肖:《国际法》(第六版)(下),白桂梅、高健军、朱利江、李永胜等译,北京大学出版社2011年,第539页。

② 1974年,由于英国拒绝给予巴西互惠待遇,巴西拒绝了英国对一个抢劫犯的引渡要求。参见〔英〕詹宁斯、瓦茨修订:《奥本海国际法》,第一卷,第二分册,中国大百科全书出版社,1998年,第427页。

现代意义上的引渡制度起源于18世纪的欧洲。在此之前,虽然很多国家彼此之间会移交政治犯、异教徒,但是对于普通罪犯的引渡,则几乎从未有过。由于交通越来越便利,从18世纪开始,先是在邻近国家之间,而后扩展到较远的国家之间,引渡制度变得越来越有必要,引渡条约逐渐兴起。

最早具有现代引渡内容的条约是英美两国之间于1794年签订的《杰伊条约》,该条约第27条规定:"双方同意,应各自的大臣或专门授权的官员提出的请求,陛下和合众国将遣送一切被指控在各自管辖范围内的杀人或伪造罪并向另一国寻求庇护的人。"①此后,这类条约的数量开始逐渐增加。为了规范引渡事务,明确引渡罪行的种类和引渡的程序,19世纪后各国开始以国内立法的形式规定引渡问题。与为执行条约的规定而制定的国内法不同,关于引渡的国内法往往是一国与他国谈判订立引渡条约的基础,条约起草的条款应与这些法律保持一致。

引渡方面最早的国内立法,是1833年《比利时引渡法》,此后各国逐渐效仿。双边条约则不胜枚举;多边引渡公约有1933年《美洲国家间引渡公约》和1957年《欧洲引渡公约》,此外还有一些国际公约包含有引渡条款,如1948年《防止及惩治灭绝种族罪公约》,关于空中劫持的1970年"海牙公约"和1971年"蒙特利尔公约"的有关规定。在各国引渡法、国家间的引渡条约以及国际引渡实践的基础上,1990年12月联合国大会通过了《引渡示范条约》,确定了有关引渡问题的一般规则。

需要强调的是:除非条约另有规定,国家在国际法上没有引渡的义务。一国是否接受他国的引渡请求,在没有条约义务的情况下由被请求国自行决定。例如,在"阿利穆拉多夫案"中,在阿利穆拉多夫将苏联

---

① 王铁崖主编:《国际法》,法律出版社1995年,第186页。

民航班机劫持到中国,苏联向中国提出引渡请求后,尽管中、苏两国都加入了《海牙公约》,劫机罪属于可引渡的罪行,但中苏之间没有引渡条约,因此我国就拒绝了苏联提出的引渡要求,而是依据公约规定的"或起诉或引渡"原则起诉并审判了阿利穆拉多夫。苏联没有对该案提出异议。①

2. 引渡的主体、对象及基本原则

引渡首先涉及到主体,即有权请求引渡的国家。一般有罪犯国籍所属国、犯罪行为地国、受害国即犯罪结果发生地国。如果发生这三类国家中数个国家为同一罪行或不同罪行请求引渡同一人时,被请求国应斟酌决定接受哪一个国家的请求。有时,国家会应国际刑事司法机构的要求将一犯罪嫌疑人交付该法庭审判,但这不是引渡,而是"移送"或"移交"。②

引渡的对象是指被某国指控为犯罪或判刑的人。他可以是请求国的国民,也可以是被请求国或第三国的国民。但从国际实践来看,大多数国家都拒绝引渡本国国民,这被称为"本国国民不引渡原则"。有少数国家的实践不遵循这一原则,如英国,在条约没有相反规定的情况下,对被要求引渡的本国公民和外国人不做任何区别。中国是支持"本国国民不引渡原则"的,根据《中华人民共和国引渡法》第8条的规定,外国向中华人民共和国提出的引渡请求,如果被请求引渡人具有中华人民共和国国籍,则应当拒绝引渡。

可引渡的犯罪一般是普通刑事犯罪,一般必须是请求引渡国和被请求引渡国都认定为犯罪的行为,这叫做"相同原则"或"双重犯罪原

---

① 涂亚杰、王浩等:《中国外交事例与国际法》,现代出版社1989年,第128页,转引自王虎华主编:《国际公法学》,北京大学出版社2005年,第138页。
② 唐玉珊:《关于引渡制度的几个新问题》,载《中国国际法年刊》1992年;凌岩:《前南斯拉夫国际刑庭:"塔蒂奇案"》,载《中国国际法年刊》1995年。

则。"一般来说,这种双方都承认的犯罪还必须达到一定的严重程度。双重犯罪原则是法无明文规定不处罚原则的必然要求,是为了保证被请求国不会被强迫引渡一个它认为没有犯罪的人。目前,大多数的引渡条约都规定了双重犯罪原则。国内法明确列举可引渡罪行的方式,也是为了满足该原则的要求。1932年,希腊上诉法院拒绝引渡金融家萨缪尔·英萨尔(据称是美国伊利诺伊州的一名逃犯),理由就是他被控的罪行按照希腊法不构成犯罪行为。[①]

双重犯罪原则不要求两国的罪行名称表述一定要相同,只要实质上相同或相似即可。这并不需要被请求国对此作出实质性的审查,而只需要根据请求国提交的证据从表面上判断是否有理由对被告进行审判,很多条约规定被请求国应为此目的而举行一个司法听证程序。

政治犯不引渡,是法国资产阶级革命以后形成的一项国际习惯规则。1793年法国宪法规定,法国给予为争取自由而从本国逃亡到法国的外国人以庇护。1833年《比利时引渡法》规定禁止引渡政治犯。1834年法国和比利时订立条约规定政治犯不引渡。后来,政治犯不引渡原则为各国所普遍接受。但是,各国对政治犯的含义和范围,历来解释不一,在实践中是否属于政治犯,由被请求引渡国家决定。但战争罪、灭绝种族罪等不应视为政治罪,可以引渡。

关于引渡的原则中还有一个"罪行特定原则",它是指请求国将逃犯引渡回国后,只能就作为引渡理由的罪名对该逃犯予以审判和处罚,而不能以其他罪名对其进行审判和处罚,或将其再引渡给第三国。[②]该原则是为了保护犯罪人在请求国免受不公正的待遇,也是为了防止一些国家将政治犯以普通的刑事犯名义引渡回国,然后以其他罪名任

---

① 〔英〕詹宁斯,瓦茨修订:《奥本海国际法》,第一卷,第二分册,中国大百科全书出版社1998年,第429页。

② 王铁崖主编:《国际法》,法律出版社1995年,第187页。

意处罚。罪行特定原则在国际法上得到了广泛的承认,被大多数引渡条约所采纳。传统上,该原则是被严格适用的。在"美国诉罗沙尔(Raucher)案"中,该人以谋杀罪被引渡,但最后以酷刑罪被审判。无论对酷刑罪的主张是否依据同样的事实,美国最高法院都拒绝该指控,理由就是酷刑罪不是被引渡的罪行。①

在现代国际引渡的实践中,还有一个"死刑不引渡原则"。它主要是指:当被请求国有理由相信被请求引渡者在引渡后有可能被请求国判处或执行死刑时拒绝予以引渡的原则。② 该原则是随着人权观念的兴起逐步形成和发展起来的。随着废除死刑的要求日益高涨,死刑不引渡原则作为引渡法的基本原则被迅速确立起来。目前,很多引渡条约都规定被请求国没有义务引渡死刑犯,除非请求国承诺放弃执行死刑。例如,1957年《欧洲引渡公约》第11条就规定:"如果按照请求方法律,引渡请求所针对的犯罪可受到死刑处罚,并且就该项犯罪而言,被请求方法律未规定死刑或通常不执行死刑,则可拒绝引渡,除非请求方作出使被请求方认为足够的有关不执行死刑的保证。"这一原则也被反映于许多国内引渡立法中,如按照英国《引渡法》第12条第2款第2项的规定,被告可能被处死刑是国务大臣可以拒绝引渡被告的一个理由。

至于引渡的程序,《引渡示范条约》规定引渡请求应以书面方式提出。请求书、佐证文件和随后的函件应通过外交渠道在司法部或缔约国指定的任何其他当局之间直接传递。引渡请求书应附有一些必要的证明材料。被请求国应依其国内法程序处理引渡请求,应迅速将决定

---

① Ilias Bantekas & Susan Hash: International Criminal Law (2nd edition), London—Sydney—Portland, Cavendish Publishing Limited, 2003, p. 184.
② 赵秉志:《死刑不引渡原则探讨——以中国的有关立法与实务为主要视角》,载《政治与法律》2005年(1)。

通知请求国;无论全都或部分拒绝请求,均应说明理由。请求被接受,由请求国和被请求国安排移交罪犯的时间、地点、条件和交接方式。

3. 中国的引渡实践

新中国建立以后,在很长一段时间里,我国并没有引渡法,也没有同其他国家签订引渡条约。对犯罪嫌疑人的引渡主要是通过外交途径的方式进行。如张振海劫机案于1989年12月16日发生后,尽管中日之间尚无引渡条约,但我外交部门还是提出要求,日本法院经过审查后就同意将张振海于1990年4月28日引渡给中国。那时,主要就是依据我国参加的国际公约和缔结的双边引渡条约来处理引渡问题。

在中国今天改革开放的形势下,如能将外逃的贪官引渡回国予以审判,这对遏制犯罪、维护我国家财产无疑有着重大的利益。1993年,我国与泰国签订了新中国历史上第一个专门性双边引渡条约,从此开始了依据条约进行引渡的实践。2000年12月28日第九届全国人民代表大会常务委员会第十九次会议通过了《中华人民共和国引渡法》,标志着在引渡跨国罪犯方面,中国政府有了具体操作的法律依据。

改革开放之后,随着我国与有关国家的刑事司法合作日益增多,我国缔结的双边引渡条约和参加的涉及引渡条款的多边条约也越来越多,处理的引渡案件日益增加。[①] 中国相继与俄罗斯、韩国、秘鲁等国家签订了引渡条约并与许多国家签订了司法协助条约。

我国《引渡法》第7条体现了双重犯罪原则。该条规定:"外国向中华人民共和国提出的引渡请求必须同时符合下列条件,才能准予引渡:(1)引渡请求所指的行为,依照中华人民共和国法律和请求国法律均构成犯罪;(2)为了提起刑事诉讼而请求引渡的,根据中华人民共和国法

[①] 例如,2000年12月12日,我国签署了《联合国打击跨国有组织犯罪公约》,该公约于2003年9月29日正式生效;2003年12月10日,中国签署了《联合国反腐败公约》。

律和请求国法律,对于引渡请求所指的犯罪均可判处一年以上有期徒刑或者其他更重的刑罚;为了执行刑罚而请求引渡的,在提出引渡请求时,被请求引渡人尚未服完的刑期至少为六个月。"同时,由最高人民法院指定的高级人民法院对请求国提出的引渡请求是否符合本法和引渡条约关于引渡条件等规定进行审查并作出裁定,由最高人民法院复核。

截止2008年年底,中国共与世界上31个国家签订了引渡协议,其中包括非洲的安哥拉。① 2012年初,中国驻安哥拉大使馆致函公安部,告知2011年以来在安哥拉境内不断发生针对中国公民的抢劫及拐骗妇女强迫卖淫等犯罪案件。为此,中国警方与安哥拉警方联合行动,摧毁一批侵害在安中国公民合法权益的违法犯罪团伙,并将顾昌峰、薛怀彪等37名涉嫌犯罪的疑犯于2012年8月25日押解回国②。

没有引渡协定,也可开展国家间的司法协助。在遣返受到腐败指控的中国贪官方面,中美两国之间就开展合作,成功被遣返回国的有余振东,而且这个合作"可能还会为遣返上千名因贪腐而被通缉的中国政府官员铺平道路"。③

所以在打击犯罪方面,我国比较重视与他国的合作,必要时会作调整。例如,"死刑不引渡"虽然还不是一项习惯法规则,国家也没有义务一定要遵守该原则,但考虑到其他国家对我国在死刑问题上的忧虑,我国《引渡法》第50条规定:"被请求国就准予引渡附加条件的,对于不损害中华人民共和国主权、国家利益、公共利益的,可以由外交部代表中

---

① 签订协议的时间为2006年6月20日。参见段洁龙主编:《中国国际法实践与案例》,法律出版社2011年,第252页。

② "37名中国人海外强迫同胞卖淫、用烧汽油活埋逼取赎金",《新京报》,2012年8月26日;《参考消息》,2012年8月26日,第3版。

③ "中美将加强合作遣返中国贪官",《参考消息》,2011年7月29日,第16版。

华人民共和国政府向被请求国作出承诺。"①

2005年11月4日,中国和西班牙签订了《中华人民共和国和西班牙王国引渡条约》。该条约的第3条第8款明确规定:被引渡者将不会被判处死刑。这个条约是我国与西方发达国家签订的第一个引渡条约,也是在引渡条约中我国首次明确同意不对被引渡回国的犯罪嫌疑人判处死刑的条约。②"按照这一模式,中国随后与葡萄牙、法国、澳大利亚等西方国家签订了引渡条约。"③这对打击犯罪、遏制贪官外逃当然具有积极的作用。

二、庇护

国际法上的庇护（Asylum）,是指国家对于遭受追诉或迫害而来避难的外国人,准其入境和居留,并给予保护的行为。对于因一国的追诉而逃至他国的人来说,如果没有条约上的规定,该国就没有义务非要将逃至本国境内的个人驱逐或引渡给追诉他的国家。国家在本国境内给予某种受迫害的外国人以庇护的权利,是从国家的属地优越权引申出来的,这种权利叫做庇护权。

1. 庇护的基本原则

庇护权是国家的主权权利,是国家自主处理和自由决定的事项。同外交保护权一样,这种权利属于国家,而不是个人享有。④ 外国人不具有向其进入的国家要求给予庇护的权利,国家也没有义务答应这样

---

① 赵秉志:《死刑不引渡原则探讨——以中国的有关立法与实务为主要视角》,载《政治与法律》2005年(1)。
② 《中西引渡条约》第3条第8款。
③ 段洁龙主编:《中国国际法实践与案例》,法律出版社2011年,第253页。
④ 日本一些学者认为,庇护权不是国家的权利,而是从保护人权出发的个人权利,国家对他有相应的庇护义务。这种看法与国际实践不符。参见〔日〕寺泽一、山本草二:《国际法基础》,中国人民大学出版社1983年,第327页。

的要求。"有些国家的宪法明文规定,对因政治原因而被追诉的人给予庇护,但是不能说这种权利已经成为文明国家所承认的'一般法律原则',而成为国际法的一部分。"①虽然《世界人权宣言》第 14 条规定"人人有权在其他国家寻求和享受庇护以避免迫害",但该文件并不是一个有法律拘束力的国际法文件。因此,要求受庇护的权利不是一项国际法上的权利。是否给予某个人以庇护,由国家综合考虑各种因素后自由做出裁断,任何国家和个人都无权干涉。1967 年联合国大会通过的《领域庇护宣言》第 1 条第 3 款规定:"庇护之给予有无理由,应由给予庇护国酌定之。"

有关庇护的依据主要来源于国内法,尤其是宪法中的相关规定。如苏联 1936 年宪法、法国 1946 年宪法、保加利亚 1947 年宪法等也都做出了国家行使庇护权的明确规定。② 有关庇护的国际公约数量不多,大多是地区性的,如 1939 年 8 月 4 日签署的《政治避难与庇护条约》、美洲国家组织于 1954 年 3 月 28 日签署的《领域庇护公约》和 1969 年非统组织的《非洲难民问题特定方面的公约》等,但普遍性的国际公约目前尚未订立。

1967 年 12 月 6 日,联合国大会第 1621 次会议通过了《领域庇护宣言》,向各国建议了庇护的一些原则,作为各国领土庇护实践的依据。根据该宣言,国家行使庇护权要首先尊重国家主权原则。当一国行使主权,对包括反抗殖民主义之人给予庇护时,其他各国应予尊重。庇护之给予有无理由,应由给予庇护国酌定之。

一般来说,庇护的有效性与政治犯不引渡原则密切相关。但随着国际法的发展,有一些犯罪,尽管可能带有政治动机和政治目的,但不

---

① 〔英〕詹宁斯、瓦茨修订:《奥本海国际法》,第一卷,第二分册,中国大百科全书出版社 1998 年,第 319 页。

② 王虎华主编:《国际公法学》,北京大学出版社 2005 年,第 123 页。

再被视为政治犯,不能得到庇护。这些犯罪一般都是严重的违反国际法的罪行。宣言规定,凡有重大理由可认为犯有国际文书设有专条加以规定的危害和平罪、战争罪或危害人类罪的人,不得援用请求及享受庇护的权利。

联合国大会1967年的《领域庇护宣言》不具有法律上的拘束力,它所反映的规则和原则只是给各国庇护实践做出建议和指导。

2. "域外庇护"实践中的问题

与传统国际法领土庇护相对应,在实践中有些国家发展出所谓"域外庇护"的做法,即在本国停泊在外国港口的军用船舶、停留在外国机场的军用飞机或者驻外国的使领馆内庇护政治犯。这种域外庇护的依据是传统国际法上出现过的"治外法权",将该国的船舶、航空器和使领馆视为本国领土的延伸。在2011年2月和5月,由于原重庆副市长王立军与山东所谓"维权人士"陈光诚先后进入美国驻成都领馆和美国驻中国使馆,国际法上的庇护问题在中国也引起了关注。

所谓的"治外法权",其实从未得到习惯国际法的支持。就使领馆馆舍而言,《维也纳外交关系公约》和《维也纳领事关系公约》尽管给予了使领馆一定的豁免,但是并不将其视为派遣国的领土,"治外法权说"也被国家实践所摒弃。因此,从本质上说,以领土的属地管辖权为依据的庇护权,使领馆无权享有。前述两个公约都明确规定了使领馆不得充作任何与其职务不相符的用途。

原则上,享有外交特权的人不得干涉接受国的内政,因此也无权在使领馆内庇护驻在国的政治犯。不过,一些拉美国家则存在着相反的实践。由于不少国家政局不稳,被推翻的统治者向外国使领馆寻求庇护就成了最便捷的方式,因此拉美国家之间缔结的一系列有关庇护的区域性公约中,均承认这种域外庇护,通常被称为外交庇护。如1928年订于哈瓦那的《关于庇护的公约》、1954年在委内瑞拉签订的《关于外交庇护的公约》等。这些区域性公约所反映的外交庇护的规则,并未得到世界上其他地区国家的承认,它只适用于作为缔约国的拉美国家,不具有普遍性。

1956年至1971年,美国在匈牙利的大使馆给予明曾蒂主教以外交庇护;1966年,英国在加纳的使馆给予宾先生以外交庇护;1973年,智利的阿连德总统因政变被推翻后,瑞典和其他一些国家的大使馆给予数百个智利避难者以外交保护。由于这些事例,有人认为,如果有迫切的人道理由,大使馆有权对避难者行使外交保护。但是外交庇护本质上是侵犯国际主权、干涉一国内政的行为,现代国际法从未给予承认。使馆不能用作与其职务不相符的用途是派遣国对接受国所担负的一项绝对的义务。[①]

在1950年的"庇护权案"中,国际法院指出,"避难者是在他犯罪的国家的领土以内。决定给予外交庇护权,意味着该国主权的减损,它使犯人逃避领土国的管辖,构成对完全属于该国权限以内的事务的干预。这种减损主权的行为,除非在每一个具体案件中有确实的法律依据,不能得到承认。"[②]

3. 庇护的发展

一般认为,现代的庇护规则产生于欧洲资产阶级革命时期,法国1793年的宪法率先予以规定。此后又通过西欧一些国家的国内法和引渡条约逐渐确认了这一原则。庇护的对象在传统上主要是政治犯。随着国际法的发展,现代意义上的庇护还扩展适用于因从事科学和文化活动而受到迫害的人。而对普通的刑事犯罪者,不得予以庇护。

国际法"庇护"方面的规定,与国际社会存在有不同的社会制度和

---

① 〔英〕詹宁斯、瓦茨修订:《奥本海国际法》,第一卷,第二分册,中国大百科全书出版社1998年,第534页。

② 同上,第495页。

意识的现实，是紧密相关的。在传统国际法上，尤其是当国际形势处于"冷战"时期，"庇护"的概念和实际运用都显得比较重要。自"冷战"结束以后，东、西方在意识形态方面的争斗比以前明显减弱，相互之间在如何维护世界和平与安全问题上的共同点，也都比以前多。尽管如此，"庇护"仍然是现行国际法中的一个制度。

就以国际社会要共同惩治如腐败等犯罪行为为例。尽管打击这些犯罪行为已成了保障整个国际社会安全的和平的需要，为此国际社会制定通过了类似《联合国打击跨国有组织犯罪公约》、《联合国反腐败公约》这样的法律文件。但在这些文件中，在制定有关于引渡罪行的同时，也还有关于庇护方面的原则性规定。

比如，2003年10月订立通过的《联合国反腐败公约》里面，就在第44条中规定："如果被请求国有充分的理由认为提出引渡的要求是为了以某人的性别、种族、宗教、国籍、族裔或者政治观点为理由对其进行起诉或者处罚，或者按请求执行将使该人的地位因上述任一原因而受到损害，则不得对本公约的任何条款作规定了被请求国引渡义务的解释。"该国际公约中关于因"政治观点"的人不得被引渡的规定，其实就是表明：对于因政治原因而被外国追诉或受迫害而来避难的外国人，一国可以准其入境和居留，并给以保护。

但刑事犯罪与政治迫害之间的界线，会由于国家利益而变得不易辨认。阿桑奇的庇护案似乎就是这样。2010年11月，瑞典警方对维基揭秘网创始人阿桑奇发出国际通缉令，称其当年8月在斯德哥尔摩演讲期间对两名女子实施性侵犯。阿桑奇否认这一指控，称其含有"政治含义"。他于当年12月被英国警方逮捕，随后获准保释。2012年5月30日，英国最高法院裁定阿桑奇被引渡至瑞典。但阿桑奇却进了厄瓜多尔驻英国使馆，寻求政治庇护。厄瓜多尔政府于8月16日决定同意向阿桑奇提供政治避难。厄瓜多尔外长里卡多·帕蒂诺还列举了如此决定的理由,其中包括"阿桑奇为争取言论自由、新闻自由和人权而奋斗,是一位获得国际认可的职业传媒人"等。① 英国则对厄瓜多尔的这一决定表示失望。英国外交大臣黑格表示,"在法律上,英国有义务把阿桑奇引渡到瑞典接受审判,英国不承认厄瓜多尔提出的'外交避难'",认为:"外交豁免权不应用于为犯罪嫌疑人'提供庇护',而瑞典的司法程序是有法律保障的。"② 但厄瓜多尔给予阿桑奇庇护一事,得到了美洲国家组织 34 个国家外长和代表的支持。美洲国家组织外长会议在 2012 年 8 月 24 日通过一项决议,对收留阿桑奇的厄瓜多尔使馆表示"支持",声明"反对任何危及当地外交使领馆不可侵犯性的意图",同时强调"任何国家都不应该援引国内法律来为自己不履行国际义务的行为辩护,因此美洲国家组织对厄瓜多尔政府表示声援和支持"。③

厄瓜多尔政府与英国政府在阿桑奇案态度上,间接表明了各自在维基揭秘上的立场。对于政治迫害,国际法的实践倾向于提供庇护。我国在《宪法》中也明确规定了庇护的权利,其第 32 条第 2 款规定:"中华人民共和国对于因为政治原因要求避难的外国人,可以给予受庇护的权利。"中国并在实践中遵循国际惯例和有关国际公约的规定行使庇护权。1970 年,柬埔寨内阁首相兼国防大臣朗诺发动政变、建立所谓的"高棉共和国"后,柬埔寨国王诺罗敦·西哈努克就流亡至中国,而我国政府则给予了他政治庇护,直至 1975 年金边解放。后来,由于越南的入侵,1979 年至 1991 年,中国政府又给予西哈努克长达 12 年的庇护。

---

① "厄瓜多尔接受阿桑奇政治避难",《参考消息》2012 年 8 月 18 日,第 2 版。
② 同上。
③ "南美多国力挺厄瓜多尔",《参考消息》,2012 年 8 月 26 日,第 3 版。

本 章 要 点

国家如何行使管辖权？这本来是国家自行决定的事项，但有时也会涉及到国际法上的问题，如外交保护、引渡或庇护等。

国家倾向于将管辖权的行使原则上限定在本国领土范围以内，但有些罪行发生在国家领土管辖范围以外、却涉及到本国国民。在这种情况下，国家就会通过"被动属人原则"来惩治犯罪、实现公正，如2012年5月中国在老挝将缅甸公民糯康引渡过来后、就开始对他行使我国的司法调查和审判权；另外我国警方于2012年8月25日将顾昌峰、薛怀彪等37名犯罪嫌疑者从非洲安哥拉押解回国，也是为了维护中国公民权益而采取的行为，其法律根据就是国际法属人管辖原则。另外有些罪行，如海盗行为、战争罪和种族灭绝罪等，由于其性质和危害非常严重，侵害到国际社会的共同利益，因此每个国家都负有追究和惩治的义务，这就是国际法上的"普遍管辖权"。

为了惩治犯罪，国际法上有司法协助及引渡。不过，国家在国际法上没有引渡的义务，除非条约另有规定；而一国是否接受他国的引渡请求，在没有条约义务的情况下由被请求国自行决定。此外，国家对于遭受追诉或迫害而来避难的外国人，准其入境和居留，并给予保护的行为，此为国际法上的"庇护权"。

第七章　国家及其财产管辖豁免

国家及其财产管辖豁免(immunity of States and their property)，是指一国及其财产免于另一国法院的管辖。由于国家主权平等，这本来是很正常的事，但在实践中却非常复杂：它既涉及主权，也与一国的投资环境等因素有关。

2008年5月，香港法院受理了美国FG Hemisphere Associate LLC诉刚果(金)一案。这是我国法院审理与国家主权豁免相关的第一案。案子从香港初审法院开始，到香港高等法院上诉法庭，又再到香港终审法院，历时三年有余，直到2011年9月8日才作出最终裁决。在最后判决下来之前，香港终审法院还请求全国人大常委会提供法律解释……。由于这关系我国关于国家及其财产管辖豁免的立场与实践，也涉及到外国企业在中国的投资环境和利益，所以引起了中外学者和企业家的广泛关注。

国家及其财产豁免对象，是外国的国家行为及国家财产，所以它关系到如何协调不同国家之间的主权利益，以及如何平衡国家主权与保护个人利益的问题。对于这个问题，以前主要是由国际习惯法调整，现在则开始一些国际公约来予以规制。

一国法院究竟能不能受理以另一国家为被告的案子？在国际上关于国家及其财产管辖豁免的立场趋势是什么？中国政府在该问题上的立场和政策又是如何？

第一节 基本概念与发展

关于豁免,国际法上有几个基本的概念。"司法管辖豁免",是指未经一国同意不得在国内法院对该国提起诉讼或将其财产作为诉讼标的物;司法程序豁免,是指一国法院不得强制一个主权国家出庭作证或提交证据以及参加任何诉讼活动,未经其同意,不得对其财产采取诉讼保全措施;执行豁免,即使一国放弃了管辖豁免和司法程序豁免并在一项诉讼案中败诉,不经其同意也不得扣押其财产,不得强制执行判决。这些问题经历了一个发展过程。

一、基本概念

国家及其财产享有管辖豁免,是一项国际法上的一般原则。豁免权源于拉丁文"immunis"、"immunitas",有免除、免役、豁免等意思。国家管辖豁免,亦称主权豁免,国家豁免作为一项国际法原则,主要是指一国的国家行为未经该国同意免受外国法律和外国法院的管辖。

豁免论的理论基础,最早可追溯到1234年罗马教皇格列高里九世颁布的"平等者之间无管辖权"(*parin parem non habet imperium*)教谕[①]。其要点是:平等是国家交往中要遵循的原则,国家主权是平等的,而平等者之间无管辖权,因而一国法院不能受理以另一国国家为被告的案件。

国家主权在国际关系中的平等和独立性也必然派生出国家豁免。奥本海《国际法》就认为:"没有一个国家可以对另一个国家主张管辖权。外国管辖豁免往往不仅是引申自平等原则,而且是引申自国家独

---

① 韩德培:《国际私法》,高等教育出版社2000年,第73页。

立和尊严原则。"①国家豁免是国家主权原则派生出来的一项国际法原则。

中国政府在国家豁免问题上一直都是坚持绝对豁免的立场,中国的人民法院没有受理过以外国国家为被告的案件。香港特区的初审法院 2008 年受理的以刚果(金)政府为被告的案件,就使它成为我国法院审理与国家主权豁免相关的第一案。

香港初审法院受理的美国 FG Hemisphere Associate LLC(以下简称"FG 公司")诉刚果(金)(Democratic Republic of the Congo)一案,其案情本身很是简单,即:前南斯拉夫一家公司与刚果政府做生意。期间由于双方发生纠纷,于是就根据合同规定而诉诸国际商会仲裁。国际商会的两份仲裁裁决裁定刚果(金)政府应当向仲裁申请人支付一亿多美元。然而,前南斯拉夫公司虽然胜诉,但该裁决并未得到执行。后来,该公司在执行判决无果的情况下,就将与其债权转让给了美国 FG 公司。2008 年,当美国 FG 公司在证券市场的公开信息披露中得知中国中铁股份有限公司要在香港向刚果(金)政府支付 3.5 亿美元关于矿权转让的入门费后,便向香港法院起诉,请求仲裁裁决的承认与执行。法院也受理了案子②。

从案由上看,它只是涉及到民法范畴内的合同法和债权等,并不复杂。然而在本案中,作为主权国家的刚果(金)是作为被告而被起诉,中铁及其下属三家子公司被列为被告,法院被要求冻结中铁及其下属公司将要付给刚果(金)的资金,等等,所以就不仅仅只是合同和债权问题,而是国际关系及国际法上重要的管辖豁免原则问题。但这案子发生在 21 世纪,发生在国际法已有很大发展的背景情况下。

---

① 参见詹宁斯、瓦茨修订《奥本海国际法》,王铁崖等译,中国大百科全书出版社 1995 年,第 277 页。

② 香港特别行政区初审法院,文件号:HCMP 928/2008。

历史上,"国家主权"的理念对维护国际正常往来的秩序起到了积极作用。这方面讨论最多的,便是美国最高法院1812年关于"斯库诺交易号案"的判决。

斯库诺交易号(Schooner Exchange Case)原是美国私人商船,但它1810年在公海上为拿破仑的军舰拿捕和没收,并被改充为军舰。1812年该船因天气关系遇难驶入美国宾夕法尼亚港口,该船的原美国船主向联邦地区法院提起对物诉讼,主张要求扣押该船,并要回自己对该船的所有权。

船主要求重新获得被拿捕和没收的船只,也认为法院会支持这样的诉求。然而,美国地区法院在审理之后,驳回了原告请求。虽然在后来的上诉审理中,美国巡回法院撤销了地区法院的判决,但最后美国最高法院的判决维持了地区法院的裁判。这倒不是说该船主不应获得原本就属于自己的财产,而是因为主权的缘故。

美国法院能否审理这一案件?美国法院对该案是否具有管辖权?对这两个至关重要的问题,美国最高法院首席法官马歇尔明确地认为:"一个主权者在任何方面不从属另一个主权者,它负有最高的义务不将自己或其主权权利置于另一个主权者管辖之下,从而贬损其国家的尊严。因此可以假定,一个主权者进入外国领土只能根据明示的许可,或者根据信任,即属于它的独立国家的豁免已被默示保留并扩大适用于他本人。主权者的这种完全的平等和绝对的独立,以及促使它们相互交往和彼此修好的共同利益引起了这样一个结果:每个主权者被允许享有在另一国领土内不受逮捕或拘留的豁免;其次,同样的原则也使用于外国大臣;再次,一国主权者在允许外国军舰通过其领土时,放弃其领土管辖权的一部分"。①

---

① W. Cranch, *Reports of Cases Argued and Adjudged in the Supreme Court of the United States*, New York, Banks Law Publishing, 1911. Vol. 3, pp. 135—136. 参见《美国最高法院判决集》,第11卷,1812年,第116页。

马歇尔法官的这席话,清楚说明了"主权"原则在处理国家关系中的重要性,同时也解释了为什么国家及其财产豁免应是国际法一般原则的理由。"斯库诺交易号"案,是个小案子,距今已有200年了。但里面的国家管辖豁免原则,却一直是国际法上的一个重要原则。

二、管辖豁免原则的发展趋势

传统国际法理论承认国家及其财产在另一国法院的绝对豁免。但自从20世纪50年代以来,以美、英为代表的西方国家及部分发展中国家在其立法及司法审判实践中呈现出限制豁免的趋势,主张国家在其商业性活动中不应免于另一国法院管辖。

在关于国家管辖豁免的理论研究当中,有"绝对豁免"(Absolute Immunity)和"相对豁免"(Restrictive Immunity)的概念之分[①]。前者是"绝对"的,只要是国家行为和财产,不管其性质如何,不论位于何处,都享有豁免权;后者是"相对"的,它把国家行为分为主权或非主权,"主权"属国家职权,享有豁免,"非主权"则是国家的民事行为,则不能享有豁免。

根据绝对豁免论的理论,不论一国的行为和财产性质如何,也不论该国家的财产位于何地,为谁控制,该国家本身及其财产都享有豁免权。除非该国家自愿放弃这种豁免,否则,任何国家的法院不得受理以该国国家为被告及以该国国家的财产为诉讼标的的民事案件。享有国家豁免的主体包括国家元首、国家本身、中央政府及各部、其他国家机构、国有公司或企业等;国家不仅在直接被诉的情况下享有豁免,而且在涉及国家的间接诉讼中也享受豁免;另外,绝对豁免论主张在国家未

[①] 〔英〕马尔科姆·肖:《国际法》(第六版)下,白桂梅、高健军、朱利江、李永胜等译,北京大学出版社2011年,第548—563页。

自愿接受管辖的情况下,不能以司法手段,而只能通过外交途径解决有关国家的民商事争议。

如果按照有限豁免的理论,在国际交往中,国家和私人在商业活动中的地位应当是平等的,国家在其商业活动中不应享有特权,一国法院应对他国的商业活动有管辖权。抽象地说,它仍然承认国家豁免是国际法上的一般原则,但却将国家不享有豁免的情况作为各种例外,规定得非常具体。

20世纪之前,绝对豁免论一直占有主导地位。但尽管如此,限制豁免萌芽还是有的。例如,1840年比利时布鲁塞尔上诉法院检察长费尔勒蒙特(M. de Ferlemont)就极力主张:当外国国家不只为独立的政治权力机构时,比利时法院得对该国行使管辖权,并执行判决。① 英国的有些法官紧随其后,也倾向于限制豁免论,1878年,荷兰一家公司对属于埃及君主财产的商业用船"查凯号"(the Charkich)在英国一法院提起诉讼。在该案审理过程中,罗伯特·菲利摩尔法官指出:"不应该有这样的国际法原则、确定的判决或法官意见,即:当有利时,君主就以商人的资格出现;而当需要对私人负有义务时,又允许其去掉商人伪装以君主身份出现,为自己君主的利益而损害私人的利益。鉴于此,法官认定租给英国臣民并参与商业活动的国有船舶不享有豁免。"②

限制豁免理论的产生和发展具有着其社会和历史原因,其中一个明显的原因,就是一些发达的资本主义国家强调在属于传统民商事的经济交往中,要保护其本国的私人(公司)利益免受侵害。因此,有些国家就开始奉行限制豁免理论。"根据这些理论,只能给予政府行为豁免权,如果是政府在参与商业,那么就享有豁免。享有豁免权的政府行为

---

① 弗霍曼:《在比利时法律中外国国家享有的执行豁免》,荷兰国际法年刊,1979年,第78页。
② 《法律判决录:海事和宗教法庭判决汇编》(L. R. 4 A. & E.),第四卷,第99—100页。

被称为'统治权行为'(jure imperri),而与私人或贸易有关的行为则被称为'管理权行为'(jure gestionis)。"①

早期涉及限制豁免理论案例的,除上面提到的以外,还有 1886 年意大利那不勒斯最高上诉法院审理的"费索拉公司诉奥地利案"。在该案中,法院认为外国政府的行为应分为政治性的和民事性的,而对外国政府民事性行为则不给予司法豁免。② 1903 年比利时最高法院在审理"卢森堡列热公司诉荷兰案"中也主张:"国内法院的管辖权并非基于被诉国家的同意,而是根据被诉国家行为的性质和该国以何种身份从事这些行为。"③

这些倾向于限制豁免权的司法判决,主要发生在 19 世纪末和 20 世纪初。由于当时国家参与民商事活动的情况并不多见,所以除意大利、比利时及荷兰等少数国家的法院以外,绝大多数国家在确定外国国家的民事诉讼地位时,基本上还是赞成绝对豁免论。

但从 20 世纪 20 年代开始,特别是在第二次世界大战以后,西方国家的国际法学者在理论上对绝对豁免主张进行了猛烈的批评,各国政府也相继接受了限制豁免或相对豁免主张,并通过司法或立法的形式将外国国家的行为区分为公法行为和私法行为,即将外国国家从事商业活动所进行的行为识别为私法行为而限制其司法豁免权的行使。作为亚洲和非洲之间唯一政府间组织的亚非法律协商委员会在 1960 年会议上所通过的报告也都肯定了限制豁免理论的意义,认为应区分不同类型的国家活动,主张对于外国国家具有商业性质或私法性质的行为不应该予以豁免。

---

① 〔英〕马尔科姆·肖:《国际法》(第六版)下,白桂梅、高健军、朱利江、李永胜等译,北京大学出版社 2011 年,第 552 页。
② 《意大利司法文集》第 1 卷,1886 年,第 228 页。
③ 《比利时法院判例集》第 1 卷,1903 年,第 294 页。

1952年以前,美国总体上实行的是绝对主权豁免原则,即外国国家在美国司法程序中享有绝对豁免,美国法院一般不受理任何外国国家为被告的案件。但自1952年以后,美国发生变化,也开始实行限制豁免主义:在继续对外国国家的"主权、公务行为"给予司法管辖的同时,不再给外国国家的"商业行为"以豁免。这一政策发生变化的标志,就是1952年的"泰特公函"(Tate's Letter)。该公函建议,根据限制豁免理论,凡对公法性质的国家行为才承认主权者的豁免,而对私法性质的行为则不然;……以往支持绝对豁免主义英国现在已在准备变更政策,除苏联和其他社会主义国以外,很少有支持绝对豁免主义的。① 它从而正式肯定美国政府接受限制豁免理论。

美国国会于1976年10月21日还通过了《外国主权豁免法》②,将限制豁免主张以国内专门立法的形式确定下来。英国紧随美国之后,1976年英国枢密院审理的"菲律宾海军上将号"案(the Philippine Admiral)是英国正式肯定限制豁免主义的第一个案件。1977年上诉法院审理的"特伦德克斯贸易有限公司诉尼日利亚中央银行"案(Tredtex Trading Co. V. Contral Bank of Nigeria)也沿袭了这一原则。英国1978年制定了有关限制豁免的国内立法,欧盟在1972年制定了《欧洲国家豁免公约》。之后,加拿大、新加坡、巴基斯坦等国都纷纷制定类似的法规,进一步肯定了限制豁免的主张,限制豁免的立法和司法实践逐渐盛行。国家管辖豁免之所以有这样的发展和变化,是因为越来越多的国家介入商务活动。所以为保护私人企业的利益,西方制度国家转向了限制豁免的方向。

---

① 胡晓红、郭丽红著:《国际私法概论》,兰州大学出版社1996年,第158—159页。
② 《美国法典》,第28编,第1602至1611节。

三、国际法院对国家主权豁免的坚持

限制豁免主要是当关乎国家商务经济活动时,但国际主权豁免则仍是国际法上的一项基本原则。国际法院于 2012 年 2 月就"德国诉意大利案"的判决,清楚地表明了这一点。

费利尼(Ferrini)一案先是意大利国内最高法院在 2004 年的判决。该判决主要涉及到外国国家豁免以及侵犯基本人权规范两者之间的关系。

1944 年,原告费利尼在意大利被纳粹军队抓获,随后便被放逐到德国并被迫从事军工行业,直到 1945 年才获得释放。因为这段经历,费利尼于 1998 年 9 月向意大利阿里佐法庭(Arezzo)起诉德国,要求德国对自己受到的监禁、驱逐出境和强迫劳动进行赔偿。但阿里佐法庭驳回了费利尼的诉求,理由是德国作为一个主权国家应享受国际法上的豁免权。然而费利尼不服,于是上诉,但其上诉也被佛罗伦萨(Florence)上诉法院驳回。不过,意大利最高法院(Corte di Cassazione)在 2004 年却做出判决认为:当外国的国家行为可以被归为国际罪行时,就不再享有国际法上的豁免权。换句话说,意大利的国内法院有权对费利尼提出的赔偿诉讼拥有管辖权。[①]

意大利最高法院的这一判决,在国际法上具有创新的意义。它首先区别了本案与先前涉及战争索赔的案件,在肯定德国在武装冲突中的行为是主权行为的同时,也指出了本案的不同之处,即:当具体不法行为构成国际犯罪以及侵犯国际法基本规范时,豁免是否应当依旧得到支持。在意大利最高法院看来,驱逐平民以及强迫其劳动在国际法

---

① *Ferrini v. Germany*, Appeal Decision, No. 5044/4; ILDC 19 (IT 2004), March 11, 2004.

上是国际罪行。德国二战中的行为显然属于这一方面的罪行。这些罪行不仅严重地侵犯了基本人权,而且还危害到人类的整体利益。由于对人权的保护是不可减损的,所以不管它是属于条约性质的还是习惯性质的规范,在法律位阶上都应优越于有关国家豁免的规范。[1]

但德国却不这么认为。德国虽然也同意意大利最高法院的某些观点,如:鉴于当今国际法律秩序以价值为导向的特点,所以应该通过给予这些价值以优先地位来解释有关国家主权的豁免体系。此外,国际法的确并非由一套一成不变的规范组成,它也会改变,习惯法即便步伐缓慢也会向前发展,如主权豁免本身就已从绝对理论发展到限制理论。然而,德国认为国际法与国内法不同:在国家主权豁免领域,国内法院可以发挥相当大的作用。但法官们应当正确定位自己,应当明白自身的职责是适用现有的法律。在国内法中,法官或许可以通过自由裁量权来填充一些基本原则,但在国际法中不能采用这样的方式,因为国际法是以国家的一般同意为基础发展起来的。一国的国内法院通过单方面采取自认为的法律来发展国际法,不管多么有吸引力也极大地体现了法律的价值,其他国家都可以拒绝接受。德国对于自己在二战的严重罪行并不否认,并认为应该追究犯罪人的个人刑事责任。然而意大利法院用同样的态度对待国际罪行侵犯者的个人豁免与一国的主权豁免的做法,则是错误的。让一国承担战争损害的民事责任,是属于另一种不同的概念。一国为其领导人犯下的国际罪行而承担的责任不能够没有限制。所以解决战争索赔的传统方法,是通过在国家层面上相互来缔结协定。[2]

---

[1] *Ibid.*

[2] *Case Concerning Jurisdicitonal Immunities of the State* (Germany v. Italy), CR 2011/17; *Case Concerning Jurisdictional Immunities of the State* (Germany v. Italy), Memorial of Germany, June 12, 2009.

在听取了德国和意大利通过书面和口头上的陈述之后,国际法院最后于 2012 年做出了判决。国际法院认为:因为德意两国参加的有关管辖豁免方面的公约不同,要解决两者相关问题只能从习惯国际法入手。在这方面国际法院认为,尽管过去对国家豁免的起源以及豁免所涵盖原则的认定存在争论,但国际法委员会总结得出的关于国家豁免的规则已经被当作习惯国际法中的一个普遍规则而得到适用,其已经牢固的扎根于现有的国家实践中。这一事实表明,不管是声称自己享有豁免权或是给予他国豁免权,国家一般都以国家享有管辖豁免权利为前提的。所以,国际法院最后裁定德国胜诉。[①]

上述案例主要是关于国家主权豁免。如果说国际社会在这方面的意见还比较传统、比较一致,那么在关于国家财产方面的立场就存在很大的分歧。正是由于各国在国家及其财产管辖豁免方面的具体做法上的差异,所以联合国国际法委员会自 1978 年就开始草拟国家及其财产管辖豁免条款草案。

经过长达 23 年的起草工作,国际法委员会于 1991 年向联大提交了案文。以后,各国经过谈判,终于在 2003 年 2 月的特委会会议上就国家及其财产管辖豁免公约的实质性案文达成一致,并于 2004 年 12 月 2 日在第 59 届联合国大会上通过了《联合国国家及其财产管辖豁免公约》,由此有了第一部关于国家及其财产管辖豁免问题的普遍性国际法律文书。

[①] *Case Concerning Jurisdicitonal Immunities of the State* (Germany v. Italy), Judgement, February 3, 2012.

第二节 联合国《国家及其财产管辖豁免公约》

《联合国国家及其财产管辖豁免公约》的通过和开放签署①,对国际法的发展具有重要的理论和现实意义。公约分六个部分:由33条和1个附件构成,分别规定了有关国家豁免的"一般原则"、"不得援引国家豁免的诉讼"和"在法院诉讼中免于强制措施的国家豁免"等内容。

该公约重申了久已存在的国家及其财产管辖豁免原则,认为它是"一项普遍接受的习惯国际法原则",规定"一国本身及其财产遵照本公约的规定在另一国法院享有管辖豁免","一国应避免对在其法院对另一国提起的诉讼行使管辖"。所以,公约在肯定国家豁免作为一般原则的同时,也作出了对国家豁免加以限制的具体规定。

一、公约的要点

国家豁免是一条国际法上公认的准则和惯例,但也有例外。为协调各方利益,《国家及其财产的管辖豁免公约》第三部分以"不得援引国家豁免的诉讼"明示了一些例外情形,表明国家的一些活动不享有传统上的司法管辖豁免,如商业交易、人身伤害和财产损害、雇佣合同、国家拥有或者经营的船舶以及仲裁协定等。

根据这些规定,国家与外国人间的商业合同所引起的诉讼,不得援引管辖豁免(第10条);外国的有关侵权行为不享有司法管辖豁免;对涉及雇佣合同的争议主张管辖豁免(第11条);对涉及"确定"其位于法院地国的不动产的所有、占有或使用产生的争议,对动产或不动产由于继承、遗赠或无人继承而产生的任何权利和权益以及对托管、破产者财

---

① 参见联合国文件,A/C.6/55/C.12,2000年中译本,第20页。

产或公司解散前清理之财产的管理的任何权利或权益,也不享有司法管辖权(第13条),以及一国对其参加公司或其他集体机构的诉讼,不享有司法豁免权(第15条)。此外,公约还明确规定涉及商业目的的国有或国营船舶的诉讼不享有司法管辖豁免(第16条);一国接受商业仲裁意味着在接受该国法院对仲裁协定的监督管辖,也不享有管辖豁免(第17条)。

所以,一国法院应避免对另一国提起的诉讼行使管辖,这是国际法上的一个原则。但它也有一些例外情况。而在上述提到的例外情况中,有关国家就不得援引国家豁免原则来避开诉讼。有意思的是,公约在其案文中并没有使用国际法学界在讨论豁免问题时常用的"绝对豁免"或"相对豁免"的概念。

二、豁免的主体

国家是国家豁免权的享有者。但"国家"是一个抽象词,它在现实的国际政治、经济、文化等领域的交往中,总是由具体的代表国家的机构来实现的。当出现法律纠纷时,被索偿的通常是特定的国家机构。所以对"国家机构"的界定,决定了国家豁免制度主体范围的宽与窄。

关于"国家"一词,不同国家立法有不同的定义。对英国来说,"国家"包括:(1)行使公职的君主和元首;(2)政府;(3)政府各部。而具有起诉和被诉能力的独立实体只有在行使主权权力且所属国享有豁免时才享受豁免(1978年《国家豁免法》第14条1款)。但根据美国的规定,外国国家包括其分支机构及其代理或媒介。即作为外国国家的政治分支机构的独立法人,或由外国国家或其政治分支机构拥有大部分股份或其他所有权利益的独立法人(1976年《外国主权豁免法》第1603条)。

按照《国家及其财产管辖豁免公约》第2条对公约中"国家"一词的

解释，具体享有国家豁免权的主体主要有四类：

(1) 国家及其政府的各种机关；

(2) 有权行使主权权力并以该身份行事的联邦国家的组成单位或国家的政治区分单位；

(3) 国际机构、部门或其他实体，但它们须有权行使并且实际在行使国家的主权权力；

(4) 以国家代表身份行事的国家代表。

上述规定表明，将国家及其政府机关作为享有国家及其财产豁免的主体是各国公认的，"仰融案"可以帮助来理解这个规定，因为该涉及的主要问题是：政府的征收行为是否是政府行为从而可以享有豁免呢？

2002年5月自称受到"迫害"出走美国的前华晨集团的董事长仰融，以自身及家人的财产被剥夺为由在美国法院起诉辽宁省政府。2005年8月21日，美国联邦地方法院哥伦比亚特区分庭，就仰融夫妇及香港华博财务有限公司起诉辽宁省政府非法侵占财产权一案正式向辽宁省政府发出民事案传票并开始审理。

美国法院对此案是否有管辖权？这在很大程度上取决于被告的地位。本案中的辽宁省政府是否具备国家豁免主体的合法资格？其行为是否构成行使主权权力？这是整个案子的关键。对此，仰融认为："华晨股权并非国家所有，只是为了符合美国上市要求，暂由教育基金代管。"

然而，国家国有资产管理局在给仰融的"委托书"中明确指出，国家国有资产管理局委托仰融作为代理人持有华晨控股有限公司中的股份。国家政治区分单位享有豁免权是国家豁免制度的合理延伸。辽宁省政府作为国家政治区分单位，符合国家豁免主体的资格，对另一国法院自然享有管辖豁免权。所以经过审理，美国法院最后认定因辽宁省政府可享有"国家豁免特权"，故对仰融所提起诉讼的事项不具有司法管辖权。①

三、商业交易的判断标准

根据公约草案第10款规定,国家在其与外国自然人或非国家的法人进行商业交易所涉诉讼中,不得援引豁免。但在什么是"商业交易"问题上存在较大的分歧。商业交易行为的具体内容应包括哪些？以及它的判断标准又是什么？各国莫衷一是。②

西方国家大都主张应从交易的性质加以判断,但包括中国在内的一些发展中国家则认为,判断是否为"商业交易"时,除了应考虑交易的性质外,还应考虑交易的目的。一些基于公共目的的国家交易行为,如为提供粮食救灾或提供药品以制止流行病蔓延而进行的交易等,不应视为"商业交易"。

经过激烈争论,各国最终达成妥协案文,在"公约草案"第2条第2款规定,"在确定一项合同或交易是否为第1款(c)项所述的'商业交易'时,应主要参考合同或交易的性质,但如果合同或交易的当事方已达成一致,或者根据法院地国的实践,合同或交易的目的与确定其非商业性质有关,则其目的也应予以考虑"。所以在确定一项合同或交易是否为商业交易时,应主要参考该合同或交易的性质,但如果合同或交易的当事方已经达成一致,或者根据法院地国的实践,合同或交易的目的与确定其非商业性质有关,则其目的也应考虑。它以"性质"标准为主,辅以"目的"标准,而且以双方的合意或法院地国的实践为适用"目的"标准的前提。

2008年5月,香港特区的初审法院在受理以刚果(金)政府为被告

---

① 冯彦辉:《从仰融案透视国家豁免制度理论》,载《广东科技》2002年第六期。
② 联合国文件,A/C.6/55/L.12,2000年中译本,第6页。

的案件中的判决,就认为中国中铁股份有限公司将向刚果(金)政府支付的费用不具有商业性质,所以无论在香港适用绝对豁免亦或限制豁免,刚果(金)政府均享有豁免权。但美国 FG 公司不服这个一审判决,因此上诉到香港高等法院。

四、国有企业与国家的关系

关于国家与国有企业区别对待的问题,中国、印度、巴西及其他一些国家认为,国有企业具有独立法人资格,自主经营、自负盈亏,有起诉和被诉的能力,无论在理论上还是实际上都不应被看做是国家的一部分,应当对其与国家作出明确的区分。对这些企业的起诉不应牵连其所属国;反之,对国家的起诉也不应牵连其国有企业。

国际法委员会通过、并提交给联合国大会的"条款草案"反映了中国等这些国家的立场,其第 10 条第 3 款规定:国家豁免不因那些具有独立法律人格的国有企业涉诉而受影响。但英、美等一些西方国家却认为国家可能滥用该规定,利用国企承担有限责任的形式来逃避国家应承担的责任,所以要求适用"掀开公司面纱"原则,并要求删除有关国家与国企内容的条文,将此问题交由国内法院判断。最后作为双方妥协的结果,公约草案在第 10 条第 3 款仍然保留了原有关于国家不受国企涉诉的影响的规定;但在构成"公约组成部分"的《对公约若干规定的理解》中,则明确了上述条款并不影响"掀开公司面纱"原则的适用。

中国坚持绝对的豁免理论,认为一国财产在外国应享有绝对的豁免。但同时也坚持认为:除非国家明确承担担保义务,或国家明确授权,否则国家就不应对国有企业的行为负连带责任。"中航油母公司请求国家豁免案",可以用来说明国有企业与国家之间的关系以及是否能够享有管辖豁免的问题。

2005 年 5 月,在中航油(China Aviation Oil)及其集团公司与印尼萨蒂亚资本公司(Satya Capital)之间的纠纷中,中航油集团向新加坡法庭提出的国家豁免权的请求,遭到法庭的驳回。

萨蒂亚资本公司为印尼投资集团,2004年11月,该集团与中航油(新加坡)及中航油集团公司达成协议,由中航油方面收购其所持的新加坡石油(Singapore Petroleum)股份。以后,萨蒂亚资本公司认为中航油方面违约,并就此提起诉讼,要求赔偿4700万新元(合2900万美元)。被债权人在新加坡法院申请破产的中航油(新加坡)公司向新加坡高等法院申请债务重组,以避免公司被清盘。2005年5月中旬中航油公布了新方案。除了公司高级管理人员可能被追究刑事责任外,中航油(新加坡)公司自身也一直面临着诸多的法律纠纷,有些甚至还牵连到了它的母公司——中国航油集团公司(CAOHC)。中航油(新加坡)公司已向新加坡法院提出破产保护申请,因此可暂免债务的追索。母公司中国航油集团在诉讼审理过程中,则于2005年4月在提交的一份法庭证词中要求获得免受萨蒂亚资本公司起诉的豁免权,理由是:它"由中华人民共和国中央政府拥有并受它监管,故应被视为一个政府部门",从而可获得国家豁免而不受新加坡法院的管辖和法庭程序的约束。

然而,中航油集团公司是由国有资产管理委员会代表国家投资设立的,有企业法人资格,其人格在法律上是完整和独立的,因此具备自己的责任能力。此次中航油收购股权的行为无论就其本身性质,还是主观目的来看,其所做的就是一个普通市场主体为了获取收益最大化而进行的商业行为,绝不是什么代表国家进行的主权行为。中航油集团公司自己也没有出具任何表明它依照中国的主权权力行事的证据。所以,新加坡高等法院驳回了中国航油集团公司的申请,称它因为它的活动主要是商业性的,不能被视为一个政府部门,从而拒绝了中航油母公司的要享受"国家豁免"的请求。①

---

① 具体案情参见 http://www.21our.com/readnews.asp?id=602610。

五、执行豁免

强制性措施一般泛指国内法上执行司法指令的各种机制,包括禁止令、扣押财产、逮捕、执行或者其他形式的预先措施或者最终措施。所以,作为国家豁免的最后阵地,执行豁免比前阶段的管辖豁免更具有实质意义,它是国家豁免的核心内容之一,也是国家豁免问题中最困难和最有争议的问题之一。

《国家及其财产管辖豁免公约》的第四部分,是关于"在法院诉讼中免予强制措施的国家豁免"的规定。它将对国家财产的强制执行分为判决前和判决后两个部分[①],判决前阶段采取的包括诉前保全、审理中的证据保全、对财产的扣押、冻结等和判决后的强制执行措施。该公约第 18 条明确规定:不得在另一国法院的诉讼中针对另一国财产采取判决前的强制措施,除非该国已经拨出和专门指定该财产用于诉讼标的的请求;或该国的国际协定、仲裁协议或书面合同,或在法院发表的声明或在当事方发生争端后提出的书面函件,明示同意采取此类措施。

关于判决后的强制措施,公约第 19 条规定了一个新的限制,即允许对已经被证明被一国"具体用于或意图用于政府非商业性用途以外目的,并且处于法院地国领土内"的财产采取此类措施,但条件是该财产必须"与被诉实体有联系的财产"。它表明国家同意接受他国管辖并非默示同意采取强制措施,对于强制措施必须另行表示同意。所以强制措施在国家财产豁免问题上,具有比管辖豁免更深一层的特殊意义。

在湖广铁路债券案案中,当美国亚拉巴马州北区地方法院一审判决作出之后,中国外交部针对这一判决向美国国务院递交了一份备忘录,严正指出:美国法院的这一作法完全违反主权原则和联合国宪章。

---

① 《国家及其财产管辖豁免公约》第 18 和 19 条。

如果美国政府无视国际法、强制扣押中国在美国的财产,中国政府保留采取相应措施的权利。中国外交部在其备忘录中声明:

> "国家主权豁免权是国际法的一项重要原则,其根据是联合国宪章所确认的国家主权平等的原则。中国作为一个主权国家无可非议地享有司法豁免权。美国地方法院对一个主权国家作为被告的诉讼,行使管辖权,作为缺席判决甚至以强制执行其判决相威胁,完全违反了国家主权平等的国际法原则,违反联合国宪章。对于这种将美国国内法强加于中国,损害中国主权,损害中国民族尊严的行为,中国政府坚决拒绝。如果美国地方法院无视国际法,强制执行上述判决,扣押中国在美国的财产,中国政府保留采取相应措施的权利"。[①]

《国家及其财产管辖豁免公约》没有正面规定何为商业目的的国家财产,但将有些财产明确排除在一国商业用途财产之外,规定不能被强制执行(第 21 条)。这些财产包括外交财产、军事财产、中央银行或其他货币的财产、文化遗产以及展览物品等。

第三节 中国的实践与政策

中国一向坚持国家及其财产享有豁免权的国际法基本原则。但我国从上个世纪 80 年代派代表参加《国家及其财产的管辖豁免条款草案》的历次磋商会议以来,开始申明在必须坚持国家豁免原则的同时,会考虑国际上的实际情况。

---

① 段洁龙主编:《中国国际法实践与案例》,法律出版社 2011 年,第 2 页。

一、中国有关国家豁免的立法

目前,中国尚无全面规制国家及其财产豁免的专门立法。但1982年公布的《中华人民共和国民事诉讼法(试行)》和1991年公布的《中华人民共和国民事诉讼法》,对享有司法豁免权的外国人、外国组织或国际组织提起民事诉讼的豁免作了原则性的规定。例如,《中华人民共和国民事诉讼法》第239条规定,对享有外交特权与豁免的外国人、外国组织或国际组织提起的民事诉讼,应当依照中华人民共和国的有关法律和中华人民共和国缔结或参加的国际条约的规定办理。这些法律规定均未涉及国家豁免,包括执行豁免的问题。

1986年公布的《中华人民共和国外交特权与豁免条例》虽然对与国家豁免有密切联系且部分重叠的外交豁免问题作了规定,但国家豁免与外交豁免毕竟是国际法上两个不同的问题[①]。

在条约实践方面,中国缔结或参加的一些国际条约涉及国家及其财产豁免问题,如我国于1980年参加的1969年《国际油污损害民事责任公约》第11条第2款规定:"关于缔约国所有而用于商业目的的船舶,每一国都应接受第9条规定的管辖权受理的控制,并放弃一切以主权国地位为根据的答辩。"1958年中苏《关于互驻双方的商务代表处法律地位的协定》第4条明确规定,有关商务代表处代表本国政府与驻在国签署的外贸合同争议的法院终审判决,可就商务代表处的货物与债务强制执行。

中国长期以来一直主张并坚持国家及其财产司法管辖豁免的原则,在司法实践中,中国法院既不对外国中央银行行使司法管辖权,也

[①] 关于国家豁免与外交豁免及领事豁免的关系,参见黄进:《国家及其财产豁免问题研究》,中国政法大学出版社1987年,第11—12页。

不对外国中央银行采取强制措施,但一直没有相应的国内立法。2005年十届全国人大表决通过了《外国中央银行财产司法强制措施豁免法》,是针对这一问题的专门立法。该法限定了享受豁免权的外国中央银行的范围,包括外国的和区域经济一体化组织的中央银行或者履行中央银行职能的金融管理机构。而外国中央银行的财产,也限定在现金、票据、银行存款、有价证券、外汇储备、黄金储备以及该银行的不动产和其他财产。由于我国在司法豁免方面一贯坚持对等原则,因此,该法也规定,对于外国不给予我国中央银行或者我国特别行政区金融管理机构的财产以豁免,或者所给予的豁免低于该法的规定的,将根据对等原则办理。

《外国中央银行财产司法强制措施豁免法》只涉及到国家豁免的一小部分内容。2005年9月14日,我国签署了联合国国际法委员会编纂的《国家及其财产管辖豁免公约》,它表明了中国在国家及其财产管辖豁免问题上的立场。尽管如此,中国应借鉴国际立法和外国相关立法的经验,尽快制订一部《中华人民共和国国家及其财产豁免法》。

其实,我国《民法通则》、《全民所有制工业企业法》、《全民所有制工业企业转换经营机制条例》、《公司法》都明确规定了中国的国有企业是具有独立法人资格、经济独立核算、自负盈亏、能够独立承担民事责任的实体。法律授予国有企业或国家实体以独立的法人资格在从事商业活动中代表国家的权利。这样就从法律上和事实上将从事商业活动的国有企业排除在国家豁免的范围之外,并为主权豁免问题上区别政企的立场提供了法律依据。

2005年9月14日,李肇星外长代表我国政府在纽约联合国总部签署了《国家及其财产管辖豁免公约》。[①] 公约既涉及我国与外国自然

---

① 参考网站:http://www.modernlaw.com.cn/6/3/02-21/1537.html.

人或法人的法律关系,也涉及外国与我国自然人或法人的法律关系,是有关国家重大利益的重要公约。尽快制订一部适合我国的《中华人民共和国国家及其财产豁免法》,以避免在处理外国国家及其财产豁免事务上无法可依的情况。

二、中国有关管辖豁免的案例

在国家管辖豁免问题上,中国政府长期以来都坚持国家主权豁免的原则,因此在2008年前的司法实践中,中国法院从未受理过以外国国家及其政府为被告,或针对外国国家及政府财产的案件。当然,中国也不接受外国法院对以中国国家及政府为被告,或针对中国国家财产的案件的管辖权。

但中国不接受以中国国家为被告,或针对中国国家财产的案件的管辖权的立场,并不等于就能阻止外国的法院对中国或中国的国家财产的诉讼。自中国改革开放、与世界各国在经济方面往来日益紧密的过程中,中国在他国法院被诉讼的情况时有发生,如"湖广铁路债券案"及"莫利斯案"。此外,香港特区的初审法院在2008年5月受理了一起以刚果(金)政府为被告的案件并作出判决,使之成为我国法院审理与国家主权豁免相关的第一案。

1. 湖广铁路债券案

湖广铁路债券案,是新中国于1949年成立发生的第一起针对我国的旧债券大案。1979年11月,美国债券持有人杰克逊等9人代表243名持券者,在美国阿拉巴马州北区地方法院对中华人民共和国提起诉讼,要求中国政府偿还他们的债券本息。美国该地方法院正式受理了杰克逊等人提起的诉讼,并向中华人民共和国发出传票。

湖广铁路债券案①,起因于中国清朝政府的一项外国借款债务。1911年5月20日,中国清政府以修筑湖广铁路即湖北、湖南、广东和四川等地四段铁路的名义,向英国汇丰、法国东方汇理、德国德华和美国花旗等银行借款,为此签订了总值为600万英镑的湖广铁路借款合同。合同规定,上述各国银行得以清政府的名义发行债券,债券通过金融市场出售分散到私人手中。美国债券持有人杰克逊等人提起的诉讼,就是以这债券为背景。所以,"湖广铁路债券案",有时又被称为"杰克逊诉中华人民共和国案"。

对美国地方法院受理的这个案件,中国外交部当即照会美国国务院,告知对方:中国是主权国家,按照国际法享有司法豁免权,不受美国法院管辖,因此拒绝接受传票。然而,美国地方法院却无视中国外交部的照会,认为根据1976年美国《外国主权豁免法》,外国国家从事商业活动不能享受主权豁免。清政府在美国发行销售债券属于商业活动,所以,该法院认为它对于以中国作为被告的债券案具有管辖权。

美国阿拉巴马州北区地方法院于1982年9月1日开庭审理了这个案件,并且作出缺席判决,指令中国偿付湖广铁路债券本息4300万美元,并声称:如果中国政府对本判决置之不理,美国法院将扣押中国在美国的财产,以强制执行判决。于是,中国外交部针对这一判决向美国国务院递交了一份备忘录,严正指出:美国法院的这一作法完全违反主权原则和联合国宪章。如果美国政府无视国际法、强制扣押中国在美国的财产,中国政府保留采取相应措施的权利。此外,美国的国务院和司法部作为诉讼的第三方,也分别向亚拉巴马州地方法院提出了美国利益声明书。

---

① 梁淑英主编:《国际法案例教程》,知识产权出版社2001年,第38—42页;陈体强:《国家主权豁免与国际法——评湖广铁路债券案》,载《中国国际法年刊》(1983卷)。

1984年1月7日,美国该地方法院重新开庭。1984年2月27日,亚拉巴马州地方法院作出裁定,撤销了其原来的缺席判决,认为:如果依据1976年的《外国主权豁免法》来审判湖广铁路债券案,还需要具有追溯力。但该法是否具有追溯效力而适用于65年以前的案件,国会的意图不明确;再者,传票未译成汉语,通知方式亦不合程序规定,等等。原告对此不服,因此上诉到美国联邦第11巡回法院,后来又要求美最高法院复审此案,但都被驳回。所以,此案以中国方面胜诉而结束。湖广铁路债券案的终结,具有重要的意义。它是在中国与美国刚建交不久的历史背景下发生的,所以此案的了结消除了中美两国关系中的一个隐患。

中国政府在本案中鲜明地表明了自己在国家及其财产豁免问题上的立场和态度,坚持绝对国家豁免原则,拒绝外国法院的司法管辖,反对外国法院对中国国家财产采取强制措施。但值得注意的是,中国最终胜出并非由于美国法院认可了中国政府的主张,而是它根据本国法的"不溯及既往"原则等理由做出的判决,因此,它并没有表明美国同意了中国关于国家豁免的立场,更没有表明中国和美国在国家豁免问题上具有相同的立场。

2. 莫里斯诉中华人民共和国案

与湖广铁路债券案相似的,还有2005年"莫里斯诉中华人民共和国案"。2005年5月6日,美国公民莫里斯(Marvin L. Morris, Jr.)出示了旧中国1913年发行的"五厘金币善后贷款债券",向美国纽约南区联邦地方法院提起了民事诉讼,要求偿还本金180 000 000美元。之后,2006年11月15日,债券持有人庞斯(Gloria Bolanos Pons)和索里亚(AitorRodriguez Soria)也对中华人民共和国提起类似诉讼。[①]

[①] 起诉书,参见Gloria Bolanos Pons and Aitor Rodriguez Soria v. The People s Republic of China, http://globalsecuritieswatch.org/Complaint_Bolanos.pdf;另参见2006 WL 3703342 (Trial Pleading) Complaint (Nov. 16, 2006); 2006 WL 3884736(Trial Pleading) Complaint (Nov. 16, 2006).

对此,中国政府于 2006 年 5 月 12 日提交了答辩状,要求撤销案件。该答辩状中,中国列举了四个理由:

(1)中国政府应该享受主权豁免,而《外国主权豁免法》所列举的豁免例外无一适用;

(2)根据 1979 年 5 月 11 日中、美两国签订的《中华人民共和国政府与美利坚合众国政府关于解决资产要求的协议》的规定,原告的诉讼请求是无效的;

(3)原告的诉讼请求已经超过了诉讼时效;

(4)原告的请求并不具有国际习惯法的依据。①

原告是持反对意见,原告针就中国政府提出反对意见②,认为中国在美国领域外从事了商业行为并且在美国有直接影响,所以法院拥有管辖权;原告的诉讼请求没有因《国际求偿解决法》和《中美资产协议》的规定而无效;另外其诉讼请求没有超过时效,因为这是原告第一次有机会来要求强制执行其请求。

美国纽约南区联邦地方法院对两案合并审理,并于 2007 年 3 月 2I 日作出裁决,认为美国《外国主权豁免法》所规定的商业行为例外的"直接影响"(direct effect)标准没有满足,对商业行为例外"在美国的直接影响"标准也没有满足,因此驳回原告基于"更重要权力"(superior powers)而提出来的诉讼请求。③

---

① See 2006 WL1792563 (Trial Motion, Memorandum and Affidavit) Memorandum of Law in Support of the Peoples Republic of China's Motion to Dismiss (May 12, 2006).

② See 2006 WL 2178532 (Trial Motion, Memorandum and Affidavit) Memorandum of Law in Opposition to Defendant's Motion to Dismiss (Jun. 28, 2006).

③ See http://globalsecuritieswatch.org/Friend_of_the_Court-Sep21.pdf.

"湖广铁路债券案"和"莫里斯案"虽然法庭的判决依据不同,但是都判原告败诉,中国享有国家豁免。但与湖广铁路债券案相比,中国政府在"莫里斯诉中华人民共和国案"中的立场已非常积极。中国在坚持作为主权国家应该享有绝对豁免的同时,能够注意到世界上一些国家通过的立法,并且引用美国《外国主权豁免法》来维护自己的利益。中国不再是一味地坚持绝对豁免原则,一味地拒绝出庭。所以,立场没有改变,战术有了变换:它从原来的消极、外交抗议转为积极应诉,而且有理有据,维护了中国的国家主权。

3. 香港刚果(金)案

2008年5月,香港特区的初审法院受理了一起以刚果(金)政府为被告的案件。这是我国法院审理与国家主权豁免相关的第一案,自然引发了中国政府、学界及实务界普遍和强烈的关注。从案由看,刚果(金)案主要是涉及国家主权豁免原则与香港基本法条款的法律解释这两大问题。

(1)国家主权豁免原则

在一审判决中,香港初审法院认为:由于中国中铁股份有限公司将向刚果(金)政府支付的费用本身不具有商业性质,所以无论在香港适用绝对或限制豁免,刚果(金)政府均享有豁免权[1]。然而,在美国FG公司上诉后,香港高等法院却不这么认为。

香港高等法院上诉法庭认为:判断刚果(金)政府是否享有管辖豁免?这不属于基本法第19条中的"国防、外交等国家行为",法院有权依据有关国家豁免的法律规则来作出判断;另外,香港应适用已经成为习惯国际法一部分的限制豁免原则,所以高等法院裁定刚果(金)政府因与中铁的交易属于商业性质,不能享有豁免,因而判决撤销一审判

---

[1] 香港特别行政区高等法院初审庭,文件号:HCMP 928/2008。

决,维持冻结被告资金的禁令。①

二审判决后,案子上诉到了香港终审法院。终审法院先是于2011年6月作出临时判决,后又根据全国人大常委会的法律解释于2011年9月8日作出最终裁决,裁定香港应采取与中国一致的国家豁免立场,即绝对豁免立场,刚果(金)政府享有豁免权,香港法院对本案无管辖权。②

刚果(金)案中关于国家豁免问题的审理过程,具有一定的特殊性。在1997年7月1日香港回归之后,香港特区在"一国两制"的框架下实行与中国大陆不同的司法体制。根据《香港特别行政区基本法》,香港特区实行的法律为香港基本法、香港原有法律、香港特别行政区立法机关制定的法律以及列于基本法附件三中的全国性法律。③ 但在所有这些法律中,都没有关于如何适用国家豁免原则的规定。因此,就只能从香港回归之前的原有法律中去寻找。

香港在回归前适用的是英国1978年《国家豁免法》,里面是限制豁免的立场。但在回归之后,英国这一《国家豁免法》没有像其他原适用于香港的英国法律一样在香港本地化④,而是被排除在香港法律之外。所以,香港在回归之后、在国家豁免问题上的立法是处于真空状态,即:旧法在回归时被停止适用,但又没有作出有关国家豁免立场的新规定。所以,在没有明确成文法为依据的情况下,香港法院只能从香港的普通法中去寻找相关的法律渊源。

普通法是以判例为基础,香港在回归之后并没有关于国家豁免的

---

① 香港特别行政区高等法院上诉庭,民事上诉2008年第373号和2009年第43号。
② 香港特别行政区终审法院,终审民事上诉2010年第5、6&7号,文件号:FACV 5、6&7/2010。
③ 参见《香港特别行政区基本法》,第8条和第18条。
④ 2010年8月25日外交部驻港公署为刚果(金)案向香港终审法院发出的函件。载入:香港特别行政区高等法院上诉庭,民事上诉2008年第373号和2009年第43号。

判例，所以判断香港如何适用国家豁免原则的权力在很大程度上掌握在法院法官的手上。在案件实际审理过程中，初审法院和高等法院的法官都是在考察并分析普通法的渊源之后，认定香港在国家豁免立场上应当适用限制豁免原则。

（2）香港基本法的解释

香港法院行使管辖权的前提，应该是考虑案件中的财产所在地、行为发生地、被告住所地等连接点与香港有多紧密的联系。但香港法院在没有成文法明确规定时寻找法律依据时，还不能忽视豁免问题在香港背景下的另一个特殊性，即：由于国家主权豁免原则是以国家主权平等原则为根据，该原则会涉及一国与另一国之间的国际关系，所以决定国家豁免规则涉及到香港基本法第19条第3款中规定的"外交等国家行为"。

根据香港基本法第19条第2款的规定，香港的国防、外交等国家行为由中央政府决定，香港法院对此没有管辖权。那么，关于国家豁免规则的决定是否属于"外交等国家行为"？另外，"是"或"不是"，该由谁来解释和决定呢？

在香港基本法条款的法律解释问题上，香港基本法第158条规定：全国人大常委会对基本法享有最终的、完全的解释权；香港特区法院根据全国人大常委会的授权可以在审理案件时对基本法关于香港特区自治范围内的条款自行解释，而且香港特区法院还可以在审理案件时对基本法的其他条款进行解释，除非这些其他条款涉及中央政府管理的事务或中央政府与香港特区的关系问题且对这些条款的解释会影响案件的判决。

所以单从基本法的这条规定上看，它对基本法进行解释的前提条件和解释范围的规定是比较明确的。然而，中国大陆法院与香港法院不同：大陆法院只能适用法律，法律的最终解释权掌握在立法机关手中;但在香港,由于法院对基本法的解释是由法官在具体案件的审判中来进行的,所以香港法院对基本法的解释就是法官的解释。这两边法院在这方面差异的根本原因,是由于实行普通法制度的香港与实行大陆法制度的中国内地在法律解释体制上是不同的。

其实,香港法官的意见也不尽相同。在刚果(金)案中,初审法院和高等法院的法官在审判中认定:决定国家主权豁免政策不属于基本法第19条中规定的"外交事务等国家行为"范畴,香港法院无需向全国人大常委会请求释法,而是有权依据相关规则来进行审理。然而香港终审法院不这样认为,所以它决定应向全国人大常委会请求释法。

三、立法的必要性

刚果(金)在香港法院被诉一案表明,中国香港、澳门在其回归后实行了与大陆不一样的立法和司法体制,但却因我国在国家豁免问题上没有明确的立法,使得国家豁免立场也成为一个重要而又敏感的问题。

全国人大常委会通过解释香港基本法已经明确了香港政府在国家豁免问题上应当与中国政府的立场保持一致。香港在国家豁免立场上如果采取限制豁免立场,确实可能会造成大陆与香港在国家豁免问题上的政策不一致,进而影响中国与其他国家间的国际关系。当然还可能会引发私人针对外国国家甚至中国政府到香港法院提起滥诉的现象。

所以为解决国家豁免原则在香港的适用问题,全国人大常委会根据香港律政司的请求,通过解释香港基本法相关条款,明确了在香港应采纳与大陆一致的国家豁免立场。释法暂时解决了国家豁免原则在香港的适用问题,但与国家及其财产豁免的相关问题并没完全解决。在一些具体的场合,主要是当国外法院对我国国家行使管辖权的时候,中国政府明确坚持国家及其财产享有豁免这一原则,但同时却没有在国内立法中加以明确规定,这对我国国内法院的审判工作造成了影响。

随着中国的改革开放,我国内立法在不断地发展和完善。迄今为止,我国通过《公司法》、《企业国有资产法》等相关法律,国有公司的独立法人地位已经有了较为明确的规定。然而,经过这么多年的发展,我国目前仍未制定一部关于国家及其财产豁免问题的单项法律,也没有在民事诉讼法有关涉外民事诉讼程序的规定中明确我国对国家豁免问题的立场。

要坚持和维护国家及其财产享有豁免这一原则,把国家本身及其财产与国营公司及其财产区别开,就需要加强有关国家及其财产豁免问题的立法。事实上,随着国际经济关系的不断发展,越来越多国家会转而接受了限制豁免的立场,这是由国际经济政治的实际发展需要所决定的,也是一个趋势。随着国际化程度的进一步深化,世界上会有更多国家采纳限制豁免的立场,最后恐怕连中国也不能例外。

由于我国已经签署了《联合国国家及其财产管辖豁免公约》,一旦我国批准该公约,要履行公约义务并转变我国目前的绝对豁免立场,就必须依靠一部专门的国家及其财产豁免的法律。所以,中国需要在豁免问题上立法。

本 章 要 点

作为一项国际法重要原则,国家及其财产管辖豁免是指一国的国家行为及其财产,如未经该国的同意就免受外国法律和外国法院的管辖。

传统国际法理论承认国家及其财产在另一国法院的绝对豁免。但自从20世纪50年代以来,以美、英为代表的西方国家及部分发展中国家在其立法及司法审判实践中呈现出限制豁免的趋势,主张国家在其商业性活动中不应免于另一国法院管辖。

基于各国实际情况和国家利益的冲突,从而导致在立法和实践方面的矛盾和分歧。以后经过谈判,终于于2004年12月2日在第59届联合国大会上通过了《联合国国家及其财产管辖豁免公约》,由此有了第一部关于国家及其财产管辖豁免问题的普遍性国际法律文书。公约在肯定国家豁免作为一般原则的同时,也作出了对国家豁免加以限制的具体规定。

中国政府在国家豁免问题上一直都是坚持绝对豁免的立场,中国的人民法院没有受理过以外国国家为被告的案件。但在2008年5月,香港特区的初审法院受理了一起以刚果(金)政府为被告的案件。在该案中,刚果(金)为被告,中铁及其下属三家子公司为共同被告,香港法院被要求冻结中铁及其下属公司将要付给刚果(金)的资金,等等,从而涉及到管辖豁免原则问题。不过,香港终审法院的最后判决还是与我国中央政府的立场是一致的。

中国目前尚无全面规制国家及其财产豁免的专门立法。但由于我国已签署了《联合国国家及其财产管辖豁免公约》,一旦批准就要履行公约义务,所以中国应考虑制订一部专门的国家及其财产豁免的法律。

第八章 外交特权与豁免

外交特权与豁免(Diplomatic Privileges and Immunities)是国际法上的重要问题之一。2012年8月,曾因维基揭秘而闻名全世界的阿桑奇,由于进入厄瓜多尔驻英国使馆寻求政治庇护让整个世界的焦点再次集中在他的身上,同时在国际关系也再次凸现出涉及使馆的外交特权与豁免问题。

阿桑奇(Assenge)案的事实部分不算复杂。2010年11月,瑞典警方对阿桑奇发出国际通缉令,称其当年8月在斯德哥尔摩演讲期间对两名女子实施性侵犯。2012年5月30日,英国最高法院裁定:要将正在英国的阿桑奇引渡至瑞典。但阿桑奇却于当年8月进了厄瓜多尔驻英国使馆请求政治庇护,更有意思的是,厄瓜多尔政府随后(8月16日)同意向阿桑奇提供政治避难。对此英国政府当然非常恼怒。它正式向厄瓜多尔使馆发函,告知其如果不交出阿桑奇,英国就可以根据本国1984年通过的《外交和领事馆法案》,取消厄瓜多尔使馆的外交特权,强制进入逮捕阿桑奇,因为"根据英国法律,我们可以提前几周通知他们,然后再进入使馆。该使馆将不再享受外交保护。"[①]

阿桑奇案的事实虽然简单,但却涉及到国际法外交特权与豁免方面的核心问题,即:国际法关于外交特权与豁免问题主要有哪些规定?厄瓜多尔驻英国使馆作为一个驻外使馆,在国际法上享有什么样的地

---

① "英扬言硬闯厄使馆抓捕阿桑奇",《参考消息》,2012年8月17日第2版。

位呢？英国威胁要取消厄瓜多尔使馆的外交特权、并要强行进入逮捕阿桑奇,这是否又为国际法所允许呢？

第一节　驻外使馆的特权与豁免

厄瓜多尔驻英国使馆,是世界上众多驻外外交代表机关(diplomatic mission)的其中一个。常驻外交机关,是一国派驻另一国或国际组织的处理日常外交事务并保持对外关系的机构,如使馆、常驻某国际组织的代表等。使馆(embassy)是一国在另一国的常驻外交代表机构,是两国建立正式外交关系的表现形式。由于使馆馆长一般情况下都是大使,因此使馆通常也被称为"大使馆"。不管是使馆还是大使等其他使馆成员,都享有国际法上的特权豁免。

一、使馆的特权与豁免

订于1961年4月18日的《维也纳外交关系公约》是外交关系法中最主要的一个国际条约,共53条,比较全面地规定了适用于国家之间外交关系的原则、规则和制度,其中主要包括:国家之间可以协议来建立外交关系和互设使馆;使馆的职务包括代表派遣国及其国民之利益、与接受国政府办理交涉以及两国之间的友好关系等。

根据1961年《维也纳外交关系公约》的规定,使馆的特权与豁免主要包括:

1. 使馆馆舍不可侵犯

使馆馆舍是指供使馆使用以及供使馆馆长寓邸之用的建筑物或建筑物的各部分,以及其所附属的土地,无论其所有权属于谁(第1条)。使馆馆舍不可侵犯包含如下内容:

(1)接受国官吏非经使馆馆长许可,不得进入使馆馆舍(第22条1

款)。对于本条规定,公约没有规定任何例外,也就是说,使馆馆舍不可侵犯是绝对的。1956年苏联驻加拿大使馆发生火灾,加拿大政府认为在这种紧急情况下,不经使馆馆长许可,消防人员也可以采取一切必要措施,包括进入大使馆灭火。苏联认为这一要求不符合国际法。①

(2)接受国负有特殊责任,采取一切适当步骤保护使馆馆舍免受侵入或损害,并防止一切扰乱使馆安宁或有损使馆尊严之情事(第22条2款)。也就是说,接受国有义务对使馆馆舍加以特别保护。国际法院在"美国驻德黑兰外交和领事人员案"的判决中就认为,伊朗政府在美国使馆受到攻击时没有采取任何适当步骤保护使馆馆舍、人员和档案,因此违反了该款规定;而且这种反复的、多样的违反公约的行为,甚至比不采取步骤防止对使馆馆舍和人员的攻击更为严重。②

(3)使馆馆舍及设备,以及馆舍内其他财产与使馆交通工具免受搜查、征用、扣押或强制执行。

2. 使馆档案及文件不可侵犯

使馆档案及文件无论何时,也不论位于何地,均不得侵犯(第24条)。档案包括大使馆内一切文书、文件、函电、簿籍、胶片、胶带、登记册、明密电码、记录卡片等等。③ 而"无论何时"指的是无论平时还是战时,"无论何地"则指无论在使馆内还是在使馆外。

3. 通讯自由

接受国应允许使馆为一切公务目的自由通讯,并予保护。通讯自由主要包括以下几项内容:(1)使馆与派遣国政府及该国其他使领馆通

---

① 布朗利认为使馆馆舍不可侵犯是绝对的,不包含任何附带条件,甚至当发生火灾情形时也是如此。参见〔英〕伊恩·布朗利:《国际公法原理》,法律出版社2003年,第387页。

② *Case Concerning United States Diplomatic and Consular Staff in Tehran*, United States v. Iran, 1979—1981,judgement, ICJ, see http://www.icj-cij.org.

③ 《维也纳外交关系公约》并未给出"档案"的定义,本处所列参照《维也纳领事关系公约》所给出的定义。

讯时,可以采用一切适当方法,包括外交信差及明密码电信在内,但使馆非经接受国同意,不得装置并使用无线电发报机(第27条1款)。(2)使馆之来往公文不得侵犯(第2款)。(3)外交邮袋不得予以开拆或扣留(第3款)。(4)外交信差享有人身不得侵犯权,不受任何方式之逮捕或拘禁,但其完成任务后,则不再享有此项豁免(第5、6款)。通讯自由是使馆的一项重要的特权和豁免,如果得不到这种保证,使馆就无法很好地履行它的调查和报告的职责,也会妨碍其接受国内秘密的指示以便就重要的问题进行谈判。[①]

4. 免纳捐税、关税

使馆所有或租赁之馆舍,免缴国家、区域或地方性捐税,但不包括对提供特定服务而应付的费用(第23条);使馆办理公务所收的规费及手续费免征一切捐税(第28条);使馆公务用品入境,免除一切关税,但贮存、运送及类似服务费用除外(第36条)。

5. 使用本国国旗和国徽

使馆及其馆长有权在使馆馆舍,及在使馆馆长寓邸与交通工具上使用派遣国之国旗或国徽(第20条)。

二、享有特权与豁免的使馆人员

使馆人员的组成主要包括两大类:一类是具有外交职衔的人,被统称为"外交代表",包括使馆馆长和外交职员;[②]另一类则是使馆的行政与技术人员、事务职员以及私人仆役等,它们不具有外交官职位,所以在具体享有的特权与豁免也不尽相同。

---

① 参见〔英〕戈尔·布思:《萨道义外交实践指南》,上海译文出版社1984年,第8页。
② 这是广义上的外交代表,狭义的外交代表只是指使馆馆长,即通常所说的"外交使节"。

1. 使馆馆长

使馆馆长是由派遣国委派负责领导使馆工作的人，在国际法上有时也被称为"外交使节"。使馆馆长是有等级和位次之分的。不过，在早期的国际实践中，这种等级是不存在的。17世纪中叶，由于常驻使馆的出现，常驻使节逐渐分为两级，一种是特命使节，称为大使，另一种是普通使节，称为驻使。大使享有比较高的尊荣，在位次上也优先于其他使节。不过这种位次问题常常引起争执。1815年签订的《维也纳议定书》首次将使馆馆长分为三个等级：大使、特命全权公使和代办。1818年的《亚琛议定书》在公使和代办之间又增加了一个驻办公使。①尽管使馆馆长不应因其所属等级而有任何差别，但在位次和礼仪问题上是一个例外。②

根据《维也纳外交关系公约》第14条，使馆馆长分为以下三个等级：(1)向国家元首派遣之大使或教廷大使，及其他同等级位之使馆馆长；(2)向国家元首派遣之使节、公使及教廷公使；(3)向外交部长派遣之代办。以这三级馆长为首长的常设驻外代表机关相应地被称为大使馆、公使馆和代办处。

大使是派遣国元首向接受国元首派遣的最高一级使节，他代表本国及国家元首常驻接受国办理外交事务，可随时请求谒见驻在国元首，进行直接谈判。大使享有比其他等级的使馆馆长更高的礼遇。过去，一般只有大国之间以及罗马教廷才有权派遣大使，反映了国家不平等的状况。现代国际法上，主权国家均有权派遣大使，无论其大小强弱。

公使是派遣国元首向驻在国元首派遣的第二级使节，他们不被认为是国家元首的个人代表，因此在礼遇上也逊于大使，同时也不能随时

---

① 〔英〕詹宁斯、瓦茨修订：《奥本海国际法》，第一卷，第二分册，王铁崖等译，中国大百科全书出版社1998年，第482页。
② 《维也纳外交关系公约》第14条第2款。

请求谒见驻在国元首,进行直接谈判。① 在 20 世纪以前,大国和小国之间以及小国相互之间都是互派公使,以反映大国的特权。目前,这种做法已被摒弃,国家之间互派公使的情况已很少见。

代办是派遣国外交部长向接受国外交部长派遣的最低一级的使节,他代表本国及外交部长常驻接受国办理外交事务,仅可随时请求谒见接受国的外交部长,其所受的礼遇低于大使和公使。② 一般情况下,两国之间很少派遣代办,如前文所述,只有两国之间出现问题时才会如此做。例如,1981 年初,由于荷兰政府批准向中国台湾出售海军潜艇,中国要求荷兰把两国互派的大使馆降格为代办处。在荷兰方面改变其错误决定后,双方又经协商于 1984 年恢复大使级外交关系。③

国家之间交换什么等级的使馆馆长,由有关国家协商确定。一般来说,双方都会委派同一级别的使馆馆长,但是也有例外。如 1957 年以前,瑞士虽然接受别国大使,但向外国只委派公使。④

至于同一级的使馆馆长的优先位次问题,《维也纳外交关系公约》第 13 和 16 条规定,使馆馆长在其各别等级中的位次应按照其开始执行职务的日期及时间先后确定;根据接受国的通行惯例,在呈递国书后或在向接受国外交部或另经商定的其他部通知到达并将所奉国书正式副本送交后,即视为已在接受国内开始执行职务。呈递国书或递送国书正式副本的次序则依使馆馆长到达的日期和时间先后来确定。

2. 外交官员

外交官员是指在使馆内除使馆馆长以外具有外交职衔的人员,一

---

① 〔英〕詹宁斯、瓦茨修订:《奥本海国际法》,王铁崖等译,第一卷,第二分册,中国大百科全书出版社 1998 年,第 483 页。
② 应予指出的是,代办与临时代办不同。代办是一级馆长,而临时代办是在使馆馆长职位空缺或不能执行职务时被委派暂时代理馆长职务的使馆外交人员,即代理馆长。
③ 周洪钧:《国际法》,中国政法大学出版社 1999 年,第 233 页。
④ 王铁崖主编:《国际法》,法律出版社 1995 年,第 368 页。

般包括各类参赞、武官、秘书、随员。

参赞,是使馆内协助馆长办理外交事务的高级外交官,是馆长关于国际法和外交事务的顾问。参赞有政务参赞、文化参赞、新闻参赞和商务参赞等。在馆长离职期间,通常由参赞担任临时代办,即代理馆长。

武官,是派遣国武装力量的代表,是各国的军事外交官,他们一般由各国国防和军事部门进行委派,常驻在各国驻外使馆中,服从各国使馆馆长的领导。武官是使馆馆长的军事顾问,在军事交往和谈判中辅佐馆长进行工作。武官分为国防武官、军种武官(如陆、海、空军武官)、副武官等,国防武官是首席武官,等级大致与参赞相同。各国一般在协议基础上单独或相互派遣武官。

秘书,是使馆内秉承馆长旨意办理外交事务及文书的外交官,分为一等、二等和三等秘书。

随员,又称"专员",是使馆内办理各种事务的最低一级外交官。随员有各方面的随员,如财政随员、新闻随员、科技随员、工业随员、农业随员、粮食随员等。

3. 其他使馆职员

除了外交代表以外,使馆内还存在着一类不具有外交职衔的人员,负责使馆日常运作所必须的一些事务。这些人员包括:(1)行政和技术职员,是指使馆中从事行政和技术事务的人员,如使馆主事、译员、会计等;(2)事务职员,是指使馆中从事后勤勤务工作的人员,如汽车司机、维修工、清洁工等。此外,使馆人员还可以雇佣私人仆役,如保姆。但私人仆役不属于派遣国的工作人员范畴。

三、保护使馆特权与豁免的实践

因为国际法含有上述关于使馆特权与豁免方面的规定,具体是1961年《维也纳外交关系法公约》赋予了驻外使馆具有"不可侵犯性",

所以当一国驻外使馆受到侵犯,该驻在国就得承担国家责任。美国驻德黑兰外交和领事人员案,是国际法上关于保护使馆及其使馆外交人员比较有名的案例。

1979年11月4日,在美国驻德黑兰使馆外示威的一部分伊朗人袭击了美国使馆。尽管美国使馆一再请求伊朗当局给予帮助,但伊朗的保安部队并没有进行干预或试图解除这一局势。结果,美国使馆的整个馆舍被侵占,美国使馆人员和当时位于使馆内的来宾均遭逮捕。此后不久,美国驻伊朗大不里士和设拉子的领事馆也在伊朗当局未采取任何制止措施的情况下遭到占领。自那时起,占领者一直控制了美国使领馆、洗劫了使馆及其领事部的档案和文件,并将至少28名使馆外交人员,至少20名使馆行政技术人员和其他两名美国国民扣押在使馆馆舍内作为人质。此外,美国驻伊朗代办及另两位外交人员也被扣押在伊朗外交部的建筑物内。伊朗对扣押人质者在11月18日和20日先后释放了13名人质,但此后拒绝释放其他人质,以迫使美国满足他们提出的各种要求。伊朗政府未采取任何措施来终止对美使馆舍及其人员的侵犯行为,也未对美使馆及有关人员遭到的损害进行赔偿,相反却对伊朗人占领使馆和扣押人质的行为表示赞同和认可,并拒绝与美国就此问题进行谈判。

1979年11月29日,美国政府向国际法院对伊朗提起诉讼,国际法院在伊朗未出庭的情况下开庭审理本案。次年5月24日,法院就实质问题作出判决:(1)伊朗由于实施了法院在本判决中所确认的行为而在某些方面违反了(且仍在违反)它根据美、伊两国间有效的国际条约和长期公认的一般国际法规则对美国所负担的国际义务;(2)伊朗因违反这些义务的行为而对美国负有国际法上的责任;(3)伊朗政府必须立即采取一切步骤以对此事件所导致的局势进行补救;(4)不得将任何美国外交或领事人员扣留在伊朗,以对其实施任何形式的司法程序或使其在这些司法程序中作证;(5)伊朗政府有义务赔偿给美国造成的损害。①

在前述阿桑奇庇护问题上有变化。英国对厄瓜多尔使馆给予阿桑奇庇护的决定当然表示失望,英国外交大臣黑格甚至直截了当地表示,"在法律上,英国有义务把阿桑奇引渡到瑞典接受审判,英国不承认厄瓜多尔提出的'外交避难'"②,但由于国际法上关于使馆特权与豁免的规定和实践,世界上不少国家对英国关于要闯入厄瓜多尔使馆的威胁明确表示反对。例如,由34个国家外长和代表参加的美洲国家组织外长会议,在2012年8月24日就通过一项决议,声明"反对任何危及当地外交使领馆不可侵犯性的意图",同时强调"任何国家都不应该援引国内法律来为自己不履行国际义务的行为辩护,因此美洲国家组织对厄瓜多尔政府表示声援和支持"。③

英国其实也是有所顾忌。就在威胁要进入厄瓜多尔使馆的十天后,厄瓜多尔总统科雷尔宣布:英国外交部又给厄瓜多尔政府来函,表明英国"收回进入厄瓜多尔驻英使馆逮捕阿桑奇的威胁。"④

第二节 使馆人员的特权与豁免

除了驻外使馆享有"不可侵犯"的特权与豁免以外,使馆外交人员也享有外交特权和豁免。国际法院关于"美国驻德黑兰外交和领事人

---

① 梁淑英:《国际法教学案例》,中国政法大学出版社1999年,第164—167页;Case concerning United States Diplomatic and Consular Staff in Tehran, United States v. Iran, 1979—1981, ICJ, see http://www.icj-cij.org.
② "英扬言硬闯厄使馆抓捕阿桑奇",《参考消息》,2012年8月17日第2版。
③ "南美多国力挺厄瓜多尔",《参考消息》,2012年8月26日,第3版。
④ "英放弃'闯馆'抓捕阿桑奇、厄英两国紧张关系出现缓和",《参考消息》,2012年8月27日,第3版。

员案"的判决也明确表明:使馆外交人员享有外交特权与豁免是一项没有任何争议的国际法规则。根据《维也纳外交关系公约》的规定,外交代表主要享有下列特权和豁免:

一、不可侵犯权

所谓的"不可侵犯权",又可分为外交代表的人身及寓所、文书、信件和财产等不可侵犯权。

外交代表的人身不可侵犯是最早得到公认的国际习惯法规则之一,接受国有义务保证外交代表的尊严与人身安全,这是进行国际交往的基本保证。根据公约,外交代表的人身不可侵犯包括:(1)外交代表不受任何方式的逮捕或拘禁;(2)接受国对外交代表应表示应有的尊重,并应采取一切适当步骤以防止其人身、自由或尊严受到任何侵犯。也就是说,接受国不仅有义务保证本国的司法机关不对外交代表施加直接的人身强制措施,还有义务保证采取一切必要措施予以防止他人侵犯外交代表的人身安全。当然,在外交代表行凶或破坏接受国法律的场合,相对人可以进行正当防卫或对其行为予以制止。在"美国驻德黑兰外交和领事人员案"中,国际法院承认,外交代表的人身不可侵犯性并不意味着"外交代表在进行攻击或犯其他罪行时,接受国的警察不得为了防止触犯某一罪行而把他暂时拘捕起来"。[①]

外交代表的私人寓所如同使馆馆舍一样,应享有同样的不得侵犯权及保护;其文书及信件同样享有不得侵犯权;其财产除第31条第3项另有规定外,亦不得侵犯。[②]

[①] Case concerning United States Diplomatic and Consular Staff in Tehran, United States v. Iran, 1979—1981,judgement, ICJ, see http://www.icj-cij.org.

[②] 《维也纳外交关系公约》第31条列举了外交代表不享有豁免的诉讼,而第3款规定,如果这类诉讼判决的执行无损于外交代表的人身或寓所不可侵犯权,那么可以执行。

二、管辖豁免权

使馆外交代表的管辖豁免主要包括三种,即:刑事管辖豁免、民事管辖豁免和行政管辖豁免。

根据《维也纳外交关系公约》第 31 条,外交代表对接受国的刑事管辖享有豁免,也就是说,接受国无论在什么情况下都不能追诉和惩罚外交代表。但这并不是说,外交代表可以为所欲为,他有义务尊重驻在国的法律和规章。如果外交代表的行为没有遵守这样的义务,那么接受国可以要求派遣国放弃豁免、将其召回或者在派遣国不愿如此做的情况下驱逐该人,而不能予以逮捕或审判。[①] 但是,国际刑法的发展使得外交代表的这种刑事管辖豁免是否还具有如此的绝对性,目前的理论和实践都还不太明确。从理论上讲,如果外交代表犯有国际法上的核心罪行,接受国应要求派遣国将其召回,并就其所犯罪行进行起诉和惩治。

除刑事管辖豁免外,外交代表对接受国的民事和行政管辖也享有豁免。这种管辖豁免的出现要晚于刑事管辖豁免,在 18 世纪才得到确立,不过该豁免的范围以及例外,各国实践不一。《维也纳外交关系公约》规定了在以下三种情况下,不适用民事和行政管辖豁免:

1. 关于接受国境内私有不动产之物权诉讼,但其代表派遣国为使馆用途置有之不动产不在此列;

2. 关于外交代表以私人身分并不代表派遣国而为遗嘱执行人、遗产管理人、继承人或受遗赠人之继承事件之诉讼;

3. 关于外交代表于接受国内在公务范围以外所从事之专业或商

[①] 1988 年,古巴驻英国使馆的一名职员违反英国法律在大街上使用武器,其本人和古巴大使都遭到英国的驱逐。

务活动之诉讼。

此外,外交代表主动提起诉讼时,对与主诉直接相关的反诉,不得要求管辖豁免。即使存在上述例外,在派遣国没有明确放弃执行豁免的情况下,不能对外交代表进行执行之处分。

与刑事和民事豁免相关的,还有使馆外交代表没有作证的义务。也就是说,无论在刑事案件还是在民事案件中,外交代表都没有作证的义务。当然,如果不涉及使馆,而且经派遣国同意,那外交官在这种情况下则可以作证。1856年,荷兰驻华盛顿使节杜布瓦目睹了一件杀人案,但他拒绝作为证人出庭作证,美国政府于是要求荷兰将其召回。[①]

派遣国可以放弃外交代表及其他享有豁免的人的管辖豁免,但是放弃必须以明示的方式进行。同时,对民事或行政诉讼程序上管辖豁免的放弃,不得视为对判决执行豁免的默示放弃。对执行豁免的放弃必须以明示的方式另行为之。

此外,使馆外交代表免纳一切对人或对物课征的国家或地方性捐税,但是下列情况除外:(1)通常计入商品或劳务价格内的间接税;(2)对于接受国境内私有不动产课征的捐税,但其代表派遣国为使馆用途而置有的不动产除外;(3)接受国课征的遗产税、遗产取得税或继承税;(4)对于自接受国内获得的私人所得课征的捐税,以及对在接受国内商务事业上的投资课征的资本税;(5)为供给特定服务所收费用;(6)关于不动产的登记费、法院手续费或记录费、抵押税及印花税。

除接受国为国家安全设定禁止或限制进入区域另订法律规章外,接受国应确保所有使馆人员在其境内行动及旅行的自由。通讯自由则是外交代表行使职务的保障。外交代表或与其构成同一户口的家属的

[①] 事实上,美国的做法可能是基于报复。没有作证义务是外交官的特权。参见〔英〕詹宁斯、瓦茨修订:《奥本海国际法》,第一卷,第二分册,王铁崖等译,中国大百科全书出版社1998年,第544页。

私人用品,包括供其定居之用的物品在内,免纳关税。外交代表的私人行李免受查验,但有重大理由推定其中装有不免税的物品,或接受国法律禁止进出口或有检疫条例加以管制的物品,不在此限。遇到这种情况,查验须有外交代表或其授权代理人在场。

使馆的其他人员指的是外交代表的家属和没有外交官职衔的使馆工作人员,他们通常情况下也享有一定的特权和豁免。

外交代表的构成同一户口的家属,如配偶和未成年子女,享有外交代表所有的各项特权和豁免。使馆内的行政和技术人员及其家属如非接受国国民且不在该国永久居留,除以下两点外,享有外交代表的各项豁免:(1)只有执行职务的行为可以享有接受国民事和行政管辖豁免;(2)免纳关税的物品范围只限于新到任安家时运进的物品。而事务职员如非接受国国民且不在该国永久居留的,仅就其执行公务的行为享有豁免,并就其受雇所得酬报免纳捐税,其免于适用接受国的社会保险办法。使馆的私人仆役不属于派遣国的工作人员,不在使馆的编制之内,但如果它不是接受国国民且不在该国永久居留,则其受雇所得酬报免纳捐税并在接受国许可范围内享有一定的特权与豁免。

三、外交特权与豁免的理论根据

外交特权与豁免是在各国外交实践的基础上逐渐形成和发展起来的国际法原则和规则。过去,该问题主要由国际习惯法调整,各国国内法也分别加以规定。现在则有大量的国际公约予以规制。如1946年的《联合国特权及豁免公约》、1947年的《联合国专门机构特权及豁免公约》、1961年的《维也纳外交关系公约》、1969年的《特别使团公约》以及1975年的《维也纳关于国家在其对国际组织关系上的代表权公约》等。

关于为什么要给予外交人员特权和豁免,各国学者意见不一。国

际法学界主要有以下三种学说:

1. 治外法权说。这种理论认为,使馆是本国领土的延长,虽在接受国领土上,但在法律上视为仍在本国领土,因而应受派遣国管辖,而不受接受国管辖。这种学说仅仅是一种法律拟制,由于它不符合客观现实,现已被摒弃。

2. 代表性说。这种理论认为,外交代表是派遣国的代表,根据平等者之间无管辖权的原则,他们不受接受国的管辖。这种理论有一定的事实根据,但它不能确切地说明为何对外交代表的非公务行为也给予豁免。

3. 职务需要说。这种理论认为,外交代表之所以需要享有外交特权与豁免,是因为这是保证他们正常执行职务所必需的。因为只有如此,外交代表才可以在不受接受国的干扰和压力下,自由地代表本国执行其各项职务。但职务需要说也不能解释外交特权与豁免的所有问题。

1961年的《维也纳外交关系公约》在关于外交特权与豁免的根据上是兼采代表性说和职务需要说的。该公约在其序言中提到,此种特权与豁免的目的"不在于给与个人以利益而在于确保代表国家之使馆能有效执行职务"。正如国际法院在"美国驻德黑兰外交和领事人员案"中所阐述的,"外交使节和大使馆的不可侵犯性,在国家关系中没有比这更为根本的前提了,所以在整个历史中,各种信仰和文化的国家为此目的都遵守了相互的义务;……这样承担的义务,特别是确保外交官的人身安全和不受追诉的自由的义务,是根本的,无限制的,是他们的代表性质和外交职务所固有的。"[①]所以外交特权和豁免是国家之间进

---

① Case concerning United States Diplomatic and Consular Staff in Tehran, United States v. Iran, 1979—1981, judgement, ICJ, see http://www.icj-cij.org.

行正常的外交活动的基础和前提。

第三节　　外交特权与豁免的发展

上述两节主要讨论了关于使馆及其官员的外交特权与豁免。但除此以外还有其他外交代表的特权与豁免。

外交特权与豁免是指外交代表机关及其人员根据国际法或相关协议在接受国或国际组织享有的特别权利和优惠待遇的总称。它既包括使馆及使馆人员的特权与豁免，也包括国家元首、政府首脑以及外交部长的特权与豁免。不过，传统的外交特权与豁免在实践中有了新的发展。

一、传统外交代表机关的特权与豁免

国家离不开外交。从国际法的角度看，外交就是国家为了实现其对外政策，就必须要通过其主管机关或官员，用谈判、通讯、会议、参加国际组织和缔结条约的方法，处理其对外关系的活动。[1] 但不论外交的定义为何，它都是以和平方式处理国家之间关系的一种有效方式。

一般来说，外交机关分为国内的外交机关和驻外的外交机关两类。国外的外交机关主要是使馆；国内的外交机关主要包括国家元首、政府和外交部门。

在国家的对外关系中，国家元首是代表该国的最高机关。政府是国家的最高行政机关，也是国家对外关系的领导机关。不同的国家对政府的称谓有时也不同，如内阁、部长会议等。中国称为国务院。一般来说，政府在外交关系中领导外交工作，管理对外事务，并同外国政府

---

[1] 王铁崖主编：《国际法》，法律出版社1995年，第360页。

进行谈判;参加国际会议;缔结条约等。外交部是政府设立的主管外交事务的专门机关,负责国家的对外事务、执行国家对外政策和处理日常外交事务。

国内的外交机关是国家进行外交活动的领导机关,一般由各国宪法和法律规定其各自的职权范围。中国的国家元首是中华人民共和国主席,并同全国人民代表大会常务委员会结合起来行使职权,主要包括:接受外国使节;派遣和召回驻外全权代表;批准和废除同外国缔结的条约和重要协定等。尽管不同的外交机关有着不同的职权,但在国际法上,它们都是代表本国进行对外交往的国家机关。所以根据国际法,国家元首、政府首脑、外交部长以及与其有同等身份的国家官员,享有外交特权和豁免。外国必须对所有国家元首给予最高礼遇。

在传统国际法上,外交官员享有的外交特权与豁免是绝对的。也就是说,即便国内的或长驻国外的外交官员犯有什么过错或罪行,是绝对豁免予他国的刑事或民事诉讼的。在通常情况下,国家元首在外国享有完全的外交特权和豁免。即便有时被他国认为是在滥用这种特权,其结果也只是不再享有外交特权。如1967年法国总统戴高乐在加拿大进行正式访问时发表的演讲,被认为是对加拿大魁北克省分离主义运动的支持,是对加拿大内部事务的干涉,于是戴高乐不得不终止他的正式访问。[①]

驻外使馆的外交代表也同样如此,他们在享有特权与豁免的同时也承担一定的义务。根据1961年《维也纳外交关系公约》的规定,使馆的外交代表的行为和活动必须遵守公认的国际法规则和原则,对接受国承担一定的义务,其中包括"尊重接受国的法律和法规"。享有特权

---

① 〔英〕詹宁斯、瓦茨修订:《奥本海国际法》,第一卷,第二分册,王铁崖等译,中国大百科全书出版社1998年,第470页。

和豁免的人在不妨碍这种特权和豁免的情况下，都有义务尊重接受国的法律和法规。如果从事了与其身份不符的行为，如果这种违反达到了严重的程度，则有可能被接受国宣布为"不受欢迎的人"。① 在这种情况下，他们不再被视为使馆人员。派遣国应斟酌召回该人员或终止其在使馆中的职务。②

宣布"不受欢迎的人"的规定，是对外交特权与豁免在制度上的一种平衡。由于包括使馆馆长在内外交代表都是持外交护照，为了能够有效地执行其职务，他们均享有全部的外交特权与豁免。但另一方面，使馆外交代表在进行活动时，还应尊重接受国的法律，不得滥用其特权地位。国际法院在"美国驻德黑兰外交和领事人员案"中认为，"外交法的规则是自成一体的体制，一方面它规定接受国给予使馆的便利、特权和豁免的义务，另一方面它预见到使馆馆员有可能滥用这些规定，所以又指出了接受国反对这种滥用所可以使用的手段。这些手段在性质上是完全有效的，因为除非派遣国立刻召回被反对的使馆馆员，由于接受国撤回对它作为使馆馆员的承认，他就会立刻丧失它的特权和豁免，实际上就迫使这个人为了其自己的利益而立即离开。"③

然而，尽管接受国因为使馆外交代表有什么与其职务不相符的行为，可以宣布他为"不受欢迎的人"。但关于这方面的衡量标准，《维也纳外交关系公约》却没有明确规定，所以在实践中"不受欢迎的人"的做法也容易被滥用，其理由也呈现多样化。例如 2011 年 5 月和 7 月，当利比亚还处于内战时，英国为了表示其对利比亚反对派的支持，就先后

---

① 实践中，接受国一般还是说明理由以表明其行动的合理性。
② 例如，1952 年美国驻苏联大使凯南在柏林的一次演讲中说莫斯科的美国人的生活，与珍珠港事件后被拘留在德国的美国人的生活差别不大，被苏联宣布为不受欢迎的人。参见王铁崖主编：《国际法》，法律出版社 1995 年，第 381 页。
③ Case Concerning United States Diplomatic and Consular Staff in Tehran, United States v. Iran, 1979—1981, judgement, ICJ, see http://www.icj-cij.org.

驱逐了利比亚大使及使馆所有人员。理由就是英国外交大臣威廉·黑格所表示的,"英国已承认利比亚反对派全国过渡委员会为该国唯一合法政府"。①

但如果驻外使馆人员还继续享有绝对的外交特权与豁免的话,传统国际法上关于国家元首、政府首脑及外交部长所享有的外交特权和豁免,则已经开始发生了变化。

二、国家官员的特权与豁免

国家相互之间享有管辖豁免,其结果就是其外交代表也就享有人身豁免权。

《维也纳外交关系公约》还清楚地制订了其他有关外交代表特权与豁免的规定。这些特权与豁免包括"人身不可侵犯",也就是说外交代表不受任何方式的逮捕或拘禁,对他国的民事和行政管辖等都享有豁免的权利。除非外交代表的管辖豁免由派遣国明示放弃,接受国对外交代表原则上不得采取执行措施。所以一般来说,一国的国家元首、政府首脑及外交部长在国外都享有外交特权和豁免。

但随着国际刑法的迅速发展,豁免问题似乎变得模糊起来。通常情况下,国家元首以及外交代表就刑事诉讼享有完全豁免。然而,国际法自二战后纽伦堡和远东国际军事法庭审判后确立的规则一直是:犯有国际法下严重罪行的人在为犯罪行为时其作为国家元首或负责的政府官员的事实不能免除其在国际法下的刑事责任。迄今为止成立的所有国际刑事司法机构,里面都规定,"任何被告人的官职,不论是国家元首、政府首脑、或政府负责官员,不得免除该被告的刑事责任,也不得减

---

① "英驱逐利驻英所有外交官",《参考消息》,2011年7月28日,第2版。

轻刑罚。"①

所以任何人,其中也包括国家官员,如果犯有严重国际不法行为,也将被追究其个人的刑事责任。即便是国家领导人,其官方身份也不能成为免除他(她)应对其犯下的国际罪行负个人刑事责任的抗辩理由。这是国际刑法发展过程中另一确定的原则,它对外交特权和豁免的范围产生了影响和冲击。这样的例子很多,如联合国前南国际刑事法庭对前南斯拉夫联盟总统米洛舍维奇总统的起诉与审判、卢旺达国际刑事法庭对原卢旺达总理康邦达的审判与判决以及国际刑事法院对苏丹现任总统巴希尔发布的起诉书,等等。

正是在冷战后追究个人刑事责任的国际氛围下,2000年4月11日,比利时布鲁塞尔初审法院的一位调查法官针对时任刚果民主共和国[以下简称刚果(金)]外交部长的耶罗迪亚(Yerodia)签发了一个国际逮捕令,指控他在刚果(金)单独或协同他人实施了战争罪和反人道罪。该逮捕令通过国际刑警组织向全世界发出,要求相关国家拘留并引渡给比利时以便追求其刑事责任。比利时发布逮捕令的依据是比利时国内法以及对战争罪和反人道罪的普遍管辖权。②

一个国家的外交部长被起诉,这当然是件大事。外交部长主管一国的具体外交,他之所以享有豁免权,是因为他的官方地位和对外交往的需要。因为也享有此种外交豁免权,他才能开展工作。所以从逻辑上讲,这些在国际交往中担负主要职责的国家官员(外交部长)享有这些豁免权,是国际关系和合作平稳发展的需要,是国家相互之间进行有效交往与沟通的需要。这种豁免权的存在对于保持国家间的和平共处

---

① 如前南斯拉夫国际刑事法庭《规约》第7条第2款和卢旺达国际刑事法庭《规约》第6条第2款,就是如此规定的。
② 邵沙平主编:《国家法院新近案例研究(1990—2003)》,商务印书馆2006年,第445页以下。

与合作是十分必要的。

由于被国际性地起诉,连正常的外交活动都参加不了,国际会议也出席不了,所以刚果(金)就于2000年10月17日向国际法院提起诉讼,称比利时违反了根据国际法对刚果(金)负有的国际义务,要求法院宣布比利时应当撤销其发布的逮捕令。刚果在法院审理时的论点非常清楚:一个国家外交部长在其任职期间享有不可侵犯的、绝对的管辖豁免权,这是国际法的一项原则,没有任何例外。因此,外国法院不能对其进行任何刑事诉讼和刑事判决,否则就违反了管辖豁免原则。[1]

比利时的论点则是放在官方职能行为方面,认为外交部长在国外所享有的豁免权只能基于其行使官方职能的行为,豁免权本身并不保护该人的私人行为或者非行使职能的其他行为。而在逮捕令案中,耶罗迪亚(Yerodia)被指控行为发生时,并不享有豁免权,也没有证据能够证明那些行为是他以官方身份实施的。换句话说,逮捕令是针对耶罗迪亚个人行为,而不是国际法上管辖豁免所要保护的国家行为。[2]

本案中的实质问题,是一国外交部长的豁免权和外国法院对核心罪行管辖权之间的冲突。对此,国际法院经过审理后认为:比利时逮捕令的国际性质则在客观上侵犯了耶罗迪亚(Yerodia)作为刚果外交部长的豁免权,并且会影响刚果在国际社会交往中的行为,因为只要耶罗迪亚出国就有可能被捕。所以它违反了比利时对于刚果的国际法义务,它没能尊重刚果外交部长的豁免权,即他作为刚果外交部长根据国

---

[1] International Court of Justice, Judgment of Case Concerning the Arrest Warrant of 11 April 2000 (Democratic Republic of the Congo v. Belgium), 14 February 2002, paras. 47—48.

[2] 同上, paras. 49—50.

际法应当享有的刑事管辖豁免权和不可侵犯权。① 由于那些被赋予这类豁免权的国家元首、政府首脑、外交官和其他官员若在外国遭到逮捕或拘留则必然会阻止他们履行职务,所以这些官员对他国的刑事管辖享有绝对的豁免权。这种豁免权不仅适用于这些官员的职务行为,也同样适用于他们的私人行为。并且无论他们被怀疑的犯罪行为(包括极其严重的国际犯罪行为)发生在他们任职期间还是发生在任职之前,这些官员一概可以用这种豁免权作为抗辩。②

基于这样的认识,国际法院2002年2月14日判决比利时败诉,裁定"2000年4月11日针对耶罗迪亚(Abdulaye Yerodia Ndombasi)先生发出的逮捕令,及其在国际范围内的送达,违反了比利时王国对刚果民主共和国的法律义务,因为他们没有能够尊重刚果民主共和国在任外交部长在国际法之下享有的刑事管辖豁免和不可侵犯性(the inviolability)。"③

国际法院的判决可以看作是对传统国际法的维护,可能会给国际刑法的发展带来不利影响。然而,惩治国际法上的核心罪行危害的不是某一国或某个人的利益,而是国际社会的整体利益,这与普通的刑事犯罪区别很大。如果从国际法院规避普遍管辖权的论述以及几位法官的异议意见来看,国际刑法对传统国际法的影响正在加深,如何处理国家官员的外国刑事管辖豁免问题在理论和实践方面都存在着不同的理解和实践。鉴此,2006年,第59届联合国国际法委员会将此议题列为委员会的长期工作方案之一,并委任了秘书处及特别报告员撰写报告。

---

① International Court of Justice, Judgment of Case Concerning the Arrest Warrant of 11 April 2000 (Democratic Republic of the Congo v. Belgium), 14 February 2002, paras. 70—71.

② *Ibid*, pp. 54—55.

③ Judgement of Case concerning Arrest Warrant(Congo v. Belgium), ICJ, 2002, available at http://www.icj.org.

本 章 要 点

外交特权与豁免,是指一国外交代表机关及其人员在他国享有的特别权利和优惠待遇的总称,主要包括使馆及使馆人员的特权与豁免。英国政府关于要取消厄瓜多尔使馆外交特权并要强行进入以逮捕阿桑奇的威胁,在国际法上是站不住脚的。

依照国际习惯法,国家元首以及外交代表都享有外交特权与完全豁免。但自从纽伦堡和远东国际军事法庭审判后确立的原则是:任何人、其中也包括国家元首或其他官员,如果犯有严重国际不法行为,也将被追究其个人的刑事责任。这与传统国际法上的外交特权与豁免形成了矛盾。

在刚果诉比利时一案的判决中,国际法院坚持了传统国际法上国家政府官员享有外交特权的原则,然而从联合国前南斯拉夫国际刑事法庭和卢旺达国际刑事法庭,到塞拉里昂特别法庭、东帝汶国际刑事法庭以及国际刑事法院这些所有国际司法机构的《规约》来看,它们全都明确规定要追究个人,其中也包括国家元首和政府首脑的刑事责任。

第九章 国家领土

国家领土重要而又敏感。耳熟能详的"中国领土神圣不可侵犯"一语,清楚展示了我们中国捍卫本国领土的决心和牺牲精神。事实也确实如此:1969年,中国与当时世界军事强国的苏联在国境地区都投入大量武装力量,不惜冒着在两国爆发全面战争的危险实战拼杀,其诱因就是不到一平方公里的珍宝岛。及至今日的钓鱼岛和南海诸岛之争,以及2012年中国与菲律宾在黄岩岛附近的对峙事件等,也都一一彰显出中国政府和人民捍卫本国家领土主权的决心。

国家领土问题之所以重要和敏感,原因很简单:领土是国家的重要构成要素之一,是国家行使主权的对象和范围。它从属于国家主权及其管辖权,所以对于主权国家的生存与发展具有重要意义。如果没有领土,"国家"就无从谈起。这也就是领土在国家政策占有重要地位的原因。

那何为"国家领土"呢?国际法认可的取得领土的方式又有哪些?如果国家之间有领土争端,又能依照国际法什么规则来解决呢?

第一节 基本概念

国家领土,就是指处于一国国家主权支配下的地球表层的特定部分。《奥本海国际法》认为:"国家领土的疆界,按照本书早期各版的说法,是地图上想象的界线,分隔着一个国家和另一个国家的领土,或一个国家的领土和未被占取的土地,或一个国家的领土和公海。"①

所以,国家领土就是国家行使主权的对象和空间。除了受相关国际习惯或国际条约的限制以外,国家在行使领土主权方面不受限制。所以如何适用规则来解释和解决领土和边界争端,从来都是研究的一个热点。

国际法强调尊重国家领土的完整和不可侵犯原则。《联合国宪章》第2条第4款、联大《关于各国依联合国宪章建立友好关系及合作之国际法原则之宣言》及相关国际文件都明确规定,各国在国际关系上不得使用武力或用武力威胁侵犯任何国家的领土完整。所以领土完整及其不可侵犯性是现代国际法上一项公认的基本原则。未经一国同意,任何外国或国际组织的人员或交通工具不得进入该国的领土。

国家领土的范围,主要包括一国的领陆、领水、领空和底土这四个部分。除了领水以外,其他的在概念上都不复杂:"领陆"是指一国疆界以内的全部陆地。它既可以是大陆领土,也可以是岛屿;"领空"是指领陆和领水之上一定高度的空气空间;"底土",则是指领陆和领水之下无限深度的地层,它是国家领土的当然组成部分。

"领水"有点复杂。它原则上是指在陆地疆界内或与其陆地相邻接的水域。"领水"与"领海"之间有区别。"领海",是处于沿海国领土主权之下、领海基线以外一定宽度(现代海洋法上为12海里)的海域。但"领水"是指包括陆地领土内的所有水域,如河流、湖泊和内陆海等。它与领陆的法律地位相同,完全受一国领土主权的支配。在国家领土这四个组成部分当中,领陆是最基本的,其它则是领陆的附属部分。由于水域、上空和底土都附随于陆地,所以当领陆(疆界)发生变动时,其它

---

① 〔英〕詹尼斯、瓦茨修订:《奥本海国际法》(第九版),第一卷,第二分册,王铁崖、陈公绰、汤宗舜、周仁等译,中国大百科全书出版社1995年,第60页。

部分也随之变动。

边界作为国家领土范围和主权行使的界限,既是国家享有主权的保障,但也构成对国家主权的界限,即:一国有义务将排他性的主权和管辖权限制在边界以内。当然,这并不是说国家在边界以外就不再享有任何意义的管辖权,它只是不再具有绝对的性质。

边界是确定国家领土范围的界限,亦称国界;而确定和标明边界的线称边界线。如果打开世界地图,就可随处可见国家与国家之间曲曲折折的国界线。但这陆地边界又可分为自然的和人为的。所谓"自然的",就是指以自然地形和地貌为界。这比较科学,因为边界线沿分水岭、山脊这些明显的地貌划定,或以河流中心线或主航道中心线等为界限。这样对两边的国家都有利;而"人为的"边界,是指包括以直线或弧形等几何线段确定的几何学边界和以经纬度确定的天文学边界。这种方式比较简单、但忽略了边界地区历史文化和民族宗教等人文因素,所以容易造成混乱和纷争。这种划法主要是在非洲。这与西方强国早期在那儿的殖民主义历史有关。

一国的领土既可以是连成一片,也可以是分散的。有的国家领土的一部分为另一国家所包围,形成所谓的"飞地",如意大利领土内的圣马力诺共和国,法国领土范围内的摩纳哥,但这只是国家领土组成的形式。无论国家领土连成一片还是分散的,只要处于国家主权之下,就是该国的领土,不问它的地理位置或自然状态如何。

国家除享有主权的领土区域外,还有某些为特定目的而行使管辖权的海域,如毗连区、大陆架或专属经济区等。根据1982年《联合国海洋法公约》的规定,沿海国可对这些区域行使一定的主权权利。这些海域与领海的地位不同,它并不构成沿海国领土的一部分。

相对"国家领土",还有国家主权管辖范围以外的区域。这个区域则被称为"国际区域",如公海、国际海底及外层空间等。顾名思义,这不是任何国家的领土,而是属于全人类所共同拥有的财产,各国有义务不损害这些地区的环境及资源。但尽管如此,其相互之间的法律地位及法律制度还存在区别。如公海属于"国际区域",适用传统的公海自由原则;国际海底则由国际海底管理局代表全人类进行管理,各国不得自由探索或开发利用;对外层空间及其天体,任何国家、国际组织或自然人、法人都不得将其据为己有,应由各国根据国际法自由探索和开发利用,等等。

在国家领土性质方面,传统国际法比较强调它的主权性质,认为国家有权决定本国领土的用途,国家在其领土内可以实施自由的排它性的统治,可以对其领土本身及领土范围内的一切自然资源享有占有、使用和处分的权利。然而,现行国际法除了强调权利以外,同时也强调国家在行使国家领土权利方面的责任以及为了全人类利益应该受到的一些义务和限制。如在下一节要提到的"帕尔马斯岛案"(The Island of Palmas Case)一案中,常设仲裁法院在其仲裁判决中就认为国家行使领土主权时还伴有对他国及其国民保护的义务;而在"国际环境法"章节中提到的"特雷尔冶炼厂仲裁案"的裁决中,仲裁员则进一步发展了帕尔马斯岛案判决中的意见,认为一个国家不能以损害他国的方法来使用或允许其国民使用国家的领土,从而提出了被称为"使用领土的管理责任"的原则。联合国国际法院1949年在"科孚海峡案"判决中,也认为沿岸国有责任防止在其领海内对外国船舶可能发生的损害。

另外还有环境保护问题。早先国际法上的"使用领土的管理责任"原则,发展成了国家在使用自己领土时应有保护本国领土以外的环境的义务。例如,根据1972年《人类环境宣言》、1982年《联合国海洋法公约》,1992年《里约宣言》、2005年生效的《东京议定书》和2009年通过的关于全球气候变化的《哥本哈根议定书》等,使得国家负有不对他国的环境造成损害的义务。这些都说明:国家对其领土自然资源在享有和使用的同时,客观上还有一定的限制。这都是在研究国家领土时需要注意的。

第二节 国家领土取得的方式

所谓"领土取得",就是指国家取得对领土的主权[1]。"主权"是国际法上一个重要概念;"领土主权"则是指"对领土排他的行使国家职能的权利";[2]而"领土取得的方式",就是指国际法认可的为国家有效的取得领土主权的途径与方式。

那么,国际法在什么情况下认可国家对领土的主权呢?这方面需要具备哪些要素?国际法在国家领土纠纷方面又是如何裁断的呢?

一、何为"领土取得"?

"一国如何在国际法上实际取得领土的问题是一个难题,最终或许只能用法律政治术语加以解释。"[3]从国际法的角度看,"在条约或法律规定中,'领土'可能暗示着管辖权,而且,法院很愿意将'领土'与对管辖权的实际有效的行使相提并论。"[4]所以,关于国家领土的取得,它首先涉及到的就是谁对领土有"资格",或有"权利"拥有的问题。

在对领土拥有的"资格"或"权利"方面,英语词"title"显得比较贴切,它既可是名词,也可作动词,其基本意思为"资格"或"权利"。而关

---

[1] 〔英〕詹尼斯、瓦茨修订:《奥本海国际法》(第九版),第一卷,第一分册,王铁崖、陈公绰、汤宗舜、周仁等译,中国大百科全书出版社1995年,第70页。

[2] Peter Malanczuk, *Akehurst's Modern Introduction to International Law* (Seventh Edition), London & New York: Routledge, 1997, p.147.

[3] 〔英〕马尔科姆·肖:《国际法》(第六版,上),白桂梅、高健军、朱利江、李永胜等译,北京大学出版社2011年,第388页。

[4] 〔英〕伊恩·布朗利著:《国际公法原理》,曾令良、余敏友等译,法律出版社2001年,第127页。

于这一词,前国际法院法官罗布特·詹宁斯认为,"title"的基本含义为:"法律承认其创设权利的既成事实"。① 国际法院在关于"布基纳法索诉马里"(Burkina Faso v. Republic of Mali)边界争端一案中则认为:"title"含有两方面的意思,即:确立权利存在的任何证据以及该项权利的实际渊源。② 它最基本含义就是权利的"根据"。要主张就得有根据,如果在国际法上有了根据,这个权利自然就可用来"对抗其他国家关于领土主权主张的有效性"。③

传统国际法在国家领土的取得与变更方面有一些基本的模式,如割让、合并、征服、先占、时效和添附这六种。这些模式是基于罗马法中关于财产取得的规则而形成的,早期的国际法学家一般也都这么认为。例如,《奥本海国际法》认为:"领土取得的方式传统上分为五种,即:割让、占领、添附、灭亡和时效。"④菲德罗斯在他的国际法著作中也同样这么认为⑤。查尔斯·芬威克认为,"法学家对于权利根据的数目和特征有着不同的看法,但在实践中,先占、添附、时效、自愿割让、征服、和平条约、同化等都是得到国家承认的权利根据。"⑥此外,我国的《国际法》教科书一般也都会提到这几种领土取得方式⑦。

---

① Robert Jennings, *The Acquisition of Territory in International Law*, in Collected Writings of Sir Robert Jennings, Vol. 2, Kluwer Law Internationa The Hague/London/Boston: 1, 1998, p. 936.

② Frontier Dispute (Burkina Faso/Republic of Mali), Judgment, I. C. J. Reports 1986, p. 564.

③ Ian Brownlie, *Principles of Public International Law (Sixth Edition)*, Oxford: Oxford University Press, 2003, p. 119.

④ 〔英〕詹尼斯、瓦茨修订:《奥本海国际法》(第九版),第一卷,第一分册,王铁崖、陈公绰、汤宗舜、周仁等译,中国大百科全书出版社1995年,第70页。

⑤ 〔奥〕阿·菲德罗斯等:《国际法》,李浩培译,商务印书馆1981年,第340—349页。

⑥ Charles G. Fenwick, International Law (Fourth Edition), New York: Appleton-Century-Crofts, Division of Meredith Corporation, 1965, p. 404.

⑦ 例如,程晓霞、余民才主编:《国际法》(第三版),中国人民大学出版社2008年,第132—136页。

然而,并不是所有的国际法学者都是持这样的观点。如著名的国际法学者伊·布朗利先生,他就不同意这样的观点。他认为,对这种领土取得方式的罗列是"过时的",它只是反映了"第一次世界大战以前的学术倾向",其"整个概念在原理上是不正确的,只会使对于真实状况的理解更加困难"。①

"领土的取得"一语,在语义上可以是现存国家对无主地的取得,也可以是现存国家之间进行的领土转移,或是新国家的产生而取得的领土。在这几个方面,主权国家取得无主地,没有问题;已存在的主权国家之间,可以通过割让、征服、时效、国联委任统治制度下的放弃等方式,来实施领土转移。新国家的产生而获得领土,则与国家承认问题又连在一起。

在现代国际社会,有关领土取得与丧失的法理已经发生了很大变化。现代国际法禁止使用或威胁使用武力,并规定通过强制力缔约的条约是"无效的",通过武力的"合并"或"征服"也都属不法行为。当然,国家可能通过协议、以买卖的形式使主权发生变更,如以前的沙俄政府将阿拉斯加卖给了美国,法国的拿破仑为了军费也将路易斯安那州卖给了美国等,在今天的国际社会,很难想象还会有这样大宗国家土地的生意买卖。

但尽管如此,对传统国际法上领土取得或变更的模式还是有研究的必要。有的模式,如"先占",虽然已经过时,因为世界上已再没有什么"无主地"可去先行"占领",但今天在解决领土和边界争端的案件中,例如印度尼西亚与马来西亚、新加坡与马来西亚等案例中,国际法院还是会审视关于"先占"事实及法律适用原则问题。从国际司法实践角度

---

① Ian Brownlie, *The Rule of Law in International Affairs*, The Hague/London/Boston: Martinus Nijhoff Publishers, 1998, p.153.

看，解决国家领土取得问题会与继承独立时的领土状况有联系；它需根据该国家独立前殖民当局的法律法规等，或前殖民宗主国之间做出的领土安排等，来裁决争端。

国家领土问题无比重要。正如国际法院在卡塔尔与巴林划界案中所说的那样，"规制领土变更的法律规则和程序是整个国际法体系的核心"①。中国与周边国家虽然已成功解决了大部分陆地划界问题，但仍有一些有待解决的领土和边界问题，如与印度方面，所以对国家领土的取得与变更的理论与实践还是有研究的必要。

二、割让与合并

"割让"与"合并"，就是一国通过条约将其领土移转给另一国的行为，其实质就是领土主权的移转。尽管如此，两者之间还是有区别："割让"是指部分领土的转移，"合并"则是指全部领土的转移。

历史上的割让，有强制性与非强制性之分。非强制性割让是国家间自愿的领土交换、买卖、赠与，是现代国际法承认的有效法律行为。如前面提到的1867年俄国以720万美元将阿拉斯加卖给美国以及拿破仑将路易斯安那州卖给美国等，这是自愿的，当然也是合法的；强制性割让是一国在遭受武力强迫的情况下被迫接受不平等条约把部分领土割让给别国。再如1871年普法战争结束后，法国将本国的阿尔萨斯和洛林地区割让给普鲁士。

不过，"强制性割让"已是早期的国际实践。现代国际法已确立了在武力逼迫下签订的条约无效的原则，通过武力的"割让"不再合法。所以，强制性割让属于违反国际法的行为，是无效的。"合并"亦是如

---

① ICJ, *Maritime Delimitation and Territorial Questions between Qatar and Bahrain*, Merits, Judgment, pp. 64—65, para. 73—76.

此,它们都被现代国际法所摒弃。伊拉克于 1989 年武装进攻科威特、并将它合并成为自己的一个省,这在世界范围内引起了很大的反响。由于这是赤裸裸的破坏它国领土完整的不法行为,所以在联合国安理会决议及军事行动的干涉下被迫从科威特撤出。

关于割让有一点需要注意:如果割让国对该领土的权利本身就有疑问,或者说自己还未获得真正的主权权利,那割让行为接受国的权利自然也会有问题。对此,早期的一个案例,即常设仲裁法院 1928 年审理的"帕尔马斯岛案"(美国诉荷兰),能帮助说明这个道理。

帕尔马斯岛位于菲律宾棉兰老岛与荷兰属东印度群岛(今印度尼西亚群岛)的纳萨岛之间,面积不足两平方英里。西班牙人虽然于 16 世纪最早发现了该岛,但没有对它实行有效统治。荷兰的东印度公司从 17 世纪则开始与该岛的人往来,并从 1700 年开始将该岛变成它的殖民地——东印度群岛的一部分,一直对它实行有效控制。1898 年美国取得美西战争胜利后,西班牙就与美国于同年 12 月 10 日在巴黎签订了《巴黎和约》,同意将其殖民地菲律宾包括帕尔马斯岛在内的领土割让给美国。

当一个美国军官 1906 年到帕尔马斯岛旅游时,却发现该岛已被荷兰人占领,岛上还悬挂荷兰国旗,美国随后向荷兰提出交涉,认为西班牙最先发现了该岛,是西班牙首先具有对该岛的主权,而美国又通过条约从西班牙取得了对该岛的主权。但荷兰则认为它是该岛的合法统治者,它对该岛的主权是通过有效占领而取得的。美国与荷兰各不相让,最后于 1925 年 1 月 23 日达成协议,将对该岛主权争端提交设在海牙的常设仲裁法院裁决,并选定马克斯·胡伯(Max Huber)为本案的独任仲裁员。[①]

---

① 参见中国政法大学国际法教研室编:《国际公法案例评析》,中国政法大学出版社 1995 年,第 13 页。

在本案的裁决中，胡伯认为西班牙虽然于16世纪首先发现了帕尔马斯岛，但如果按照国际法规则，国家对无主地的发现只能给该国产生一种初步的权利，即在一定时期内阻止别的国家取得对该岛主权的权利。不过，发现国应当在这段时间内通过对该岛的"有效控制"来取得对该岛的主权，即在合理期间内要有行使主权权利的表现。否则就不能取得该岛的主权。在本案中，虽然西班牙人首先发现了该岛，但是西班牙并没有对该岛实行有效控制，也没有表现出对该岛行使主权的愿望。与此相反，荷兰却早在1677年就与该岛人往来，后来又通过协定取得了在荷属东印度群岛的宗主权。自1700年以来，帕尔马斯岛也成为了荷属东印度群岛的一部分。至少荷兰在那时起就开始统治该岛；而且直到1906年当美国与荷兰围绕该岛主权问题发生争议时，西班牙对荷兰在该岛的统治也没有表示反对。所有这些都表明了荷兰享有了对帕尔马斯岛的主权。鉴此，胡伯认为："荷兰几个世纪以来的各种管理活动，使其基于'实际持续和平的展现国家职能'而享有主权。"[①]由于西班牙不享有对该岛的主权，自然也不能将该岛割让给美国。

现在世界上几乎没什么"无主地"了，但很多领土争端却由于对"当初谁先占"有不同看法而产生，如英国和阿根廷之间的福克兰群岛（英国称呼；阿根廷则称之为"马尔维纳斯群岛"，简称马岛）。英国和阿根廷围绕着马岛主权的归属已有好几个世纪，焦点就是：究竟是谁发现和有效占领这些岛屿？英国声称，1592年，英国航海家约翰·斯维特发现这个群岛，将其取名为福克兰群岛。阿根廷坚持认为，是法国人1764年首次在岛上建立居民点，并将该岛命名为马尔维纳斯，此后将该群岛转让给西班牙。1816年，阿根廷摆脱西班牙殖民统治独立时，

[①] 〔英〕马尔科姆·肖：《国际法》（第六版）上，白桂梅、高健军、朱利江、李永胜等译，北京大学出版社2011年，第404页。

自然继承对该岛的主权。但到了1833年,英国政府派兵强占马岛,并将岛上的阿根廷居民几乎全部驱逐,开始了对马岛的统治。① 由于两国之间存在着的争端,后来还爆发了1982年的"马岛之战"。

三、先占

上述帕尔马斯岛一案不仅涉及到西班牙割让行为的有效性问题,而且还涉及到"先占"问题。它是国家领土取得的另一种比较重要的方式。

"先占",就是指一国有意识的取得无主地的主权的占领行为。顾名思义,"无主地"(terra mullius)就是原不属于任何一个国家的领土。在上述"帕尔马斯岛案"中,先占问题其实是一个关键点。如果仲裁员确认西班牙通过首先发现并取得了帕尔马斯岛的主权,那么美国自然也能通过割让获得该岛的主权。

"无主地"是指国际法不禁止国家取得主权的,尚未为任何国家占领的而且没有居住有社会或政治组织的人群的地方。对"无主地",不仅是要先发现,而且还要有效占有。如果只有一个国家发现并占有,相对其他国家就是有效的主权行为。如果有两个或两个以上国家主张权利,就要看谁的占有行为相对说更为有效。

"有效占有"的要件有两个:一是要有占有的事实,如悬挂国旗或建立定居点等,也就是说国家必须要有取得该领土主权的意愿;另一是要有行使主权的形式,如设立政府机构对该领土进行管理、驻扎军队等。在"帕尔马斯岛仲裁案"中,仲裁员就认为有充分的证据证明荷兰在争端发生前的相当长的时期内,都占领着该岛,并对该岛行使着主权。例如岛上悬挂着荷兰的国旗;荷兰的东印度公司早在1677年就与岛上的

---

① 〔英〕马尔科姆·肖:《国际法》,第420页。

居民建立联系,并通过协议取得了对该岛的宗主权,将该岛变为其附属国而作为领土的一部分。

"先占"是指国家通过有效占有,将不属于任何国家的无主地作为其领土而获得。然而,传统国际法上的"无主地"并不是指无人居住的土地,而是指那些尚未确立欧洲意义上国家权力的土地。换句话说,只要不是被欧洲人占领的领土,就是无主地。① 这实际上是为殖民战争提供了借口,同时也反映了欧洲国家当时只承认国际法仅仅适用于"欧洲文明国家"的立场。

现代国际社会对这种所谓"无主地"的定义是持否定态度的。国际法院在"西撒哈拉案"(the Western Sahara Case)的咨询意见中认为,根据西撒哈拉由西班牙实施殖民统治时期的国家实践,有社会、政治组织的部族和人民居住的区域不能被视为无主地。虽然是法律上无拘束力的"咨询意见",但它对阐述何为"无主地"具有重要的意义。

西撒哈拉是非洲西北海岸的一块领土,与摩洛哥、毛里塔尼亚和阿尔及利亚接壤。自1884年开始,该领土一直被西班牙作为"保护地"管理。1958年,西班牙将该地区划为它的一个省。1963年以来,联合国一直对该地区的局势进行审议。联合国大会通过了多项决议重申西撒哈拉人民拥有自决权,并要求西班牙采取措施确保自决权的实现。1966年,西班牙表示愿意按照联合国的有关决议使该地区非殖民化。但是,摩洛哥和毛里塔尼亚却对西撒哈拉地区提出主权要求。鉴于西撒哈拉在非殖民化过程中出现的法律问题,联合国大会于1974年12月通过决议,请求国际法院对西撒哈拉问题发表咨询意见。其中的第

---

① 传统国际法认为,凡是没有人居住或者仅有土著人居住、但是尚未形成"文明"国家的地方都是无主地。"文明"国家可以凭借先占原则取得对这些无主地的主权。参见 Peter Malanczuk, *Akehurst's Modern Introduction to International Law* (*Seventh Edition*), London & New York: Routledge, 1997, p.148。

一个问题就是,在西撒哈拉沦为西班牙殖民地之前,是否属于无主地?

对于这个问题,国际法院认为,"沦为西班牙殖民地"指的是1884年西班牙宣布它对西撒哈拉地区享有保护权。为了确定西撒哈拉当时是否是"无主地",就得考察当时有效的国际法规则。根据当时的国际实践,凡在社会上和政治上有组织的部落或民族居住的土地,就不能认为是无主地。在这种情况下,领土主权不能通过先占取得,只能通过与当地统治者的协议取得。国际法院指出,在西班牙宣布对西撒哈拉地区行使"保护权"之前,该地区就有有组织的部落居住,而且拥有自己的首领。因此,法院认为,在成为西班牙的殖民地前,西撒哈拉地区并不是"无主地"。[1]

四、征服与时效

"征服"是传统国际法上领土取得的另一种方式,它是指通过武力占领另一国的领土,并在战争结束后将该领土部分或全部地并入本国领土。上面提到的"合并",可以是任意合并。"征服"则是强制合并的一种方式,所以"征服"有时也被包括在广义的"合并"当中。

"征服"与"割让"是两种不同的领土取得方式。"割让"有时也是使用武力的结果,但这里提到的"割让",是以国家之间的条约为基础的;"征服"并不涉及条约,是通过武力占领另一国的领土。但"征服"在现代国际法中已不被认为是取得领土的合法方式。

需要注意的是,"征服"与国际战争法中的"占领"不是一回事。战争结束时,被打败的国家的原有政府不复存在,胜利国对该国实施占领。如二战后英、美、苏、法四国对德国领土的占领,还有美国对日本的占领。但这儿的占领主要是指"行政管理",这是战争法中的一个制度。

---

[1] *The Western Sahara Case*, ICJ Report, 1975, pp. 43—44.

它不涉及到主权的转移问题。事实上,英、美、苏、法四国对德国进行占领时,都明确表示没有将德国领土并入四国的意图。所以也就没有法律意义上的"征服"或"割让"。

除上述提到的以外,"时效"是取得领土的另一种方式。它是指一国对他国领土进行占领之后,在合理期间内他国没有提出抗议,或虽先有抗议但后停止、从而使该国取得他国领土主权的领土取得方式。在"帕尔马斯岛案"中,仲裁员就特别强调了荷兰对该岛行使主权时、西班牙对此毫无反应的事实。仲裁员之所以强调这个事实,是因为他借此来断定西班牙既没有对该岛在行使主权,而且同时也没有表现出想行使主权的意愿。

"时效"与"先占"虽都是占领,但两者之间有区别:"先占"的领土是"无主地";"时效"针对的是另一国的领土,是"有主地"。不过,"时效"与"先占"都要求国家对占领的领土必须实行"有效控制"。

国际法庭或仲裁庭在审理有关领土争端案件时,其依据不仅要看争议领土的取得方式,而且还要看是否对该领土行使了有效控制。常设国际法院在"东格陵兰案"(the Eastern Greenland Case)中就体现了这个理念。

1931 年 7 月 10 日,挪威政府发布一项公告,宣布对东格陵兰岛地区拥有主权,其依据是该地区是无主地,不是丹麦的领土。丹麦对此提出抗议并将争议提交常设国际法院,请求法院判决挪威的公告无效,丹麦对该地区享有主权。在判决中,法院认为 1931 年 7 月 10 之前,没有任何一个国家就丹麦对东格陵兰的主权提出异议,丹麦对该地区连续不断、不受干扰地行使着主权。尤其 1721 年丹麦在整个格陵兰岛建立了自己的殖民地,更加显示了对该岛,包括东格陵兰的主权。法院认为这些行为足以确立其正当的权利。因此,挪威称该地区是无主地的主张不能被采纳。不过,法院并没有就丹麦是通过先占还是时效而取得该地区的主权做出说明,仅仅从有效控制的角度做出的判决。①

以上讲的是传统国际法上取得领土比较常见的几种方式。但除此之外,还有添附的方式。添附(accretion)是指因自然或人为力量而增加国家领土。但需要再次强调的是,传统国际法有关领土取得与丧失的法理已发生了很大变化。在现代国际法中,通过强制力缔结的条约是"无效的",这是1969年《条约法公约》第52条的规定。在领土取得的方式中,伴随使用武力的方式现在已不被承认,传统国际关系中将"征服"作为战争的合法产物现已失去其合法性。

第三节 国家领土争端及其解决

领土是一个至关重要的问题。尽管老式的取得领土主权的方式在现代国际法中已不再被认为是合法的,但有的却越来越常用,如因为国际司法或仲裁的结果而获得领土主权。所以有的国际法学者,如菲德罗斯,就把"裁判授予"也归类于国家"领土主权的取得"方式当中②。所以,尽管国际法迄今为止还没有关于领土划界或解决边界争端方面的编纂,但在裁决领土和边界争端方面国际法院却已有不少案例。

国际法院从1946年成立到2011年间,共受理了125个案件,其中有30个涉及国家领土、海洋边界划界及大陆架划界的争端(包括4个申请复核的案件),占到法院所有案件的24%,③从而帮助解决了不少国家相互之间的领土争端。

国际法院不是立法机构,但它的判决却往往具有宣示和发展国际

---

① *The Eastern Greenland Case*, PCIJ, Series A / B, No. 53, 1933, pp. 45—46.
② 〔奥〕菲德罗斯:《国际法》,上册,李浩培译,商务印书馆1981年,第348—349页。
③ List of All Cases. http://www.icj-cij.org/docket/index.php? p1=3&p2=2,访问时间:2012年5月31日。

法的作用,它关于领土争端的判决对所有国家都有参考意义。综观它的案件,每个都涉及大量复杂而又具体的事实和法律因素,如历史、地理、条约等。从这些案例可以深切地体会到:"国际法上的许多权利都被视为相对的,而非绝对的。"①

中国与周边大部分国家都解决了陆地边界的划分,但与印度等仍有一些领土和边界问题需要解决。了解国际法院在解决领土争端中的法律思维及其推理过程,对我们来说无疑也是有借鉴和启发作用的。但需要指出:对国际法院的案例做深入或细致的分析研究,不是本文的本意。这里只是将通过粗略讨论国际法院的几个案例,且还是案例的某个侧面,来试着审视一下国际法上有关领土争端解决这一无比重要的问题。

一、对条约文本的解释

国家领土争端涉及到的问题会各种各样,但几乎所有案例都会涉及不同时期或具有不同法律地位的条约,所以国际法院最基本和最基础性的工作,就是需要确定是否适用当事方的条约;如果有,法院就需要通过参考其背景及上下文,以及条约的目的和宗旨等解释方法等来进行审视和裁决。在上面提到过的"东格陵兰案"中,常设国际法院认为挪威接受了与丹麦缔结的条约就使得其再也不能质疑丹麦对该地区的主张,原因是这些条约含有丹麦主张整个格陵兰的条款。②

关于荷兰与比利时边境地区土地的划界争端,也是一个涉及对两国于 1843 年签署的边界专约如何予以解释的案例。

在这两个国家的边境地区,属于比利时领土的巴埃勒—杜克区

---

① 〔英〕马尔科姆·肖:《国际法》(第六版)上,白桂梅、高健军、朱利江、李永胜等译,北京大学出版社 2011 年,第 403 页。
② *The Eastern Greenland Case*, PCIJ, Series A / B, No. 53, 1933, p. 46.

(Commune of Baerlie-Duc)的一些地块,嵌在属于荷兰领土的巴埃勒—纳索区(Commune of Baarle-Nassau)当中。这一地块不仅作为一块飞地处于比利时主体领土之外,其本身还互相脱节。从1836年起,荷兰与比利时两国边境地区的地方当局开始着手探讨确定确切的边界问题。1841年3月22日,两国地方当局之间签署了《住区备忘录》(communal minute),其中规定:"第78至111号(含首尾两号)地块属于巴埃勒—纳索区"。① 文件是由荷兰方面提出的,但比利时对其真实性未予质疑。与此同时,两国根据1839年《伦敦条约》的规定,联合建立一个确定两国边界的"混合划界委员会"。

1842年11月5日荷兰与比利时签署了一份《边界条约》(1843年2月5日生效),其中第14条规定:"涉及巴埃勒—纳索区(荷兰)和巴埃勒—杜克区(比利时)及其道路的边界现状应予维持。"1843年8月8日,两国签署的《边界专约》第1条规定,两国确定的边界由一个"说明性记录"(descriptive minute)加以确定;第3条规定该说明性记录构成条约的一部分。而"说明性记录"的第90条第二部分规定:"第78至90号(含首尾两号)地块属于巴埃勒—纳索区。第91和92号地块属于巴埃勒—杜克区。第93至111号(含)地块属于巴埃勒—纳索区。"这里的91和92号地块就是两国争端的标的物。

比利时认为,根据1843年的《边界专约》及"说明性记录"的规定,所涉争端地块的主权属于比利时。1842年《边界条约》中"边界现状应予维持"一语中的"现状"(status quo),就是"说明性记录"所规定的对象。但荷兰对此却有不同的解释,它认为1843年《边界专约》的条款只规定应维持现状却并未确定何为现状,因此应根据1841年的《住区备

---

① ICJ,*Case concerning Sovereignty over Certain Frontier Land*, Judgment of 20 June 1959: I. C. J. Reports 1959, p. 216.

忘录》来确定现状,91和92号地块的主权也应归属荷兰。

这样,国际法院要处理的核心问题就是:1843年《边界专约》及"说明性记录"是否有效地确定了该争端地块的主权? 对于这一点,国际法院在经过对案情的分析后得出结论认为:1843年《边界专约》有意图而且确实确定了两国间争端地块的主权归属。根据专约的条款,本案所涉争端地块的主权应属比利时。在这个案件中,国际法院接受了比利时对1842年《边界条约》中"边界现状应予维持"中"现状"一词的解释。①

除上述案例外,其他还有些也涉及到对条约基本要义的解释和确定问题,如利比亚与乍得之间的领土争端案件。乍得在其与利比亚的领土争端案中,其最基本的观点,就是认为1955年8月10日《法兰西共和国与利比亚联合王国友好睦邻条约》已经确定了利比亚与乍得两国的边界线,所以只要按照条约的规定履行就是,不存在所谓的"领土划界纠纷"②。但利比亚却不这么认为。它并不否认自己与乍得之间的这个条约的有效性,却提出了历史继承权利等主张。

国际法院在该案中认为:如果要确定两国之间是否已经存在条约划定的边界线,就得考察1955年条约的第三条以及该条所引述的附件。该条款规定:"缔约双方承认:突尼斯、阿尔及利亚、法属西非和法属赤道非洲的领土为一方,利比亚领土为另一方,双方的边界源自利比亚联合王国成立时有效的国际文件,这些文件的目录附在换文中(附件Ⅰ)"。附件Ⅰ含有六份文件。[36] 然而,由于附件Ⅰ所列举的部分文件在利比亚独立时已不再有效,利比亚因此也就认为该条款没有发生确定两国的边界的法律效力。但国际法院却不这样认为,它认为条约

---

① *Ibid*, pp. 215—216.
② ICJ, *Territorial Dispute* (Libyan Arab Jamahiriya/Chad), ICJ Reports, 1994, p. 37;100 ILR, Judgment, p. 36.

的解释应考虑条约用语的通常含义、条约的目的和宗旨、有效性原则等。而法院通过对条约中"承认"、"边界"、"有效的"等用语的解释后认为:1955年条约属于"构成双方确定其边界的协定"。①

国际法院在该案中肯定了1955年条约的地位,认为即使1955年条约"失效",该条约中有关边界的规定仍继续有效,因为关于边界的规定"具有自己的、独立于1955年条约命运的效力"。②对在该案中,乍得与利比亚还提出了其他一些问题,如历史继承、保持占有原则的适用性、占有的有效性、势力范围、腹地学说、时际法规则等等,但国际法院在确认当事方嗣后并无新的领土安排之后,认为都没必要予以考虑,因为"1955年条约完全确定了利比亚与乍得之间的边界"。③

由此可见,条约最基本的就是要按照其本来的意义来解释。案子会涉及不同时期的条约,但若能确定在当事方之间存在解决领土问题的有效的国际条约,国际法院就会据此来裁决争端。所以确定对当事方有效的国际条约,是一件非常基础性、非常重要的工作。一旦条约加以确定,一条国际边界就获得了永久性。即便条约本身不再有效,边界的继续存在也不受影响,除非所有直接的当事国另有同意。

二、主权行为的行使

所有关于领土争端的案件,其实就是对当事国所主张的主权行为予以评估和裁决。如果有当事方接受、默认、承认等表示出的认可(同意),国际法院就可据此来确定当事方的权利;如果没有确定有效的权利根据,法院就需考虑争端当事国中的某一个是否有更多的权利根据,因为国际法上的权利就是相对的,不是绝对的。在司法解决过程中能

---

① *Ibid*, p. 27 and pp. 34—35.
② *Ibid*, p. 39.
③ *Ibid*, pp. 38—40.

取胜的国家证明的往往不是一个绝对的权利,而是一个在考虑到地理、条约及其他国际关系等因素的情况下,与对方国家相比较而言比较有利的权利而已。

在新加坡与马来西亚关于"白礁岛、中岩礁和南礁的主权归属"一案中,国际法院认为,双方争执的白礁岛的权利在1844年之前已经确定,所以现在需要考虑和确定的是:这一权利在1844年至1980年这100多年里是否曾经发生了转移。当然,"主权转移可由两国以协议进行……可以是以条约形式出现的,也可以是默示的、以两国的行为表现出来的。国际法并未就此规定具体的形式,而是强调当事方的意图。"①

国际法院同时还认为:"在某些情况下,拥有主权的一方对另一方的主权行为或领土主权显示的明确宣示未做反应,领土主权也可能发生转移……拥有主权的一方如对另一方的显示领土主权的明确宣示不能接受,就应该做出反应。未做出反应可等同于默认。默认,即隐含的承认,体现为被另一方理解为同意的单方面行为。也就是说,如果有必要对另一方的行为做出反应而未做出反应,在这种情况下,沉默本身也是一种表态。"②基于上述分析,国际法院认为至1980年时白礁岛的主权属于新加坡。③

"是否有主权行为?"这是国际法院在审理中时不时要考虑的一个问题。例如在"喀麦隆和尼日利亚间陆地和海洋边界案"中,国际法院就认为"在1931年之前,英国和法国就已划定并同意了乍得湖地区的

---

① *Sovereignty over Pedra Branca/Pulau Batu Puteh, Middle Rocks and South Ledge* (Malaysia/Singapore), Judgment, I. C. J. Reports 2008, para. 120.
② *Ibid*, p.121.
③ *Ibid*, pp. 276—277.

边界"。① 据此,国际法院针对尼日利亚提出的"有效统治行为"的理由,认为"如公共卫生和教育机构的组织、司法等这样的行为,可被视作主权行为",但问题的关键是:喀麦隆早已拥有该地区的主权,所以接下来要看"喀麦隆是否曾默认了主权的转移。"关于这一点,国际法院对相关事实进行了审视之后认为,"喀麦隆并未默认而放弃其主权。因而,尼日利亚的有效统治行为在法院看来只能是不合法的行为,权利的所有者应该占先"。②

在"喀麦隆和尼日利亚间陆地和海洋边界案"中,还是属于有"案"可查,而在印度尼西亚与马来西亚关于利吉丹和西巴丹两岛领土争端中,国际法院就没有关于比较确定的条约和继承权方面的依据。在这种情况下,国际法院就主要是通过考察双方提供的主权行为证据来看对谁更有利来予以裁决。

国际法院在东格陵兰案(the Eastern Greenland Case)中指出:"如果不注意到下面的情况就无法读懂领土主权案件的判决,即只要另一国家不能提出更优越的主张,法庭在许多案件中都满足于十分有限的主权权利的实际行使,在对人烟稀少或无人定居的地区主张主权的情况下就更是如此。"③

在利吉丹和西巴丹两岛领土争端中,国际法院就特别地注意到:"马来西亚方面所能依据的行为、其中也包括以它和以英国从事的行为,从数量上看并不太多,然而这些行为却具有多元化的特征,它包括立法、行政和准司法行为。而且这些行为涉及的时间很长,所以在对比较大范围岛屿实施管理的背景下,显示出它对该两岛行使其国家(主

---

① ICJ, *Land and Maritime Boundary between Cameroon and Nigeria* (Cameroon v. Nigeria: Equatorial Guinea Intervening), Judgment, I.C.J. Reports 2002, p.341.
② *Ibid*, pp. 353—355.
③ PCIJ, Series, A/B, No. 53, pp. 45—46.

权)职能的意图。国际法院也不能忽视这样的事实:当这些行为实施时,无论是印尼还是其被继承国荷兰,都未表示异议或抗议。在1962年和1963年,当英国北婆罗州当局在这两个岛上建造灯塔时,印度尼西亚应有所反应。即便是认为建造灯塔的目的只是为了保障航海安全(在北婆罗州之外水域,灯塔对于航海安全具有特别的重要性),但如果这两个岛是自己的领土,这也是不寻常的行为。印度尼西亚应该提醒对方,说建造灯塔的地点是印尼的领土。然而,印尼并没有如此做。"①在此案中,国际法院依据马来西亚的主权行为以及上述印尼的不作为等因素,最后将这两个岛判给了马来西亚。

需要注意的是:领土和边界问题会同时涉及大量复杂的事实和法律方面的因素,上面虽以分节的形式提到协议或主权行为,但案子里的要素都不能被独立分开来看。协议、主权行为及其他要素等之间往往有交叉,会相互影响,所以常常需要糅合起来进行分析。

例如在荷兰与比利时边境地区土地的划界争端一案中,关键点是在对这两国1843年签署的边界专约的解释问题,但荷兰也提出了"主权行为确立其权利"的要素。这就有个举证问题。由于国际法院已经确定了比利时享有条约权利,所以针对荷兰提出的这一点,国际法院认为:除非荷兰能证明,比利时自1843年以来从未行使过权利或比利时自那时以来默认了荷兰所主张的主权行为,否则法院就不能认为荷兰因行使主权行为而取得了主权。②结果,国际法院在对双方提交的证据分析后认为,比利时自1843年以来确立的主权并没有消失。③

---

① ICJ,*Sovereignty over Pulau Ligitan and Pulau Sipadan* (Indonesia/Malaysia), Judgment, p. 685.

② ICJ,*Case concerning Sovereignty over Certain Frontier Land*, Judgment of 20 June 1959; I. C. J. Reports 1959, p. 227.

③ *Ibid*, pp. 230—231.

三、一般性法律原则的适用

在解决具有国家领土和边界争端和过程中,不仅适用有关当事国之间的协议、国际条约、习惯法或参考主权行为等因素,而且还适用一般性法律原则。比如,在国际法院审理的柬埔寨与泰国之间关于柏威夏寺主权归属一案中,就涉及到"禁止反言"(Estoppel)这个一般性法律原则。

所谓"禁止反言"原则,是指一个国家基于"善意原则"的要求,对于一个具体事实要采取前后一致的立场。如果一个国家对某一具体问题作出表示,且其他国家因信赖其表示对该国承担义务或权利时,该国就不得采取与其以前的表示或行为相反的法律立场。

"禁止反言"原则源于罗马法,因各国法律普遍承认和采纳而被认为是《国际法院规约》第 38 条所称之"一般性法律原则"。在国际领土争端案件中,"禁止反言"原则可理解为如果一个国家已经承认了另一个国家对某领土的主权,且后者基于对前者承认的信任而行事,那么前者就不能再否认自己已经做出的承认行为。例如,甲国承认乙国对某领土享有主权,乙国因此在该领土上修筑了道路,甲国就不能再声称乙国对这块领土没有主权。禁止反言原则也是国际法上"善意与诚信"原则的必然要求。

禁止反言原则得到了国际判例的多次承认。在"西班牙国王仲裁裁决案"中,对尼加拉瓜先是认可西班牙国王于 1906 年做出的关于它和洪都拉斯边界争端的仲裁裁决,但后又否认该仲裁裁决有效性的行为,对此国际法院认为:"按照本法院的判断,尼加拉瓜已通过明确的表示和行为承认了该仲裁裁决的有效性,它已不能背弃先前的承认而反对裁决的效力。"[①]在"东格陵兰案"中,国际法院认为挪威接受与丹麦

---

① Case concerning Arbitral Award Made by the King of Spain on 23 December 1906 (Honduras v. Nicaragua), Judgment of 18 November 1960, ICJ Reports (1960), p. 213.

缔结的条约使其不能质疑丹麦对该地区的主权,原因是这些条约含有丹麦主张整个格陵兰的条款。① 在"隆端寺案"中,泰国同样因为"禁止反言"原则的理由而在1962年被国际法院判决败诉。②

隆端寺是位于柬埔寨和泰国界山扁担山上的一座古寺。柬埔寨和泰国对于这块地方的边界问题早有争议。1904年,法国作为当时柬埔寨的保护国,与当时的泰国政府(暹罗)进行了谈判,并于1904年2月13日签订了一个边界条约。该条约第一条对暹罗与柬埔寨边界的总体走向做出了原则规定,即两国的边界为"森河和湄公河盆地与蒙河盆地之间的分水岭";第二条则规定成立一个"混合委员会",以完成两国间确切的边界的划界工作。③

1905年至1907年1月期间,混合委员会举行了多次会议,并在1907年1月19日最后一次会议后,由法方主席向法国政府报告说这条边界已经确定。然而委员会会议没有任何会议记录,其最后成果就是绘制出来的地图。暹罗政府由于缺乏必要的技术力量,就请法国政府官员绘制。地图于1907年秋制作完成,图上将隆端寺划入柬埔寨一边。它由法国一家出版公司印刷,并于1908年在巴黎出版,广为分发,还呈送给暹罗政府作为划界成果,同时也送给混合委员会的泰方官员。但不管是暹罗政府,还是混合委员会的泰方官员,他们对隆端寺划入柬埔寨这一点都未提出异议。

1934—1935年间,勘探证实地图和实际的分水岭有差异。按照实际分水岭,隆端寺应在泰国一边。不过那时的泰国政府还是在使用、并

---

① *The Eastern Greenland Case*,PCIJ,Series A/B,No. 53,1933,p. 46.

② Case Concerning Temple of Preah Vihear (Cambodia v. Thailand),Judgment of 15 June 1962,ICJ Reports (1962),p.32.

③ ICJ,Case Concerning the Temple of Preah Vihear (Cambodia v. Thailand),Merits,Judgment of 15 June 1962,p. 16.

继续出版这张地图。但当泰国政府发现了地图有误后,就派兵进入了隆端寺,并将它置于泰国的管辖之下。1948年和1950年,法国曾向泰国提出抗议,但是泰国没有答复。1953年柬埔寨独立后,曾试图在隆端寺建立权力机关,但没有成功。其后,柬埔寨和泰国经过多轮谈判,但仍未解决问题。于是,柬埔寨就于1959年向国际法院提出起诉,指控泰国政府长期占领柬埔寨的领土隆端寺,要求泰国撤出在隆端寺的部队并归还寺内文物。

柬埔寨一方认为,地图是以"混合划界委员会"的名义并代表该委员会所制作和出版的。根据该地图所标明的边界线,柏威夏寺位于柬埔寨领土范围内,所以柬埔寨对柏威夏寺拥有主权。泰国则认为,地图并非"混合划界委员会"的工作成果,所以不具有约束力。况且地图存在着实质性错误,它上面所示界线并非原来条约规定的分水岭,"混合划界委员会"无权做此更正。当然,泰国声明,它从未接受地图所示涉及柏威夏寺地区的界线;如果说泰国以前接受了该地图,那是因为泰国错误地相信地图所示的界线与条约规定的分水岭一致。[①]

在泰国与柬埔寨各执一词的情况下,国际法院需要解决的主要问题是:

第一,地图是否具有约束力?

第二,地图是否被泰国接受?

第三,地图上的"错误"是否导致地图无效?以及

第四,即使地图被泰国接受,且不因其"错误"而无效,但如果地图所示界线确实与条约上规定的分水岭不一致,应如何裁决?

对于以上这些问题,国际法院认为,地图将隆端寺标为柬埔寨的领土与实际的边界线不符,该寺应当在泰国一边。没有证据表明地图所

---

① Ibid,p.22.

示界线是经过混合委员会批准，因此它起初是没有效力的。但问题的关键是：当事方是否接受了该地图以及地图所标明的边界线，从而赋予地图以约束力。因为即使混合委员会并未批准和接受扁担山脉东段的划界，泰国和柬埔寨两国政府也可以利用委员会技术官员的工作成果而接受对该地区的划界。

对于这一点，国际法院在对相关事实审查后认为，泰国在1908—1909年间确实将该地图作为划界工作的成果接受了。因为当地图作为划界成果被送交了暹罗政府，该政府在当时和事后很多年中对错误都没提出异议，这就表示暹罗政府默认了该地图。此外，地图也被送交了混合委员会的暹罗政府官员以及暹罗的内政部长等人，他们也都没有提出任何异议，所以暹罗当局接受了地图。既然如此，现在他们就不能以地图错误为理由来否认他们当时默示同意的有效性。而且，1934和1935年的勘察表明了地图上的分水线与实际不符，但泰国却继续使用并出版这个表明隆端寺属于柬埔寨的地图。这说明泰国默认了隆端寺属于柬埔寨的事实。所以法院认为，既然地图上的争议分界线已经被接受，那么也就没有必要考虑实际的分水线了。它表明了泰国默示承认了有误的边界线，所以不能反悔，不能自食其言。①

针对该案中泰国认为自己一直在对该地区行使着主权权力的立场和观点，国际法院认为，泰国所列举的行为都属于地方当局的行为，它不具有改变中央机关态度的作用。国际法院还举例说，1930年，一位泰国亲王访问柏威夏寺，受到柬埔寨法国殖民当局的正式接待，这表明泰国事实上承认了柬埔寨对于该地区的主权。②

国际实践证明，禁止反言的适用往往和一国急于行使自己的权利

---

① *Ibid.*
② *Ibid.*

有关。譬如在"西班牙国王仲裁裁决案"中，尼加拉瓜在1912年3月19日之前五年多的时间里从未对裁决的效力表示异议；而在"隆端寺案"中，泰国甚至在50多年的时间里都没有主张权利。这两个案件中，尼加拉瓜和泰国并非没有机会主张仲裁裁决或条约无效，而是没有及时行使自己的权利。在这种情况下，也可以说构成了两国默示的同意。

第四节　中国与周边国家的领土争端

边界问题是一个极其重要的问题。它关系到国家主权和领土完整，也关系着能否与邻国和平相处时有一个稳定的周边环境。中国边界的情形错综复杂，也有不少属历史遗留问题。

中国幅员辽阔，拥有960万平方公里陆地领土，仅次于俄罗斯和加拿大，位居世界第三。中国与14个国家接壤，陆地边界线全长22,000公里，是世界上拥有最多邻国和最长陆地边界线的国家。中国陆地边界邻国有：朝鲜、蒙古、俄罗斯、哈萨克斯坦、吉尔吉斯斯坦、塔吉克斯坦、巴基斯坦、阿富汗、印度、尼泊尔、不丹、缅甸、老挝、越南。

当新中国于1949年成立时，我国与陆上邻国的12条边界当中，有的还没有划定，有的虽然划定，但由于自然和人为的原因在边界划定方面还存在着争议。建国后，经过外交上的不懈努力，我国与大部分邻国都解决了边界问题，先后与缅甸、尼泊尔、巴基斯坦、蒙古、阿富汗、老挝、俄罗斯、吉尔吉斯斯坦、哈萨克斯坦以及越南都签订了边界条约，从而解决了边界问题。目前，我国与印度之间存在的边界问题正在积极谈判之中。另外，中国在南海及钓鱼岛与周边国家也存在着领土纠纷。

如果从时间上看，我国边界问题的解决主要集中在两个时期：一个是上世纪60年代，我国先后与缅甸、尼泊尔、蒙古、巴基斯坦、阿富汗等国签订了边界条约或协定；另一个是上世纪90年代至今，中国与俄罗斯、老挝和越南以及新独立的哈萨克斯坦、吉尔吉斯斯坦、塔吉克斯坦等国解决了边界问题。截至2004年底,我国已与12个邻国签订了边界条约或协定,划定的边界约占中国陆地边界线总长度的90%。[1]

中国与俄罗斯边界问题是历史遗留问题。新中国成立后,中国与前苏联先后举行了三次边界谈判,即:1964年,1969年到1978年以及1987年开始至2004年。在1991年5月16日,两国签署了《中苏国界东段协定》。苏联1991年12月解体后,俄罗斯继承了该协定。两国还于1994年9月3日签署了《中俄国界西段协定》。2004年10月14日,中俄两国外长签署了《中俄国界东段补充协定》。2005年4月27日和5月31日,中俄两国最高权力机关分别批准了该协定。2005年6月2日,协定在双方互换批准书后正式生效。《中俄国界东段补充协定》的签署和生效,标志着4300多公里的中俄边界线走向全部确定,同时也标志着我国与前苏联7600公里的边界全部划定[2]。

中国与前苏联以及后来与俄罗斯的边界问题,是经过漫长和艰苦的谈判才解决的。它不仅消除了两国关系中的障碍和隐患,而且通过问题的解决本身就表明,只要本着协商和互谅互让的精神,通过和平方式解决国与国之间的争端是可以做到的。

在中国还未解决的与周边国家边界划问题上,有的涉及到如历史、地理、条约等复杂的因素,虽然一时难以解决,但中国根据国际法理坚持的立场,是非常明确的。例如在关于在中印边界所谓"麦克马洪线"不法性问题上,中国的态度从来就始终如一。

中印两国的传统习惯边界长约2000公里,可分为西段、中段和东段。从未正式划定的属于双方争议的地区约12.5万平方公里。所谓

---

[1] 中国外交部网站:"外交部法律司司长就中印边界划界的进展等答问",2005年8月31日。

[2] 段洁龙主编:《中国国际法实践与案例》,法律出版社2011年,第165页。

"东段",是从不丹以东到缅甸边界的伊索拉希山口的这一段边界。虽然它从未正式划定,但印度认为这段边界已为1914年西姆拉会议上签订的西姆拉条约(Simla Convention)规定的"麦克马洪线"所确定。

"麦克马洪线"(the McMahon Line),是指一条西起不丹边境向东延伸、以喜马拉雅山分水岭为界、把中国九万多平方公里的领土划入印度版图的人为的边界线。如果追溯历史就能看到,"麦克马洪线"是英国代表和西藏地方当局代表通过西姆拉会议瞒着中国中央政府代表草签西姆拉条约,并以秘密换文方式确定的。中国政府历来都不承认西姆拉条约和麦克马洪线。由于中国始终如一地反对,因此,从国际法原则基于"国家同意"的角度来看,由于中国的明确反对、且从来就没有表示过任何同意,所谓的"西姆拉条约"和麦克马洪线是不成立、是无效的,也是不可能合法的。

上述国际法院如何适用国际法理来解决领土争端的法律思维和法律原则中,有的对中国是有借鉴意义的。如国际法院在裁决柬埔寨与泰国关于柏威夏寺主权归属一案中坚持"禁止反言"的法律原则,可以借用来审视越南在中国南海问题上出尔反尔的立场的态度。当然,一个案子会同时兼有关于人文、历史、地理、条约等许多因素,但越南在南海诸岛的归属问题上出尔反尔,这显然是违反国际法上"禁止反言"的法律原则。

南沙群岛自古以来就是中国的领土,这原来也为包括越南在内的国际社会普遍承认。越南曾多次发表声明,明确承认南沙群岛是中国领土。如1956年6月15日,越南外交部副部长雍文谦说:"根据越南方面的资料,从历史上看,西沙群岛和南沙群岛应当属于中国领土。"[①]1958年9月4日,中国发表领海声明,明确宣布中国领海宽度为12海

[①] 《中国对西沙群岛的主权无可争辩》,人民出版社1980年,第13页。

里,适用于中国的一切领土,包括东沙群岛、西沙群岛、中沙群岛、南沙群岛。同年9月14日,越南总理范文同表示:"越南民主共和国政府承认和赞同中华人民共和国政府1958年9月4日关于领海决定的声明。"[①]另外,越南出版的地图、教科书也都曾经承认南沙群岛是中国的领土。然而,1974年以后,越南出尔反尔,侵占了中国南沙群岛的一系列岛屿。南中国海周边的其他国家也有侵占南沙岛屿或海域的。

如果像国际法院在裁决柏威夏寺主权归属案中那样适用国际法上的"善意原则"及"禁止反言原则",越南这样做显然是没有任何法理根据的。你原来接受并已公开声明南沙群岛属于中国的领土,后却要反悔,这在法理上站不住脚。即使以前因政治上的考虑需要中国政府的帮助,但因此作出的决定在法律上则丝毫不影响南沙群岛属于中国的领土的效力。

本 章 要 点

领土是国家的重要构成要素之一,是国家行使主权的对象和范围,所以它对于主权国家的生存和发展具有重要的现实意义。但领土是如何取得的呢?

传统国际法在国家领土的取得与变更方面有一些基本的模式,如割让、合并、征服、先占、时效和添附这六种。这些模式是基于罗马法中关于财产取得的规则而形成的,早期的国际法学家一般都这么认为,一般教科书也如是说。

但在现代国际社会,有关领土取得与丧失的法理已经发生了很大变化。现代国际法禁止使用或威胁使用武力,通过武力的"合并"或"征

[①] 《中国对西沙群岛的主权无可争辩》,第14页。

服"也属不法行为,同时也很难想象现代国家还会有19世纪那样大宗土地的生意买卖。但尽管如此,对传统国际法上领土取得或变更的模式仍有了解和研究的必要。有的模式,如"先占",虽已过时,但今天解决领土和边界争端的司法活动中,国际法院会根据以前相关的法律协议等或前殖民宗主国之间做出的领土安排来裁决争端。

从1946年成立至今,国际法院已受理了不少在领土争端方面的案件。这些案件涉及到大量复杂的事实和法律方面的因素,如历史、地理、条约等。国际法院不是立法机构,但它的判决却具有宣示和发展国际法的作用,所以了解国际法院在解决领土争端中的法律思维及其推理过程,对我们来说也是有借鉴和启发作用的。

第十章 国际海洋法

海洋对人类的用途非常广泛,其上空可用于飞行和探测气候;水面和水中可用于航行、捕鱼和供水;海底(床)可用来铺设电缆和管道;底土可用来开采天然气、石油及矿产,等等。所以海洋与人类生活与活动密切相关。

海洋法(The Law of the Sea)是关于各种海域的法律地位以及各国在各种海域从事各种活动的原则、规则和制度的总称。随着科技进步和能源的日趋紧张,海洋对国家的经济以及军事等具有极其重要的意义,国家对海洋及其资源的利用和开发越来越重视,因此海洋权益方面的斗争也越来越激烈。

钓鱼岛主权归属问题,是中国与日本之间悬而未决的领土主权争议问题。中国认为钓鱼岛自古以来就是中国的领土。2012年8月15日,中国两岸三地的保钓人士冲破日本方面的阻挡、登上了钓鱼岛宣示主权。但四天之后(8月19日),包括五名地方议员在内的日本人登上钓鱼岛,声称是要"向中国发出强烈有力的信号。"对此,中国外交部提出了严正抗议。[①]

钓鱼岛问题涉及到政治、历史、地理和法律等多方面因素。"日本要把中国的钓鱼岛及其附属岛屿作为日本领土,并以此为基点,与中国

---

① 李珍、孙秀萍、蒋丰等:"日右翼登钓鱼岛挑衅中国",《环球时报》,2012年8月20日,第一版。

的大陆和台湾岛等海岸相对应,划出所谓'中间线',主张对东海大片海域的海洋权益,这一行为本身不仅构成对中国领土主权的侵犯,而且还大规模地侵害中国海洋权益。对此,中国政府一直坚定地进行交涉,从根本上予以反对。"①

日本坚持的"中间线"在法律上是否能站得住脚呢?回答这个问题就需要研究海洋法制度,尤其是海洋法上关于海洋划界的基本规则。只有了解了这些规则,才能知道中国为什么要反对,反对什么,才能有理、有利、有节地维护我国的海洋主权。

需要注意的是:海洋法与海事法是不同的两个法系。海洋法(Law of the Sea)是由国际条约和习惯所组成,是调整国家之间在沿海国享有管辖权的海域及不属于任何国家管辖的海域及海底的关系的法律规则;海事法(maritime law)则是处理海上旅客货物运输中产生的私人之间关系的法律规范。

第一节　　海洋法发展阶段

海洋可被划分为不同的海域,如内水、领海、毗连区、群岛水域、专属经济区、大陆架、公海和国际海底区域,等等。不同海洋区域适用不同法律。

中国与日本在东海划界上的权益冲突,主要涉及海洋法上的大陆架制度问题。从海洋法历史发展的背景上看,不管是大陆架制度,还是专属经济区制度,都还是比较新的制度,是1982年联合国《海洋法公约》确定的制度。

在海洋法制度,尤其是在海洋划界法律的历史发展方面,一般被认

---

① 段洁龙主编:《中国国际法的实践与案例》,法律出版社2011年,第148页。

为经历了三个阶段,即:1958年之前的第一阶段;1958年至1982年的第二阶段;以及1982年以后的第三阶段[①]。

一、1958年之前的第一阶段

1958年前的阶段为海洋法的第一阶段。在这个漫长的阶段里,"海洋自由"对海洋法的发展发挥了很大的影响作用。1609年,荷兰国际法学家格老秀斯发表了《海洋自由论》,明确提出海洋自由的观点,即:海洋既不能被占领,也不会因使用而罄竭,因此"其结果海洋是自然不受任何国家主权控制的",应为各国自由利用[②]。

18世纪后,随着资本主义生产关系的日益发展和海上贸易的日益扩大,任何国家完全控制海洋的企图实际上已经不可能。于是,海洋应为各国自由使用而开放的主张通过其后国家的实践,作为习惯法得以确立。海洋虽然自由,但并不意味着海洋所有部分都为自由空间。为了保护沿岸国的安全和经济利益,作为距海洋一定范围的海域的领海得到了承认。领海以外的广大海域被作为公海,不属于任何国家的主权管辖,并为所有国家自由使用。

在海洋划界方面,习惯国际法仅仅承认沿海国对紧邻其海岸(一般到3海里的距离)的水域具有主权[③],即领海主权。一些国家还出于防止和惩治违犯其海关、财政、移民或卫生的法律和规章的目的主张毗连领海的公海区域(或毗连区)。那时并不存在有关在领海以外的海域内行使主权的一般权利的习惯法。

---

① 王铁崖,"新海洋法公约与海洋法的发展",载于外交学院国际法研究所主办:《国际法论丛》第1期,法律出版社1989年。
② 周鲠生著:《国际法》下册,武汉大学出版社2007年,第399页。
③ 〔英〕詹尼斯、瓦茨修订:《奥本海国际法》(第九版),第一卷,第二分册,王铁崖、陈公绰、汤宗舜、周仁等译,中国大百科全书出版社1995年,第30页。

二、1958年至1982年的第二阶段

传统海洋法只是把海洋分为领海和公海,并为此分别适用不同的制度。但到了20世纪,尤其是第二次世界大战以后,科学技术的提高与捕鱼方式的改进,引起对海洋法进行阐释的需要,并将海洋法推到一个新的发展高度。

联合国国际法委员会于1949年把海洋法列为优先考虑的编纂项目之一。在1956年草拟海洋法公约草案的工作完成之后,联合国于1958年在日内瓦召开了第一次海洋法会议。会议就国际法委员会拟定的海洋法公约草案进行讨论,并首先通过了《领海与毗连区公约》和《公海公约》。同时,为解决战后新出现的资源问题,还通过了《捕鱼与养护生物资源公约》和《大陆架公约》。

1958年通过的海洋法四个公约在60年代相继生效。它里面规定的大部分规则是海洋法的习惯规则,有些规则,如大陆架划界中关于等距离中间线原则,则是海洋法上的新规则。不过,科学技术和经济的客观发展也使得海洋法面临许多新的问题。

传统习惯海洋法的核心理念,是将海洋的大部分作为自由空间,认为这符合所有国家的利益。然而,活动空间和能力相关,公共的活动空间大主要是对具有能力的海洋强国有利,它对海洋能力弱小国家利益的保护显然是不利的。于是,不少弱小的发展中国家就对传统海洋法持批判态度,并要求海洋法进行变革。正是在这一背景形势下,第25届联合国大会于1970年12月17日通过了《关于各国管辖范围以外海床洋底及其底土的原则宣言》,宣布各国邻海以外的区域及其资源"为人类的共同继承财产",并决定召开海洋法会议来制订一项新的海洋法公约。

三、1982 年以后的第三阶段

第三次联合国海洋法会议从 1973 年开始,经过 9 年的讨论和争论,于 1982 年最终通过了《联合国海洋法公约》。这是一个很重要、也是很复杂的公约。它正文有 320 条款,还有 9 个附件,合在一起共 400 多条,将近 20 万字,这恐怕是所有国际法条约里内容最多的一个公约。最后是在牙买加首都京斯敦签字,名称定为《联合国海洋法公约》。这是联合国通过决议给它定的名称,以区别于 1958 年也是联合国通过的关于海洋法问题的日内瓦公约。

海洋问题非常复杂,国家相互之间也形成了各种各样的利益集团。例如沿海国和内陆国是一对矛盾,沿海国要扩大海洋管辖权,内陆国则是反对。另外,尽管沿海国都想扩大自己的海上活动范围,但各自情况不一样,有的是宽大陆架,可以向宽阔的海洋开放,大陆架经济区都可以划得很远。还有一些国家叫锁架国,它的陆架很少,外边就是它国的领土,划不出太多的经济区,例如扎伊尔。这些国家地理不利,所以就与内陆国采取同样的立场,反对扩大海上管辖,要求有通过他国领海的过境自由等。

谈判是一个相互争斗与妥协的过程。这个海洋法的谈判进行了 9 年,从 1973 至 1983 年。中国是在 1971 年恢复其在联合国的席位,1972 年参加了国际海底委员会,1973 年参加了海洋法会议,因此这是中华人民共和国第一次从头到尾都参加制定的国际公约。当然,中国为这个公约的完成制订作出了努力和贡献。

结果除了传统的领海制度和公海制度外,海洋法上出现了大陆架制度、专属经济区制度和群岛水域制度等。这些都不是传统的国际法规则,例如专属经济区,传统的国际法上哪里有啊?还有群岛国制度,传统国际法上也没有。所以里面有不少规定都是新的。有些原来有的,现在得到了全世界承认,例如公约规定的 12 海里,就成了世界公认的一个制度了。所以现在海洋法签订以后,对海洋法是个很大的发展。我国著名国际法学者王铁崖先生认为:"到 1973—1982 年第三次海洋法会议,情况在一定意义上来说是起了根本性的变化。会议所产生的新的海洋法公约表明海洋法的发展到了一个新阶段。"①

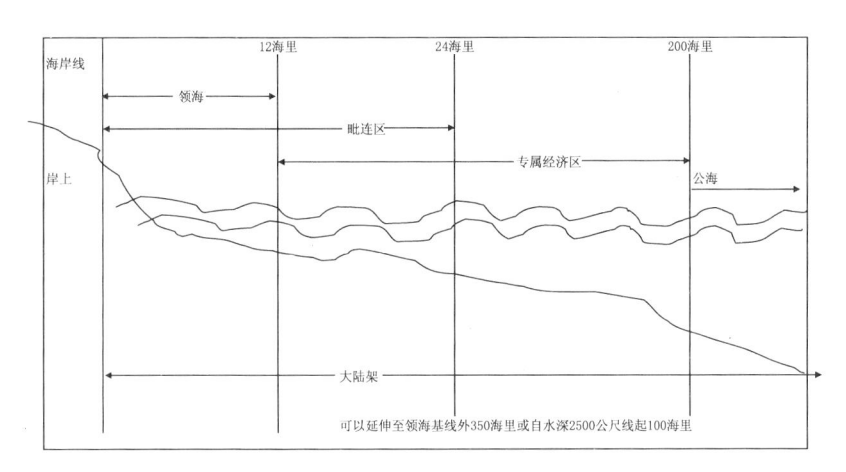

[图:海岸线、领海(12海里)、毗连区(24海里)、专属经济区(200海里)、公海、岸上、大陆架。可以延伸至领海基线外350海里或自水深2500公尺线起100海里]

1982 年《海洋法公约》中关于不同海域规定的图解

海洋法公约是第一部全面规定海洋问题的国际条约。从上图可以看到,它对内水、领海、毗连区、公海、专属经济区以及大陆架等作了不同的规定。

由于明确了管辖范围,领海、专属经济区和大陆架的范围,公约有利于维护世界和平和安全;由于规定了许多通过自由如航行通过自由,公约有利于世界航行。如果关于专属经济区的有关规定得到落实,将有利于对生物资源的养护和对保护海洋环境有利。其实,海洋污染现

---

① 王铁崖,"新海洋法公约与海洋法的发展",载于外交学院国际法研究所主办:《国际法论丛》第 1 期,法律出版社 1989 年,第 9 页。

在确实很严重,生态不平衡,海洋污染严重,破坏了海洋生物资源,它对全人类都是严重危害,所以海洋环境保护对全世界都是有利的。公约还有强制解决争端的规定,以防止国际争端发展成更严重的冲突。此外公约还建立了海底管理制度,把人类共同继承财产具体化、制度化,等等。总而言之,1982年《联合国海洋法公约》的成就是很大的。

第二节 基线

在确定沿海国领海及其他海域的范围时,首先就需要在海岸上确定一条测量海域外部界限的线,这条线就是"基线"(baselines),也就是测算领海、毗连区、专属经济区和大陆架宽度的起算线。

基线是一个国家内水与外水的分界线,同时也是外部海域界限的测算的起点线。换句话说,基线以内朝陆地一面的所有水域为一国的内水,构成该国领土的一部分;基线以外面朝海水一面的水域则适用国际海洋法制度。

一、基线的种类

基线有正常基线和直线基线两种。

正常基线就是海岸的低潮线,也即海水退潮时退到离岸最远的那条线。海洋法公约第5条规定,"测算领海宽度的正常基线是沿海国官方承认的大比例尺海图所标明的沿岸低潮线"。正常基线多适用于那些海岸比较平直的情况。如果一国的海岸相对来说比较平直,适用这条规则也就够了。然而,世界上有些国家的海岸地貌比较复杂,如挪威的海岸就拥有大大小小的面积凹入海岸的海湾、河口及岛屿等。在这种地貌情况下的潮汐变化,就使得分辨海水与陆地接触的最低线显得比较困难,用正常基线测算出海域的位置就会不清楚并容易混淆。因此,海洋法公约为这些自然地貌基线的划定设立了特殊规则,即"直线基线"。

直线基线就是连接海岸向外突出的地方和岛屿上适当各点而形成的一条线。如下图所示,左边的是"低潮线基线",即"正常基线",右边的是"直线基线"。

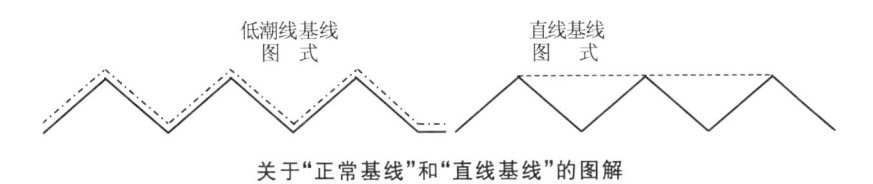

低潮线基线
图 式

直线基线
图 式

关于"正常基线"和"直线基线"的图解

将"正常基线"与"直线基线"相比较,"直线基线"由于是连接海岸向外突出的地方和岛屿上适当各点而形成的一条线,自然是有利于那些海岸非常曲折或沿岸遍布岛屿的国家。直线基线的划法在1951年关于"英挪渔业案"的判决中得到了国际法院的承认。在该案中,国际法院就挪威自1935年开始采用直线基线这个问题上认为,虽然领海宽度应从最低落潮线算起,但鉴于挪威海岸特殊的地理情况,"在划定挪威领海界线时应考虑石垒(包括各岛屿、小岛、岩石和礁石等)的外部界限。这种划定领海界限的办法是由地理条件所决定的。"因此,挪威"关于划定渔区的办法,并不与国际法相抵触"。① 如此一来,"它们圈入了迄今为止一般认为构成公海一部分的大片水域。"② 中国法官徐谟(1893—1956)指出:"在罗浦哈维的一个区域,直线长达44海里,涉及了面积达几百平方海里的区域。"③

---

① ICJ Reports, 1951, p. 139; 18 ILR., p. 102;另参见:I. Brownlie, *Principles of Public International Law*, 6th edn, Oxford, 2003, pp. 176—182.
② 〔英〕詹尼斯、瓦茨修订:《奥本海国际法》(第九版),第一卷,第二分册,王铁崖、陈公绰、汤宗舜、周仁等译,中国大百科全书出版社1995年,第27页。
③ 同上,第112—113页,注109。

二、基线在实践中的适用

国际法院关于"直线基线"的意见在联合国第一次海洋法会议上得到了国家的赞同,并成为《领海与毗连区公约》第 4 条的规定。海洋法公约则继续重申了这一点,其第 7 条规定,"在海岸线极为曲折的地方,或者如果紧接海岸有一系列岛屿,测算领海宽度的基线的划定可采用连接各适当点的直线基线法"。所以,低潮线是测量领海宽度的正常基线,但允许在沿岸具有深湾和曲折或近岸岛屿连绵的地方,可使用直线基线。

直线基线的特点是将内水范围扩大,这显然是有利于沿海国,而不利于所有其他国家。"到了 1989 年,直线基线制度已经为大约 60 个国家在其部分或往往是全部的海岸线上采用。"[①]为防止滥用,海洋法公约对于一国划定直线基线上作了一定的限制。海洋法公约第 7 条第 3 款规定:直线基线"不应在任何明显的程度上偏离海岸的一般方向,而且基线内的海域必须充分接近陆地领土,使其受内水制度的支配"。此外,该条第 4 款还规定:"除在低潮高地上筑有永久高于海平面的灯塔或类似设施……直线基线的划定不应以低潮高地为起讫点",或者这种做法已经获得"国际一般认可"。为适应沿海国不同的情况,《联合国海洋法公约》还规定,沿海国"可交替使用以上各条规定的任何方法以确定基线"。

我国采用直线基线的方法确定领海基线。1958 年《关于领海的声明》指出,"中国大陆及其沿海岛屿的领海以连接大陆岸上和沿海岸外缘岛屿上各基点之间的各直线为基线"。1992 年《中华人民共和国领海与毗连区法》明确规定,"中华人民共和国领海基线采用直线基线法

---

① 〔英〕詹尼斯、瓦茨修订:《奥本海国际法》(第九版),第 29 页。

划定,由各相邻基点之间的直线连线组成"。

我国拥有18,000多公里的大陆海岸线,从南到北共有8个海上邻国,地理位置相对不利。2000年12月我国与越南签订了北部湾划界协定和渔业合作协定。这是我国根据新海洋法,与邻国划定的第一条海上边界,具有重要的意义和积极的示范作用。2002年11月4日中国与东盟签署了《南海各方行动宣言》,对维护南海地区的和平与稳定,增进我国与东盟国家的政治互信,具有重要的意义。尽管取得一些进展,但我国面临的海洋形势仍十分严峻。[①]

第三节 内水与群岛水域

内水由港口、海湾、河口湾以及领海基线与海岸之间的其它海域组成。从法律上讲,内水是国家领土的一部分,其法律地位与陆地领土相同,沿海国对其享有完全的和排它性的主权。群岛(Archipelagos)水域是指群岛基线所包围的水域。它是联合国《海洋法公约》新设立的一个海洋区域。根据该公约的规定,群岛水域的法律地位主要是:群岛国的主权及于群岛水域的上空、海床和底土,以及其中的资源。

一、内水

基线以内朝陆地一面的水域即为内水(Internal Water)。《联合国海洋法公约》第8条规定,"领海基线向陆一面的水域构成国家内水的一部分"。我国1992年《领海与毗连区法》第2条规定,"中华人民共和国领海基线向陆地一侧的水域为中华人民共和国的内水"。

沿海国对内水享有完全的领土主权。它构成国家领土的一部分,

---

① 段洁龙主编:《中国国际法实践与案例》,法律出版社2011年,第152—153页。

外国船舶非经沿海国允许,不得在其内水中航行,除非船舶遇难或承担了条约义务。对于驶入或停泊在内水中的外国船舶,沿海国有刑事管辖权和民事管辖权。但在实践上,沿海国不对纯属外国船舶的内部事务行使管辖,如发生在船上船员相互之间的刑事案件,而由船旗国自行负责处理。

港口对外国船舶是否开放,由沿海国自由决定。国家通常指定某些港口对外国船舶开放。而且只要满足规定的入港条件,外国船舶就可入港。入港的外国船舶需遵守港口国关于港口秩序的法律规章,如我国 1979 年《对外国籍船舶管理规则》规定,外国船舶在预定到达港口一星期前,必须办理进港申请批准手续;外国船舶进出港口或在港内航行、移泊,必须由港务监督指派引航员引航;船舶上的武器、弹药应在船舶抵港后由港监予以封存等。

对于沿岸属于一国领土的海湾,可在一定条件下作为沿岸国的内水。1958 年《领海与毗连区公约》和 1982 年《联合国海洋法公约》都规定,如果海湾的湾口宽度不超过 24 海里,则湾口封闭线所包围的水域为内水;如果湾口宽度超过 24 海里,则海湾内 24 海里的直线基线所包围的水域才是内水。但这些规定不适用于所谓"历史性海湾"。

历史性海湾是指那些沿岸属于一国,其湾口宽度超过 24 海里,但依据历史性权利被确立为沿岸国内水的海湾。历史性海湾的标准,海洋法公约没有具体作出规定。有些国家宣布的历史性海湾并没有得到其它国家的承认。但有些国家对有些历史性海湾已长时期地行使主权,其它国家默认了这一事实。如加拿大的哈德逊湾(入口宽度为 50 海里),前苏联的大彼得湾(入口宽度为 110 海里),利比亚的锡德拉湾(入口宽度为 260 海里),等等。我国渤海湾的湾口宽度超过 24 海里,但在历史上一向被承认为我国的内水。而且,横越湾口有一系列的岛屿,将湾口分为大小不等的 8 段,最宽的一段不足 24 海里。以这些岛屿为基点划直线基线,渤海湾仍是我国的内水。我国1958年《关于领海的声明》明确宣布,渤海湾是我国领海直线基线以内的内海。

二、群岛水域

《海洋法公约》第46条对群岛国作了界定,规定:群岛国是全部由一个或多个群岛构成的国家,由此,海洋中的群岛组成的国家被称之为"群岛国";群岛水域是指群岛基线所包围的水域。

1982年《海洋法公约》关于群岛国和群岛水域上的规定,属于海洋法历史上的最新规定。但其中有一个发展过程。

1957年,印度尼西亚就宣布:其领海用连接构成印尼的岛屿之间的最外缘的点的直接基线来测算,基线内的水应视为内水。菲律宾随后也宣布采取同样的测算领海基线的方法。对此,许多国家不同意,并对此提出了抗议[1]。这些国家之所以不同意印度尼西亚和菲律宾的立场,主要是担心群岛国家主张会阻碍它们继续使用群岛水域中的重要航路,担忧采用直线基线产生大面积的内水可能导致其航行自由大量的丧失。

20世纪60年代,许多群岛国家取得了独立,这些国家在测算基线上的诉求也越来越强烈。最后,就产生了海洋法上关于适用群岛国和群岛水域一个全新的制度。当然,这个制度是国际社会各方妥协的结果。

《海洋法公约》规定整个群岛是一个地理、经济和政治单位。根据海洋法公约第47、48、49条的规定,群岛水域处于群岛国的主权之下,群岛国的领海是以一条连接群岛最外端岛屿的外侧的群岛基线、并据

---

[1] 〔英〕蒂莫西·希利尔:《国际公法原理》,曲波译,中国人民大学出版社2006年,第184页。

此向海洋一侧测量的基线。群岛水域是指该基线内侧的水域。

群岛国的主权及于群岛水域的上空、海床和底土,以及其中的资源。

群岛水域的通过,分为无害通过权和群岛海道通过权两种。所有国家的船舶均享有通过除群岛国内水界限以外的群岛水域的无害通过权。群岛国可在群岛水域内指定穿过群岛水域上空的空中航道。所有船舶和飞机均享有在这种海道和空中航道内的群岛海道通过权。但这种通过制度不影响群岛水域的法律地位,也不影响群岛国对该水域及其上空、海床和底土所行使的主权。所以,群岛水域既不同于内水,也不同于领海,是自成一类的海洋区域。

第四节 领海与毗连区

根据海洋法公约第 2 条的规定,沿海国的主权及于其陆地领土及其内水以外邻接的一带海域,称为领海(Territorial Sea)。毗连区(Contiguous Zone)是由沿海国对某些事项行使必要管制的一定宽度的海域。

一、领海

领海应有一定宽度。但以多少宽度为宜,这曾是一个长期争论不休的问题。

历史上曾经出现过许多关于确定领海宽度的主张和方法,其中影响较大的是大炮射程说,即提倡以岸上的大炮射程的终点为界。它是 18 世纪初荷兰法学家宾刻舒克提出来的。当时,大炮射程可达到 3 海里,这标志着海岸国家权力可以达到的范围,因此有些西方国家坚持 3 海里应作为领海的宽度。然而,这个宽度没有被普遍接受,许多其他国家在实践上采用不同的领海宽度。这种根据武器射程来测定领海的想法,在现代化武器发展的情况下不可能成为一种标准,因为今天武器的射程可以覆盖整个地球。将3海里作为领海宽度的设想显然已经过时。

1958年和1960年的两次联合国海洋法会议都试图解决领海宽度这一问题,但均未成功,直到第三次联合国海洋法会议才算最后解决。海洋法公约第3条规定,"每一国家有权确定其领海宽度,直至从按照本约确定的基线量起不超过12海里的界限为止"。

海洋法公约并没有将12海里规定为各国统一的领海宽度,但12海里却是大多数国家采用的领海宽度。我国1958年《关于领海的声明》和1992年《领海与毗连区法》都规定,我国的领海宽度为12海里。海洋法公约规定了领海为12海里,这有利于国际和平与安全。过去领海宽度主张不一,很容易引起纠纷。1958年我国台湾海峡局势紧张时,美国只承认3海里,不承认我们宣布的12海里,所以就时不时地用军舰和飞机来试探中国。为此,中国向美国提出了很多次的警告。

领海是沿海国领土的组成部分,受沿海国主权的支配和管辖。该领海主权主要表现在:沿海国对其领海享有属地管辖权,对其领海内的一切资源享有专属的权利,任何外国国家或个人非经允许不得进行开发利用;沿海国对其领海上空享有专属权利,外国航空器非经允许不得飞入或飞越该国领海上空。另外,沿海国有制订、颁布有关领海内航行、缉私、移民、卫生等方面的法律和规章的权利。

我国《领海与毗连区法》第11条规定,任何国际组织、外国的组织或者个人,在我国领海内进行科学研究、海洋作业等活动,须经我国政府或有关主管部门批准,遵守我国的法律、法规。这条规定反映了我国领海主权的特性。

沿海国对其领海内的人或事物享有排它性的管辖权,但这种管辖权受国际条约或国际习惯的限制。对享有外交特权与豁免的人以及军舰和其它用于非商业目的政府船舶就不能行使管辖权。此外,沿海国管辖权的行使还不应妨碍外国船舶的无害通过。

二、毗连区

毗连区(Contiguous Zone)是一个既不同于领海、也不同于专属经济区的法律制度。它由沿海国对某些事项行使必要管制的一定宽度的海域,是沿海国出于某些实际利益的需要,希望将其某些权利扩大到领海之外的一定区域之内而设定的制度。所以,毗连区沿海国在毗连区其中只具有特定的控制和干预权,不具有领土主权。

毗连区源于 1736 年英国的《游戈法》。该法规定对距岸 5 英里的海域内形迹可疑的船只可行使监督检查权。此后,美国也通过法律,规定在距岸的一定范围内执行关税措施或反走私措施。以后,其它许多国家也制订了这方面的法律。在这种背景情况下,1958 年《领海与毗连区公约》和 1982 年《联合国海洋法公约》都对毗连区作了规定。

虽然 1958 年《领海与毗连区公约》和 1982 年《联合国海洋法公约》都对毗连区作了规定。但这两个法律文件的规定不一样。《领海与毗连区公约》规定为从领海基线算起不得超过 12 海里。但《联合国海洋法公约》将毗连区的宽度改为从领海基线量起,不得超过 24 海里。该公约第 33 条规定,沿海国可以对从基线算起不超过 24 海里的毗连区实行必要的管制,以:"(a)防止在其领土或领海内违犯其海关、财政、移民或卫生的法律和规章;(b)惩治在其领土或领海内违犯上述法律和规章的行为。"

我国《领海与毗连区法》规定,我国毗连区的宽度为 12 海里。该法还明确规定,我国有权在毗连区内,为防止和惩处在其陆地领土、内水或者领海内违反有关安全、海关、财政、卫生或者入境出境管理的法律、法规的行为行使管辖权。

第五节 专属经济区

专属经济区(Exclusive Economic Zone)是领海以外并邻接领海的一个区域，其宽度从测算领海宽度的基线量起，不超过200海里。它是海洋法公约新确立的一项海洋法制度。它与大陆架制度一起，构成了海洋资源开发方面的重要制度。

一、专属经济区的设立

传统海洋法承认所有国家在公海里的捕鱼自由。但为了防止海洋发达国家不断地掠夺沿岸资源和确保资源的有效利用，南美国家首先提出了渔业权专属的概念。

1947年6月23日，智利总统发表《总统声明》，宣布其国家主权扩展到邻接其海岸的海域；凡距离智利海面200海里以内的海域均属智利国家主权扩展的范围，由智利实行保护和控制，但不影响其它国家公海自由航行的权利。1952年8月18日，智利、厄瓜多尔和秘鲁签署了《圣地亚哥宣言》，正式使用了"200海里海洋区域"的名称，并宣布对这一海域享有"专属主权和管辖权"。1971年，智利首先提出"承袭海"的概念，来指代200海里管辖区域。1972年6月7日，加勒比海沿岸10国通过《圣多明各宣言》，对"承袭海"作出了更明确的规定。

由于在领海外侧设立了专属渔区、主张对该水域渔业资源具有排他性权利的国家不断增加，国际法院1974年在爱尔兰渔业管辖权案判决中肯定这一制度已经习惯法化，靠近海渔业的沿岸国即使在12海里以外也享有优先的渔业权。

但在国际法院判决出来之前，非洲国家针对当时海洋法的实际情况提出了专属经济区的概念，1972年6月，阿尔及利亚等17个非洲国家在喀麦隆首都雅温得举行的非洲国家海洋法会议上,主张沿岸国对200海里海域内的所有天然资源拥有主权权利,正式建议非洲国家有权在其领海以外"设立一个经济区"。这一主张迅速在发展中的沿岸国间得到了广泛的支持。1972年8月,肯尼亚向联合国海底委员会提交了一份《关于专属经济区概念的条款草案》。联合国大会于1972和1973年通过了《有关天然资源的永久主权及于沿岸的海底资源的决议》[①]。时至联合国第三次海洋法会议,专属经济区概念已被许多国家接受,海洋法公约因此规定了专属经济区制度。

海洋法公约关于专属经济区的规定,自然会有利于海上资源的养护和充分利用自然资源。由于世界渔业捕捞力量比较大,生物再生能力又没那么强,渔业资源破坏就越来越严重,另外污染也引起了对渔场的破坏。现在有关于200海里专属经济区的规定,沿海国就可以颁布法令来保护自己捕鱼的利益,就可以保护、养护沿海的渔业资源。从上个世纪80年代的情况看世界上绝大部分渔场都在200海里经济区,远处的渔场不多。所以如果所有的沿海国都能对海洋资源精心管理,自然会对保护、养护有利,来最大限度利于生物资源。

二、专属经济区与大陆架的关系

海洋法公约关于专属经济区的第五部分,共含21个条款,详细规定了沿海国在专属经济区内的权利和义务。根据其中第56条的规定,沿海国具有与自然资源和经济活动有关的权利,包括以勘探和开发、养护和管理海床和底土及其自然资源为目的的权利。它还规定这些权利是沿海国的专属权,任何其它国家非经沿海国同意,不得进行这种勘探

---

① 联合国大会第3016和第3171号决议。见 www.un.org/ the General Assembly / Resolutions。

和开发。此外,沿海国对人工岛屿、设施和结构的建造和使用、海洋科学研究、海洋环境的保护和保全有管辖权。

　　加勒比海和中美洲一些国家原来主张的是 200 海里的海洋权益,它既包括领海,又包括承袭海和其它经济区,目的是对本国当地资源进行保护、反对海洋大国到他们那里去捕捞渔业和进行其它活动。在海洋法公约讨论中,这一要求得到了中国及发展中国家的支持。但美国和苏联则是表示反对,一些内陆国也反对。但后来海洋大国改变了立场,表示可以同意 200 海里经济区,但在航行问题上要求他国作些让步,这包括国际海峡自由通行以及过境通行权方面的规定。所以后来双方达成了妥协:海洋大国们同意了 200 海里经济区,第三世界也同意了在通过国际海峡方面给海洋大国便利。这样,专属经济区、海峡的过境通行和国际海底管理局制度等问题就都牵扯到一起。专属经济区的地位也是妥协的,海洋大国本来要求经济区地位属于公海,也就是说除了资源归你管理外,经济区在海洋中的地位还是属于公海。但第三世界国家认为经济区问题上也应该承认沿海国的管辖权,但最后也妥协了。公约上没说经济区属于什么。根据该公约第 58 条的规定,不论为沿海国或内陆国,所有国家在专属经济区内均享有航行和飞越的自由,铺设海底电缆和管道的自由。所以,从这些规定可以看到:专属经济区既不是领海,也不是公海,而是自成一类的国家管辖海域。

　　在 200 海里内,专属经济区和大陆架是一个重叠的区域,所以它会造成沿海国权利的重叠或冲突。专属经济区和大陆架虽然有密切的联系,但二者又有很大不同。首先,沿海国对专属经济区和大陆架权利的依据不同。沿海国对大陆架的权利是固有的,是根据事实而存在的。而沿海国对专属经济区的权利并不是根据事实而存在的,它必须经过宣告。现在世界上大多数沿海国都主张专属经济区,有些国家还主张设专属渔区。我国于 1998 年颁布了《专属经济区和大陆架法》,就规定我国的专属经济区为我国领海以外并邻接领海的区域，从测算领海宽度的基线量起延至200海里。

专属经济区与大陆架的相互关系，曾在第三次联合国海洋法会议上引起争论。有的主张取消大陆架制度，将它合并于专属经济区制度。但大多数国家认为，尽管建立了专属经济区制度，大陆架仍须作为一项独立的制度予以肯定。最后，海洋法公约是将专属经济区和大陆架作为两项独立的制度规定在公约里面。该公约第56条第3款规定，"本条所载的关于海床和底土的权利，应按照第六部分（大陆架）的规定行使"。

专属经济区与大陆架的范围不同。200海里是专属经济区的最大宽度，但却是大陆架的最小宽度。所以在200海里专属经济区外，沿海国仍可能有大陆架。另外，沿海国在这两个区域的权利所及范围不同。沿海国对专属经济区的主权权利及于该区域内的所有资源，包括生物资源和非生物资源。而沿海国对大陆架的主权权利仅限于海床和底土的矿物和其它非生物资源以及属于定居种的生物。因此，专属经济区制度和大陆架制度是各自独立、同时又是密切联系的。

第六节　大陆架

《海洋法公约》规定的专属经济区制度和大陆架制度两者之间是独立的，它们分别被规定在该公约的第五和第六部分。但相互之间又有联系，所以关于专属经济区制度的第五部分第56条第3款规定，该条款规定的关于海床和底土的权利，应按照第六部分的规定行使。

一、大陆架的概念

大陆架原是地理地质学上的概念，通常指从海岸向海自然延伸到大陆坡为止的一段坡度比较平坦的海底区域。从这里再向外倾斜，坡度急转直下，水深可达 3,000 米左右的区域称为大陆坡。在大陆坡脚覆盖着沉积物的地方，称为大陆基。大陆架、大陆坡和大陆基构成地质学上的大陆边。这里蕴藏着丰富的自然资源，包括石油、天然气和某些矿物资源。

第二次世界大战后，埋藏在沿岸海底的石油和天然气资源引起注意并开始被开发和利用。1945 年 9 月 28 日，美国总统杜鲁门发表了《大陆架公告》，宣布"处于公海下但毗连美国海岸的大陆架的底土和海床的自然资源属于美国，受美国的管辖和控制"[1]。这是最先将大陆架作为一个法律概念提出来的。以后，其他一些国家发表类似的声明，提出对大陆架及其自然资源的权利主张。

1958 年第一次联合国海洋法会议通过的《大陆架公约》将国际法上的大陆架定义，定为"邻接海岸但在领海范围以外、深度达 200 公尺或超过此限度"而可以被开采其自然资源的海底区域的海床和底土。所以，那时大陆架的外部界限方面主要有两个标准：一是 200 公尺等深线；另一是技术上可开发的深度。

200 米深基本符合地理学上的大陆架。地理学上的大陆架，认为沿海出去水都比较浅，是一个比较平坦的海底，它一般不超过 200 米，超过 200 米就形成一个大陆坡，忽然就掉下去。大陆坡外面是大陆基，或叫大陆隆起，又延伸一个相当长度是深洋洋底。大陆架、大陆坡、大陆基这三者在地理学上叫大陆，也就是大陆边缘的意思，所以 1958 年的概念基本上符合地理学上大陆架的概念。但公约又有个豁口，规定可以到技术上开采的深度，也就是说并没有封死。

---

[1] Whiteman, *Digest*, Vol. IV, p. 756. 引自：〔英〕伊恩·布朗利著：《国际公法原理》，曾令良、余敏友等译，法律出版社 2001 年，第 236 页。

随着科学技术的进步，海底开采技术也得到迅速的发展。到了20世纪60年代中期，发现在水深5000公尺的海底埋藏着大量的镍、钴、锰等资源也可能被开发，所以在这之前规定的可开发标准受到广泛批评。1967年地处地中海的小国马耳他因担心世界的海底可能被沿岸国瓜分，提议重新明确定义大陆架，以建立不同于大陆架制度的国际海底区域制度。

从权利来源角度，沿海国对大陆架的主权权利是固有的，不取决于有效或象征的占领或任何明文公告，但沿海国必须经过宣告才能主张专属经济区。从所涉资源角度，沿海国对专属经济区的主权权利涉及所有自然资源，包括生物和非生物资源，而对大陆架的主权权利，主要以非生物资源为主。

1969年国际法院接受并审理了"北海大陆架案"。在这个案中，西德与荷兰和丹麦在如何划分大陆架方面有争执。荷兰和丹麦主张中间线，西德则不同意。因为荷兰和丹麦的陆地各有突出部分，从而把西德关在里边，西德划不出去。如果按中间线来划分，西德只能得到这些区域三分之一的一半。由于西德觉得不公平，就向国际法院提起诉讼，国际法院经过审理后，认为中间线不是划界的唯一原则，也不是国际的原则，它只是个条约规定的原则。由于西德不是该条约的参加国，就没有义务使用中间线原则。国际法院认为划界应以公平原则决定，而公平原则应考虑到海洋宽度、资源所在位置等因素。所以最后西德胜诉，并因此重新划分了北海的大陆架。[①]

对于国际法院在"北海大陆架案"判决中关于沿岸国对大陆架的权利是基于大陆架是陆地领土向海洋中自然延伸的观点，联合国《海洋法

---

① North Sea Continental Shelf Case，Judgment，I. C. J. Reports 1969，Judgment C(1)，p. 53.

公约》也表示了认同,因此公约第 76 条规定,"沿海国的大陆架包括其领海以外依其陆地领土的全部自然延伸,扩展到大陆边外缘的海底区域的海床和底土。如果从测算领海宽度的基线量起到大陆边的外缘的距离不到 200 海里,则扩展到 200 海里的距离"。

所以,《海洋法公约》给大陆架的外部界限确定了新的标准:如果全部自然延伸到大陆边的距离不足 200 海里,则扩展到 200 海里;如果全部自然延伸到大陆边的距离超过 200 海里,则不应超过从测算领海宽度的基线量起 350 海里,或不应超过连接 2500 公尺等深线外 100 海里。后一种情况主要是为了适当照顾宽大陆架国家的利益。但为了顾及其它国家的利益和需要,海洋法公约第 82 条规定,沿海国开发 200 海里以外的大陆架上的非生物资源,应向国际海底管理局缴付实物或费用,由各缔约国公平分享。由此可见,大陆架与专属经济区有不同的权利基础、范围和法律制度。

大陆架是沿海国的一个资源管辖区域。根据海洋法公约规定,沿海国为勘探大陆架和开发其自然资源的目的,对大陆架享有主权权利。这种权利是专属的,任何人未经沿海国明示同意,均不得从事这种活动。

需要注意的是,沿海国对大陆架的权利不影响上覆水域或水域上空的法律地位。根据海洋法公约的规定,如果沿海国主张专属经济区权利,那么 200 海里内的大陆架上覆水域及水域上空就适用专属经济区制度,而在 200 海里以外的大陆架上覆水域及水域上空则适用公海制度。所以,其它国家享有在大陆架上覆水域或水域上空航行或飞越和在大陆架上铺设海底电缆和管道的权利。

二、联合国大陆架范围界定委员会

国家相互之间对大陆架划界方面的要求,反映了对资源和领土的争夺。大陆架的资源数量惊人,而且还远未得到开发。迄今为止,世界范围内的各国陆地领土边界已基本划分清楚,即使国家相互有争议的,其面积也不是太大。但相比较来说,在占地球表面积 70% 的浩瀚大洋方面,究竟谁拥有管理和开发的权利,却不是那样清楚的。通过《联合国海洋法公约》,国际社会接受了 12 海里的领海权和 200 海里的专属经济区,但随着海底资源的发现,以及大陆架对国家的国防、经济发展和生存空间等多方面的意义,致使国家对大陆架的要求也越来越强烈。

《海洋法》第 76 条(8)款规定,"从测算领海宽度的基线量起二百海里以外大陆架界限的情报应由沿海国提交根据附件二在公平地区代表制基础上成立的大陆架界限委员会。委员会应就有关划定大陆架外部界限的事项向沿海国提出建议,沿海国在这些建议的基础上划定的大陆架界限应有确定性和拘束力。"

根据这一规定,大陆架界限委员会于 1996 年成立,并设立了一系列完整详细的审查外大陆架的标准。截止 2008 年 9 月,大约有 70 多个国家向界定委员会提出其大陆架范围的要求[①]。但由于此事十分复杂和敏感,委员会的审议过程非常细致缓慢。毫无疑问,联合国大陆架范围界定委员会审议决定的意义是非常明显的。例如,2008 年 4 月,澳大利亚根据"联合国大陆架范围界定委员会"的审议裁定,扩大了它大陆架的可延伸范围,使其经济水域一下子扩大了 250 万平方公里。[②]

向大陆架范围界定委员会提出申请,申请国家需要提出充足的支撑文件和数据,界定委员会只是对这些文件和数据进行审查。如果两个或两个以上国家对同一大陆架提出要求,出现范围重叠和争议,界定委员会则不审议不裁定,而是让有关国家相互先谈判。大陆架范围界

---

① 何洪泽:"联合国大陆架范围界定委员会官员说:70 多国家有大陆架要求",《环球时报》,2008 年 9 月 5 日,第 24 版。

② 同上。

定委员会不是司法机构,所以它不介入国与国之间的主权争端。

《联合国海洋法公约》制订之后,有关海洋资源和领土的争端有了解决的法律依据和机构。尽管这一公约还无法解决实际存在的所有问题,但它至少提供了一种和平解决争端的方法,这对国际局势的和平与稳定具有很重要的意义。

三、中国的大陆架

大陆架制度与我国利益紧密相关。从北往南,我国有黄海、东海和南海。其中黄海和东海都属于世界最大的大陆架浅海之一。黄海地形平坦,平均水深约 44 米,全属大陆架。东海海域辽阔,有约 2/3 的面积为大陆架,大陆架平均水深约 70 米。南海是世界第二大海,平均深度 1140 米,大陆架约占海域面积的一半。

在黄海,我国与朝鲜和韩国相向。在东海,我国与日本、韩国相向。在东海大陆架的东西两部分之间有一个冲绳海槽区。我国在东海的大陆架是顺着领土的自然延伸,直达冲绳海槽。1974 年 1 月 30 日,日本与韩国签订《共同开发大陆架协定》,片面地在东海大陆架区域划定所谓"共同开发区",并在中国主张的大陆架区域内擅自进行勘探和开发活动。中国政府对此多次表示坚决抗议。

在南海,南海诸岛包括东沙群岛、西沙群岛、中沙群岛和南沙群岛,它们自古以来就是中国的领土。我国 1992 年颁布的《领海与毗连区法》以法律的形式明确规定,东沙群岛、西沙群岛、中沙群岛和南沙群岛都是中国的领土。

在上述海域内,我国迄今尚未与任何一个邻国划定彼此之间的大陆架疆界。尽管如此,中国政府主张以和平方法解决领土争端,主张大陆架疆界问题根据海洋法公约或其它国际法规则通过协商来划定。

1996 年中国在批准《联合国海洋法公约》时就声明,我国将与海岸相向或相邻的国家,通过协商,在国际法基础上,按照公平原则划定各自海洋管辖权界限。1998年颁布的《专属经济区和大陆架法》也规定,我国与海岸相邻或相向国家关于大陆架的主张重叠,在国际法的基础上按照公平原则以协议划定界限。

四、中日东海大陆架划界争端问题

本章开篇时提到的中国与日本之间在钓鱼岛等岛屿问题上的争端,主要就是因为中国与日本就如何划分两国之间东海海域及其大陆架方面的分歧所引起的。大陆架划界问题涉及到资源的分配和沿海国家的切身利益。因沿海国家相邻或相向而发生大陆架重叠及划界争端问题,这并不奇怪,至今也有不少国际案例。如国际法院审理的北海大陆架案,突尼斯、利比亚大陆架案以及利比亚、马耳他大陆架案,等等。但具体到中日之间的东海划界争端,又有哪些具体法律问题呢?中日两国各自的法律主张主要又是什么呢?

1. "自然延伸"和"中间线"的争议

2008年3月14日,日本向联合国提交其海洋基点,其中将中国钓鱼岛标注为日本领土,并在海图上划出钓鱼岛等岛屿的领海。对此,中国政府于2008年5月14日向联合国提交照会,指出钓鱼岛是中国领土,日本上述做法侵犯中国对钓鱼岛等岛屿的主权以及中国确定钓鱼岛等岛屿领海的主权权利。[①]

中国政府主张,中日之间应根据国际法,包括1982年《联合国海洋法公约》及其所确认的大陆架法律制度和海岸相邻、相向国家之间的划界原则,通过友好协商划定中日两国在东海的大陆架。中方认为,东海大陆架主要是由中国领土在东海海底的自然延伸所构成,因此主张以

---

① 段洁龙主编:《中国国际法实践与案例》,法律出版社2011年,第148—149页。

冲绳海槽中心线作为中日两国在东海的大陆架划分界限。

但日本认为,中日两国在东海是共一大陆架,冲绳海槽不构成自然延伸的中断。日本主张,由于1982年《联合国海洋法公约》已经建立200海里专属经济区制度,沿海国对专属经济区的海底资源拥有主权权利,因此,在相向海岸之间距离不足400海里的情况下,自然延伸原则不起作用。中日之间应以"中间线原则"(equidistance method of delimitation)来划界。[①]

从法律角度看,中日两国都签署了1982年的《联合国海洋法公约》,并在1994年11月公约生效后各自完成国内批准程序(分别都于1996年),所以该公约对两国都具有约束力。此外,中日双方在关于东海划界上的权利和诉求,都主张要依据《海洋法公约》或国际法上的规定。然而,这两个国家在权利主张上要求适用不同的法律规则:日方提出以距离基准为基础的权利主张;而中方主张自然延伸原则。那国际法在这些方面有哪些主要规定呢?

在大陆架权利及划界制度方面。《海洋法公约》第76条和第83条对此分别作了规定。第76条规定:"沿海国的大陆架包括其领海以外依其陆地领土的全部自然延伸,扩展到大陆边外缘的海底区域的海床和底土,如果从测算领海宽度的基线量起到大陆边的外缘的距离不到200海里,则扩展到200海里的距离。"这个规定明确地表明,自然延伸原则是大陆架权利制度的重要原则,它和200海里的距离基准都是大陆架权利的基础。

第83条规定:"海岸相向或相邻国家间大陆架的界限,应在国际法院规约第38条所指国际法的基础上以协议划定,以便得到公平解决。"在这个规定里,公约既没有提到自然延伸原则,也没规定所谓距离基

---

① 段洁龙主编:《中国国际法实践与案例》,第149页。

准。它只是要求按照在国际法下的公平原则,来协商解决划界问题。

2. 划界方面的"公平原则"

在划定界线的原则方面,1958年《大陆架公约》第6条规定,相邻或相向国家间大陆架的疆界应由两国之间的协议确定。在无协议的情况下,其疆界原则上应适用等距离中间线原则。但这规则并没有被国际法院认为是一项习惯国际法规则。

大陆架划界问题,涉及到资源的分配和沿海国家的切身利益。等距离中间线原则好、还是公平原则好?第三次联合国海洋法会议上进行了激烈讨论,但最后海洋法公约并未规定以哪个原则优先,它在第83条只是规定,这个界限应在"国际法的基础上以协议划定",以便得到"公平解决"。那么,"公平解决"该如何理解呢?

国际法院曾经审理的"北海大陆架案"[①],是海洋法上关于大陆架方面比较著名的案例。该案的当事国为联邦德国、丹麦和荷兰。在这三个国家中,丹麦和荷兰两国坚持适用等距离原则来划定它们之间未定的大陆架疆界;但联邦德国认为这不公平。为解决争端,它们就于1967年2月将争端提交国际法院,请求国际法院确定划分它们之间北海大陆架疆界应适用的国际法原则和规则。

国际法院经过审理后于1969年2月20日作出判决。国际法院认为,大陆架制度在相当长的历史时期内是一种关于不属于任何国家的海洋空间的新主张,适用的是陆地控制海洋的原则。因为陆地是一个国家可以对其领土向海扩展的部分行使权力的法律依据。沿海国对其大陆架的法律权利也是基于这样的事实,即有关的海底区域可以被认为是沿海国实际上已经享有统治权的领土之一部分。它们虽然被海水所覆盖,但却是该国领土的延伸或继续。所以,自然延伸是大陆架权利

---

① *The North Sea Continental-Shelf Case*, ICJ Reports, 1969; 41 ILR.

的最根本原则。

国际法院还认为,等距离原则是一种非常便利的划界方法,但不是习惯法的强制性规则。等距离原则从来没有被认为具有已被接受的大陆架学说的内在必然性。1958年《大陆架公约》第6条关于等距离原则只是一项纯公约的规则,但还没有成为习惯法的一部分。划界应通过协议,按照公平原则进行,因为划界不只是一种划界方法,而是一种目标。划界应依公平原则,要考虑一切有关情况,以便使每一方尽可能多地得到作为其陆地领土自然延伸的所有部分。要权衡所有这些会导致公平结果的因素,而非依赖其一排斥所有其它因素。所谓公平原则,不仅指必须采用公平的划界方法,更重要的是要达到公平的结果。①

国际法院分庭在"缅因湾案"中也强调了公平原则,认为"一般国际法对所有邻国间的海洋划界的规定可以界定如下:……划界应通过适用公平标准和使用实际方法实现,该方法能够在考虑到该地区的地理构造和其他相关情况的条件下保证公平的结果。"②

国际法院关于"北海大陆架案"和"缅因湾案"的判决表明,等距离规则和公平原则是不同的,公平原则规则没有将等距离作为划界方面首先考虑采用的方法。国际法院在"突尼斯诉利比亚案"中还明确地表示,"法院采用等距离线划界的裁决只能基于源自对一切相关情况的评估和权衡的考虑,因为法院认为等距离既不是一种强制性的法律原则,也不是一种与其他方法相比具有某种优越地位的方法。"③

国际法院还认为,"(大陆架)划界应通过的协议,按照公平原则,并

---

① North Sea Continental Shelf Case, Judgment, I.C.J. Reports 1969, Judgment C(1), p. 53.
② 国际法院:"缅因湾地区海洋边界划分案",参见:1984年国际法院报告,第229—300页,第112段。
③ 国际法院:"突尼斯诉阿拉伯利比亚民众国",1982年国际法院报告,第79页,第110段。

考虑到一切相关情况来实现,以使每一当事方尽可能得到构成其陆地领土向海中和海底下的自然延伸的全部大陆架部分,并且不侵犯另一方陆地领土的自然延伸。"[①]所以如果从国际法院审理过的案例上来看,"公平原则"其实不仅仅只是等距离或自然延伸原则的问题,它还涉及到当事国之间的协议、历史、海岸地理、海底地形以及划界区域的地貌等所有相关的因素。

在划界方面,国际法院会首先考虑当事方(国)是否在海洋划界方面已经达成过协议。这些既存的协定可能是正式的,也可能是默示的。从"喀麦隆诉尼日利亚案"中的石油特许权实践、"突尼斯诉阿拉伯利比亚民众国案"中的渔业管理实践等可以看到,只要是可能证明关于特定海洋划界、特定划界方法的协定或默认等,国际法院都会予以考虑。

由于一国对海域的权利是参照其海岸线测算的,因此法院在任何海洋划界案件中都需要确定当事各方产生重叠的地理情况,如海岸线、大陆架实际情况、任何岛屿及小岛。对确定所有这些因素时,国际法院非常强调需要"忠实"和"真实"。[②] 当然,在确立了相关海岸时,国际法院需要识别基线。基线是确定每个海域的起点。如果当事国未能就沿着相关海岸的基线达成协议,或者尚未画出基线,则法院将还需要确定基线。

在海洋划界方面,国际法院在实践中已确立了一个基本方法,即:在划分相邻和相向海岸间的大陆架和专属经济区时,首先先临时性地画一条等距离线,或至少考虑是否要画这样一条线,然后再考虑那些必须调整这条线的相关或特殊的因素(特殊或相关情况可能本身会要求

[①] 国际法院:"北海大陆架案",1969年国际法院报告,第53页,第101段。
[②] 国际法院:"阿拉伯利比亚民众国诉马耳他",1985年国际法院报告,第45页,第57段。

适用一种完全不同的方法),以便能达到对问题的公平解决。①

那什么能被看作是"相关或特殊"的因素呢？国际法院在"北海大陆架案"中说:"实际上,国家为了保证适用公平程序而可能作出的考虑是没有任何法律限制的……"。② "对法院而言,确实不存在一个各种情况的完整清单,但显然只有那些同大陆架法律制度有关的理由,以及同大陆架划界适用公平原则有关的理由才能被包括进来。"③

所以为了公平合理,在划分相邻和相向海岸间的大陆架和专属经济区方面就要考虑很多相关的因素,而不仅仅只是等距离或自然延伸原则。至于"相关或特殊"的因素,则不存在"任何法律限制"。它可能是当事方提出的与海岸地理有关的主张,如海岸的构造和长度,以及任何特殊或不正常的海洋凸地的存在,等等。这些无疑是最可能导致调整临时等距离线的特殊情况。

"历史性权利"是否也能作为一个相关情况考虑呢？在"卡塔尔诉巴林案"中,巴林主张它对位于专属经济区及大陆架的临时等距离线靠卡塔尔一侧的某些珍珠滩享有历史性权利。然而国际法院却拒绝将其作为相关情况加以考虑,原因是证据显示:珍珠采集传统上被看作沿岸居民共有的权利,而不受主权控制,而且珍珠养殖业早在半个世纪以前就停止了。但在另一个案例、"丹麦诉挪威案"中,"有关居民所从事的不同种类渔业的传统特征"则确定最终界线时被考虑、并被赋予了一些

---

① 国际法院:"卡塔尔和巴林间的海洋划界与领土问题案,实质问题",2001 年国际法院报告,第 111 页,第 231 段;"喀麦隆和尼日利亚之间的陆地和海洋边界案",2002 年国际法院报告,第 441 页,第 288 段。
② 国际法院:"北海大陆架案",1969 年国际法院报告,第 50 页,第 93 段。
③ 国际法院:"阿拉伯利比亚民众国诉马耳他",1985 年国际法院报告,第 40 页,第 48 段。

作用。①

此外,"比例"也是一个重要的相关因素,因为所谓"比例",它是当事方待划界海域的海岸的长度和划界归各方的海域空间的相对面积。国际法院曾就"比例"发表见解,认为:"按照公平原则完成的划界应归属于有关各国的大陆架的范围和它们各自海岸线长度间产生的一个合理的比例——海岸线的长度按照它们的一般方向测量……。"②

总而言之,在中国与日本争端东海海域及其大陆架划界问题上,有法律规定,也有是否适用等距离或自然延伸原则。但同时(需要强调)还有许多"相关或特殊"的因素。不过,上述提及的在领海、经济专属区和大陆架划界的法律考虑,主要是国际法院的考虑。而要解决东海海域及其大陆架划界问题,中国和日本首先需要考虑的就是选择哪一种和平解决争端方式方法为好。关于这一点,"中国政府主张,应根据国际法通过谈判进行划界,以取得一个公平的结果,即以公平原则为指导,考虑划界区域所有有关情况,选择适当划界方法,寻求东海大陆架和专属经济区划界问题的公平解决。"③

本 章 要 点

海洋法就是关于各种海域的法律地位以及各国在各种海域从事各种活动的原则、规则和制度的总称。不同海洋区域适用不同法律。第三次联合国海洋法会议制订的《海洋法公约》,是第一部全面规定海洋问题的国际条约。它除条约正文以外,还有 9 个议定书。其内容特别

---

① 国际法院:"格陵兰和扬马延案"(丹麦诉挪威),1993 年国际法院报告,第 71—73 页,第 76—78 段。
② 国际法院:"北海大陆架案",1969 年国际法院报告,第 52 页,第 98 段。
③ 段洁龙主编:《中国国际法实践与案例》,法律出版社 2011 年,第 150 页。

的丰富。它对内水、领海、毗连区、公海、专属经济区以及大陆架等作了不同的规定。了解它们的法律地位及制度上特点对研究海洋法及维护我国利益至关重要。

专属经济区是海洋法公约新确立的一项海洋法制度。它与大陆架制度一起,构成了海洋资源开发方面的重要制度。大陆架制度与我国利益紧密相关。从北往南,我国有黄海、东海和南海。其中黄海和东海都属于世界最大的大陆架浅海之一。然而在上述海域内,我国迄今尚未与任何一个邻国划定彼此之间的大陆架疆界。

在海洋划界方面,国际法院在实践中已确立了一个基本方法,即:在划分相邻和相向海岸间的大陆架和专属经济区时,首先临时性地画一条等距离线,或至少考虑是否要画这样一条线,然后再考虑那些必须调整这条线的相关或特殊的因素,以便能达到对问题的公平解决。

国际法院的相关判决表明,等距离原则是非常便利的划界方法,但不是习惯法的强制性规则。划界应通过协议,按照公平原则进行。划界要考虑一切有关情况,以便使每一方尽可能多地得到作为其陆地领土自然延伸的所有部分。要权衡所有这些会导致公平结果的因素,而非依赖其一排斥所有其它因素。所谓公平原则,不仅指必须采用公平的划界方法,更重要的是要达到公平的结果。

第十一章 空气与外层空间法

地球表面以上的空间被称为空气空间。人们常说的"国家领空主权",指的就是国家领土主权在空气空间的继续。所以领空主权的前提,是国家对于这个空气空间下的土地拥有领土。

空气空间向上延伸是无止境的。如果空气空间全部属于国家主权部分,就会造成国家领空主权无限地往太空延伸。但另一方面,由于地球不断旋转,整个太阳系也在动,因此一个国家的上空从整个上空看来是一点点,特别是小国的上空,看都看不见;一个国家的空间一下子转到这个国家,一下子又转到另一个国家,所以要把国家主权无限地延伸上去,道理上也讲不通。于是就有必要从法律上区分空气空间和外层空间,以便能让所有的国家都能和平利用外层空间。

法律上对空中区域的划分,主要是借鉴海洋法。传统海洋法以陆地为参照将海水主要分为领海和公海两大块;空域则是从水平方向分成两大区域,下方区域属于地面国家的主权范围,被称为"空气空间",上方区域则是"外层空间",是无国家区。国际社会为这两个区域制订了不同的法律制度。

空气空间法是关于空气空间的利用,尤其是有关民用航空活动的法律规定,是调整国家相互之间利用空气空间、进行民用航空交通所产生的各种关系的法律规范的总和,所以又称国际航空法。外层空间法则是指那些调整探索和利用外层空间活动的法律制度。

第一节　空气空间法的基本概念

航空法的产生和发展与科学技术的进步联系在一起。1903年12月17日,美国人赖特兄弟发明的飞机飞行成功,标志着人类利用空气空间的实践到了一个新阶段。以后,随着空气空间活动和航空事业的迅速发展,作为国际法分支的国际航空法应运而生。

有空气空间活动,就会有法律上的问题。领空权是空气空间法的特征,它保证了国家排除外部势力的空气空间的权利。在领空权的基础上,国际社会为规范人类的航空活动而制订了大量的国际条约、国际习惯规则以及相应的国内法规范。

一、空气空间的法律地位

空气空间,是指地球表面的上空,它既包括国家领土上空,也包括不属于任何国家领土的上空部分,如公海或南极的上空。根据公认的国际法规则,公海上空以及不属于任何国家领土的上空,由于不属于任何国家管辖,因而是自由和开放的,任何国家的航空器均可自由飞越。但国家对其领空则享有排它性的主权。

对于一国领陆和领水的上空的法律地位,在第一次世界大战以前,曾一度是国际法上颇有争议的问题。1901年,法国傅希叶发表论文,主张"空中自由论"(Theory of the Freedom of the Air)。该理论套用国际法上的"海洋自由论",认为空气空间和公海一样,是开放的和自由的。但与此同时,另外还有"有条件自由论",主张空气空间原则上是开放的和自由的,但国家享有自保权,在必要情况下对其领土上空有进行干预的权利。[①]

[①] 《国际法辞典》,世界知识出版社1985年,第605页。

第一次世界大战爆发后,交战国相互之间实施的空中军事行动,如轰炸、侦查等,表明相对国家安全来说,领空自由具有比海洋自由更大的威胁。所以,国家为了自身的安全,很难在法律上接受对空间拥有排它性主权之外的法律制度。不仅交战国如此,就是中立国,为了避免在本国领土上发生空战,也极力坚持拥有禁止外国飞机飞越本国领空的权利。

正是因为国家在第一次世界大战中感受到航空器的军事利用对国家安全带来的严重威胁,所以否定了航空自由的主张。1919年10月13日在巴黎签订的第一个国际航空公约《关于航空管理的公约》(简称巴黎公约)第1条明确规定,"缔约各国承认每一个国家对其领土上的空间具有完全的和排他的主权。"

1919年3月,法国巴黎到比利时布鲁塞尔的世界上第一条国际民用航线开通,带动了整个国际航空业的发展。1919年10月,国际社会在巴黎制订了第一个国际航空公约,开始形成可被称之为国际航空法的国际法律制度体系,并被纳入了1944年12月7日《芝加哥国际民用航空公约》。[①]

国际航空民用法律主要有三个方面的内容:

(一)以1944年芝加哥公约为主体的国际民用航空基本法律体系;

(二)以1929年华沙公约为主体的国际民用航空损害赔偿法律体制;

(三)以1970年海牙公约和1971年蒙特利尔公约为主体的维护国际民用航空安全的法律体制。

但目前民用航空的一般法律规定与制度框架,主要来源于1944年《芝加哥国际民用航空公约》和其他国际民航组织制定的法律规则。它

---

① 《联合国条约集》第15卷,1948年,第295页。

是由包括中国在内40多个国家在美国芝加哥举行的国际民用航空会议上制订的,是迄今为止有关国际民用航空的最广泛的和最重要的国际公约,其所确立的有关国际航空的原则和规则构成了现代国际航空法的基本内容,被普遍认为是国际民用航空活动的宪章性的文件。

《芝加哥国际民用航空公约》共22章,96个条款。它在内容上主要有关于空中航行的一般原则和规则以及国际民用航空组织的机构、人事和财政等。该公约还设立了国际民用航空组织。目前,世界上绝大多数国家批准或加入了该公约。中国是该公约的原始缔约国之一,1974年中国恢复了原始缔约国的地位,并一直当选为该组织理事会的理事国。

二、国家的领空主权

根据领空主权原则,一国有权完全禁止外国航空器进入其领空,或在一定条件下进入或通过其领空。因此,外国航空器未经一国许可不得擅自侵入该国领空,否则就构成侵犯国家主权的国际违法行为,地面国有权采取相应的措施。但是,为促进国际航空事业的发展,国家可以通过缔结双边或多边条约的方式,根据一定条件,相互给予民用航空器以进入或通过其领空的便利。例如,巴黎公约还规定,"缔约各国承允在和平时期给予其他缔约国的航空器以在其领土上空无害通过的自由……"

各国国内法及它们之间的航空协定都普遍规定了"领空主权"原则。外国航空器有权在公海上飞行却无权在一国的领土或领海上空飞行。1944年的《芝加哥国际民航公约》重申了领空主权这一原则。该公约的第一条规定:"缔约各国对其领土上的空间具有完全和排他的主权。"

国家领空主权也延伸至其领海上空的空气空间,因为领海属于海岸国家的领土主权范围。然而,领空主权不延至专属经济区上空的空气空间,因为这一区域还不完全属于领土主权的范围,国家在这里行使某些特定的主权权利。当然,领空主权不延伸及公海上空的空气空间,因为公海不属于领土主权范围。

　　在国际司法的实践中,领空主权原则得到普遍的承认。国际法院在尼加拉瓜案中认为:国际习惯法中国家主权的基本概念在联合国宪章第2条中得到明确,根据该条主权延伸至一国的内水、领海以及领土上空。1944年的《芝加哥国际民航公约》第1条重申了一国对其领土上空享有排他的、绝对的主权。1958年的《日内瓦领海公约》(Geneva Convention on the Territorial Sea)进一步确认了领海国家的主权延伸至领海及其上空。1982年成立的联合国海洋法法庭,肯定了这些条约法规则的国际习惯法地位。

　　由于国际法上确立的领空主权原则,所以当一国航空器如果未经许可擅自进入他国上空,就被视为一种严重违反国际法的行为。例如,1960年5月1日,一架美国U2侦察机飞越前苏联地区,并在其境内大约20公里高空被击落,这"是违反国际法的不法行为",[①]苏联因此取消了原定与美国举行的高层峰会。正是由于国际法上确立的领空主权原则,美国并未对此事表示抗议。

　　外国军用飞机在未得到许可进入一国领空时,该国可迫降或命令其离开,如不遵守命令,该国可使用武器。对此国际社会已普遍认可,然而,如果侵入飞机为民用航空飞机时是否允许领空所属国使用武器拦截呢?对此,《芝加哥公约》及其他有关国际公约原来并没有明确的规定。1983年9月1日,韩国航空公司波音747KAL007号客机,在从

---

① 〔德〕英戈·冯·冯希著:《国际法教程》,林荣远、莫晓慧译,世界知识出版社1997年,第364页。

纽约到汉城的定期航班飞行中偏离了航道 500 公里,进入苏联的禁飞区。于是,苏联军用飞机对其拦截,并向客机发射了两枚导弹,将其击落,机上 29 名机组成员和 240 名乘客全部丧生。①

联合国获悉此事后,安理会拟定决议草案谴责苏联,但因苏联行使否决权而没有通过。原拟通过的决议草案欲"在此重申,禁止从事对国际民航的安全造成威胁的违反国际法的行为。"决议草案的目的,是绝对禁止对民用航空器进行攻击(但军用航空器是另一回事)。讨论中,美国、韩国、澳大利亚等国纷纷发表声明,对这一"绝对禁止"原则表示赞同。美国在安理会中认为:一国拥有的主权并不意味着要求或允许在和平时期击落民航班机。但前苏联的回复是:每个国家都拥有保护其边界的主权权利,边界内的上空当然也包括在内。② 加拿大、西德等国都认为:苏方在当时情况下的反应,构成了"不成比例"行为。但即便对这样的措词,前苏联都不接受,认为自己在击落入侵航空器方面拥有国际法上不受任何限制的权利,而称己方是误将韩国客机当作美国的军事侦察机。

苏联击落韩国航空公司民用客机的事件,引起了国际社会的广泛关注。次年,国际民航组织大会修改了《芝加哥公约》第 3 条第 2 款,规定缔约国必须避免对民用飞机使用武器,拦截时应不危及飞机内的人的生命和航空器的安全:"每一缔约国必须避免对飞行中的民用航空器使用武力,如拦截;迫不得已使用时必须不危及航空器内人员的生命和航空器的安全。"就是苏军自己,在击落韩国客机之后也下达了一个秘密指令,规定在无法判明飞机是否有军事目的的情况下,禁止向民用航

---

① 〔德〕英戈·冯·冯希著:《国际法教程》,林荣远、莫晓慧译,世界知识出版社 1997 年,第 364 页。

② 参见 Martin Dixon & Robert McCorquodale, *Cases & Materials on International Law*, Oxford University Press, 2003, page 263。

空飞机或体育运动飞机开火。①

在民用航空安全方面,可以说在国家实践中已推导出一条规则,即在努力控制入侵航空器的行动中,主权国家不应将该机和机上成员置于不必要和不合理的巨大危险之中。除非有理由怀疑该机的确对本国安全带来了危险,一国不应草率的攻击任何一架侵入本土的航空器;另外,除非有合理理由怀疑该机对本国安全存在紧急、严重的威胁或者无法事先发出预警,在实施攻击前必须先向对方发出警告,要求其降落或者改变航向。

第二节 国际航空的法律制度

国际民用航空活动,在当今世界上已形成了一个比较成熟的法律制度。国际民航组织已经成为国际航空法和国内航空法发展的一个主要机构,其广泛性和权威性使得它在航空领域设立相关的"国际标准"上具有一定的准立法权,以规范国际民用航空活动。

一、飞行器的国籍

根据芝加哥《国际民用航空公约》的规定,缔约各国承认每一国家对其领空具有完全的和排他的主权,同时承诺在一定条件下,在和平时期相互给予无害通过领空的自由。但缔约国出于军事需要或安全理由,得设立禁区,禁止其他国家航空器飞越。无人驾驶的航空器,不经特别许可,不得飞入他国领空。用于军事、海关和警察部门的国家航空器,未经特别许可并遵照其规定,不得在他国领土上空飞行或在其领土

---

① 韩旭东:"朝鲜飞机事件,不代表中国空防能力低",《环球时报》,2010年8月20日,第14版。

上降落。缔约国保留其"国内载运权"。目前,国际航空业务主要由双边航空协定作出安排,国家间的航空争议也多通过仲裁解决。

飞越一国领空的外国飞机必须得到领空所属国的同意,这是国际法上的一项原则。但如果每次飞越都要预先并得到许可,就会不方便,对促进国际航空发展也不利。所以,国家倾向于相互之间缔结条约来承认航行自由。从现在已形成的惯例来看,民用航空定期航班的顺利实施所依靠的主要是双边条约,而不是多边条约。中国发展国际民用航运,也与很多国家缔结了航空协定,通过这些协定来相互承认定期航班的国内载运权。

航空器的国籍,关系到一系列权利和义务转移到航空器并及于其上各种人员的问题,尤其关系到每一航空器都有一个国家对它及其上空人员的管辖并对它们承担责任的问题。根据芝加哥《国际民用航空公约》的规定,航空器必须有且只有一个国籍。任何缔约国不得允许不具有缔约国国籍的航空器在其领空飞行。航空器应在其所有者的本国注册,注册国就是其国籍国。每一航空器只能有一个国籍,航空器在一个以上国家注册无效。缔约国对航空器应实行平等待遇,不得因其国籍不同而有所差别。

在航班飞行与非航班飞行的规定方面,芝加哥《国际民用航空公约》将在缔约国领土上空的飞行分为两类:航班飞行和非航班飞行。所谓航班,是指以航空器从事乘客、邮件或货物的公共运输的任何定期航班;经过一个以上国家领土上空的航班即为国际航班。根据该公约规定,"国际航班飞行,非经一缔约国特准或给予其他许可并遵照此项特准或许可的条件,不得在该国领土上空飞行或飞入该国领土";而一切不从事国际航班飞行的航空器,"在遵守本公约规定的条件下,不需事先获准,有权飞入或飞经其领空而不降停,或作非运输业务性降停,但飞经国有权命令其降落。为了飞行安全,当航空器所欲飞经的地区不得进入或缺乏适当航行设备时,缔约各国保留令其遵照规定航路或获得批准后方许飞行的权利。"

在国际航空自由方面,1944年芝加哥国际民用航空会议签订了《国际航空运输协定》和《国际航班过境协定》。《国际航空运输协定》规定了五种关于定期国际航班的空中自由,通称为"空中五大自由"。即:(1)不降停而飞越其领空的权利;(2)非运输业务性降停的权利;(3)卸下来自航空器所属国领土的客、货、邮的权利;(4)装载前往航空器所属国领土的客、货、邮的权利;(5)装卸前往或来自任何其他缔约国领土的客、货、邮的权利。这五种自由当中,前两种称为过境权;后三种称为商业性的运输业务权。然而,由于这个协定的参加国为数不多。因此,国际航空自由并未获得普遍接受。目前,定期国际航空业务基本是由双边航空协定来安排的。

所以根据上述的这些规定,外国军用飞机,如俄罗斯的军用飞机如果未经中国允许,就不能不降停地飞越中国的空气空间,因为飞越权只适用于民用航空飞行器。同样,俄罗斯航空公司未经中国政府有关当局许可,不得开辟前往北京或中国其他城市的固定航班,携带旅客和货物在那里降停。换句话说,有计划的国际航空交往必须要通过双边的国际法条约规定,以保障飞越权和降落权及规定其他细节等。

中国于1995年通过了《中华人民共和国民用航空法》。其中规定外国民用航空器根据其国籍登记国政府与中国政府签订的协定、协议,或者经中国国务院民用航空主管部门批准或接受,方可飞入、飞出中国领空和在中国境内飞行降落。外国民用航空器,得按照中国国务院民用航空主管部门批准的班期时刻或者飞行计划飞行。如果要变更班期时刻或飞行计划,也应获得中国主管部门批准。此外,外国民用航空器的经营人,不得经营中国境内两点之间的航空运输。

二、损害赔偿与安全

在国际民用航空方面,于 1929 年 10 月在华沙订立的《统一国际航空运输某些规则的公约》(简称《华沙公约》),是第一个有关航空承运人的损害赔偿责任的国际公约。该公约规定,对于旅客因死亡、受伤或身体上的任何其他损害而产生的损失,如果造成这种损失的事故发生在航空器上或在上下航空器的过程中,承运人应承担责任;对于任何已登记的行李或货物因遗失或损坏而产生的损失,如果造成这种损失的事故发生在航空运输期间,承运人应承担责任。此外,承运人对于旅客、行李或货物在航空运输过程中因延误而造成的损失应负责任。经过多年的实践,上述这些规定在今天其实都已经成为了一种常识。

1952 年 10 月在意大利罗马签订的《关于外国航空器对地面第三者造成损害的公约》(简称《罗马公约》),是一个有关航空器对地面第三者造成损害的赔偿责任公约。1929 年《华沙公约》的损害赔偿责任是以航空承运人的过失为基础的责任制度;而 1952 年《罗马公约》的赔偿责任制度是以航空器造成损害的后果为基础的保险责任制度,是航空承运人对地面第三者因航空器造成的损害予以赔偿。1978 年国际民用航空组织理事会在蒙特利尔召开了修改 1952 年《罗马公约》的国际航空会议,签订了《蒙特利尔议定书》,扩大了 1952 年《罗马公约》的适用范围并提高了原来规定的赔偿限额。

三、反对劫持国际民用航空器

随着国际航空事业的发展,如何防止危害犯罪行为,保证国际民用航空的安全,一直是整个国际社会特别关注并努力要达到的目的。然而遗憾的是,劫机(hi-jacking)或其他危害民用航空安全的事件时有发生。如 2001 年震惊全球的 9·11 事件及同年 8 月发生在我国的卓长仁劫机案。

危害国际民用航空安全的犯罪行为引起了国际社会的严重关注。为了保证国际民用航空的安全,国际社会已建立了制止此类犯罪的国际机制,其中最重要的有 1963 年的《东京公约》,1970 年的《海牙公约》和 1971 年的《蒙特利尔公约》。

《东京公约》,是指 1963 年 9 月在国际民用航空组织主持下缔结的《关于在航空器内的犯罪和其它某些行为的公约》[①]。由于是在日本东京制订,所以简称为《东京公约》。它是国际社会应对航空器内犯罪的第一个国际公约,途径是要通过对在"飞行中的"航空器上犯罪行为行使管辖权,使犯罪人受到惩罚。

依照东京公约的规定,非法劫持是指有人在航空器内使用暴力或暴力威胁,非法地干扰、劫持或以其他不正当方式控制了飞行中的航空器或准备采取此类行为。飞行中"是指航空器从其为了起飞开动马力起到着陆滑跑完毕止。"公约适用"违反刑法的罪行"和"危害航空器或其所载人员或财产的安全,或危害航空器上的良好秩序和纪律的行为,无论这种行为是否构成罪行。""航空器登记国对在该航空器内所犯罪行为有权行使管辖,"但同时并不排斥其他缔约国"按照本国法行使任何刑事管辖权"。

《海牙公约》,全称为《关于制止非法劫持航空器的公约》[②],是 1970 年 12 月 16 日订于海牙的专门处理空中劫持的国际公约。根据该公约的规定,凡在飞行中的航空器内的任何人,如果用暴力或用暴力威胁非法劫持或控制该航空器,或企图从事这种行为,即为公约意义上的罪犯。

---

① 《联合国条约集》第 704 卷,1969 年,第 219 页。
② 同上。

对于非法劫持航空器行为，公约缔约国承允对其给予严厉惩罚。具体行使管辖的缔约国，可以是罪行发生时在该国登记的航空器的国家，可以是发生罪行的航空器降落时的国家，也可以是罪行是在租来的不带机组的航空器内发生的、而租机人的主要业务地点或永久居所是该国的国家。以上这些国家因为有管辖权，所以如果有必要，可对非法劫持航空器的嫌疑犯采取拘留措施。

为了有效地打击非法劫持航空器行为，《海牙公约》还规定了"或起诉、或引渡"的原则。它将"空中劫持罪行"规定为各缔约国之间可引渡的罪行。所以，即便缔约国相互没有引渡条约，它们也可决定以本公约作为引渡的法律依据。如果案犯被发现在缔约国领土内，该国如果不将此人引渡也是可以的，但"不论罪行是否在其境内发生，则应无例外地将此案件提交其主管当局以便起诉。该当局应按照本国法律以对待任何严重性质的普通罪行案件的同样方式作出决定。"这就是国际法上的"或起诉、或引渡"的原则。

《蒙特利尔公约》，是指1971年9月于蒙特利尔缔结的全称为《关于制止危害民用航空安全的非法行为的公约》[①]。它就非法劫持航空器以外的其他危害国际航空安全的罪行作了规定。其中规定的罪行，除了在"飞行中"危及航空器安全的暴力行为外，还包括：旨在航空器不能飞行或危及其飞行安全的破坏或损坏的行为；在航空器内放置破坏、损坏或危及飞行安全的装置或物质；破坏或损坏航行设备或妨碍其工作，以危及航空器安全的行为，等等。

《蒙特利尔公约》及其议定书大体上采用了与《海牙公约》相同的方式处理该公约所适用的各种罪行，其中也包括"或起诉、或引渡"的原则。根据议定书的规定，当被指控的罪犯在缔约国领土内出现，该国如

---

① 《联合国条约集》第974卷，1975年，第177页。

果不将其引渡,那就要采取必要的措施对罪犯行使管辖权,进行审理与惩治。

为了同样的目的,国际社会还于1979年在纽约达成了一项关于反对扣留飞机乘客为人质的协定。因为经常不是对飞行中的飞机而是对在机场的飞机进行袭击,所以1986年还制订了一项关于民用机场上的非法暴力行为的议定书,以作为这项蒙特利尔条约的补充。

四、反对恐怖行为

尽管已订有不少国际条约,但如何有效地防止危害民用航空器犯罪行为、保证国际民用航空安全,仍是国际社会要努力解决的问题。不管是《东京公约》、《海牙公约》还是《蒙特利尔公约》,其宗旨与目的是要惩治危害民用航空安全的非法行为。但"9·11事件"表明,这些条约反映出的国际社会的思路,与现代恐怖行为的方式之间存在着差异。所有这些公约中规定的"起诉"也好,"引渡"也好,惩治危害民用航空器犯罪行为的前提条件是犯罪嫌疑人要被逮捕。然而,2001年"9·11事件"及以后发生"自杀性引爆"破坏行为,使得犯罪嫌疑人在实施行为时从身体上(physically)对自己实施了"消灭",所以不再有被逮捕的可能性。没有司法审理,也就没有国际社会原本通过惩治想产生的威慑作用。因此,如何在现代社会中有效地防止危害民用航空器犯罪行为?是国际法在恐怖活动横行时期面临的新问题。

"9·11事件"发生后,美国、德国及西方其他有些国家针对该事件中民用航空飞机被劫持并被用来毁坏美国标志性建筑的教训,通过立法、授权本国军用飞机可以在民用航空飞机飞向敏感物体时在发出警告无效的情况下可能将其击毁。这似乎是有违于1984年国际民航组织大会修改通过的关于对民用航空器限制使用武力的规定。然而,由于"9·11事件"中的"自杀性引爆"破坏行为造成如此严重的后果,如此立法倒没有引起任何国家或国际民航组织的疑问或责难。

中国为了制止和惩治危害国内和国际民用航空安全的行为,也通过了一些立法。根据我国《民用航空法》及《刑法》的规定,如果对飞行中的民用航空器使用暴力、危及飞行安全;或故意在民用航空器上放置危险品或者唆使他人放置危险品、以毁坏该航空器,危及飞行安全;或故意损毁、移动航行设施,以使民用航空器发生坠落、毁坏危险等的行为,也将被追究刑事责任。①

第三节　外空法律的制订

外层空间,又称为太空,是指空气空间以外的整个空间。关于外层空间的法律地位问题主要涉及国家主权是否及于外空和如何利用外空的问题。

一、科技与法律的结合

国际法特点之一,就是与科技的发展密切结合在一起的。过去老的国际法的一些基本原则是根据当时情况而形成的体系。这些体系也在不断修改和发展,并根据形势发展会出现新的部门。科学上新的发展,就会有新的法律规定,这是现代国际法很主要的特征。1957年苏联第一颗人造地球卫星上天,是一个标志,标志着我们人类已进入外空世界,跨进了征服外空的时代。从1957年第一颗人造地球卫星上天之后到2012年,已是55年了,这55年又是空间科学技术突飞猛进的时期。

---

① 1997年3月14日修订的《中华人民共和国刑法》第116、117、119、121、123、291条等条款对上述行为的刑事责任作了具体的规定。

这55年来外空科技发展是惊人的。我们人类进入外层空间以后，其探测范围极大地扩大了，成万倍地扩大。过去是从地上观察宇宙，但因为有大气层阻挡，所以看不清楚。而现在是透过大气层进入外层空间，在那里则是一望无际，能够探索宇宙的奥秘；以前我们地球上最大功率的望远镜也看不多远，但现在人类可以把超大型望远镜放在外层空间的轨道上，能看到宇宙的最深处，它的清晰度也远远超过在地球上看到的清晰度，因此对空间科学、对宇宙的了解有了非常便利的条件。不仅是卫星上了天，人也上了天。空间技术应用方面的发展也很快。现在无线电都已进入电讯和气象等范畴；广播电视、导航、一般广播也不受阻，从而显得更清楚，等等。

在国际法上，国家领土上面一定高度的空间被承认为领空。国家对于领空拥有完全的和排他的主权。曾有一些国家和学者，根据罗马法"有土地者，土地的上空即归其所有"的原则，认为国家主权及于外空。但国家对其领土上空的主权必须有一个限度，因为地球不断旋转，整个太阳系也在动，因此一个国家的上空从整个上空看来只是一点点，特别是小国的上空，看都看不见；一个国家的空间一下子转到这个国家，一下子又转到另一个国家，所以要把国家主权延伸上去，在道理上也讲不通，上面是不断在变化，所以，这个国家主权及于外空的理论后来慢慢地抛弃。经联合国讨论得出外层空间普遍的概念是外层空间作为"一切人的共有"（引用罗马法的概念），这一概念就是外层空间不属于任何国家主权管辖范围，它对所有国家都是自由和开放的。但外空地位问题，需要从法律上来确定。

外空法讨论时经常提到的"外空物体"，主要是指由人类创造的，用以探测和利用外层空间的技术装置和物体，其中包括人造卫星、宇宙飞船、航天飞机以及空间站，等等。前苏联于1957年成功发射的第一颗人造地球卫星，标志着人类活动的范围扩大到了外层空间。在那以后的半个世纪里,空间技术迅速地发展,开始广泛运用于卫星通讯、气象、电视及广播、导航等。遥感数据也被引入农业、资源配置以及环境监测领域。随着空间科学技术的突飞猛进和人类航天活动的开展,而且还形成一系列被称为外层空间法的国际法规则,以规范人类的外空活动。

在人类活动的范围扩大到了外层空间以后,联合国就开始制订外层空间法规则。这项工作主要由联合国"和平利用外层空间委员会"(简称"外空委员会")来进行。它是由1958年联合国大会为鼓励各国在和平利用外空方面的协调与合作以及研究有关的法律问题而设立的18国"和平利用外层空间特设委员会"演变而来,是联合国在外空领域的行动中心。有关外空法律问题的五个国际条约均是由该外空委员会讨论产生,然后交联合国大会通过,并由各国批准或加入。①

二、联合国组织对外空法律的推动

外空活动的开展标志着外空立法工作进入了实质性阶段。但从某种意义上讲,航天技术的竞争是冷战时期的产物。由于前苏联和美国之间的对抗和对外空的垄断,将外空纳入国际法律体系;而联合国组织在外空活动的立法中发挥了关键性的作用,它直接促成了上世纪70年代、外空法上最重要五项公约的达成。但在这之后,国际外空立法工作基本处于一个停滞状态。

外空法原则首先出现在1963年的"各国探索和利用外层空间活动的法律原则宣言"的决议,宣言共有九条。但从严格的法律意义上讲,宣言不是条约,它缺乏规范性和约束力,并需要用条约的形式把它规定下来。所以1967年在联合国大会通过的《关于各国探索和利用包括月

---

① 外空委员会由54国组成。1980年11月3日,联合国大会通过决议,接纳中国为其会员。

球和其他天体在内的外层空间活动原则的条约》(简称《外层空间条约》),就将1963年的联大原则宣言的决议,以条约的方式作了规定。这也是最早规定外层空间法基本原则的国际条约。

《外层空间条约》被认为是外空法的宪章,它确定了外层空间的法律地位的一般原则和规则。其中最主要的有以下三个原则:

1. 为所有国家谋福利的原则

规定包括月球在内的外层空间的探索和利用应符合各国的利益,并向全人类开放,各国在遵守国际法的基础上,可自由从事此类活动(第1条);

2. 不得将外空据为己有的原则

规定各国不得通过主权要求,将包括月球在内的外层空间据为己有。国家不得采取任何措施将其作为占有的对象(第2条);

3. 和平利用外空原则

规定不得绕地球轨道防止核武器及其他大规模毁灭性武器,不得在外空和天体配置或安装此种武器,而且还禁止在天体设立军事基地和军事设施,实验武器以及实施军事演习(第4条)。

《外层空间条约》还有些其他重要的规定。例如,《外空条约》第5条将宇航员视为"人类在外层空间的使者",这是从一个非常高的角度来看宇航活动。也就是说,像2012年6月中国发射的"神舟九号"在太空与"天宫二号"对接,其三个宇航员就不仅仅是中国的骄傲,他们也是整个人类在外层空间的使者。正是因为国际社会的这一思路,所以第5条还同时规定,当作为人类派往外空的使节的宇航员发生事故时,不管是遇难还是在缔约国境内或公海上紧急降落时,缔约国都应给予可能的全部援助。另外,缔约国对其在包括月球和其他天体在内的外层空间的活动,无论是由政府机关还是由非政府实体实施的都应承担国际责任,并确保其活动根据本条约的规定实施(第6条);缔约国向外层空间发射的物体如果因此造成对外国或外国人损害,就应承担赔偿责任(第7条);以及外空物体和其所载人员处在外层空间,物体的登记国对其拥有管辖权(第8条),等等。

1967年《外层空间条约》,是外层空间法的核心条约,它将一些习惯性原则纳入规范性的国际法律文件,在明确规定外层空间活动的基本法律原则方面具有重要意义。然而,《外层空间条约》的有些规定,在适用时还需要更详细的规定。另外,伴随着外层空间活动的深入开展还出现了一些新问题,也需要其他国际条约加以规定。因此,在1967年通过《外层空间条约》以后,国际社会还制订了4个其他的国际条约。即:

a.1968年《营救宇航员和归还发射到外层空间的实体的协定》(简称《营救协定》);

b.1971年《空间实体造成损害的国际责任公约》(简称《赔偿责任公约》);

c.1974年《关于登记射入外空空间物体的公约》(简称《登记公约》);以及

d.1979年《关于各国在月球和其他天体上的活动的协定》(简称《月球协定》)。

所有这些条约都是在联合国主持下制定的。外层空间法的渊源,最初主要是联合国组织等有关国际组织的决议。虽然从国际法理论上讲,它们只是国际法的辅助渊源,但对后来外空法的形成和发展具有重大的影响。

在现代国际社会中,外空技术对我们的生活的影响涉及到方方面面,从卫星通讯、气象检测、电视转播等到军事利益与国家安全等,外空法如何发展?对中国及整个人类社会的进步都具有极其重要的意义。

现在回过头来看,联合国制订的五大外空法公约为当时外空活动提供了重要的指引；为后来的外空活动确定了重要的原则。其中1967年的《外空条约》更是成为外空活动的"宪法性文件"。之后的《月球协定》虽没有得到大多数国家的接受，但对于外空活动及商业化的趋势已经有了初步的认识并试图提出了建立相关框架的必要性。如对有关"发射国"——专门针对"发射国"的概念，联合国大会经过讨论后发布了一项决议，建议各国考虑本国立法，对有关非政府团体进行的外空活动进行有关规管活动，将有关审批等事项纳入本国的管辖范围，由相关国家对这些活动实行有效的监督。

第四节 外空法律制度

自国际社会于上世纪70年代达成外空法上一些重要的国际公约之后，国际外空立法工作基本处于一个停滞状态。但在实践方面，当世界进入20世纪80年代以后，外空活动出现了新的发展趋势，且显示原有的公约已经不能满足现有的需求。20世纪90年代以来，由于苏联解体和冷战结束，国际政治气氛发生根本性的变化，从而对开展外空活动也产生了影响。

这里首先讨论的外空法的法律制度，主要是原来在联合国框架内形成的国际法律文件中所奠定的基本制度。

一、关于损害责任制度

随着各国探测和利用外层空间的活动日益频繁，外空活动中的失败等意外事故也逐渐增加。发射的物体还由于要经历一定时期后才返回到地球，也可能会对地面造成损害，从而引起国际间的赔偿责任问题。1966年《外空条约》规定，凡进行发射把航天物体射入外空的缔约国，在该物体及其组成部分在地球、天空或外空使另一缔约国或其自然人或法人受到损害时,应负国际责任。此外,各缔约国在从事研究探测外空时应避免使其遭受有害的污染,避免使地球环境发生不利的变化。

1971年的《赔偿责任公约》,是一个因外空物体造成损失而产生国际责任的专门国际法文件。根据该公约的规定,发射国对其外空物体在地球表面或飞行中的航空器造成的损害,应负绝对赔偿责任(第2条);如果由于外空物体相互碰撞对地球表面第三国和其飞行中的航空器造成损害时,发射国双方应共同对第三国承担绝对责任(第4条第1款)。

根据公约的规定,损害赔偿的请求应通过外交途径向发射国提出。此类请求须在损害发生之日起,或判明应负责任的发射国自发射之日起一年内提出,如果赔偿要求的外交谈判在一年内不能达成协议,有关各方应组织求偿委员会加以解决。若各方同意,委员会的决定是有拘束力的终局决定,否则是最终的建议性裁决。赔偿数额应按国际法、公平合理的原则来确定。

需要指出的是,《赔偿责任公约》规定赔偿要负绝对责任,这与国际法上关于赔偿一般性规定不一样。因为依照国际法的一般规定,一个国家只对其违法、过失行为而造成的损害负赔偿责任,这是一种相对的、有条件的赔偿。但第二次世界大战后,随着科学技术的发展和能源造成的危害很大,所以出现了绝对责任的理论。这种绝对责任是指,在使用高度危险物体时,无论过失在哪一方,使用危险物品的国家都要在造成损害时负赔偿责任。《赔偿责任公约》规定,只要外空物体对地面造成损害,发射国都要负绝对赔偿责任。当然,外空中的卫星相撞是另外一回事,根据具体情况才能决定赔偿问题。这是一条很有意思的规定。第二次世界大战后,由于外空物体造成的损害很大、发射国也赔不起,因此在《核运输和损害条约》中都规定了赔偿的最高限额。但是在《赔偿责任公约》中却没有规定最高限额,而是按具体情况来定赔偿数额,发射国也不能借口"不可抗力"或"神的力量"等而不负赔偿责任。

由于空间活动商业化趋势,尤其是在卫星通讯、地球遥感遥测、微重力应用等领域商业化的进一步发展,必然导致国家与私人公司之间的纠纷。这种趋势也必然对现有的国际商业仲裁提出要求和挑战。现存的各国和国际商业仲裁系统主要还仅仅是解决各个私人商业公司之间的商业纠纷。而空间活动本身就是一个带有全球性质的活动,所以在空间活动中所有纠纷和争执都必然寻求在国际仲裁机构中得到解决。《赔偿责任公约》中规定了成立一个专门的委员会来协调和解决有关空间活动的所有纠纷和问题。国家可以代表自己或其国民要求赔偿;求偿委员会通常在一年内做出裁决。

公约还规定,若国际政府间组织对损害负有责任,该组织及其成员国以本公约缔约国应承担共同及个别责任,但任何损害赔偿请求应首先向该组织提出,唯有该组织在6个月内未支付经协议或决定规定的赔偿时,该组织成员国中的本公约缔约国才可被求偿国要求负责支付赔偿数额;若国际政府间组织受到损害时,应由该组织内的本公约缔约国提出赔偿请求。

所以,一国对其外空活动负有责任,尤其是在使用核能源的活动中,更是承担完全责任。1978年一颗前苏联核动力海洋监测卫星——"宇宙954"号从轨道脱落,在加拿大领空坠入加拿大境内,其放射物散落在一大片区域内。加拿大向前苏联提出了600万加元的赔偿请求,用于清理受污染的地区。三年后加拿大和前苏联签订了一份协议,协议同意前苏联支付300万用以解决此问题,但不再承担其他法律责任。[①]

[①] 参见 Martin Dixon & Robert McCorquodale, *Cases & Materials on International Law*, Oxford University Press, 2003, page 265。

二、营救制度

前苏联宇航员加加林(U. A. Gargarin)于1961年4月12日乘宇宙飞船升空,是人类有史以来第一个进入太空的人。自那以后,美国和前苏联接连发射卫星,展开外空竞赛。但即便如此,双方都感到有必要在国际社会建立一套援救制度。

外空探索和载人航天是具有相当风险的活动。前苏联在外空实验和登月中有多次失败的事件,其中较大的事故有1962年9月前苏联的一颗人造卫星残骸落到美国威斯康星州;1965年12月一颗人造卫星落到西班牙境内。当时前苏联在外空活动中有关营救宇航员等方面的技术和资源还落后于美国,急需第三国在搜寻航天器、营救宇航员等方面提供援助。而美国同样在外空实验和探索中出现了多次失事的事件,如1960年卫星残骸落到古巴,1962年落到南非,1967年落到委内瑞拉。1970年4月,美国宇宙飞船"阿波罗十三号"失事后,前苏联曾给予协助。这类事故将随着外空活动的日益频繁而逐渐增加。[①] 因此,不管是美国和前苏联,都感到非常有必要建立一套外空援救制度。

《营救宇宙航行员、送回宇宙航行员和归还发射到外层空间的物体的协定》(《营救协定》)是紧随1967年《外空条约》订立的。

《外空条约》第5条和第8条的规定是《营救协定》的基础。《外空条约》第5条将宇航员视为"人类在外层空间的使者",规定宇航员如遇意外事故,危难或在另一缔约国领土上或公海上以及不属任何国家管辖的其他任何地方紧急降落时,应给予他们一切可能的协助;宇航员降落后,应将他们安全和迅速地送回航天器的登记国。《外空条约》第8

[①] 转引自,赵云:"试论商业化的时代外空《营救协定》的进一步发展",中国社会科学院论坛暨第八届国际法论坛文集《变革时代国际法的新发展》(2011年11月26日—27日)。

条则要求缔约国将发射的物体或组成部分交回该物体的登记国。

《营救协定》就是外空条约这两条规定的具体化,它里面有五个实质性的条款规定。其第1到第4条规定了有关宇宙飞船人员的营救和归还问题;第5条专门解决有关空间物体或其组成部分的归还问题。根据这些规定,获得宇航员处于困境的情报的缔约国必须立即通知发射国和联合国秘书长。宇航员着陆地所在国必须积极进行营救。如果是在公海或在不属任何国家管辖的其他任何地方,凡"力所能及"的国家都应该进行营救(第3条);营救国必须无条件地将宇航员送回发射国。缔约国在其管辖范围内发现外空物体,应根据发射国的要求采取"切实可行"的措施来保护该外空物体(第5条第2款)。

所以,一国宇航员进入太空,由于其所从事的是人类征服宇宙空间的活动,因此不能单纯地把他们当作某一国家的人,他们是人类派往外空的使节。宇航员在国际法上当然也应享有崇高的尊重和荣誉,并应受到特殊的保护。在宇航员发生意外,遇难或在另一缔约国境内或公海紧急降落时,各缔约国应提供一切可能的援助。他们降落后,应立即、安全地被送回登记国。另外,各缔约国宇航员在外空活动中应互相救助,还应把他们在外空所发现的任何危险现象,立即通知其他缔约国或联合国秘书长。

《营救协定》的不少规定,其实是根据遵循了海洋法上救助处于困境的水手的义务的规定而制订的。然而,《营救协定》所有这些关于载人航天飞行中宇航员的营救、任何航天飞行中物体及组成部分的寻找和归还的规定,不只是法律意义上有关国家之间的权利义务关系,而且还体现了各缔约国在外空活动中应有的相互协助及人道原则。

《营救协定》本身并不长,它从人道角度出发来结合国家主权原则,达到了两者的平衡。该协定规定的目的和内容简洁明了、易于执行,是所有五项外空公约中最少引起争议的公约。这项协定的达成符合所有国家,尤其是航天大国、进行或准备进行载人航天飞行的国家的利益,所以其缔约国的数目也仅次于外空条约。毫无疑问,外层空间援救制度的建立,对于促进人类探索即和平利用外层空间具有极为重要的现实意义。

三、登记制度

自从1957年第一颗人造卫星进入外空开始,外空物体的登记制度的设立就受到国际社会的关注。1966年《外空条约》规定,外空物体的登记国对该物体具有管辖权和所有权,不因其出现于外空或天体或返回地球而受影响;此项物体或组成部分若在登记国境外寻获,应当返还登记国;在月球和天体上的所有驻地、设施、设备和宇宙飞行器,应以互惠基础对其他缔约国开放,但须经事先协商,以便保证其安全和正常运行。

1974年《登记公约》规定,外空物体的发射当局必须将外空物体在本国和联合国秘书处进行登记,并向联合国秘书长提供物体的基本情报:发射国名称、外空物体的标志或其登记号码、发射日期和地点、基本轨道参数、外空物体的一般功能;它还要求缔约国为其向外空发射的物体建立一个国内登记处并在可行的情况下把发射事宜尽快通知联合国。当该物体从外空返回时,发射国也必须在可行的最大范围内尽快通知联合国。

四、月球开发制度

《月球协定》与前三个条约不同,它是以美国1969年成功地实施了人类第一次登月为契机而制定的。其引人注目之处是其将月球和其他天体及其资源规定为人类的共同继承财产,在资源开发可能时建立资源开发的国际制度,从而超越任何国家的主权(第1、11条)。

将月球和其他天体及其资源规定为人类的共同继承财产概念,非常类似于海洋法中关于公海的制度以及《南极条约》中对南极地区的保护。当然,这对于规范外空活动具有积极的推动作用。

月球和其他天体为人类共同继承财产,任何国家不得主张主权,这很好理解。但现实生活中确有让人不可思议的事。发生在北京的"月球案",就属此类。

在北京,所谓的北京月球村公司勾结美国月球大使馆公司在中国销售月球土地的欺诈行为,有34名顾客受骗购买49英亩的月球土地,总金额为1.4万余元。2007年3月16日,北京市第一中级人民法院在审理后、就该案作出判决。法院根据中国参加的1967年《公约各国探索和利用包括月球和其他天体在内外层空间活动原则条约》第2条规定,"各国不得通过主权要求,使用或占领等方法,以及其他任何措施,把外层空间(包括月球和其他天体)据为己有"的原则,确认任何国家、个人和法人都无权主张对月球的所有权,驳回月球村航天科技公司的诉讼请求,判决公司败诉。①

《月球协定》还包含不少关于禁止军事行动的条款,其中第3条规定得最为详细和具体。根据该条款的规定:"在月球上使用武力或以武力相威胁,或从事任何其他敌对行为或以敌对行为相威胁一概在禁止之列。利用月球对地球、月球、航空器及航空器上人员或人造外空物体实施任何此类行为或参与任何有上述威胁的活动也同样被禁止;缔约国不得在绕月轨道或其他飞向或绕月的轨道上放置载有核武器或任何其他种类的大规模杀伤性武器的物体,或在月球表面或内部放置或使用此种武器。"

---

① 段洁龙主编:《中国国际法实践与案例》,第六章中国的条约法实践,法律出版社2011年。

此外,"禁止在月球上建立军事基地、军事设施及防御工事,实验任何种类的武器及进行军事演习。但不禁止为科学研究或任何其他的和平目的而使用军事人员,也不禁止使用为和平探索和利用月球和其他天体所必须的任何器材设备。"

第五节 外空法中的热点问题

随着航天技术的突飞猛进,人类在探索和利用外空方面取得了重大进展。尽管已形成一系列被称为外层空间法的国际法规则,外空活动仍有不少还未解决的法律问题,其中主要有关于静止轨道的公平利用、卫星遥感地球、外空使用核能源、卫星直接电视广播以及外空军事化等。而在商业化和私有化的大背景下,还出现一些新的问题需要解决。

一、静止轨道的公平利用问题

如何公平利用静止轨道?这既是老问题,也是新问题。就目前实际情况来看,越来越多的国家现在都已具有发射卫星的能力,打破了原来由俄美两国垄断的局面。因此,该如何规范卫星发射市场?这是国际法学界要面对和解决的问题。

位于赤道上空约36,000公尺的轨道,被称为静止轨道。这条轨道有个特点,卫星在这条轨道上,它的旋转方向与地球旋转方向一样,它旋转一圈也如地球自转时间一样都是24小时。通俗地讲,静止就是始终呆在你的头上,静止不动。在静止轨道上,一个卫星的覆盖面积(cover)比较大,可覆盖地球的1/3,三个卫星射出的电波就可以把整个地球覆盖起来。因此,在通讯、气象、遥感、空间科学实验方面,静止轨道的用处很大,特别是通信卫星,必须利用这条轨道。由于从地面上看,卫星好像处于静止状态、固定在轨道一定位置,故被称为"静止轨道"。

各国都意识到静止轨道的重要性,都想在这条轨道上多占一些位置。自1963年美国发射第一颗静止卫星以来,迄今在该轨道上已有100多颗卫星。这些静止轨道对空间通讯、卫星导航、直接电视广播、气象观察等具有重要意义。如果在该轨道等距离放置三颗卫星,即可覆盖整个地球。由于静止轨道的周长只有约26万公里,因而对卫星的"容量"是有限的。因此,1973年《国际电信公约》将静止轨道作为有限的天然资源,并明确规定应公平利用静止轨道(第33条第2款,1992年修订后的公约为第44条)。

为防止发达国家先来先占,赤道国家于是对静止轨道提出了主权要求。静止轨道是在赤道的正上方,所以八个赤道国家——哥伦比亚、厄瓜多尔、巴西、扎伊尔、刚果(布)、肯尼亚、乌干达、印尼于是提出要求,认为既然静止轨道在他们国家领土的上空,那么领土上空的那段静止轨道应属各赤道国家所有。这八个赤道国家于1976年12月13日在波哥大(哥伦比亚首都)发表了一个有名的宣言,即《波哥大宣言》。其主要内容是:赤道国家上空的静止轨道是他们国家领土的组成部分,赤道国家可以对此行使主权。如果其他国家想在这段静止轨道上放卫星,事先应取得赤道国家的许可;现已经在赤道国家上空的静止轨道卫星是非法的,赤道国家不予以承认。同时,赤道国家承认公海上空静止轨道是人类的共同财产。赤道国家提出的理由是:首先,静止轨道并不是外空的一部分,因为外空界线还没划定;其次,静止轨道是一个有限的资源,在赤道国家上空的那部分,赤道国家应该享有主权;再次,静止轨道不在《外空条约》所指的范围内,即使在《外空条约》的范围内有些国家还未批准这个条约。

对于赤道国家的主张,美苏坚决反对,其他第三世界国家也不同意。美、苏、英及西方国家认为,静止轨道不属于赤道国家,它处于外空的范围之中,每一个国家都有自由使用的权利。另外,静止轨道是由于整个地球,包括所有的土地和海洋的地心吸引力所造成的,而不是由八个赤道国家领土造成的,它属于整个地球。虽然目前没有一个外空的定义,但美苏等国认为静止轨道属于外空,如果允许分割静止轨道,就违反了外空法中外空不得占有的原则;还有根据国际电台的规则,在静止轨道发射卫星是不能构成占有的。因此美苏等国家要求赤道国家遵守外空条约,否认他们对静止轨道的要求。除了美苏等国外,其他不少第三世界国家也不同意赤道国家的主张,如印度、埃及等就很反对。第三世界国家认为先来就先占静止轨道的作法不合理,要求国际上对静止轨道的使用作出公平合理的安排,照顾到第三世界国家及所有国家的利益,包括照顾到赤道国家的利益。

现在外空活动还发生另一重要趋势,即私有化的进程,这也需要引起重视和研究。从外空活动出现直至之后相当长的一段时间内,外空活动的主体是国家。但现在,私营实体却越来越多地对外空活动感兴趣、并已越来越多地涉足到外空这一领域。

事实上,自20世纪80年代以来,美国政府就开始鼓励私营实体积极参与外空活动。对于私营实体而言,现有外层空间法律体制的模糊和不确定性仍是一大障碍。在对外空资源的开发方面并不存在不可克服的技术障碍,然而,这种开发受政策、经济和法律的制约。外空活动的成败在一定程度上取决于完善的法律。

二、卫星遥感与卫星直播

卫星遥感地球是指利用人造卫星所载的电子遥感器,从外空对地球表面、内层及其上空的形状和现象进行探测,勘探地球的物质资源、环境、气象、自然灾害等方面的情况,等等,以获取有关资料。卫星直接电视广播是指利用通讯卫星进行电视广播。

1972年7月23日美国发射"地球资源卫星"以来,卫星遥感地球至今已普遍应用于农业、林业、水利、地质、测绘、环境保护等各个方面,对于各国经济发展起了极其重要的作用。但与此同时产生了一个十分重要的法律问题,即:一国是否有权遥感他国领土的问题。

在这一问题上,国家相互之间存在着严重分歧。发展中国家认为,如果未经受感国同意,就不得对其领域进行遥感,也不得将遥感所获资料公布转让;而发达国家则主张,外空不属于任何特定的国家所有;从外空遥感地球,并不侵害有关国家的主权和资源,而且分发有关资料,还对全世界所有国家都有利。

在这一点上,相关的《外层空间条约》第9条规定,如果一缔约国"有理由认为,该国或其国民在外层空间,包括在月球和其他天体在内,计划进行的活动或实验,可能对其他缔约国和平开发和利用外层空间的活动,产生潜在有害干扰",则需要进行适当预先的国际磋商。如果一国拥有一颗同时能提供气象图服务和了解正在交战的国家图像的卫星,如何合适地使用这颗卫星所获取的图像,就需要根据国际条约的规定进行权衡。

1965年4月美国发射"国际通信卫星1号",从此开始进入利用卫星进行直接电视广播的实用阶段。然而,它同时也带来了一国通过卫星对国外转播和直播节目的问题。由于借助发射到静止轨道的直播卫星,可以不通过地面接收站而直接播放电视节目,因而更容易向接受国的公众施加影响。于是,在规制不受欢迎节目的渗透与传播自由这两者之间,就出现了对立。

直接电视广播,就是电视台把电波直接发到卫星,卫星发射下来时电视可直接收看。这就会出现一些法律问题,当时国际上已有了一些规则。它们把半直接和直接电视广播都称之为直接电视广播。但一直未在国际上取得一致的意见。首要的问题是关于尊重国家主权与自由广播的问题。第三世界国家认为，直接电视广播中的不良因素会对他们造成不良的影响，主张在直接进行广播电视时要尊重国家主权。基于国家主权原则，每个国家都有权拒绝与自己国家、文化、风俗等方面不相符合的东西。美国等西方国家反对这种主张，他们认为任何国家都可自由地进行电视广播，如果对自由广播消息加以限制，就违反了联合国《人权宣言》中人人有权跨越国界接收、寻求、传递消息的原则。第二，直接电视广播是否要事先取得同意？这其实与上一个问题有联系。第三世界国家主张必须事先达成协议，才能向他们国家进行直接电视广播。美国等西方国家则认为没有必要。第三是国家责任问题，就是直接电视广播的国家对他国所进行的不合适广播是否要承担国家责任的问题。直接广播国认为不用承担国家责任，因为广播机构有许多是非政府的，即私人的，而私人不承担直接国际责任。

为解决这一矛盾，1982年联合国大会通过了关于《各国利用人造地球卫星进行直接电视广播所应遵守的法律原则》的决议。根据该决议的规定，广播国利用卫星对另一国进行直接电视广播之前，应将此意图通知收视国；如果该收视国要求，就得迅速与之协商，并要根据国际电信联盟有关文书规定的协议作出安排。

在节目内容问题上，该决议规定：参加以卫星进行直接电视广播的国家或广播实体，应与其他国家的节目安排、节目内容和制作方面通力合作。在任何情况下，都不能利用卫星来播放不利于国际和平与安全的节目，不能宣传战争、军国主义、民族和种族仇恨，也不能播放那些旨在干涉他国内政或破坏当地文明、文化、生活方式和传统等内容的节目。

以上规定看上去挺不错，但在如何理解和解释方面，却存在着不同意见。另外，由于作为联大决议通过的，缺乏法律的约束力。

三、外空使用核能源及外层残骸

外空使用核能源，主要是指在外空使用核材料来作为人造卫星等外空物体的动力源。

外空使用核动力源是一个尖端的技术，使用核动力源解决外空物体的能源很方便，但也容易造成危害，特别是前苏联的核动力卫星是使用核反应堆发放较大的核动力，容易出事，苏联有不少核动力卫星在活动中都造成了危害，主要是造成污染。美国是使用同位素发电机来发放核动力，虽然发放能量比较小，但危害性不大。

1978年1月前苏联核动力卫星"宇宙－954号"失控，在重返大气层时烧毁，其放射性残片坠落在加拿大境内西北部。由于核燃料所含放射性物质对人和环境均有危险影响，所以这个事件立即引起了国际社会对外空使用核动力源问题的严重关切。在核动力源使用问题上，苏联成为各国指责的对象。深感其害的加拿大在讨论中曾提出了一个文件，要求：第一，发射国在发射核动力卫星的前一个月就要通知联合国秘书长，对各种有关资料包括核动力卫星的安全问题，都要详细报告。第二，核动力卫星重返大气层时，发射国要及时通知各国，以便各国进行追踪。由于核动力卫星危害很大，因此第三，要求发射国对受损害国提供援助和赔偿。苏联表示可以提供援助，但必须让他们的人员进入损害现场，加拿大、美国、中国等国多不同意。

1983年，国际社会对失控的核动力卫星重返地球的通知和格式方面达成了协议，规定发射国应在核动力卫星发生故障，其放射性物质有重新进入地球的危险的时候发出通知。在安全措施方面，确认以国际防护辐射委员会建议的标准，作为有关防止辐射的具体安全措施的指导原则；而且还制定了有关援助的案文，规定除发射国外，一切拥有技术能力的国家和国际组织在受影响国提出要求时，也应尽可能提供必要的援助。

随着外层空间活动越来越频繁的开展,外空活动中产生的外层残骸(space debris)问题,也引起国际社会的关注。

外层残骸是人类遗留在空间的废弃物,包括完成任务的火箭箭体和卫星本体、火箭的喷射物、在执行航天任务过程中的抛弃物、空间物体之间碰撞产生的碎片等。在20世纪70年代,当人类的外空探索与利用还处在初级阶段时,外层空间曾被视为一片净空。在那时,空间碎片及残骸尚未对人类的外空活动构成威胁。但随着空间科学技术的迅猛发展,外空探索与利用步伐的加快,空间碎片就不断地积累。这种被称为外空垃圾的东西在外层空间以极快的速度飞来飞去,如飞到外层空间站,将造成极其严重的后果。同时也是一个出现在外层空间的环境问题。例如,2005年就曾发生过中美火箭残骸撞击事件。

美国国家航空航天局(NASA)于2005年4月在其官方网站上发布了一起火箭残骸相撞事件。碰撞的时间为2005年1月17日,地点为南极上空885公里的地球轨道上。肇事一方为美国火箭残骸,其面积约1平方米,至时已在太空中默默运行了31年;另一方则是中国"长征四号"火箭残骸,它于1999年发射,面积约0.06平方米。两个物体在外层空间以每秒约7.9公里的速度绕地球运行,并发生碰撞。[①]

这次中美火箭残骸碰撞事件发生在两个火箭残骸之间,没有引发两国之间进一步的纠纷。但却引起了我国及其他国家航天科技界的高度重视。试想一下:如果不同国家的运营航天器之间或者一国的火箭残骸与他国的运营航天器发生碰撞,那么损害赔偿纠纷一定在所难免。

美国长期以来利用自己的空间监视网(SSN),对在轨物体进行连续跟踪,根据其数据记载,1999年在轨物体有8000个,而到2003年

---

① 参见 www.yahoo.news 神舟六号专题。

时,空间站共观测到的在轨运行大于10厘米的空间碎片为9300多个,四年间在编的物体增加了1000多个,相互发生碰撞的概率显然大大增加。它们密集于常用的航天器轨道,一旦与航天器发生碰撞,后果严重,对人类航天活动是巨大的威胁。①

外空委员会从上世纪80年代后期开始,在不断地审议包括研究可适用的国际法原则在内的有关外层残骸的处理方法和预防措施的问题。1978年宇宙954号的坠毁在加拿大造成了放射性污染之后,外空委员会以该事故为契机,开始审议有关核动力源利用问题,1992年在此审议的基础上通过了联合国大会决议《关于在外层空间使用核动力源的原则》,规定了安全利用核动力源的指针和基准,并明确规定了事故发生时提供情报的义务等。

四、防止外空军事化

外空军事化也是一个引起广泛国际关注的话题。该问题已被提到联合国裁军大会的议程上20年了,而且就阻止外空军备竞赛为主题的决议,前后加起来也都有好几十个。但问题却依然存在。

外空与战争之间的联系,是显而易见的。在2003年开始的伊拉克战争中的"自由伊拉克"(Operation Iraqi Freedom)行动期间,外层空间军事行动被证明是在现代战争中不可缺少的。在战争最激烈时,人造卫星控制着联合部队60%的通讯,包括其中100%的安全通讯。依靠通讯卫星联系的"掠夺者"无人驾驶飞机在确认与攻击伊拉克的目标上十分有效。外空物体在最复杂的战争环境和城市中也能实施精确的打击。总体上GPS定位、导航及定时数据使"自由伊拉克"行动中近70%的空袭得到了精确的引导。为了对抗GPS系统引导的武器的袭

---

① 转引自刘静等:"空间碎片碰撞预警研究",《空间科学学报》,2004年第6期。

击,伊拉克部队在巴格达周围设置了 GPS 干扰发射机,这就证明他们已经认识到外层空间基础上的军事行动对于陆战的威胁程度。①

关于外空的国际法律文件,在原则上试图要阻止外空军事化。《外层条约》第 3 条明确规定:缔约国应"根据包括《联合国宪章》在内的国际法来实施开发和利用外层空间(包括月球和其他天体)的活动。"

外空和平利用是一项广为接受的原则,《外空条约》第 4 条对该原则作出规定:在环绕地球的轨道上,各缔约国不得放置任何载有核武器和任何其他种类大规模毁灭性武器的物体,不在天体上装置这种武器,也不以任何其他方式在外层空间设置这种武器;所有缔约国应专为和平目的使用月球和其他天体,禁止在天体上建立军事基地、军事设施和工事,实验任何类型的武器和进行军事演习,不禁止为了科学研究或任何其他目的而使用军事人员,为和平探索月球与其他天体所必需的任何装备或设备,也不在禁止之列。

许多其他相关的国际协议也限制外空的军事活动。例如,《有限禁止核试验条约》禁止在外空进行核爆;《全面禁止核武器条约》要求缔约国"不进行任何核武器的爆炸试验或者任何其他核爆炸并且阻止和禁止在任何其权限或控制下的领域内进行的核爆炸",美国与苏联之间的《战略武器削减条约Ⅰ》规定两国"不能以将核武器或任何其他种类的大规模杀伤性武器放入地球轨道或地球轨道的一部分为目的,生产、试验及配置包括导弹在内的有关系统。"②

遗憾的是,各国对于该原则的具体适用产生了极大的分歧。其中关键的就是各国对该原则中"和平"一词赋予不同的解释:"非侵略性"抑或"非军事性"。有关的争议延续了相当长的时间,但是至今还没有

---

① 参见 Michael N. Schmitt 教授的"外层空间军事行动与国际法"一文,www.michaelschmitt.org。

② 关于《战略武器削减条约Ⅰ》的具体内容,参见 www.un.org 条约数据库。

定论。如果看有关条约的相关规定,似乎合理的解释是外空仍然可以放置军事武器,只要是出于和平目的。然而这样的解释又似乎回到了"和平"的定义。"和平"也可以被解释为:指造福于全人类及服务于全人类利益的空间活动。纵观立法的背景以及现状,和平利用外空原则的目的并不在于全面禁止外空中的军事活动,其根本目的在于减少外空中武器的使用,各国承担义务在外空采取措施裁军并限制军事行为。

虽然《外空条约》在一定范围内禁止军事利用外层空间,《月球协定》也规定它只能专为和平目的而被利用,不能用于各种军事目的,但这些条约并未禁止向外层空间发射军事卫星,也未禁止装备可作为军事基地使用的外空物体。《外空条约》禁止"在轨道上放置任何载有核武器或任何其他种类的大规模杀伤性武器的物体",但如果是激光武器或其他种类的武器呢?

有关"军用"和"民用"目的的界定,也存在很多不确定因素。现在出现很多的"军民两用卫星",要作出具体的区分相当困难。如由美国空军外空司令部控制的 GPS 系统,该系统提供导航信息,其作用领域非常广泛,从帮助特种部队保持对环境的了解到引导炸弹,同时该系统又依赖民间团体传送导航信号,这些团体从事商业运输和航线导航以及山地搜索和救援。GPS 信号丢失必将会使平民及其财产承受风险。但在发生战争时,这类设施却不能简单地当作军事目标来攻击。在有战争存在的当今世界上,任何一项先进的科学技术特别是高技术成果,都和军事斗争密切相关。关于外空的发展,如上天、返回、一箭多星、地球同步、太阳同步、载人航天等,都不仅标志着航天技术的发展,而且还意味着军事方面的新技术。

"军用"和"民用"目的的界定原则适用的讨论,将会继续延续,但在很大程度上会与政治上的探讨紧密联系在一起。该原则的理解和运用,还要从《外空条约》本身的目的和宗旨出发。必须看到,《外空条约》

的宗旨在于确保和平使用外空,为全人类的利益服务。如果外空过度军事化,必将损害该公约的宗旨和其他相关条款。

美国和苏联(现为俄罗斯)至今已发射了众多军事卫星,为军事技术和军事战略的提高,特别是寻求核武器系统的精确化和效率化等军事目的利用外层空间。美国主张和平利用意味着非侵略性的利用与非军事利用为不同的概念。其实美国的主张背后是核威慑论。禁止军事利用外层空间与推动核裁军是一致的。2001年美国总统布什宣布美国退出1972年《反弹道导弹条约》,这是一个与外空有关的很重要的步骤,因为该条约禁止发展、试验及设置外空反弹道导弹系统和设备。美国在外空具有重大的军事利益,它的退出表明它不再愿意受到该条约的制约。

鉴于外空安全面临严峻挑战,中国与俄罗斯于2008年在日内瓦裁军谈判会议共同提交的"防止在外空放置武器、对外空物体使用或威胁使用武力条约"草案,提出各国通过谈判达成一项新的国际协议,旨在防止外空武器化和外空军备竞赛,维护外空的和平和安全。虽然该草案遭到一些国家的反对,但是通过谈判达成意向防止外空军备竞赛的国际协议早已是国际社会的广泛共识。有必要从法律角度研究外空如何在民用及军用的同时保护和平与安全。

本 章 要 点

法律上对空中区域的划分主要是借鉴海洋法。传统海洋法以陆地为参照将海水主要分为领海和公海两大块;空域则是从水平方向分成两大区域,下方区域属于地面国家的主权范围,被称为"空气空间",上方区域则是"外层空间",是无国家区。当然这两个区域适用的法律制度是不同的。

根据领空主权原则,一国有权完全禁止外国航空器进入其领空,或在一定条件下进入或通过其领空。因此,外国航空器未经一国许可不得擅自侵入该国领空,否则就构成侵犯国家主权的国际违法行为。外层空间则不属于任何国家主权管辖范围,它对所有国家都是自由和开放的。但外空地位问题,需要从法律上来确定。

前苏联和美国之间的对抗以及对外空垄断的努力,从而将外空纳入国际法律体系。联合国组织在外空活动方面的立法,促成了20世纪70年代外空法上最重要五项公约的制订。《外层空间条约》被认为是外空法的宪章,它确定了外层空间的法律地位的一般原则和规则,其中最主要的有三个,即:1. 为所有国家谋福利的原则;2. 不得将外空据为己有的原则;以及 3. 和平利用外空原则。

随着航天技术的突飞猛进,人类在探索和利用外空方面取得了重大进展。但同时也要看到,尽管已形成一系列被称为外层空间法的国际法规则,但外空活动还有不少尚未解决的法律问题,如关于外层空间与空气空间的界限、卫星遥感地球、静止轨道的法律地位、外空使用核能源、卫星直接电视广播以及外空军事化等。此外在商业化和私有化大背景下,外空活动发生了根本性的变革,出现了一些新的法律问题。

第十二章 国际环境法

环境问题原来并不是国际法关注的重点,二战后制订的《联合国宪章》里就没有关于环境保护的具体规定。但在 20 世纪 60 年代末,环境问题被提了出来。而且随着社会、经济及人口等方面的发展,环境问题越来越突出。当然这一点也不奇怪,因为环境由水、空气、大气层、植物和动物等所构成,它们的质量关系到整个人类和自然界生存的基础。如何通过有效的法律机制来保护环境,是全世界现在都在考虑的一个重要问题。

第一节 早期的实践与案例

国际环境法(International Environment Law)是关于保护和改善全球环境的法律规则,是国际法主体在开发、利用、保护和改善国际环境交往中所形成的各种法律关系和规范的总称。与国际法其他学科相比来说,环境法是比较新的一个分支,但具有与科学密切联系、公益性强、各国广泛参与、学科交叉性强和发展迅速等特点。国际环境法的核心,就是保护自然环境,在可持续发展和国际合作的原则的基础上尽量控制环境污染和自然资源的耗竭。

一、基本概念与历史发展

国际环境法最早是从邻国法中发展而来的。邻国之间为了保护自然环境,就制定一些法律规则或协定,尤其是同临一条河流或一个湖泊的国家。例如,美国和加拿大于 1909 年签订了《美国—英国关于边界水源及边界问题条约》,以规范防止污染的边界用水问题[①]。这类国家相互之间的协定或条约,是国际环境法的萌芽。

后来国家还签定的一些协定或条约,主要是为了确定和划分使用权以及捕鱼和航运问题,如 1957 年 10 月 31 日,柬埔寨、老挝、泰国和越南签订的协定[②];1959 年 11 月 8 日埃及和苏丹利用尼罗河水的协定[③]和 1960 年 9 月 19 日印度和巴基斯坦关于印度河的协定[④]。这些条约或协定,都是同临一条河流或一个湖泊的国家之间为保护环境而缔结的条约。

在世界工业化过程中,人与自然之间原有的相对平衡的关系被打破,工业化给世界环境都带来了重大影响。这种影响是跨国界的。如前苏联切尔诺贝利核电站核泄漏事故给乌克兰及其居民带来的损害,就是明显一例。因此,人类社会的发展必然会面临如何调整与环境及自然之间的关系问题。

道理上讲,国际法面对国家相互之间的环境影响,必须是有害的。如一国领土范围内的工厂的废弃波及到另一国的国土,并在那里造成对农业的损害等。跨国环境损害问题,会涉及到国家的责任和义务,是国际环境法首先要解决的问题。另外,有些环境法案例比较新,如上面提到的切尔诺贝利核电站核泄漏事故,但其中体现出来的原则,如国家不得利用或者容许自己的领土对他国环境造成损害,却都是从早期形

[①] *The USA and the U. K Treaty Relating to the Boundary Waters and Questions Arising along the Boundary*, Jan. 11, 1909, 36 Stat. 2448, 12 Bevans. 319.
[②] 联合国文件,ST/LEG/SER. B/12,第 267 页。
[③] 《联合国条约集》,第 453 卷,第 64 页。
[④] 《联合国条约集》,第 423 卷,第 290 页。

成的国际习惯法发展而来。特雷尔冶炼工厂案,就是早期涉及到跨境污染的一个案例。

特雷尔冶炼厂(Trail Smelter)是在英属哥伦比亚特雷尔的一家北美洲最大的冶炼工厂,是加拿大一家私营冶炼厂。该厂从1896年开始冶炼锌和锡,由于提炼的矿物质含有硫磺,烟雾也喷入大气中成为二氧化硫。到1930年,每天喷入大气的二氧化硫约达到600到700吨。这股气体随着上升的气流南下,穿过加拿大和美国之间的边界,对美国联邦州华盛顿的农业和林业造成了巨大的损害,从而成为一件严重跨界污染事件。多年来,美国华盛顿州的四人曾经多次向加拿大索赔,但一直没有得到圆满解决。1927年,美加进行过多次外交谈判后,最后终于在1931年双方同意将问题提交给处理两国边界问题的"国际联合委员会"解决。该委员会在1931年的报告中称,冶炼厂对美国造成的损失到1932年1月1日将达到35万美元。加拿大政府同意付给美国35万美元作为全部损失的赔偿。但是这一建议被美国政府拒绝,争端未能解决。此后,由于特雷尔冶炼厂采取了一定的控制措施,二氧化硫的排放量已经大大减少,但污染损害问题一直没有得到解决。美加两国在国际联合委员会的建议下,于1935年4月15日签订特别协议,将两国关于特雷尔冶炼工厂的争议提交仲裁庭解决。仲裁庭在1941年作出了最后裁决。

特雷尔冶炼工厂案的裁决,对国际环境法的发展起到很大的影响作用。该案件中有个关键问题,即:美国华盛顿州内的环境污染是位于加拿大的特雷尔工厂造成的,但没有证据表明加拿大自治领(政府行政当局)与特雷尔冶炼工厂之间的某种支持关系。两者之间的唯一联系是特雷尔工厂的地点在加拿大境内。对于特雷尔工厂给美国造成的损害,加拿大自治领政府是否应该承担国家责任?应当承担责任的依据又是什么?

仲裁庭的裁决认为:"根据国际法以及美国法律的原则,如果已产生严重后果并且已为确凿证据证实的话,任何国家都没有权利这样的利用或允许利用其领土,以致让烟雾在他国领土或对他国领土上的财产或生命造成损害。"①

对环境的损害随时随地都会发生。但从国际法角度来讨论环境保护,主要是因为损害影响(涉及)到其他国家的领土。如何防止发生跨国界的损害?这是国际法上要解决的重要问题。特雷尔冶炼工厂案,是有关环境问题的早期案例,但里面却体现了后面环境法发展的重要原则。"有意思的是,常设仲裁院还仲裁指出,要对这家工厂的活动对环境造成的影响进行后续监督,以防止将来可能对美国的环境造成损害。"②

从仲裁庭的裁决中可以看到:在国际习惯法上国家承担某种不作为义务,即国家不得允许其领土被利用从而对别国环境造成污染。加拿大对损害承担责任,其前提条件就是这一不作为义务。它对国际法的发展产生很大的影响。

二、环境保护中的跨国因素

环境问题具有跨国性质,一个国家境内的环境污染往往会对他国的环境及其居民的生命和财产造成影响。国际环境法并不只是涉及邻国,它还关系到保护海洋、大气层、植物和动物等。19世纪末期,发生在美英两国之间一场关于海豹而引起的争端,就是涉及到保护自然和动物的一个典型案例,即"太平洋海豹皮仲裁案"(Pacific Fur Seal Arbitration)。

---

① *Trail Smelter Arbitration Tribunal*: *Decision 1941*, American Journal of International Law, 35 AJIL, p. 317, at para. 716.

② 〔意〕安东尼奥·卡塞斯著:《国际法》,蔡丛燕等译,法律出版社2009年,第645页。

起因于英国与美国环境纠纷案中的海豹,出生在俄罗斯的波布里诺夫(Pribilof)群岛。它们每年先是穿过白令海峡来到美国,然后先是公海豹、后是雌海豹,又会从阿拉斯加回到岛上,时间一般是每年的五月和六月。在很长一段时期内,海豹的生活一直如此。1867年美国从俄罗斯手上买下了阿拉斯加。为了保护海豹并维持它们的数量,美国绝对禁止对海豹进行猎捕活动。但到了19世纪80年代,情况发生了变化。由于美国、英国等国家当时都主张沿海国领海为3海里,美国关于绝对禁止猎捕活动的法令的效力只能发生在本国领海区域内,管不了领海以外的区域,于是问题也就来了。

在英国人眼里,海豹意味着巨大的经济利益,也是一项获利颇丰的生意。每年当海豹从阿拉斯加返回到波布里诺夫群岛时,英国人就在美国领海区域外等着。一旦海豹刚从那边过来,就被早已等候的英国捕鱼船队拦截。于是大量的海豹被捕获、杀死、去皮。"从1868年到1897年间,波布里诺夫群岛上被捕获的海豹数量达2,440,213只,其中超过650,000只被远洋船队捕获,而这个数字还是被保守估计的"[1]。大量的毛皮被送往伦敦东区,在那里它们被加工成装饰品,以满足越来越多的中产阶级的需要。"从1867年到1902年间,捕获的海豹皮估计价值数亿美元(以今天的货币价值算)"[2]。这对海豹来说是灾难性的后果。美国先是想劝服英国政府停止这种捕鱼活动,但在没有效果的情况下,就在公海上逮捕了好几艘英国船只,想以此来阻止对海豹的捕获和屠杀。

英国坚决反对美国如此反应,认为这违反了国际法关于海洋自由的规定。于是两国政府同意将它们的分歧提交国际仲裁。仲裁庭由挪

---

[1] 〔英〕菲利普·桑斯(Fhilippe Sands)著:《无法无天的世界——当代国际法产生与破灭》,单文华、赵宏、吴双全译,人民出版社2011年,第72页。

[2] 同上。

威国王主持,并由其他六位仲裁员组成。

该案中的主要法律问题就是:美国对出没在白令海峡上、并在离美国邻海基线三海里以外被打死的海豹是否享有管辖和保护权?从双方辩理理由上看,美国主张对海豹享有所有权,它认为自己有权为了全人类共同利益保护海豹。为此美国援引了国际实践,自然法则以及人类共同利益等观点来证明这是国际法赋予它的权力,并称自己作为"人类利益"的受托人,具有保护海豹的权利[①]。但英国的辩解理由在法律上似乎更有说服力。它捕获海豹的地方是白令海峡,是公海。所以如果根据海洋自由原则,除非双方另有协议规定,否则美国无权在公海上限制任何国家的捕鱼权。

1893年,仲裁庭经过审议之后,其多数成员赞成公海上捕鱼自由原则优先于资源保护的观点,并以5比2的投票作出了有利于英国的裁决。尽管如此,美国也有所收获,因为英国和美国在裁决之前已经同意:若美国在本案中败诉,该仲裁庭就得制定国际规则来保护海豹。由于结果是美国败诉,所以该仲裁庭在裁决后就制定了如何在对海豹捕猎时予以控制和管理的规则。由于事情发生在19世纪末的时候,所以这恐怕是国际环境法中最早制订的规则,英美两个国家就海豹捕猎问题达成的协议,表明了国际社会已开始考虑如何从法律机制上来保护人类的共同资源。

三、环境保护的法律文件

在环境保护方面,对海洋环境保护的法律出现得比较早,发展也比较快。第二次世界大战以后发展起来的现代捕鱼方法,在极大提高生

---

① 〔意〕安东尼奥·卡塞斯著:《国际法》,蔡丛燕等译,法律出版社2009年,第643—644页。

产能力的同时,出现了捕捞过度的危险,并有可能导致某些鱼种的灭绝。因此,国际社会就通过制订法律来进行规范捕鱼自由及对生态保护之间的矛盾。如:1946 年 4 月 5 日,关于防止过度捕捞国际大会的公约①;1952 年 5 月 9 日,关于在北太平洋公海捕鱼的国际公约②;1962 年 7 月 28 日关于海洋捕鱼合作的协定③;1976 年 6 月 12 日关于保护南太平洋自然环境的公约和 1981 年 11 月 12 日关于保护海洋环境和东南太平洋海岸的公约④,等等。

与双边协定相比,多边协定在环境保护方面会更全面和有效。这些协定或条约不局限于某一个地区或某些少数国家。在具有普遍性的国际条约方面,比较重要的有 1958 年联合国日内瓦海洋法大会及 1958 年 4 月 29 日关于捕鱼和保护公海生物资源的协定⑤、1958 年 4 月 29 日的日内瓦公海协定⑥等。这些法律文件赋予有关国家颁布预防海洋石油污染和制止由于倾倒放射性废料污染公海的法律义务,所以它们在制订后又通过各国的国内法得到进一步的补充,如加拿大于 1970 年制订的北极地区水污染法和美国于 1990 年通过的石油污染法等。

1982 年《联合国海洋法公约》是一个在海洋领域极具普遍性的国际条约。它包括许多海洋环境法的规定。例如,该条约第七部分将各国具有保护和保全海洋环境义务,规定为"基本义务"(第 192 条)。各国虽然具有开发其自然资源的权利,但必须符合其保护和保全海洋环境的职责(第 193 条)。此外,各国还有义务采取一切必要的措施,防止、减少和控制任何来源的海洋污染(第 194 条第 1 款)。

---

① 《联合国条约集》,第 161 卷,第 72 页。
② 《联合国条约集》,第 205 卷,第 67 页。
③ 《联合国条约集》,第 460 卷,第 219 页。
④ 联合国环境规划署文件:/GC/INF/11/Rev.1,185。
⑤ 《联合国条约集》,第 559 卷,第 285 页。
⑥ 《联合国条约集》,第 450 卷,第 82 页。

保护环境首先需要对"环境"有个界定。对此国际法院认为:"环境并不是一个抽象的概念,而是代表了包括未出生的人在内的人类的生活空间、生活质量以及健康。国家总体上负有保证在其管辖和控制的范围之内尊重他国环境或超出本国控制之外的环境的义务,这一点已经成为了与环境相关的国际法规范的一部分。"①

国际法院对"环境"的概念采取了较为宽泛的概念。"包括未出生的人在内的人类的生活空间、生活质量以及健康"一语,把人与自然和谐关系相关的问题都纳入到国际环境法调整的范围内;"与环境相关的国际法规范",就是那些与环境有关的法律问题,其中当然包括温室气体排放问题、跨国性生物资源养护及保持生物资源多样性的问题、沙漠化防止问题、核材料运输及其跨境污染防治问题、多国水资源调控及污染防治问题等等。

鉴此,环境不是一个抽象的概念,而是代表了生存空间、生活质量和人类自身包括尚未出生者健康的具体的不可或缺的重要的因素。各国在保证在其管辖和控制范围内的活动尊重其他国家或受国家控制之外区域的环境方面,具有一般性的义务。为此,国际社会制订了包括从海洋、大气、国际水路和生物物种的保护到臭氧层的保护方面的国际法律文件,以保护我们的地球环境。

第二节 国际合作及重要发展

环境法中的大部分内容主要是20世纪70年代后兴起的。在这之前,国际法上虽有关于环境保护的规则,但不集中,而是散见于处理跨

---

① *The Legality of Threat or Use of Nuclear Weapons*, *Advisory Opinion*, *International Court of Justice*, ICJ Reports, 1996, para. 29.

界环境损害的若干仲裁判例和民事责任条约或防止公海油污染,保护特定生物的条约中。

当然,环境问题往往带有跨国的性质,如大气污染问题、海洋污染问题,土地沙化带来的沙尘暴问题等等,显而易见,这些问题都不是靠一个国家的努力就能解决的。它需要国际社会的合作和配合。国际环境法的发展,主要是以1972年斯德哥尔摩联合国人类环境会议和1992年里约热内卢联合国环境与发展大会为重要里程碑。尽管这两个文件不具有法律上的拘束力(binding force),属所谓的软法(soft law)范畴,但明确了国际环境保护的一些基本原则,规定了国家、国际组织、企业及个人在保护环境方面应遵守的行为准则,同时也表明了整个国际社会在保护环境方面的基本理念与决心。

一、斯德哥尔摩会议

当时,由于不少国家和政府已意识到人口的快速增长、工业污染和人类对自然资源的消耗对环境造成的巨大威胁,国际社会加大了对环境保护的力度。1968年,联合国大会提出了一个在瑞典斯德哥尔摩召开一个全球性人类环境会议的建议。1972年6月,包括中国在内的113个国家出席了会议,它们与数百个国际政府间与非政府组织一起,共同探讨有关全球环境方方面面的问题。

斯德哥尔摩会议取得了两项主要成果:第一,会议在闭幕式的全体大会上通过了《人类环境宣言》(即斯德哥尔摩宣言),要求各国政府及其人民遵照执行,以保护和改善人类环境,维护所有人及其后代的利益。斯德哥尔摩宣言的第二条原则明确宣布:为了这一代和将来的世世代代的利益,地球上的自然资源,其中包括空气、水、土地、植物和动物,特别是自然生态类中具有代表性的标本,必须通过周密计划或适当管理加以保护。第二,斯德哥尔摩会议通过了一份具有政治约束力的

《行动计划》，就如何在未来行动应对国际环境问题提出了109条建议，其中特别关注对环境威胁的识别和回应，以及从财政和制度上（如教育和培训）积极支持这类回应。

《斯德哥尔摩宣言》第21条原则具有特殊意义。这条原则声明："根据联合国宪章和国际法原则，各国拥有根据自己的环境政策开发自己的资源的主权，并且有义务采取措施，使在自己领土和控制区内的活动不损害其他国家和本国国土之外区域的环境。"根据这条原则，国家即使在自己领土外也具有不得损害环境的普遍义务，从而表明传统国际法上的主权原则再也不是绝对的了。

斯德哥尔摩会议文件的通过，反映了国际社会对全球环境要予以保护的意愿。这些承诺又为以后制订和通过更为具体的国际环境协定、国内法以及具体的制度措施等，奠定了基础。斯德哥尔摩会议宣言不具有法律拘束力，但其制订的一些原则却体现在以后制订的不少国际协定中，例如，1974年12月12日的《各国经济权利与义务宪章》，1979年11月13日《关于大规模跨国空气污染的协定》[①]的前言，以及《联合国海洋法公约》第194条规定，等等。

斯德哥尔摩大会的直接结果，是通过1972年12月15日联合国大会第2997号决议创建的联合国环境规划署（United Nations Environment Program—UNEP），其总部设在肯尼亚的首都内罗毕，设有一个由大会选出来的58位成员组成的理事会，是一个对环保公约和文件的发展特别重要的组织机构。

斯德哥尔摩会议召开后的20年间，世界各国迅速采取行动，从多方面制订了一些重要的全球性协定，从而发展了国际环境法。比如，在濒危物种保护方面，1973年的《濒危野生动植物物种国际贸易公约》建

---

① 《联合国条约集》，第1302卷，第218页。

立了一个全球性的保护体系,以规制那些受到灭绝威胁的物种的贸易活动;为了表达对大气层的关注,国际社会于1979年签订了《跨界大气污染公约》,其中制订了一系列的议定书来规定二氧化硫、一氧化二氮和其他远距离污染物的排放。

在人类对海洋资源的利用方面,联合国组织于1982年通过了《海洋法公约》提出了旨在保护海洋环境的一系列规定。在陆地污染物方面,1989年制订的《控制危险废物越境转移及其处置巴塞尔公约》主要通过运用通知和同意的机制,规定了对跨国境运输的危险废物进行合乎环境要求的管理和处置。

关于环境保护的《南极条约议定书》,是一个对各国主权以外地区进行协调和管理的规定的国际公约。它对南极地区脆弱的生态系统采取综合的环境保护措施。

二、里约热内卢环境会议

里约热内卢环境会议,是国际环境法发展过程中的另一里程碑。

1992年,是斯德哥尔摩会议20周年。联合国大会为纪念斯德哥尔摩会议,在巴西里约热内卢召开了另外一次环境与发展会议。172个国家的代表以及数千名来自国际和非政府组织的代表出席了联合国召开的这次环境与发展会议。但在这次会议上,发达国家与发展中国家就如何更好地保护环境问题发生了严重分歧;发达国家希望采取更强有力的全球性环境立法措施;发展中国家不愿意接受,担心这么做会损害其自身发展经济的能力。但通过谈判,双方最后还是以环境和发展目标统一考虑的思路来讨论,并取得以下三项主要成果:

第一,关于气候变化和生物多样性的两个重要的国际公约,在这次联合国环境与发展会议上开放签字;

第二,会议通过了《里约环境与发展宣言》(《里约宣言》),提出了

27条具有政治约束力的原则,其中原则四规定:"为了达到持续发展,环境保护应成为发展进程中的一个组成部分,不能同发展进程孤立开看待。"

第三,会议通过了一份被称为《21世纪议程》的行动计划。《21世纪议程》,它就国际环境中的一百多个问题提出了广泛的建议,如改变消费形态和保护淡水资源等,强调通过国内立法和计划来实施这些建议。此外,会议还建议成立一个联合国委员会,负责监测《21世纪议程》的实施。这就是为什么后来联合国大会设立联合国可持续发展委员会的原因。

里约热内卢联合国环境与发展会议,对环境保护起到了深远的影响作用。《里约宣言》有时被称做"地球宪章",其中宣布了与环境有关的权利和义务。《里约宣言》在1972年斯德哥尔摩宣言的基础上,进一步强调了相关的一些原则。

《里约宣言》第1条原则,以持久发展作为努力的目标,强调人与自然的协调以及人类享有健康和富有创造性生活的权利;第2条原则重申斯德哥尔摩宣言的第21条原则,国家负有禁止对跨国环境实施破坏的责任和义务;第3条原则要求利用发展的权利,使人类世世代代的发展和环境需求能得到合理的满足(intergenerational equity);第4条原则称保护环境是发展过程的一个不可分割的组成部分;第15条原则呼吁各国尽其所能执行预防原则;第16条原则呼吁各国贯彻追究肇事者责任的原则;第18条原则包括各国在环境发生危险时有通报信息和进行警告的义务,等等。

里约会议通过的文件中,最全面的是《21世纪议程》(Die Agenda 21),它共有40章,约900页。从性质上讲,《21世纪议程》和《里约宣言》一样,不具有法律拘束力,它只是一项以意向书的形式来贯彻里约宣言的纲领。然而,《21世纪议程》的议题很广泛,它涉及空气和水的污染和臭氧层的破坏,它向各国提出解决环境问题的建议,如保护地球大气层、保全自然资源、节约使用技术和技术转入的措施。第12章还要求各国制定防止沙漠扩展的公约。《21世纪议程》还提出要战胜贫困、预防疾病和促进教育。(第39条)指出必须以"可持续发展"为取向议题,这阐明了环境保护与发展中国家需要之间的相互关系。

里约会议的议题里还有森林保护公约,其目的旨在保护热带雨林,森林保护公约包括15项保护、经营、保全和发展森林的确定原则。例如,各国为了人民幸福和国家发展利用森林的主权权利,必须与考虑环境的义务相符合。它呼吁各国对给森林带来损害影响的计划,进行环境承受能力的可行性调查。

第三节　国际环境法的基本原则

国际环境条约是国家承担保护和改善环境义务的主要方式。国家在制定、解释和执行有关保护环境的条约过程中,常常会提到一些主要原则。

国际环境法到底有哪些原则? 由于国家的立场、方法和判断标准不一样,所以存在着不同的理解。此外,发展中国家学者与发达国家学者之间、环保主义学者与保守派学者之间存在分歧。但如果根据《人类环境宣言》、《里约宣言》、《21世纪议程》以及近年的环境条约来看,环境法基本原则包括:资源开发主权权利和不损害国外环境原则、可持续发展原则、共同但有区别的原则以及预防原则等。这些原则已被国际社会广泛承认和接受,成为国际环境法的基础。

一、资源开发主权的权利与不损害环境原则

国家主权原则是国际法的一个重要原则,国家在实践中历来强调

其所固有的主权和管辖权。所以国家根据国际法,当然享有开发其领土内资源的主权。但另一方面,各国行使这项权利并不是没有限制的,各国在行使其权利的同时得承担确保自己活动不致损害其他国家的责任,不造成跨国的环境损害。也就是说,不管地理上的远近,都不会影响到其他国家的领土以造成对环境的危害。

这项原则已为众多环境法律文件所确认。例如,《人类环境宣言》第21项原则宣告,"按照《联合国宪章》和国际法原则,各国有按自己的环境政策开发自己的资源的主权;并且有责任保证在他们管辖或控制之内的活动,不致损害其他国家的或在国家管辖范围以外地区的环境。"《里约宣言》再次确认该项原则,并将其前提作为第2项原则,进一步突出其地位。但稍有不同的是:它在"政策"之前增加了"和发展",变成了"各国有按自己的环境和发展政策开发自己资源的主权"。

上述原则其实是在强调两个看上去似乎矛盾,但相互有联系而且也能协调的概念:"各国……开发自己资源的主权"是在强调国家所固有的主权;"有责任保证……不致损害……环境",则强调各国在行使主权时必须保证它们的活动不会对其领土以外的环境造成危害。

由于这个原则里所包含的不确定性,所以它在法律上不能被认为绝对禁止一切跨境的环境危害。但反过来说,尽管跨界污染时有发生,但没有任何一个国家会主张有污染的权利。斯德哥尔摩宣言和里约宣言的这个原则,现在通常被理解为:一国有义务谨慎地从事本质上属于主权的活动,以避免发生跨界、对他国污染的损害行为。

资源开发主权权利和不损害国外环境原则,也反映在国际司法判例中。例如,1941年特雷尔冶炼厂仲裁案裁决认为"任何国家没有权利这样地利用或允许利用它的领土,以致其烟雾在他国领土或对他国领土上的财产和生命造成损害"。1996年国际法院在《关于威胁或使用核武器的合法性的法律咨询意见》中指出,"各国确保其关系和控制下的活动,尊重其他国家的或者国家控制范围以外地区的环境的普遍义务的存在,现在已是有关环境的国际法整体的一个部分"。①

但在保护国际环境问题上,主体范围已超越传统国际法的范畴。除了国家以外,一些非国际法主权实体,甚至个人行为,同样可以成为环境污染的诱导因素。所以,在保护国际环境方面,非国家主体的参与已是一个不可避免的现实。

二、可持续发展原则

"可持续发展原则",首先是由挪威前首相布伦特兰夫人在1987年《我们共同的未来》研究报告中提出来的。该原则的目的,主要是为了能"既满足当代人的需要,又不对后代人满足其需要的能力构成危害的发展"。②

布伦特兰报告中"可持续发展"的理念,其实是在强调代际公平。它强调要满足当代人的需要,同时也要不对后代人满足其需要的能力造成危害。换句话说,就是不能留给后代一个污染的环境,更不能以牺牲后代的利益来谋求发展。因此,现代社会就要发挥科学技术的潜力,要做到可持续性地永久利用,做到发展与环境相协调。

"可持续发展原则",其关键就是人类对将来负有责任。这一原则于1987年提出后,已被国际社会普遍接受。一些重要的国际文件,如《里约宣言》《联合国气候变化框架公约》《生物多样性公约》等,也都确认了这一原则。其实,在早先的一些国际法律文件中已有体现这一原则的规定。例如,1949年《国际捕鲸公约》规定,"为未来世世代代子孙而保护鲸鱼种类这一丰富自然资源——以确保鲸鱼种类的适当养护

---

① *The Legality of Threat or Use of Nuclear Weapons*, *Advisory Opinion*, *International Court of Justice*, ICJ Reports, 1996, para. 30.

② 段洁龙主编:《中国国际法实践与案例》,法律出版社2011年,第322页。

和发展";再例如,1983年《国际热带林木协定》规定,"鼓励制定旨在实现持久利用和养护热带森林及其遗传资源,以及旨在保持有关区域生态平衡的各种国家政策"。

这些国际法律文件表明,关于环境保护的国际制度已经通过利益平衡的方式容纳了后代人的利益。

三、预防性原则

预防性原则有时被称为"预防性措施"。在1990年后通过的所有国际环境协定中,基本上都包括了这一原则。根据这一原则,如果出现可能造成严重或不可挽回的损害之威胁时,就要积极地采取措施,不能以缺乏充分科学肯定性等理由而不作为。所以,这与防止环境危害原则一样,敦促各国政府在缺乏科学肯定性时注重从眼前开始着手预防,旨在避免环境危害。

跨界环境的管理、利用和保护,关系到相邻国家及地区的经济和环境利益。一旦发生跨界污染,自然就涉及到国家之间的权利和义务关系,即污染者和受害者之间的关系,从而形成跨界污染争端。

保护环境是以预防为主,要先走一步。所以即使是在科学认识还尚不完全的情况下,也有必要采取预防性的措施。这样在制订法律规则时,就会为认识所限,因此在起草条约时所确定的规则,就需要有一定的灵活性。

能否和平解决环境争端固然重要,但争端解决过程中存在许多复杂的因素。而且,即使和解争端本身,但环境问题所造成的损害和影响,往往是无法彻底消除的。因此,"只有公平的和预防性的补救措施才可能提供一个有效的解决途径"。与其依靠专门解决争端机构采取修正或补偿措施,远不如一开始就致力于防止或避免此类危害发生。避免和预防争端,要比解决争端更重要。

四、共同但有区别的原则

"共同但有区别的责任原则"的核心,就是关于不同国家在处理全球环境问题时的责任分担问题。联合国于1992年在里约召开联合国环境大会,通过了《联合国气候变化框架公约》;1997年又通过了公约的具体执行文件《京都议定书》。这两个国际环境法律文件是当今世界应对气候变化的基石,其中规定了应对气候变化的目标、原则和办法等。"共同但有区别的责任原则",则是这两份国际法律文件中的基本原则之一。

随着经济社会的不断发展,全球环境面临前所未有的恶化。国际社会认识到:处理全球环境问题是所有国家的共同责任,然而各国对长期以来造成全球环境问题的责任以及解决环境问题的能力又不尽相同,因此,国家在应对和改善环境问题上,具有"共同",但又有"区别"的责任。

"共同但有区别的责任原则",已经被众多的国际文件所确认。例如,《里约宣言》第7项原则宣布:"……鉴于导致全球环境退化的各种不同因素,各国负有共同但有区别的责任。发达国家承认,鉴于他们的社会给全球环境带来的压力,以及他们所掌握的技术和财力资源,他们在追求可持续发展的国际努力中负有责任。"此外,《联合国气候变化框架公约》、《生物多样化公约》、《防止荒漠化公约》等均对该原则进行了规定,特别是《联合国气候变化框架公约》对此规定得比较详细,一是发达国家要率先减少温室气体排放,并通过其《京都议定书》规定发达国家2008—2012年应在1990年基础上率先减排5.2%;二是公约第4条第7款规定,"发展中国家缔约方能在多大程度上有效履行其在本公约下的承诺,将取决于发达国家缔约方对其在本公约下所承担的有关资金和技术转让的承诺的有效履行,并将充分考虑到经济和社会发展及消除贫困是发展中国家缔约方的首要和压倒一切的优先事项。"

在气候公约谈判之时,广大发展中国家经过与发达国家激烈的论争才把该原则确定下来。以后,发展中国家在几乎所有重要的环境问题的谈判中都坚持这一原则。对发展中国家来说,发达国家在数百年的发展过程中,引起了全球环境的恶化,是全球环境恶化的主要责任者。此外,鉴于发达国家的温室气体历史排放责任和强大的现实国力,考虑发展中国家的发展任务和相对较差的国力,发达国家缔约方优先承担温室气体强制减排责任并在资金和技术方面援助发展中国家减缓和适应气候变化。如果不分皂白地要求发展中国家参与强制减排温室气体,不仅会阻碍发展中国家的发展,也会因得不到发展中国家的支持而最终危害世界应对气候变化的努力。

"共同但有区别的责任原则"奠定了国际社会应对气候变化责任的划分基础。总体上说,国际社会对该原则是普遍认同的。美国虽然以没有规定发展中国家的减排责任为托辞拒绝签署《京都议定书》,但还是批准了包含该原则的多项环境公约。不过,发达国家和发展中国家在理解该原则中的"区别"二字上仍存在较大分歧。在2011年11—12月的世界气候的德班会议上,中国、印度等国被要求参与强制减排,欧盟及其他一些国家则寻求建立新的具有法律约束力的协议以纳入美国、中国等所有国家。发展中国家阵营内部的分化也越来越明显,面临被淹没危险的小岛国要求发达国家和发展中国家缔约方均参与减排。

这个变化预示着"共同但有区别的责任"原则将出现新的变化。从世界应对气候变化的形势和现实可能性来看,背负发展任务的发展中国家不会同意该原则被彻底改变或废除,但是该原则在对发展中国家的适用会出现变化。发展中国家有可能不再以集体面目一概不承担减排责任,部分经济状况较好的发展中国家将承担与其能力相适应的减排责任。此外,发展中国家内部将开展资金和技术互助活动,等等。

第四节　环境保护的主要领域

如同其他国际法的分支一样,关于国际环境保护的国家的权利义务也都是通过国际环境条约或条约所设立的法律制度来规定的。但到目前为止,不少关于环境保护的条约都是"框架性"的(framework convention),如《保护臭氧层条约》、《生物多样性公约》或《气候变化框架公约》等。这是国际环境法的一个特点。

与国际法上正式的条约不同,这些框架性条约只是规定一般性的原则、缔约国的一般的合作义务以及缔约国会议等最基本的内容。其具体基准和详细的履行程序,则由缔约国根据自己的具体情况自由选择。正是因为这样,关于环境保护的框架条约能得以在缔约国会议上较为容易地得到通过和修改。

从性质上看,环境问题有其共同的特征,但不同的条约,涉及不同的调整对象。例如,有的涉及防止海洋或国际水路的污染,有的涉及防止大气污染,还有的涉及保护动植物及生态系统、规制废弃物的处理、保护臭氧层和防止地球温暖化,等等。以国际环境条约为基础的国家的权利、义务和实施方法只有根据不同的条约分别落实。限于篇幅,这里只是讨论臭氧层保护、全球气候变化以及生物多样化这三个问题。

一、臭氧层保护

臭氧层耗损问题的国际公约主要是《保护臭氧层维也纳公约》(1985年)及其《蒙特利尔议定书》。国际社会之所以要制订这两个法律文件,是因为臭氧层方面出现了威胁。

臭氧层本来是处于大气上方很高的位置。由于它的存在和作用,人类才不受具有致癌效果的紫外线和其他辐射的伤害。然而在1979

年，英国北极调查组的科学家发现臭氧层上有个洞，并预测随着这个空洞的增大，将会导致巨大的危害，除非国际社会采取措施来限制破坏臭氧层的物质排放。

至于为什么会有这个洞？科学数据表明：当某些化学物进入空气当中之后，就会上升进入平流层，然后引起化学反应，破坏臭氧分子，令积聚在一起的太阳紫外线得以穿过臭氧层。为了应对这个问题，国际社会经过冗长的谈判，130多个国家终于在1985年通过了《保护臭氧层维也纳公约》，允诺就平流层的臭氧损耗的监测和科学评价进行合作，并同意采取适当避免损耗的行为。尽管只是一个框架性的文件，但它为进行臭氧层和有害物质监督的国际合作，以及进一步采取措施等，提供了一个平台。

尽管有《保护臭氧层维也纳公约》，但科学证据表明：臭氧层遇到的威胁并没有消除。所以在1987年，国际社会又通过了另一个关于臭氧层耗损物质的《蒙特利尔公约》，它规定了相当严格的义务。例如，它规定禁止生产和使用一些在世界范围内本已广泛使用的物质，包括发胶中的喷射剂、除臭剂和冰箱中的化学物质。

共同的责任，产生共同的义务。对臭氧层的保护就跟保护环境其他问题一样，需要全球的共同努力，需要一套所有国家都愿意签署的国际规则。然而，1987年蒙特利尔公约中的许多限制性的规定，如要求使用新的产品和技术的义务的规定，对发展中国家是很不利的，因为这其实是在要求发展中国家必须负担额外的经济成本。这里有一个公平性的问题：为什么发达国家当年在同样发展阶段的时候却可以不受限制，而发展中国家却要受到限制呢？很明显，若不给发展中国家以激励措施的话，它们是不会加入到这样不公平的机制的。所以，为了能使发展中国家也愿意加入进来，它们被给予额外的10年过渡期来逐步取消有害物质的生产和使用，以达到公约规定的目标和时间表的要求；此外还在财政上得到一定的补偿,以减轻其经济成本。

蒙特利尔议定书被广泛地称颂为是一份有效的国际文件,世界上几乎所有国家都签署了蒙特利尔议定书。该议定书大大减少了很多过去以为安全、但实际是有危险的产品的生产。有证据表明:臭氧层空洞现正在减小。

议定书已经于1989年1月1日生效。根据它里面的规定:在某些限定的日期之前,必须逐步减少生产被列入议定书附件名单的那些消耗臭氧的化学物,如氟氯化碳和哈龙。此后,议定书的几份修正案增加了一些化学物或化学物种类,如甲基氯仿、甲基溴和四氯化碳,等等。此外,该议定书的缔约国会议对里面的规定作了进一步的调整,缩短了削减期。1990年的修正案创设了一个资金和技术援助机制,目的是为了帮助发展中国家负担因落实《蒙特利尔议定书》而产生的额外成本。

《蒙特利尔议定书》是环境保护方面第一个把发展中国家遵守条约和发达国家向发展中国家提供技术和资金援助问题联系起来的国际条约。它针对可能发生的违约行为,在第8条还规定了一个程序,规定关切其他缔约国能否在真正履行义务的缔约国,可以向执行委员会提出报告。执行委员会在收到报告后,就会搜集材料,包括实地监测,然后向缔约国会议提出报告。而缔约国会议则将决定如何使得该国全面遵守条约的步骤。这些步骤可能包括对该违约国以技术转让、培训或资金的方式提供援助。如果该国依然不遵守条约,就会对它发出警告,直至最后中止其依该议定书所享有的权利和特权。所以,这是一个风险预防的原则。它开创了风险预防原则在环境问题上适用的范例。

二、全球气候变化

国际社会针对当今气候变化而制订必要的法律规定,是为保护人类所生存的环境的必然的结果。

科学研究表明：像煤、油、木材或天然气等，在其燃烧时会产生如二氧化碳等气体。这样的气体上升到大气中后，就会形成了一道类似温室内有色玻璃的防护层。它会把地球大气层中的太阳热量储存起来，从而使全球变暖。这就是现在常说的"温室效应"。

联合国气候变化政府间专家组，是世界各国科学家所组成的一个独立机构。其1990年8月出具的第一份报告提供的证据表明：温室气体，尤其是二氧化碳在大气中的密度，自工业时代以来迅速地增长，并导致了气温也随之升高。报告还预测温室气体增加可能进一步使全球气温攀升，从而引起海平面上升。全球变暖对一些小国已经形成了现实的威胁。海平面上升，会淹没海平面低的国家的海岸线附近的大片土地。如果海平面上升1—2米，有些国家甚至就会消失，如印度洋中的马尔代夫、太平洋的马歇尔群岛和许多加勒比海群岛，这些国家和地区是最容易受到危害的。

根据联合国气候变化政府间专家组的这份报告，如果不采取任何措施来减少二氧化碳和其他温室气体的排放的话，估计21世纪全球温度会以每10年上升0.3度的速度递增。这意味着到2025年全球平均气温会比前工业时期升高2度，到2100年将升高4度。联合国气候变化政府间专家组还预测全球降雨量将增加，海洋冰层和积雪会减少，到2030年海平面将上升20厘米，到21世纪末将上升65厘米，等等。

尽管联合国气候变化政府间专家组报告只是临时性的，而且很大程度上只是建立在理论分析的基础上，但它描绘出来的前景却非常令人可怕。所以这份报告的公布，某种意义是在号召国际社会必须立即行动起来。温室气体主要来源于矿物燃烧——石油、煤和天然气。全球变暖问题的解决与日常的工业活动紧密相关，尤其是电力生产和交通运输。但该问题还不止牵涉这些方面，其他关联因素还包括森林退化、农业活动和家畜养殖等。所以解决温室效应问题，需要所有国家的合作与努力，它既是经济问题又是政治问题。

气候变化，事关全球环境、各国发展和人类的生存，是一个人类共同面对的问题。所以自20世纪80年代起，全球气候变化问题引起了科学界、各国政府和国际社会的普遍关注。当然，要解决这个问题，自然需要全球性的回应。联合国气候变化政府间专家组第一份报告公布以后，国际社会就于1990年9月在日内瓦召开了世界气候大会，这是全球变暖国际谈判过程的起点。

日内瓦会议并没有就全球变暖问题达成共识。因为任何应对全球变暖的有效措施，都意味着二氧化碳减排、更高能效低污染的工厂和汽车、更高的油价、减少石油销售并寻找替代性能源产品，而国家在如何解决这些问题上的认识还存在着分歧，存在着有短期经济效益与长期风险之间的矛盾问题。

尽管如此，国际社会在联合国的协调和组织下，最后还是制订了《联合国气候变化框架公约》及其《京都议定书》，规定了应对气候变化的目标、原则以及国家的权利和义务等，以便能全面控制二氧化碳等温室气体的排放。

三、《联合国气候变化框架公约》

1988年，联合国大会讨论了马耳他提出的关于"气候是人类共同财富的一部分"的提案，并通过了"为当代和后代人类保护全球气候"的联大第43/53号决议。根据这个决议，联合国环境署（UNEP）和世界气象组织（WMO）成立了政府间气候保护专门委员会（IPCC），专门研究气候变化的影响及对策等问题。自此，气候变化问题成为有关各国际组织或会议经常讨论的重要议题。

1989年联合国大会通过第44/207号决议，要求联合国环境署和世界气象组织共同进行气候变化公约谈判的准备工作。于是，联合国环境署和世界气象组织举行了政府法律专家组会议,着手公约谈判的实质性筹备工作。1990年12月,联合国大会通过45/212号决议,决定成立政府间气候变化谈判委员会,以制定一项气候变化框架公约。以后经过五次会议,政府间气候变化谈判委员会最后于1992年5月9日通过了《联合国气候变化框架公约》,并于1992年6月20日至1993年6月19日在纽约联合国总部供各国签署。公约于1994年3月21日生效。

《联合国气候变化框架公约》的目的,是要把大气中温室气体的浓度稳定在避免气候系统受到危险的水平上。为此,它要求发达国家和发展中国家承担"共同但有区别的责任"。所以,发达国家要率先采取措施减少温室气体排放,争取到2000年将温室气体排放回归到1990年的水平。对于发展中国家,公约没有规定约束性温室气体减限排义务,只是原则要求它们采取有利于应对气候变化的政策措施。

《联合国气候变化框架公约》只是一项框架性法律文件,对国际合作应对气候变化的目标、原则、各方的权利和义务做了相对原则的规定,为国家提供了一个合作的基础,里面原则的落实还需制定更加详细的法律文件。

四、《京都议定书》

《联合国气候变化框架公约》只是一个框架性法律文件,里面没有对发达国家的温室气体减限排义务作出具体安排和规定,所以欧洲一些国家在公约制订后要求尽早实现对发达国家义务的具体化和量化,要求开始谈判制定包括含有具体温室气体减限排指标的议定书,同时也为发展中国家规定相应的减排义务。

1995年公约第一次缔约方会议作出"柏林授权",设立特设工作组,并启动了公约框架下制定新的法律文件的谈判进程。经过两年的艰苦谈判,第三次缔约方会议于1997年12月11日在日本京都通过《京都议定书》。该议定书于2005年2月16日生效。

1997年的京都议定书,相比1992年公约要深入、具体的多。议定书规定:公约附件一国家所列发达国家和经济转轨国家,应在2008年至2012年的"第一承诺期"内将二氧化碳和甲烷等六种温室气体排放总量在其1990年排放水平上平均减少5%。此外,议定书在其附件B中为发达国家分别规定了有差别的减限排指标,即欧盟原15国及列支敦士登、摩纳哥、瑞士、保加利亚、捷克、爱沙尼亚、拉脱维亚、立陶宛、罗马尼亚、斯洛伐克、斯洛文尼亚等11国减排8%;美国减排7%;日本、加拿大、匈牙利、波兰等四国减排6%;克罗地亚减排5%;新西兰、俄罗斯、乌克兰三国可维持1990年排放水平;挪威可增长1%;澳大利亚可增长8%;冰岛可增长10%。[①]

议定书还创设了一个"清洁发展机制",允许工业化国家通过其公司在发展中国家投资减排项目来获取其减排指标。也就是说,发达国家主要是通过采取国内行动完成减排,但也可辅助利用排放贸易、联合履约和清洁发展机制三种灵活机制。其中,清洁发展机制是发展中国家帮助发达国家实现减排的机制,发达国家可通过在发展中国家投资减排项目并购项目产生的减排额抵消国内排放。[②] 议定书是落实《联合国气候变化框架公约》规定的重要法律文件。它和公约一道,为国际社会共同应对气候变化奠定了法律基础,但同时弥补了公约没有为发达国家规定具体量化的温室气体减限排指标的缺陷。

议定书没有为发展中国家规定新的义务,只是继续重申所有国家根据"共同但有区别的责任"原则。全球变暖的主要责任在工业化国

[①] 段洁龙主编:《中国国际法实践与案例》,法律出版社2011年,第343页。
[②] 〔英〕马尔科姆·肖:《国际法》(第六版)下,白桂梅、高健军、朱利江、李永胜等译,北京大学出版社2011年,第694页。

家,所以不应该要求发展中国家在温室气体减排上作出具体承诺。如果计算18世纪80年代工业革命以来所有人为造成的温室气体排放量,那么工业国家应为其中的85%以上负责。今天,发达国家和发展中国家每年的排放量几乎是同样的多,而且发展中国家以后的排放量还会大大超过发达国家。但在现阶段,由于在过去200年间因疏于环保要求而受益的国家来承担应对全球变暖的责任,应该是公平合理的。

议定书是发达国家率先减排的长效机制,不仅规定了2008年至2012年第一承诺期的减排指标,还规定了确定2012年后承诺期减排指标的方法。议定书第3条第9款明确规定,发达国家在2012年后的第二个承诺期及之后承诺期内应承担的减排指标应通过修改议定书附件B的方式确定。有关议定书将在2012年后失效的说法是不正确的。事实上,2005年议定书第一次缔约方已经启动了确定发达国家2012年后第二承诺期进一步减排指标的谈判,该谈判已于2009年年底结束。

京都议定书若要生效,则必须得到至少55个框架性公约成员国的签署。此外,签署国的温室气体排放量需占所有国家总排放量的55%以上。这实际上意味着:世界三个最大排放国(美国36%,欧盟24.2%,俄罗斯17.4%)中至少有两个加入议定书,才能使其产生法律效力。

包括中国在内的176个国家和地区在公约上签了字。如果缔约国达到了《京都议定书》所设定的标准,则可预计到2012年时,全部排放量将从1990年的水平减少5%。另外,它还确立了为实现减排的联合执行、排放权贸易和清洁发展等三个机制,目的是在帮助发达国家实现减排的同时,协助发展中国家实现可持续发展。

《京都议定书》已于2005年2月16日正式生效。2001年,在《京都议定书》生效之前,美国宣布它将不批准议定书,其原因包括:美国认为排放排放目标缺乏科学根据,或在环境方面的效果不佳,以及发展中国家也应当受这类议定书的约束。以日本和欧盟成员国为代表的其他发达国家都批准了《京都议定书》。但由于美国是目前全球温室气体的最大排放国,它置身于议定书之外,这对该法律文件效力自然产生一定的负面影响。

2009年12月8日到19日,《联合国气候变化框架公约》第15次缔约方会议暨《京都议定书》第5次缔约方会议在丹麦首都哥本哈根召开。会议目的在于达成一份新的《哥本哈根议定书》,用以确定2012年《京都议定书》第一承诺到期后各国在节能减排方面的计划与目标。然而会议结束时,与会国家并未达成一个具有法律约束性、具有可操作性的成果。这使《京都议定书》第一期承诺到期后各国的节能减排行动被搁置,这无疑也会导致放松对全球气候变暖的有效遏制。

五、生物多样性

所谓"生物多样化",就是指包括所有植物、动物和微生物的所有物种和生态系统,以及物种所存在的生态系统中的生态过程。由于生物多样性为人类的起源、生存与发展提供了最基本条件,所以"生物多样化"问题,自然对类的生存环境非常的重要。

从世界范围来看,自从工业革命以后,人类所生存的环境受到污染,居住环境城镇化,人口急剧增长,自然资源加速开采等,这些都对生物多样性构成极大的威胁,导致全球许多物种以大大超过自然发生的速度灭绝。于是,国际社会就觉得有必要立法,以保护生物物种的多样性,并从20世纪80年代起开始关注全球生物多样性日益丧失的严峻趋势。

1987年联大通过决议,确定由联合国环境规划署组织制定一项旨在保护世界生物多样性的法律文书。随后在环境规划署主持下,国际社会于1992年5月在内罗毕达成了《生物多样性公约》(Convention on Biological Diversity)最终案文。1993年12月29日,公约正式生效。

《生物多样性公约》,是国际社会于1992年在联合国环境与发展大会上制订、旨在保护和保育生物多样性的一份内容全面的框架性文件。它第一次将遗传多样性保护纳入国际条约,其规定几乎述及生物多样性保护的所有方面,是一部普遍性意义的框架性公约。它于1992年5月起草完毕,却于19个月后的1993年12月生效,其生效速度之快,参与的国家之多,这在国际法缔约史上是非常少见的。这从一个侧面反映出国际社会对生物多样性保护的关注程度。

为保护生物多样性,《生物多样性公约》制订了三项重要目标:一是保护生物多样性;二是持续利用生物多样性组成部分;三是公平分享利用遗传资源产生的利益。这三项目标的目的,是要在保护、持续利用和分享利益之间保持一种平衡。

保护生物多样性,主要依靠国家在本国的重视和执行。所以,《生物多样性公约》强调国家在国内层面上的权利和责任。它要求各国查明其管辖范围内至关重要的生物多样性的组成部分,监测可能对多样性造成负面影响的活动。公约在确认国家对其生物多样性资源享有主权权利的同时,规定要确保其国内活动不对他国或国家管辖范围外地环境造成损害。此外,公约要求各国运用查明的信息来制定保护和保育生物多样性的国家战略和计划,从而在国家决策过程中就要关注生物多样性问题。

遗传资源的经济价值是一个实际问题。关于遗传资源的取得,公约规定取得的决定权属于资源所在地国家的政府。公约同时还规定,各国应当按共同商定的条件,为取得这种资源并用于无害环境的用途,提供便利。由于遗传资源可以用于开发新的生物技术应用(如新的药品),公约规定各国应采取措施,以公平的方式与提供该资源的国家分享该生物技术所取得的成果。

生物遗传资源获益与公平分享,是上述《生物多样性公约》确定要实现的三大目标之一。它将成为环境发展领域的又一重大热点。多年来,发达国家从发展中国家廉价甚至无偿地获取遗传资源再开发牟利,而遗传资源提供国却无从分享惠益。在发展中国家推动下,公约缔约方会议于2004年启动建立"遗传资源获取和惠益分享"国际体制的谈判,并计划于2010年结束工作。谈判的实质涉及在遗传资源原产国、提供国、使用国之间重新分配经济利益。它不仅关系到一国对其生物遗传资源的掌控和管理模式,更关系到今后在此方面的传统知识保护、生物技术发展潜力及获益分享,并且与贸易、知识产权等问题有着密切联系。

六、中国与环境保护问题

自1972年以来,特别是20世纪90年代以来,中国积极参与了《联合国气候变化框架公约》、《生物多样化公约》、《联合国关于在发生严重干旱或荒漠化的国家特别是在非洲防治荒漠化的公约》和《关于持久性有机污染物的斯德哥尔摩公约》等许多环境条约的谈判,并为条约的缔结作出了自己的贡献。

到目前为止,中国共参加了30多项国际环境条约[①]。除上述四项条约外,我国参加的还包括《〈联合国气候变化框架〉京都议定书》、生物多样性公约《卡塔赫纳生物安全议定书》、《联合国海洋法公约》、《关于环境保护的南极条约议定书》、《控制危险废物跨境转移及其处置巴塞尔公约》、《关于消耗臭氧层物质的蒙特利尔议定书》、《关于在国际贸易

---

① 段洁龙主编:《中国国际法实践与案例》,法律出版社2011年,第326页。

中对某些危险化学品和农药采取事先知情同意程序的鹿特丹公约》、《1973年国际防止船舶污染公约》等等。

在加入有些国际协议方面,中国甚至是最早签署和批准公约和议定书的国家之一。例如对于《〈联合国气候变化框架〉京都议定书》,时任国务院总理李鹏在1992年里约环发大会上代表中国政府签署了公约,并于此后不久的1993年1月5日提交公约批准书。再如,作为世界生物资源最丰富的国家之一,中国积极参加《生物多样性公约》的谈判。公约制订后,中国就于1992年6月11日签署、并在五个月后的1992年11月7日批准了该公约,是世界上最早签署并批准公约的国家之一。为了履行公约义务,中国成立了20余个部委参加的"中国履行《生物多样性公约》工作协调组"[①],还建立了国家联络点和信息交换所,以便能加强我国国内生物多样性保护工作。

中国在国际环境的保护方面作出了很大的贡献,但也存在着明显的挑战。随着环境保护成为保护整个人类社会面对要解决的普遍问题,因此它早已突破一国界限,呈现了国际化趋势。环境公共利益,正越来越多地被引入国际法和国际关系领域。当环境公共利益不再局限于某一主权国家,中国作为最大的发展中国家,面对来自国际与国内政治、经济、环境等各方面的压力,需要通过运用国际法提供的灵活方式来解决争取发展空间与落实保护环境义务之间的矛盾。

本 章 要 点

国际环境法,是关于保护和改善全球环境的法律规则,其核心是在可持续发展原则的基础上,尽量控制环境污染和自然资源的耗竭。环

[①] 段洁龙主编:《中国国际法实践与案例》,第345页。

境问题往往带有跨国的性质,如大气污染问题、海洋污染问题、土地沙化带来的沙尘暴问题等等,解决这些问题需要国际社会的合作和配合。所以针对跨国环境问题制订相关规则显得尤为重要。

1972年斯德哥尔摩联合国人类环境会议和1992年里约热内卢联合国环境与发展大会,是国际环境法发展进程中的里程碑。它们明确了国际环境保护的基本原则,并规定了保护环境方面应遵守的行为准则。

国际环境条约是国家承担保护和改善环境义务的主要方式,里面规定了一些基本原则,其中包括:资源开发主权权利和不损害国外环境原则、可持续发展原则、共同但有区别的原则以及预防原则等。这些原则已被国际社会广泛承认和接受,并成为国际环境法的基础。此外,如《保护臭氧层条约》、《生物多样性公约》或《气候变化框架公约》等,也是环境保护方面重要的法律文件。但与国际法正式条约不同的是,这些法律文件只是框架性条约。它们规定了一般性的原则,但关于其具体基准和详细的履行程序等,留待由缔约国根据自己的具体情况自由选择。

环境保护成为整个人类社会面对要解决的普遍问题,环境公共利益正越来越多地被引入国际法和国际关系领域。中国作为最大的发展中国家,在国际环境的保护方面作出了很大的贡献,但同时也面临着挑战。

第十三章 国际人权法

"人权"(Human Rights)是指一个人所享有或应享有的基本的、不可剥夺的权利。国际人权法是旨在尊重和保护这些权利的原则、规则和制度的总称。

生活中侵犯人权的事时有发生。例如,英国卢顿地方法院于2012年4月就在审理一桩践踏人权的案子。在该案中,共7名成员的康纳斯一家人,在长达15年的时间里一直"虏获"无家可归者等社会弱势成员,将他们关进类似"集中营"的陋室,并强制他们像奴隶一样劳动:一天19个小时,一周工作6天,时不时还殴打他们。① 康纳斯一家人如此残酷奴役他人的行为,不仅触犯了本国的法律,而且也为国际法所不容。因为国际法禁止奴隶行为。

奴隶行为也曾发生在中国。日本侵华期间曾残酷推行"慰安妇"制度。"慰安妇"是日本人自己的称呼,如果将她们的处境与国际公约"奴隶"定义进行对照就可看到:这些"慰安妇"被强迫、被摧残,生活条件非常恶劣,且没有任何人身自由等,其实就是日本军队专属的"性奴隶"(enforced sex slaves)②。这是非常残酷的。这种行为不仅属国际不法

---

① "英一家庭待工人似奴隶 每天劳作19小时不许洗澡",中国新闻网,2012年4月19日,网址:news.163.com/12/0419/15/7VFBOT1300014JB6.html,最近登录时间为2012年7月12日。

② 在第二次世界大战后的东京审判中,国际军事法庭没有追究日本关于"慰安妇"方面的罪行,但国际社会却组织了一个专门的国际刑事法庭,由联合国原前南国际刑事法庭的美国法官麦当娜(Judge McDonald)法官任该法庭庭长,我国也有国际法教授担任法庭的检察官

行为,而且在战争的背景下还构成国际法上"战争罪",是国际社会一定要严厉惩治的国际罪行。

人权问题进入国际法主要是第二次世界大战后的事情,现经过多年发展已成为国际社会普遍关注的重大问题。它不仅涉及国内法和国际法,而且还深受国内政治和国际政治的影响,是国际法的一个重要分支。

第一节 人权法的历史发展

人权,就是人所应享有的基本权利;保护人权,也就是要保护人的这些基本权利。但这本身有一个发展的过程。上面提到的康纳斯一家人奴役"社会弱势成员"的奴隶行为,在今天是一种要受到刑事法律追究的犯罪行为。可在19世纪之前却不是这样。

人权问题进入国际法领域,主要是《联合国宪章》通过以后的事情。但这并不等于说,那些今天被视为国际人权法的理念或文件在第二次世界大战结束之前就一点也不存在。早在18世纪,欧美新兴资产阶级为反对中世纪的神权和封建贵族、僧侣的特权,提出了"天赋人权"的思想,主张人生而具有不可剥夺的基本权利,如生命权、自由权、平等权等。1776年美国的《独立宣言》、1789年法国的《人权和公民权利宣言》,以及1789年美国《宪法修正案》等都对人权的内容有不同程度的阐述。例如,1789年法国的《人权和公民权利宣言》宣布,人生来并始

之一。该法庭于2000年在日本东京开庭。法庭在庭审期间听取了来自中国大陆、菲律宾、韩国、荷兰以及中国台湾等的受害者的证词。经过审理,法庭最后裁定该案中被起诉的日本天皇及日本军队中的被告对这些慰安妇实施了性奴隶的行为,从而犯有国际法上的"战争罪"。该案的判决原文请参考:*The Women's International War Crimes Tribunal 2000 for the Trial of Japanese Military Sexual Slavery*, Case No. PT-2000-1-T, Date: 4 December 2001, The Hague, The Netherlands, Original: English。

终是自由平等的,人的自然权利就是自由、财产、安全和反抗压迫。该宣言的内容后被载入法国宪法,第一次以法律形式提出了人权的概念和人权的内容。

国家与其国民之间的关系都被当作是一国内部事务来对待。但在这些有关人权的国内法推动下,人权保护开始出现在国际法律文件当中,比较具有代表性的就是关于禁止奴隶贸易、保护少数民族和国际劳工保护。但国际人权法的发展和进程,始于国际社会早期缔结的一系列旨在禁止买卖奴隶的条约。

上面提到的类似康纳斯一家人对"社会弱势成员"实施的奴隶行为,在19世纪前的很长一段时间内欧洲和北美洲都普遍存在。它们不仅没有被禁止,甚至在当时还是一种合法行为。大批的非洲人被贩卖到欧洲大陆,尤其是被称为"日不落"的大英帝国。当然,将人当作奴隶,剥夺他人的自由和尊严,这是非常残忍和不道德的。

在19世纪,国家主权以及国内管辖权的实证主义理论处于至高地位,所以除了海盗行为和奴隶制度以外,几乎所有在现在被归为人权的问题当时都被认为是属于一国的内政范畴。也正是在那里,英国迫于舆论的压力,开始禁止和废除奴隶制和奴隶买卖活动。奴隶问题也不再被认为纯属内政,而是国际社会的事项。在这一道德理念发生变化的背景下,国际社会制订了一系列取缔奴隶贸易的国际条约:一些欧洲国家先是于1815年在维也纳签署了《关于取缔贩卖黑奴的宣言》;1841年,英、奥、法、普、俄在伦敦签署了《关于取缔非洲奴隶贸易的条约》;1885年,英、美、法、德、俄等14个国家又在柏林会议上最后通过了《柏林会议关于非洲的总议定书》。以后,在1890年,19个国家在布鲁塞尔举行会议、制定了《关于贩卖非洲奴隶问题的总议定书》,这也是国际社会在第一次世界大战前制订出来的有关禁止奴隶贸易的最为完备的国际公约。[①]

---

① 王铁崖主编:《国际法》,法律出版社2003年,第199页。

第一次世界大战之后,国际社会在禁止奴隶方面有了进一步的发展。1926年国际联盟主持制定了《国际禁奴公约》,该公约责成各缔约国"防止和惩罚奴隶贩卖",并"逐步并尽速完全废除一切形式的奴隶制"(第2条)。尽管公约没有任何实施条款,仅要求缔约国就各自为执行公约而做出的规定相互通告并通知国际联盟秘书长,[①]但是,该公约为废除奴隶制和奴隶买卖奠定了重要基础。禁止奴隶制和奴隶贸易现在是国际人权法的一项习惯法规则。

除了禁止和废除奴隶制,国际社会在保护少数民族方面也做了尝试和努力。第一次世界大战之后,各国希望避免历史上由于少数民族问题而引起的地区性紧张和冲突的情况重演,于是就建立了一个在国际联盟管辖下的正式制度来保护民族、宗教和语言方面的少数群体。

出于同样的考虑,一战中的协约国和主要参战国还坚持同这些新兴国家缔结保护其境内的种族的、宗教的和语言的少数者的条约。这些条约内容基本上是以1919年6月28日《主要协约国以及参战国和波兰之间的条约》为蓝本,其主要内容有以下几个方面:

第一,不分出身、国籍、语言、种族或宗教,保障所有居民的生存权和自由权;

第二,不论种族、宗教、语言有何差别,所有国民在法律面前平等,并同样享有政治和公民权利;

第三,不得因宗教、种族、信仰的差别而妨碍担任公职,执行公务,享受荣誉以及从事职业或经营产业;

第四,任何国民在私人交往、商业、宗教礼拜、出版以及公共会议上有使用任何语言的权利;

第五,种族、宗教或语言方面的少数者具有建立和经营慈善、宗教、

---

① 参见 http://hei.unige.ch/humanrts/chinese/CHf1sc.htm。

社会以及学校等机构的权利。

《国际联盟盟约》创设了"委任统治"制度,以适用于某些置于国联保护下的殖民领土,保证管治这些领土的受委任国将会促进当地原居民的福祉。与此同时,国际劳工组织开始着手制定提高保护工人的国际标准的进程,并于1919年依据《国际联盟盟约》第23条设立了国际劳工组织(International Labour Organization)[①]。

国际劳工组织现是联合国的专门机构之一。它在第二次世界大战前通过的有关保护劳工的公约达67个,涉及劳动条件和生存条件、保护妇女、儿童,限定工作时间,禁止强迫劳动和解决失业等问题。国际劳工组织也形成了一些实施和监督制度,例如缔约国定期报告制度。国际劳工组织在保障各国劳动者的权利和改善劳动条件,促进人权问题成为国际社会的关注事项方面起到了促进作用,并为后来国际人权法的发展做出了重要贡献。

以后,在国际联盟的推动下,世界上在国际法学术方面最具权威性的国际法研究院(l'Institut du Droit International)于1929年通过了《国际人权宣言》,其中第一条宣布,"每一个国家有义务承认每个人享有生命、自由和财产平等权利,并且有义务给予该国领土内的一切人,不分国籍、性别、种族、语言和宗教,以及关于这些权利的充分和完全的保护。"这样,国际法学家开始了从国际法角度要求"国际人权保护",并倡导"国际法必须像国内法一样,直接用于个人"。

所以,传统国际法创立了旨在保护不同人群的法律原则和规定。这些人群主要包括:奴隶、少数族群、某些土著居民、外国国民、大规模侵犯人权行为的受害者、参战人员,等等。这些法律和实践从制度上促

[①] 截止2005年11月10日,成员国为178个。参见 http://www.ilo.org/public/english/standards/relm/country.htm。

进了当代国际人权法的发展。但直到第二次世界大战结束之前,人权问题还没有被承认为国际法上的一项基本原则。被称作奠定一战后国际关系和国际秩序基础的《国际联盟盟约》,里面没有关于人权的规定。在联合国组织成立之前,人权的国际保护缺乏在保障基本人权和自由方面的法律制度的基本要素。

第二节 人权的国际保护

改善人权状况是件长期的事。将他人作为奴隶来对待的事,在印度或在非洲、在今天都还时有发生。如在印度,现在还有不少家庭仍在雇用童工做家庭仆人,这些童工没有人身自由[①];在非洲,每年都有数百名儿童被贩卖到英国沦为奴隶,名义是"家务助手",实质是变相奴隶。他们每天做家务或照看年龄更小的孩子,工作时间长达 18 小时;有些孩子被迫在餐馆和商店工作,甚至受到身体虐待或性虐待,遭遇极其悲惨……[②]奴隶贸易在 21 世纪的今天依然存在。这让人感到非常惊讶。

"人权纯属于一国的内政,他国不能干涉。"这话有一定的道理,因为人权保护主要是通过国内机制来实施和落实;但它同时又不全面,因为在国际法的层面显然已存在大量关于如何保护人权的国际法律文件和国际保护机制。所以人权状况再也不能被认为纯粹是一国国内的事。

[①] 然珂:"印度家庭奴隶的悲惨故事",《环球视野》摘自 2007 年 5 月 30 日—6 月 5 日《世界报》,www.globalview.cn/readnews.asp? newsid=12085,最近一次登录时间为 2012 年 7 月 12 日。

[②] 周燕:"非洲儿童被卖英国为奴",新华社网址:http://www.ycwb.com/ePaper/ycwb/html/2008-01/28/content_123449.htm,最近一次登录时间为 2012 年 7 月 12 日。

有关国际人权法的法律文件很多,但其中最主要的是:1945年《联合国宪章》、1948年《世界人权宣言》、1966年《经济、社会和文化权利国际公约》以及《公民权利和政治权利国际公约》。当然,联合国组织的实践也很重要。这些法律文件及国际实践奠定了人权保护方面的共同标准,并成为以后在专门领域内人权发展的基础。

一、《联合国宪章》

1945年,《联合国宪章》(United Nations Charter)在旧金山通过,里面有一些关于人权方面的原则规定。如前所述,"人权"在第二次世界大战之前,基本上是国内法上的一个概念,其意思是个人享有国内法上的公民权利和政治权利。但在第二次世界大战后,国际社会由于受到战争对人类价值、尊严的野蛮摧残等的强烈震撼,开始对人权及如何保护给予广泛的关注。于是,人权的概念全面进入国际法领域,成为国际法律保护的对象。

联合国组织是世界上所有国际组织中最具普遍性的国际组织。《联合国宪章》之前制订的人权法方面的规定,比较具体,旨在保护某一类人,或保障某一类群体的权利。但《联合国宪章》则没有作这样的限制。它所表明的是"全体人类之人权及基本自由",且"不分种族、性别、语言或宗教"。所以,《联合国宪章》无疑大大增加了人权法规定在适用方面的普遍性。

《联合国宪章》第1条第3款规定,联合国的宗旨之一是"促成国际合作,以解决国际间属于经济、社会、文化及人类福利性质之国际问题,且不分种族、性别、语言或宗教,增进并激励对于全体人类之人权及基本自由之尊重"。《联合国宪章》第55条规定联合国应促进全体人类之人权或基本自由之普遍尊重与遵守,不分种族、性别、语言或宗教;《联合国宪章》第56条则规定各成员国承诺采取共同及个别行动与本组织合作，以达成第 55 条所载之宗旨。

《联合国宪章》创设了两项基本的、相互之间存在联系的义务。首先，它规定联合国在不分种族、性别、语言或宗教的前提条件下来促进"全体人类之人权及基本自由之普遍尊重与遵守，"第二，它表达了联合国会员国的共同承诺，就是要"采取共同及个别行动与本组织合作"，以促进人权与基本自由。《联合国宪章》关于人权方面的规定，是对联合国及其会员国具有法律约束力的义务。综观当代人权法的所有规定，上述两点在使人权成为整个国际社会所关切的事务，构成了一个重要基础。

联合国组织本身在《联合国宪章》第 55 条和第 56 条的法律效力问题上态度非常明确。联合国大会在其第七届会议通过的关于南非种族局势的第 616 号决议中指出，有关成员国政府所决定的不仅不执行该决议、反而旨在加剧歧视的政策，是与联合国各成员国根据《联合国宪章》第 55 条的承诺相抵触的。1971 年国际法院在其发表的"纳米比亚案"的咨询意见里也明确表明，国际法院认为，南非在纳米比亚所实施的官方政策促进了种族上的完全分离，这意味着根据种族、肤色、血统、民族或出身设置并推行各种类型的歧视、排斥与限制，是对基本人权的否定，是对《联合国宪章》宗旨和原则的严重违反。所以，国际法院也主张《联合国宪章》的人权条款为联合国成员国设置了法律义务。[①]

《联合国宪章》里关于人权的规定对国际人权法的发展产生了重要影响，它们构成国际人权法的法律基础。

二、联合国成立初期关于人权保护的实践

联合国人权保护的实践，首先与去殖民化和种族歧视联系在一起。

---

① 参见 http://www.icj-cij.org/icjwww/idecisions/isummaries/inamsummary710621.htm。

由于《联合国宪章》里明确地重申了"基本人权,人格尊严与价值,以及男女与大小各国平等权利之信念",所以联合国组织在成立了之后,就需要努力创造建立在尊重各国人民的平等权利和自决的基础上的稳定和福利,也需要创造一种能普遍尊重和遵守人类的权利以及不分种族、性别、语言或宗教的所有人的基本自由的条件。

正是在这一国际背景情况下,联合国大会1960年12月14日通过了第1514(XV)号决议,即"给予殖民地国家和人民独立宣言",正式宣布:"受外国的征服,统治和剥削的这一情况,否认了基本人权,违反了联合国宪章,并妨碍了增进世界的和平与合作"(第1条);并表示要"在托管领地和非自治领地以及还没有取得独立的一切其他领地内立即采取步骤,依照这些领地的人民自由地表示的意思和愿望,不分种族、信仰或肤色,无条件地和无保留地将所有权力移交给他们,使他们能享受完全的独立和自由"(第5条)。

在《联合国宪章》的基础上,安理会开始审议要保护殖民地国家和人民基本权利的提案。例如,在上个世纪的60年代,安理会就多次审议关于葡萄牙在非洲殖民统治的情势。虽然葡萄牙认为这属于它的国内事务,拒绝指责,但安理会还是依然进行讨论并通过很多决议,如1961年第163号决议,1963年的第180和第183号决议等。

在1961年6月通过的第163号决议中,联合国安理会对安哥拉的形势表示关切,对发生在那里的对安哥拉的大规模的屠杀及严厉镇压的措施表示遗憾。安理会根据联合国大会同年4月刚通过的第1603(15)号决议,指派了一个安哥拉情势小组委员会,"促请葡萄牙当局立即停止镇压措施,并给小组委员会各种便利,以方便其迅速的执行任务。"在讨论和通过第322号决议时,联合国安理会则"要求葡萄牙政府立即停止对安哥拉、几内亚(比绍)和佛得角群岛及莫桑比克的人民进行的军事行动和一切镇压行为"。

不过在当时的国际社会,并不是所有国际社会成员在葡萄牙殖民统治这个问题上都意见一致。例如,安理会通过第163号决议时,英国和法国就投了"弃权"票①,以表示它们对安理会的决议有一定的保留。

除了葡萄牙殖民统治的问题,相似的还有南罗得西亚问题。当南罗得西亚单方面宣布独立、由极少数种族者组成的政府却要对如此数量之多的非洲人进行统治(即在政治和公民权利方面实施压迫)时,联合国安理会将它作为一个严重的人权问题来进行讨论,并为此通过了很多的决议,如1965年的第202、第216、第217号决议,1966年的第221和第232号决议,1968年的第253号决议,1972年的第314和318号决议,等等。

在上述提到的这些决议中,联合国安理会表示要尊重人民要求自由的殷切希望和在获得独立中所起的决定性作用,要求立即按照人民所自由表达的意志和愿望给予一切殖民地国家、托管地和其他非自治领土完全的独立和自由。因此,联合国安理会谴责南罗得西亚的种族主义的少数移民篡夺政权,认为其宣布独立并不具有任何法律效力,并促请所有国家都不能承诺这一非法权力并不能考虑与之建立任何外交或其他的关系。此外,联合国安理会还通过干预南罗得西亚的国际贸易来表达国际社会不满的立场和态度,明确"促请所有各国勿作协助及鼓励非法政权之任何行动,尤勿供给武器、设备及军事器材,并竭力断绝与南罗得西亚之一切经济关系,包括石油及石油产品之禁运"。②

联合国组织在人权保护领域最主要的表现,是关于南非政府种族隔离政策问题上的立场和决议。"种族隔离"政策就是种族歧视,是故意将白人与黑人及其他有色人种分开,在日常生活及基本权利方面予

---

① 参见联合国文件:UN Doc. S/4835。
② 联合国安理会第217号决议,1965年11月20日。

以区分。这与《联合国宪章》里要求尊重所有人的"基本人权,人格尊严与价值"的理念显然是背道而驰的。

在反对南非政府坚持的种族歧视政策方面,联合国安理会通过了许多的决议,例如1963年的第181和第182号决议、1964年的第190和第191号决议、1970年的第282号决议、1972年的第311号决议以及1977年的第417和第418号决议,等等。在所有这些决议中,联合国安理会都明确反对南非政府实施的种族隔离和种族歧视的政策。例如,在通过的第182号决议中、安理会认为"南非政府近几年的种族隔离及种族歧视政策,为人类良知所憎恶","与《联合国宪章》里的原则及南非作为联合国会员国而负有义务,都是不相容的"。因此,在该决议中,安理会要求"在南非境内必须消除一切对个人基本人权及基本自由的歧视,不得因种族、性别、语言或宗教而有区别",同时还要求"南非政府释放所有因为反对种族隔离政策而被监禁或受其他限制的人士",等等。

联合国安理会在1977年通过的第418号决议中,"强烈谴责南非政府对南非人民、包括学童和学生以及其他反对种族歧视的人在内而采取的大规模的暴力行动,要求政府立即采取紧急步骤消除种族隔离和种族歧视"。由于在那个时候,南非政府还倒行逆施地在研究和制造核武器,所以该决议还对此表示"严重关切"。"鉴于南非政府的政策和行为,断定南非取得武器和有关物质,构成对维持国际和平与安全的威胁",联合国安理会于是要求所有国家,其中包括不是联合国会员国的国家,"立即停止向南非提供武器和任何种类的有关物质,包括出售和转运武器和弹药"。为消除南非的种族隔离政策,安理会还表示"必要时会诉诸武力",从而突出了人权问题在国际安全与和平视角下的重要性。

在1971年的纳米比亚一案中,国际法院也认为,南非在纳米比亚所实施的官方政策促进了种族上的完全分离,这意味着根据种族、肤色、血统、民族或出身设置并推行各种类型的歧视、排斥与限制,是对基本人权的否定,是对《联合国宪章》宗旨和原则的严重违反。[1]

上述联合国组织决议及国际法院的咨询意见所表达出来的要求按照人民意志和愿望给予一切殖民地国家、托管地和其他非自治领土完全的独立和自由的意愿,反映了人权保护在第二次世界大战后的发展。由于安理会是世界上唯一能采取强制性行动的国际机构,所以安理会将对国际和平与安全的威胁与国家对其国民基本人权的维护一并起来考虑,这在国际法上具有重要的意义。

国际人权法的发展对国际法形成了很大的冲击。国家主权原是传统国际法中的最基本原则,如何管理国家或如何对待自己的国民,原是国家自己决定的事情。但现在通过人权法公约,将纯粹是其国内管辖的事项国际化了。

三、《世界人权宣言》

《联合国宪章》规定了"人权及基本自由",这在国际法上有一定的意义,但什么才算是"人权及基本自由"?《联合国宪章》对此没有定义,也没有什么具体阐释。反倒是《世界人权宣言》作了比较明确的规定。

1945年4月在旧金山举行的联合国创立大会上,古巴、墨西哥及巴拿马的代表建议制定《关于人的基本权利宣言》。在联合国大会第一届会议上,巴拿马代表递交了《关于基本人权及自由的宣言草案》(Draft Declaration on Fundamental Human Rights and Freedoms)。于是,根据《联合国宪章》第68条的规定、在经济及社会理事会下设立

---

[1] 参见 http://www.icj-cij.org/icjwww/idecisions/isummaries/inamsummary710621.htm。

了人权委员会(Comission on Human Rights),花了两年时间致力于起草一个言简意赅、易于被各国理解的国际人权法案。1948年12月10日,第三届联合国大会以0票反对、8票弃权正式通过了《世界人权宣言》。所以,《世界人权宣言》(the Universal Declaration of Human Rights)是1948年作为联大决议的形式被通过和公布的。

《世界人权宣言》由序言部分和30条条文组成。除基本思想和原则以外,其第1至第21条规定了公民权利和政治权利;第22至第27条规定了经济权利、社会权利及文化权利;第28至第30条承认人人有权享有宣言所载权利与自由全部实现的社会和国际秩序,人人对社会负有义务和责任以及任何国家、团体或个人都无权破坏宣言所载权利和自由,等等。其中主要的公民和政治权利规定如下:

——生命、自由和人身安全权(第3条);

——禁止酷刑和残忍、不人道或有辱人格的待遇(第5条);

——受法律平等保护的权利(第7条);

——司法救济的权利(第8条);

——不受任意逮捕、拘禁和放逐的权利(第9条);

——公正和公平审判的权利(第10条);

——无罪推定原则(第11条);

——迁徙自由权(第13条);

——寻求庇护权(第14条);

——发表意见自由的权利(第19条);

——集会和结社自由(第20条);以及

——参政权及选举权(第21条)。

此外,《世界人权宣言》第22至第27条还规定经济、社会及文化方

面的权利,如:

——享受社会保障的权利(第22条);
——享有工作及同工同酬权(第23条);
——受教育权(第26条);以及
——参与文化活动的权利(第27条)。

《世界人权宣言》内容应该说是比较全面。如果对照本章在开篇中提到英国卢顿地方法院审理的那一桩践踏人权的案子,就可以看到:该案中康纳斯一家人,将那些社会弱势成员关进类似"集中营"的陋室,并强迫他们每天10多小时的繁重体力劳动,而且这些人若试图逃跑就会遭到殴打,等等,都是明显违反这里面关于基本人权规定的。

尽管《世界人权宣言》内容比较全面,但它作为联大决议的形式被通过和公布,法律上没有约束力。可随着时间的推移,《世界人权宣言》里的规定不断地为其他国际人权文件以及国内法所确认。

《世界人权宣言》规定的一些权利,如反对酷刑、奴隶制、谋杀、超期及任意拘禁等,都已享有习惯国际法的地位。该宣言规定了一系列基本的公民和政治权利,包括生命权、不受奴役权、免受酷刑权、法律平等保护权、正当法律程序保障权、言论自由权、集会权和隐私权,等等;它还规定的关于拥有财产的权利,以及经济、社会、文化方面的多项权利,如:工作权、受教育权、享受医疗保健和各种社会服务权,以及参加社区文化生活权等。从形式上看,所有这些权利的规定都是以概括性的文字体现的,似乎缺乏条约或法律应有的特征,但《世界人权宣言》认可了各国可以通过法律限制所宣告的权利,以保证"对旁人的权利和自由给予应有的承认和尊重,并在一个民主的社会中适应道德、公共秩序和普遍福利的正当需要"(第29条)。这是非常重要的。

《世界人权宣言》构成了1966年《经济、社会和文化权利国际公约》和《公民权利和政治权利国际公约》以及在联合国主持制定下的许多专门的国际人权条约的基础。1968年联合国第一次人权会议通过的《德黑兰宣言》重申成员国应当遵守《世界人权宣言》。1993年《维也纳宣言行动和纲领》也重申坚决维护《联合国宪章》和《世界人权宣言》所载的宗旨和原则。

第三节 联合国人权公约

《世界人权宣言》于1945年通过后,联合国人权委员会就开始起草两个国际人权公约。一个是关于经济权利、社会权利及文化权利方面;另一个则是关于公民权利和政治权利方面的。最初,人权委员会设想把这些内容规定在一个公约中,但经过不断的修改和讨论,最终起草了两个单独的公约,即《公民权利和政治权利国际公约》及《经济权利、社会权利和文化权利国际公约》。这两个公约包含有一些共同的内容,但规定的是不同的权利,其实施机制也是各不相同的。

一、《公民权利和政治权利国际公约》

《公民权利和政治权利国际公约》(International Covenant on Civil and Political Rights)共含有53个条款。它规定了缔约国的一般义务,如关于要采取立法和其他措施实施公约及补救义务等,同时还具体列举了一些应受保护的人权,如生命权、免受酷刑和不人道待遇、禁止奴役和强迫劳动、法律面前人人平等权和少数者权利等。

该公约比较特殊的,就是专门设立了人权事务委员会(Human Rights Committee)[①]。它由18名被缔约国选举的委员组成。这些委

---

① 《公民权利和政治权利国际公约》,第28条。

员都是以个人资格而不是以政府代表资格进行工作。其工作职能,主要是:审议缔约国提交的报告,接受和审议一缔约国对另一缔约国未履行公约义务的指控,接受和审议个人对其人权遭到缔约国侵害的指控,等等。①

1966年在联合国大会通过《经济、社会和文化权利国际公约》的同时,还通过了《公民权利和政治权利国际公约任择议定书》。② 在该任择议定书中规定了关于个人申诉的制度,以便让权利受到伤害的个人能向人权事务委员会提出申诉。不过,从法律文件的性质上讲,这是一个任择议定书。该议定书的第1条规定:"成为本议定书缔约国的公约缔约国承认委员会有权接受并审查该国管辖下的个人声称为该缔约国侵害公约所载任何权利的受害人的来文。"这一规定表明,《公约》缔约国有选择接受或不接受任择议定书的自由,而只有当被指控的国家已经批准或加入了议定书,人权事务委员会才可以接受申诉。委员会在认定事实后,指出缔约国是否违反了条约义务,并附有缔约国应采取的救济措施。需要注意的是:人权事务委员会不是司法机构,它对有关缔约国没有约束力。但在实践上看,如果委员会作出了决定,一般都能得到有关缔约国的遵守。

联合国第44届大会于1989年底还通过了《公民权利和政治权利国际公约第二个旨在废除死刑的任择议定书》。③ 联合国大会之所以提出建议来废除死刑,是认为"废除死刑有助于提高人的尊严和促使人权的持续发展","深信废除死刑的所有措施应被视为是在享受生命权

---

① 参见 http://www.unhchr.ch/html/menu6/2/fs12.htm。
② 联合国大会是以66票赞成、2票反对的表决结果通过了《公民权利和政治权利国际公约任择议定书》。截止2006年1月26日,该议定书的缔约国有105个,该议定书于1976年3月23日生效。
③ 联合国第44届大会是以59票赞成、26票反对、48票弃权的表决结果通过的。该议定书于1991年生效。截止2006年1月26日,该议定书的缔约国有56个。

方面的进步。"①

《公民权利和政治权利国际公约》规定了缔约国定期报告制度。它要求公约缔约国在公约对其生效后的一年内提交报告,陈述"关于他们已经采取而使本公约所承认的各项权利得以实施的措施和关于在享受这些权利方面所作出的进展"②。

从公约建立的法律机制中可以看到:它规定的义务不仅仅是要求在原则上尊重人权,而且还要求缔约国承担保证其管辖下的个人享用这些权利的义务。在20世纪的70年代,曾发生过芦西恩·威伯格·韦斯诉乌拉圭(Luciano Weinberger Weisz v. Uruguary)一案。在该案中,居住在墨西哥的乌拉圭公民芦西恩,代表他的哥哥伊斯玛艾勒·威伯格(Ismael Weinberger)向人权事务委员会起诉乌拉圭。诉由是作为记者的伊斯玛艾勒曾被囚禁在乌拉圭,但在被逮捕时警方没有出具任何逮捕令。此后,他被关押了10个月,还遭到酷刑,其家庭并没有被告知具体关押的地点,等等。据此,芦西恩认为乌拉圭的行为违反了《公民权利和政治权利国际公约》的规定。人权事务委员会在对该案进行审理后认定:乌拉圭确实违反了公约义务,认为乌拉圭有义务对受害者提供有效的救济,包括立即释放和金钱赔偿,乌拉圭还必须采取措施保证类似的违反公约的拘留事件以后不再发生。③

所以《公民权利和政治权利国际公约》在国家履行公约义务方面,有一定的强制力和可操作性,另外还具有法律精确性和可操作性,如有关缔约国相互之间可以予以指控的制度④。根据这一制度方面的规定,如果某一缔约国认为另一缔约国未执行公约的规定,就可用书面通

---

① 参见《公民权利和政治权利国际公约第二个旨在废除死刑的任择议定书》序言。
② 《公民权利和政治权利国际公约》,第40条。
③ 联合国文件:No.28/1978, U.N. Doc. CCPR/C/OP/1 at 57(1984)。
④ 《公民权利和政治权利国际公约》,第41条。

知该国注意此事项。如果在收到通知后 6 个月内未能解决,两国中任何一国有权将此事提交人权事务委员会。当然,由于这样的效果在法律上具有干涉的嫌疑,所以只是一个任择性的条款①。一国批准了公约并不视为自动接受该条款,只是指控国和被指控国都是承认委员会对受理上述指控有管辖权的国家,并且国内救济措施已用尽的情况下,才能适用公约内予以指控的制度。

所以,《公民权利和政治权利国际公约》虽有一定的强制力和可操作性,但也有局限性。里面除"例外"、"限定"和"限制"等一些规定外,其中最主要的是:该公约准许在紧急状态下中止某些权利的行使,即:"在社会紧急状态威胁到国家的生命并经正式宣布时,本公约缔约国得采取措施克减其在本公约下所承担的义务。"②这是一个前提性的条件。但何为"社会紧急状态",解释上就有相当的不确定性。

二、《经济、社会和文化权利国际公约》

《经济、社会、文化权利国际公约》(*International Covenant on Economic, Social and Cultural Rights*)内容上细化了 1948 年《世界人权宣言》里关于这方面的规定。同时它与《公民权利和政治权利国际公约》里的规定形成互相补充,以完善个人在国际法上所享有的权利。

《经济、社会和文化权利国际公约》共含有 31 个条款。规定的权利主要是工作权、社会保障权、健康权、受教育权以及参加文化权,等等。③ 所以,《经济、社会、文化权利国际公约》与《公民权利和政治权利国际公约》的侧重点不同,其法律义务也有所不同。

---

① 公约第 41 条直到 1979 年 3 月 28 日生效。到 2003 年,只有 47 个国家接受了该条款。
② 《公民权利和政治权利国际公约》,第 4 条。
③ 《经济、社会、文化权利国际公约》,第 6—15 条。

《公民权利和政治权利国际公约》通过其所规定的关于个人的权利,如生命权、免受酷刑和不人道待遇、禁止奴役和强迫劳动等,规定不得对这些权利予以侵害。国家只要有意愿,一般都能采取措施来避免侵犯这些权利。

但《经济、社会、文化权利国际公约》里规定的个人在经济、社会、文化权利方面所能享有的权利,则是以经济和其他资源的存在或拥有为先决条件的,涉及能力问题。由于各国对资源的拥有程度并不相同,综合实力不一样。所以,如果说在履行公民和政治权利方面无须太多的经济资源,那么在经济、社会、文化等方面就首先存在具备给予权利的能力问题。也正是考虑到这一点,《经济、社会、文化权利国际公约》对该公约缔约国的要求就不一样,它只是要求缔约承诺"尽最大能力"采取步骤,并"用一切适当方法,尤其包括立法方法,逐渐达到本公约中所承认的权利的充分实现"[1]。在这里,"尽最大能力采取步骤"一句表明,缔约国所承担的义务是逐渐性的,因为它与能力有关,与其资源状况相联系。所以,一国批准公约,并不马上承担将该公约列举的所有权利"即刻"付诸实现的义务,缔约国承担的义务仅仅是"尽最大能力"采取步骤,以便"逐渐"实现这些权利。

第四节 专门性人权条约

除了上述 1966 年联合国两个人权公约以外,在联合国机构内或在联合国的主持下还缔结许多专门性人权条约,所谓"专门性",是指在人权某个专门领域或针对某个特定族群所制订的国际法律文件。其中比较重要的有:

---

[1] 《经济、社会、文化权利国际公约》,第 2 条第 1 款。

——《防止及惩治灭绝种族罪公约》;

——《消除一切形式种族歧视国际公约》;

——《消除对妇女一切形式歧视公约》;

——《禁止酷刑和其他残忍、不人道或有辱人格的待遇或处罚公约》;

——《消除对妇女一切形式歧视公约》,以及

——《儿童权利公约》等。

以上所有这些条约都已经生效,并已经绝大多数联合国会员国批准。

一、《防止及惩治灭绝种族罪公约》

二战中德国纳粹法西斯对犹太人的残酷暴行震撼了整个世界,也震撼了人类的良知。但在那个时候,国际法上还没有"种族灭绝罪"(genocide)这个罪行。为了预防和惩治类似对犹太人的这种屠杀和暴行,联合国大会于1946年12月通过决议,将灭绝种族确定为国际法上的一种罪行,认为它"违背联合国的精神和宗旨,为文明世界所不容。"①1948年12月,联合国大会还通过了《防止及惩治灭绝种族罪公约》(Convention on the Prevention and Punishment of Genocide),以预防和惩治种族灭绝的国际罪行,并责成缔约国承诺追诉并惩治任何犯有灭绝种族罪行,或者煽动或密谋犯下这种罪行的人。②

根据公约所给予的定义,"灭绝种族"是指"蓄意全部或局部消灭某

---

① 联合国大会第96(I)号决议。
② 该《公约》于1951年1月12日正式生效。截止2006年1月26日,该公约的缔约国有138个,我国于1983年4月18日交存批准书。

一民族、人种、种族或宗教团体"。① 所以,"灭绝种族"之所以残酷,不仅仅是因为杀人,最主要的是其杀人的行为只是建立在或"民族"、或"人种"、或"种族"、或"宗教"的不同,这是非常可怕的。在联合国安理会成立的卢旺达国际刑事法庭审理的第一个关于种族灭绝案中,"灭绝种族"被定义为国际法"罪行中的罪行"(crime of the crimes)②。

根据《防止及惩治灭绝种族罪公约》的规定,所有种族灭绝行为,其中包括基于"民族、人种、种族或宗教团体"的因素而杀害其中某一团体成员;致使该成员在身体上或精神上遭受严重伤害;强制实行办法意图防止该团体内之生育;强迫转移该团体之儿童至另一团体等行为,都应受到惩治。

全世界在今天已达成共识,认为灭绝种族行为是"国际法上的一种罪行",一定要予以预防与惩治。1948年以后成立的所有国际刑事司法机构,如前南国际刑事法庭、卢旺达国际刑事法庭、塞拉里昂特别法庭以及国际刑事法院等,其《规约》里所包含要惩治的国际罪行里都有"种族灭绝罪"。所有这些国际刑事司法机构里关于该罪行的定义,都是沿用了《防止及惩治灭绝种族罪公约》关于灭绝种族罪的定义。

1993年3月20日,波斯尼亚和黑塞哥维纳(简称"波黑")向联合国国际法院递交了起诉南斯拉夫联邦共和国(简称"南联邦")的请求书,认为南联邦违反了《防止及惩治灭绝种族罪公约》。但这两个国家在公约的规定以及在国际法院是否具有管辖权问题上,意见不同。于是,根据公约第9条的规定,即"缔约国间关于本公约的解释、适用或实施的争端,包括关于某一国家对于灭绝种族罪或第3条所列任何其他行为的责任的争端,经争端一方的请求,应提交国际法院",波黑请求国

---

① 《防止及惩治灭绝种族罪公约》,第2条。
② *The Prosecutor v. Jean-Paul kayesu*, Appeals Judgement, June 1, 2001, UN Doc. ICTR-96-4-A.

际法院来裁定。

《防止及惩治灭绝种族罪公约》第1条规定:"缔约国确认灭绝种族行为,不论发生于平时或战时,均系国际法上的一种罪行,承允防止并惩治之"。由于灭绝种族行为,即便被认可发生、也只是发生在波黑的境内,所以南联邦认为所指称的灭种行为并没有发生在自己境内,自身也没有参与灭种,所以没有违反、也不可能违反条约第1条中规定的"预防"义务,所以不应承担任何责任。波黑不同意,认为对方有预防灭种行为发生的义务。

国际法院经过审议,认为国家在履行预防义务方面应达到"合理注意"(due diligence)程度。《防止及惩治灭绝种族罪公约》并不要求国家在预防灭绝种族的行为发生方面一定要成功,而是要求国家采取一切合理措施预防;国家不会因预防效果不如意而承担责任。但如果国家没有采取一切有效措施去预防灭种的发生时,就应承担相应责任。[①]

禁止种族灭绝行为还应被提高到"强行法"的高度来理解。1969年《维也纳条约法公约》第53条规定:"条约在缔结时与一般国际法强制规律抵触者无效,"从而第一次将强行法概念纳入到现行国际法中。《奥本海国际法》认为"强行法"规则应包括"对国际法上犯罪行为的禁止,对奴隶买卖、海盗行为或灭绝种族行为的禁止(对这些行为的制止,每一个国家都被要求进行合作)。"[②]国际法院在"《防止及惩治灭绝种族罪公约》的保留"的咨询意见中也同样认为:"作为该公约基础的那些原则是各文明国家承认对各国有拘束力的原则,即使没有任何条约义

---

① 参见 Judgment of 26 February 2007, Case concerning the Application of the Convention on the Prevention and Punishment of the Crime of Genocide(Bosnia and Herzegovina v. Serbia and Montenegro), paras. 428—438。

② 〔英〕詹尼斯、瓦茨修订:《奥本海国际法》(第九版),第一卷,第一分册,王铁崖、陈公绰、汤宗舜、周仁等译,中国大百科全书出版社1995年,第5页。

务也是一样。"①

二、《消除一切形式种族歧视国际公约》

由于种族不同而受到歧视,是非常不公平的。所以在人权领域内,种族问题历来是一个最引人注目的问题。联合国组织成立以来,一贯坚持平等和不歧视原则。鉴于世界有的地方仍然存在着种族歧视现象,联合国大会先是在1963年通过了《消除一切形式种族歧视宣言》,两年后的1965年又通过了《消除一切形式种族歧视国际公约》(International Convention on the Elimination of All Forms of Racial Discrimination)。②

什么样的行为算是"种族歧视"呢？根据该公约第1条的定义,如果是"基于人种、肤色、世系、原属国或民族本源等所作的区别、排斥、限制或优惠,其目的或效果是取消或损害人权及基本自由在平等基础上的承认、享受或行使"的行为,那就是"种族歧视"的行为。根据公约的规定,缔约国不仅负有不实施种族歧视的行为或习惯、以政府的权力宣布种族歧视为非法的义务,而且负有"采取一切适当方法,包括依情况需要制定法律,禁止任何人、任何团体或任何组织所施行之种族歧视"的义务。

在执行公约的机制方面,《消除一切形式种族歧视国际公约》设立了一个消除种族歧视的委员会(CERD)③,以监督公约条款的执行。该委员会由18名缔约国的专家组成。但这些专家不是以政府代表,而是

---

① Reservations to the Convention on the Prevention and Punishment of the Crime of Genocide, Advisory Opinion of 28 May 1951, ICJ Reports (1951), p.23.

② 《消除一切形式种族歧视国际公约》于1969年1月14日生效。截止2006年1月26日,该公约的缔约国有170个,我国于1981年12月29日交存加入书,1982年1月28日,公约对中国生效。

③ 《消除一切形式种族歧视国际公约》,第8条。

以个人资格来履行职责。另外,它还建立了一个缔约国定期报告的制度。根据公约的规定,缔约国的首次报告应于公约生效后一年内提交,其后每两年提交一次。① 此外,公约还规定了国家相互之间指控的制度以及个人申诉制度来保证公约的实施。如果两个或两个以上缔约国间关于公约的解释或适用的争端不能以谈判或以公约所制定的程序解决者,除争端各方商定其他解决方式外,应与争端任何一方请求时提请国际法院裁决。②

在适用《消除一切形式种族歧视国际公约》的范围方面,也存在与《防止及惩治灭绝种族罪公约》同样的问题。2008年8月12日,格鲁吉亚在国际法院指控俄罗斯违反了《消除一切形式种族歧视国际公约》,并请求法院指示采取临时措施命令。然而,俄罗斯则首先从管辖权角度进行抗辩,认为格鲁吉亚所叙述的问题,即便有,也只存在于南奥塞梯和阿布哈兹。而《消除一切形式种族歧视国际公约》第2条和第5条规定的义务,只限于公约当事国在本国境内执行,并不能域外适用。格鲁吉亚族则认为俄罗斯应采取一切必要措施以确保格鲁吉亚族裔或任何其他人免遭种族歧视。

对于这一点,国际法院认为,尽管双方围绕公约地域适用问题存有争议,但法院注意到,《消除一切形式种族歧视国际公约》并没有在自身地域适用的问题上进行一般性的限制;而无论是其第2条还是第5条,都没有在适用上进行特定的地域限制。因此,国际法院认为,像其他类似国际人权公约一样,它也适用于当事国在自身境外的行为。但至于此两条是否包含缔约国有预防其他国家实施种族歧视的义务,法院不

---

① 《消除一切形式种族歧视国际公约》,第9条。
② 同上,第22条。

适宜在临时措施阶段做出结论。①

上述案子还未进入实体审理阶段,国际法院最终如何进一步阐述目前还不能确定。然而,《消除一切形式种族歧视国际公约》第2条规定:"缔约国谴责种族歧视并承诺立即以一切适当方法实行消除一切形式种族歧视与促进所有种族间的谅解的政策……"。其第5条还规定:"缔约国依本公约第2条所规定的基本义务承诺禁止并消除一切形式种族歧视,保证人人享有不分种族、肤色或民族或人种在法律上一律平等的权利,尤其享有下列权利……"。所以,无论是第2条还是第5条,确实没有关于适用是否应有地域限制的问题。

三、《禁止并惩治种族隔离罪行国际公约》

种族隔离是实施种族歧视的具体结果,也是种族歧视方面最为严重的形式。不管是从法理还是从道德上讲,种族歧视都应是国际社会应致力于要消除的一种现象。1952年,因南非政府的种族隔离政策而引起的南非种族冲突问题开始列入联合国大会的议程。1973年,联合国大会通过了《禁止并惩治种族隔离罪行国际公约》②。

根据《禁止并惩治种族隔离罪行国际公约》里所作出的定义,"种族隔离罪"是指为建立和维持一个种族群体对任何其他种族群体的主宰地位并有系统的压迫他们而强行实施种族隔离的不人道行为,其主要形式为:剥夺一个或一个种族团体的一个或一个以上成员的生命和人身自由的权利;对一个种族团体的成员强加有意灭绝该团体的生活条

---

① Judgment of 26 February 2007, Case concerning the Application of the Convention on the Prevention and Punishment of the Crime of Genocide(Bosnia and Herzegovina v. Serbia and Montenegro), para.108—109.

② 该公约于1976年7月28日生效。中国于1983年4月18日交存加入书,同年5月18日公约开始对中国生效。截止2006年1月26日,该公约的缔约国有106个。

件；建立法律和社会条件，组织一个种族团体的发展和参与其本国的政治、社会、经济和文化生活；迫害反对种族隔离的组织或个人，剥夺其基本权利和自由，等等。

《禁止并惩治种族隔离罪行国际公约》在国际法上的意义，在于它明确宣布"种族隔离是危害人类的罪行"，认为由于种族隔离政策所产生的不人道行为都属违反国际法原则的行为，是违反联合国宪章的宗旨和原则的罪行，并且对国际和平与安全构成严重的威胁。[1]

所以"种族隔离"针对的不是某一个具体的人，而是人类的共同价值和理念。国际法院在"巴塞罗那电气、电车与电力公司案"中明确指出："应当把一国对国际社会整体的义务和由另一国在外交保护领域而生的那些义务做必要的区分。从性质上说前者同所有国家都有利害关系……它们是对一切人(erga omnes)的义务。在当代国际法中，这种义务源于侵略、灭绝种族行为的非法性，也源于和人的基本权利有关的那些规则和原则，包括使人免遭奴役和种族歧视。这些相应的受保护的权利一部分成为一般国际法的主要部分；其他的则被国际文件赋予普遍性或准普遍性的特征。"[2]

由于国际社会的努力，种族隔离已被普遍认为是国际法下的一种罪行。《禁止并惩治种族隔离罪行国际公约》对消除种族隔离产生了一定的积极作用。1991年6月，南非议会废除了作为种族隔离制度支柱的主要法律，并于1994年4月实现了南非历史上首次多种族大选。

四、《禁止酷刑或其他残忍、不人道或有辱人格的待遇或处罚公约》

在历史很长的一段时期内，出于政治或宗教等各种各样的原因，酷

---

[1] 参见《禁止并惩治种族隔离罪行国际公约》第1条。
[2] Case concerning Barcelona Traction, Light and Power Company, Limited (Belgium v. Spain), Judgment of 5 February 1970, ICJ Reports (1970), p.32, para.33—34.

刑在世界各国都普遍地发生,尤其是在欧洲的中世纪时期。所以,"酷刑"被称为人类社会的"一项古老的罪恶"。但在二战结束以后,为了确保人类不受酷刑或其他残忍、不人道或有辱人格的待遇或处罚,1984年12月10日,联合国大会通过了《禁止酷刑或其他残忍、不人道或有辱人格的待遇或处罚公约》(Convention Against Torture and Other Cruel, Inhuman or Degrading Treatment or Punishment)。[1]

根据该公约的定义,"酷刑"是指为了向某人或第三者取得情报或供状,为了他或第三者所作或涉嫌的行为对他加以处罚,或为了恐吓或威胁他或第三者,或为了基于任何一种歧视的任何理由,蓄意使某人在肉体或精神上遭受剧烈疼痛或痛苦的任何行为,这种疼痛或痛苦是由公职人员或以官方身份行使职权的其他人所造成或在其唆使、同意或默许下造成的[2]。

为落实该公约所规定的义务,它设立了一个禁止酷刑委员会,由10名专家组成。[3] 它另外还规定,各缔约国应通过联合国秘书长向禁止酷刑委员会提交报告,第一份报告应在公约对有关国家生效后一年内提交,此后每隔四年应提交补充报告[4]。

《公约》还规定了一个特有的实际调查程序。第20条规定如果委员会收到可靠的情报,有确凿证据证明在一个缔约国境内施行酷刑,委员会应请该缔约国对这一情况予以说明。如果委员会认为对所收集到的资料有必要进行调查,它可指定一名或一名以上成员进行秘密调查。

---

[1] 该公约于1987年6月26日生效。中国于1986年12月12日签署了该公约,1988年11月3日公约对中国生效。截止2006年1月26日,该公约的缔约国有141个。
[2] 《禁止酷刑或其他残忍、不人道或有辱人格的待遇或处罚公约》第1条第1款。
[3] 同上,第17条。
[4] 同上,第19条。

五、《消除对妇女一切形式歧视公约》

《联合国宪章》、《国际人权宪章》都全面规定了包括妇女在内的所有的人应享受的人权。但与男人相比,妇女始终是更容易受到侵害的群体。

1952 年《妇女政治权利公约》(Convention on the Elimination of All Forms of Discrimination Against Women)是为使妇女平等享有并行使政治权利而缔结的一项公约。该公约于 1954 年 7 月 7 日生效,对于提高妇女的政治地位具有重要的意义。此后,联合国还主持制定了其他有关保护妇女权利的国际条约。[①]

1967 年联合国大会通过《消除对妇女歧视宣言》,声称对妇女的歧视是"侵犯人格尊严的罪行",并督促各国政府、非政府组织以及个人尽最大努力促进男女在法律上以及在日常生活中享有平等的待遇。

1979 年 12 月 18 日,联合国大会通过了《消除对妇女一切形式歧视公约》,1981 年 9 月 3 日,公约正式生效。正像公约序言中所指出的,尽管存在着其他文书,歧视妇女的现象仍然普遍存在于每个社会。因此有必要为妇女单独设立一项专门的综合性公约,而《消除对妇女一切形式歧视公约》则是在《宣言》的基础上对消除妇女歧视以及应采取的必要措施作了更为详细和具体的规定,被视为"国际妇女权利法案"。

根据公约第 1 条,"对妇女的歧视"是指基于性别所作的任何区别、排斥或限制,其影响或目的足以妨碍或否认妇女享有在政治、经济、社会、文化、公民或任何其他方面的人权和基本自由。公约要求每个缔约国承担在所有领域采取制定法律等措施来实现男女平等原则,以及努

[①] 这些公约有:1957 年《已婚妇女国际公约》、1958 年《关于就业和职业歧视的公约》、1960 年《禁止在教育领域歧视的公约》、1962 年《关于婚姻的同意、结婚最低年龄及婚姻登记公约》、1981 年《关于男女工人机会平等和待遇平等的公约》等。

力消除男尊女卑思想的偏见和习俗、长期存在的旧的社会、文化和传统模式,创造一个促进妇女充分实现其权利的良好的社会整体环境。另外公约还规定缔约国应采取一切适当措施,消除任何人、团体或组织对妇女的歧视。这就表明,缔约国还负有确保消除个人、非政府社会团体或组织对妇女歧视的义务。公约第17条设立了消除对妇女歧视委员会,由23名专家组成。

六、《儿童权利公约》

1959年《儿童权利宣言》列举了十项儿童最基本的权利,1989年11月20日第44届联合国大会又通过了《儿童权利公约》(Convention on the Rights of the Child),从而使得上述宣言所宣布的各项原则取得法律上的效力。

公约将儿童定义为所有未满18岁的人,公约对儿童的权利作了相当详细和具体的规定。儿童享有言论自由(第13条)、思想和宗教信仰自由(第14条)、结社与集会自由(第15条)、隐私权(第16条)、免受酷刑或其他残忍、不人道或有辱人格的待遇或处罚的权利(第37条第1款)等公民权利和自由,还享有儿童所特有的权利。主要包括:拥有姓名和国籍权、儿童受保护权、受教育权、家庭团聚的权利、被收养的权利、未满18岁的人犯罪不得处死刑或无期徒刑、未满15岁的人免于参加武装部队和敌对行动以及针对难民儿童的特别权利等等。① 根据公约第43条设立了儿童权利委员会。缔约国应向委员会提交关于他们为实现公约确认的权利所采取的措施以及关于这些权利的享有方面的进展情况的报告。

2000年《关于儿童卷入武装冲突的儿童权利公约任择议定书》和

---

① 《儿童权利公约》第6—40条。

《关于贩卖儿童、儿童卖淫和儿童色情的儿童权利公约任择议定书》进一步就限制未满18岁的人被强行征召入伍和直接参加敌对行动,以及儿童免于被贩卖、性剥削和性侵犯做出了具体规定。

第五节 联合国人权理事会

人权问题,不仅涉及国内和国际法,而且与国际政治、国际贸易以及国际关系之间的联系也很密切,因此在理论和实践上都比较复杂。要了解人权法,就不得不对联合国人权理事会(前身为"人权委员会")要有所了解。

一、联合国人权委员会

1946年经济及社会理事会设立了联合国人权委员会(Commission on Human Rights),所以人权委员会是经社理事会的附属机构。

经济及社会理事会设立人权委员会,顺理成章。根据《联合国宪章》第62条,经济及社会理事会"为增进全体人类之人权及基本自由之尊重及维护起见,得做成建议案"。经济及社会理事会由联合国大会选举的54名成员组成,理事会的职能之一是对全体人类的人权和基本自由的普遍尊重与遵守,而不分种族、性别、语言或宗教。理事会关于人权问题的建议通常在审议联合国人权委员会、人权事务委员会、经济、社会和文化权利委员会等机构的报告的基础上做成。

人权委员会每年三四月份在日内瓦定期举行会议,来自成员国以及非政府组织的超过3000名的代表参加会议。① 人权委员会是联合国系统内处理人权问题的主要机构,职责主要包括:将有关人权事项的

---

① http://www.unhchr.ch/html/menu2/2/chr.htm.

建议和报告提交经社理事会;决定设立有关人权机制;起草人权文件:世界人权宣言、1966年两个人权公约等。但是在其成立的前20年,人权委员会并没有权力去处理提交联合国大会的申诉。

1967年针对南非的情况,经社理事会通过1235号(XLII)号决议,授权人权委员会"审查各国有关大规模侵犯人权的申诉"。并授权人权委员会对上述申诉中暴露出的"持续不断的侵犯人权的情形"进行研究,并以建议的方式向经社理事会提出报告。这成为委员会对国家进行调查的基础。1971年经社理事会通过了题为"有关侵犯人权的来文的处理程序"的1503(XLVIII)号决议,授予"防止歧视和保护少数小组委员会"(Sub-Commission on the Prevention of Discrimination and Protection of Minorities)建立一个工作组来审查联合国收到的个人的来文,阐明哪些来文中明显暴露出某种"持续不断的,大规模的"对人权的侵犯,并决定是否送交人权委员会审查。这一程序根据决议的序号又被称为"1503号程序"。1971年8月13日,小组委员会通过了1(XXIV)号决议,为适用1503号决议建立了具体程序。来文不得带有明显的政治动机;申诉人不仅可以是受害者,也可以是掌握这种侵犯的"直接的和可靠的情况"的个人或团体;匿名来文不接受;国内救济必须用尽,或者有足够的证据表明国内救济无效。① 值得注意的是,1503号程序并不是一种个人申诉程序,该程序只适用于大规模的、系统的对人权的侵犯,而不是用于对个人人权的侵犯。但在实际运用中,委员会及防止歧视和保护少数小组委员会根据1503号程序所作决议对当事国没有法律约束力,委员会仅仅能够提出建议。

---

① http://www.ohchr.org/english/bodies/chr/complaints.htm.

二、联合国人权理事会

联合国人权理事会（United Nations Human Rights Council），是联合国大会于2006年3月15日以决议的形式而设立的，其根据为2005年联合国首脑会议《成果文件》，目的是取代已不断遭到批评的联合国人权委员会。

与原来的人权委员会相比，人权理事会具有以下的一些特点：人权委员会归联合国经济和社会理事会管辖，而新成立的人权理事会则是联合国大会的下属机构；人权委员会由53个成员组成，而人权理事会则由47个成员组成；人权委员会的委员由各地区组织推荐，并经联合国经社理事会批准产生，而人权理事会成员则由联大无记名投票直接选举产生；人权委员会成员任期为3年，可多次连选连任，而人权理事会成员也是任期3年，但在连续两任后不能连任。

人权理事会隶属于联合国大会，在执行方面有一定的优越性。根据《联合国宪章》第13条，联合国大会的职责之一是"发动研究并提出建议，以促进经济、社会、文化、教育及卫生各部门之国际合作，且不分种族、性别、语言、或宗教，助成全体人类之人权及基本自由之实现"。大会在人权保护领域发挥着重要作用。自1948年通过《世界人权宣言》以来，大会通过了许多有关人权的宣言和公约，涉及到人权保护领域的多个方面。

2006年5月9日，第60届联合国大会根据联大有关决议，以无记名投票的方式选出了新成立的人权理事会首届47个成员，其中包括中国、法国、俄罗斯和英国4个联合国安理会常任理事国。2009年5月，第63届联合国大会改选联合国人权理事会18个成员国，所有联合国191个会员国的代表出席并投票，结果中国又以167票成功连任人权理事会成员，任期自2009—2012年。

人权理事会的首届会议,于 2006 年 6 月 19—30 日在日内瓦万国宫举行。外交部副部长杨洁篪代表中国政府参加了会议。该会议通过了 13 个文件,内容涉及反对强迫消失、土著人民权利、发展权、巴勒斯坦和阿拉伯被占领土人权状况、煽动种族和宗教仇恨、扣押人质等。

联合国大会于 2011 年 3 月 1 日以协商一致的方式通过决议,中止利比亚联合国人权理事会成员国资格。这是联合国大会第一次中止人权理事会某一成员国的资格。考虑到利比亚当前极为特殊的情况和阿拉伯及非洲国家的关切和主张,中国参加了决议的协商,但同时认为,联大中止利比亚人权理事会成员国权利的行动不构成先例。

2009 年 10 月 16 日,联合国人权理事会第 12 次特别会议通过决议,支持加沙真相调查团报告中提出的建议,呼吁有关各方落实建议。本次特别会议是应巴勒斯坦要求举行的,会议主题为"巴勒斯坦被占领土和东耶路撒冷人权状况"。经过两天辩论,特别会议以 25 票同意、6 票反对和 11 票弃权通过决议。

2012 年 4 月 29 日,联合国人权理事会在日内瓦召开第 16 次特别会议,经激烈辩论后通过了叙利亚问题有关决议。该决议谴责叙利亚对和平示威者使用致命武器的行为,要求联合国人权事务高级专员办事处向叙利亚派遣调查团,就该国可能存在的违反国际人权法的行为展开调查。但在决议讨论过程中,应人权理事会成员国中多数发展中国家要求,决议还补充规定了联合国成员国在处理国际关系时,不能以使用或威胁使用武力破坏其他成员国领土完整和政治独立,不能违背联合国宪章。

第六节　国家保护责任

与保护人权相联系的还有新近发展中的所谓"国家保护责任"(the

responsibility to protect)问题。"责任"一词,会让人觉得"保护责任"应归属于"国家责任",但如果从其内容和基本概念上看,则属于人权保护的范畴。

一、"国家保护责任"的拟订

2000年,在一些重要的美国基金会的支持下,加拿大政府成立了"干预和国家主权国际委员会"(International Commission on Intervention and State Sovereignty),其中心议题就是一个,即:"为了保护一个正面临危险的人民,其他国家应该在何时(如果必要的话)采取强硬手段,尤其是军事手段以应对那个国家?"[1]一年之后,即2001年9月,"干预和国家主权国际委员会"公布了报告,其结论认为:国家有责任保护自己的公民,因为这是被内含在国家主权概念中的义务。当面对那些可以避免的灾难时,如果国家没有能力或没有意愿保护其公民,那么其保护责任就应让渡给国际社会的其他成员。[2] 这就是国家社会在这些年里讨论特别频繁的"国家的保护责任"。为了便于书写和发音,"国家的保护责任"在英文中被缩写成了"R2P"。此后,在联合国的会议上、当国家代表发言时、国际法学家评论时,都能常常听到"国家的保护责任"。

国家保护责任,实质上是人道干涉(humanitarian intervention)的翻版。在冷战结束之后,西方国家时不时以人道为理由干涉他国,其中典型的就是1999年北约对南斯拉夫的军事进攻。但由于在国际法律层面缺乏根据,因而这样的干涉也一直饱受质疑。另一方面,国际上发生了一些灾难性的大屠杀,其中最为震惊世界的是卢旺达大屠杀。

---

[1] ICISS, the Responsibility to Protect, VII;转引自奈尔·麦克法兰、云丰空著:《人的安全与联合国:一部批判史》,张彦译,浙江大学出版社2011年,第209页。

[2] 同上。

1994年4月6日,卢旺达总统座机在该国首都机场上空遭火箭袭击坠毁并遇难。这立即引发了卢旺达国内由胡图族(Hutu)对图西族(Tutsi)所实施的种族大屠杀。从4月至7月,短短的一百天左右时间里,就有80—100多万人被杀,其屠杀情形可以说是惨不忍睹,全世界都为之震惊。① 因此,卢旺达因缺乏干涉而导致的人道灾难也在引起国际社会的关注和思考。国家保护责任就是在这一背景下提出的,目的是使人道干涉在具有"正当性"的同时也具有"合法性"。

国家保护责任,其实是在对主权概念进行重新阐释的基础上提出的。"主权"是国家的根本属性,也是国际法最主要的原则之一。然而,"干预和国家主权国际委员会"认为,随着国际关系的发展,随着"人类安全"(human security)概念的出现,"主权"的内涵也有了新的发展。"主权"原来强调的是权利,但国家除了权利以外,还有责任,所以主权意味着责任,首要的责任是保护自身国民。因此,"主权国家有责任保护自身国民免遭诸如大规模屠杀、强奸、饥饿等灾难;一旦他们不能或不愿保护,就应由更广泛的国际社会来承担这种保护的责任"②。

保护的责任,具体的又可分为以下三项较为具体的责任:

1. 预防的责任

就是要预防人道灾难发生的责任。这被认为消除使人们处于危险境地的内部冲突及其他人为危机的根本原因和直接原因。

2. 作出反应的责任

当发生人道灾难后,就要采取适当措施对涉及人们紧迫需要的局

---

① 联合国安理会为惩治犯罪,以《联合国宪章》第七章为根据,在1994年11月通过了第955号决议,成立了"卢旺达国际刑事法庭"。

② Foreword, ICISS, The Responsibility to Protect: Report of International Commission on Intervention and State Sovereignty, published by the International Development Research Centre of Canada, 2001.

势作出反应。

3. 重建的责任

在人道灾难发生后,尤其在军事干预之后提供恢复、重建和和解的全面援助,消除造成伤害原因的责任,因为干预的目的在于制止或避免这类伤害。

在以上这三项责任中,"干预和国家主权国际委员会"认为预防的责任应属于"优先考虑事项"。①

二、"国家保护责任"的影响与冲击

自"干预和国家主权国际委员会"于 2002 年提出"国家保护责任"的报告之后,国家具有责任的概念在一些重要的场合也被提及。例如,2004 年 12 月联合国高级别小组,即"威胁、挑战和改革问题高级别小组"在《一个更安全的世界:我们的共同责任》中就提到了关于"国际社会提供保护的集体责任"的概念。该报告指出,"越来越多的人承认,虽然主权(国家的)政府负有使自己的人民免受这些灾难的主要责任,但如果它们没有能力或者(虽然有能力但)不愿意这样做,广大国际社会就应承担起这一责任,并由此开展一系列的工作,其中包括预防,或在必要时对暴力行为做出反应,并对四分五裂的社会予以重建的工作。"同时还强调:每个国家都有责任保护那些身陷"本应避免的灾难中的人,如那些受到大规模屠杀和强奸、采用强行驱逐和恐吓方式进行的族裔清洗、蓄意制造的饥馑和故意传播的疾病的人"。②

---

① *The Responsibility to Protect-Research*, *Bibliography*, *Background*, Published by the International Development Research Centre, PO Box 8500, Ottawa, ON, Canada K1G, 3119, December 2001, p. 28.

② *A More Secure World: Our Shared Responsibility*, *Report of the High-Level Panel on Threats*, *Challenges and Change*, UN Doc. A/59/565, para. 201.

《2005年世界首脑会议最终成果》文件,也提及了关于"国家保护责任"的理念。该文件以"保护人民免遭灭绝种族、战争罪、种族清洗和危害人类罪之害的责任"为题,强调"每个国家均有提供保护的责任","我们接受这一责任并将据此采取行动"。但该文件同时还提到了联合国组织在这一方面的作用,认为,"国际社会应酌情鼓励并帮助各国履行这一责任,支持联合国建立预警能力";要求"国际社会通过联合国也有责任根据《宪章》第六章和第八章,使用适当的外交、人道和其他和平手段,帮助保护人民免遭种族灭绝、战争罪、族裔清洗和危害人类罪之害"。[①]

利比亚国内局势发生动乱后,联合国安理会先后于2011年2月26日和3月17日通过以第1970和第1973号决议,决定对利比亚实行武器禁运,并决定在利比亚上空设立禁飞区。至于安理会通过决议的理由,主要就是"人道"和"人权保护"。

第1970和第1973号决议在其序言部分表明,联合国安理会"对(利比亚)形势的恶化、暴力的升级及大量平民的伤亡表示严重的关注"。第1973号决议在回顾第1970号决议关于要"提供人道援助和有关援助"后表示,"决心保护平民和平民居住区,确保人道援助迅速和无阻碍地通过",并且还表示:该理事会"关切那些被迫逃离阿拉伯利比亚民众国境内暴力行为的难民和外国工人的困境,欢迎邻国,特别是突尼斯和埃及为解决这些难民和外国工人的需要做出的反应,并呼吁国际社会支持这些努力。"

第1973号决议最重要的内容,就是建立"禁飞区"。由于联合国安理会"认为在利比亚领空禁止一切飞行是保护平民以及保障运送人道

---

① http://www.responsibilitytoprotect.org/index.php/civil_society_statements/294 last visited on November 6, 2008, paras:138—139.

援助的安全的一个重要因素,是促进在利比亚境内停止敌对行动的一个果断步骤",所以第1973号决议在特定地域划定的特殊限制空域,限制有关方面的飞行器在管制空域内的飞行活动,以防止其对无辜平民的军事轰炸。

从上述引例中可以看到:"国家保护责任"的理念在国际政治层面上,已获得较为广泛的共识和影响。当中东国家局势剧变、利比亚和叙利亚问题的出现,也都是以这场世界范围内的大讨论为背景。因此,当叙利亚再度呈现危机时,联合国安理会及其他有些国家要以"人道"或"保护人权"为由介入其中,也就不足为怪了。

"保护责任"问题,对传统国际法上的"不干涉内政原则"形成了挑战。在强调人权保护的今天,如何适用不干涉内政原则?一国内政范围究竟该如何确定?等等,是国际法,尤其是人权法领域中需要考虑的重要问题。

本 章 要 点

人权问题进入国际法领域,主要是第二次世界大战后的事,但现已成为国际社会普遍关注的问题。它不仅涉及法律和道德,而且还深受政治、经济及其他因素的影响。人权法已成为国际法上重要的一个分支。

有关国际人权法的法律文件很多,但其中最主要的有:1945年《联合国宪章》、1948年《世界人权宣言》、1966年《经济、社会和文化权利国际公约》以及《公民权利和政治权利国际公约》。这些法律文件奠定了人权保护方面的共同标准,并成为以后在专门领域内人权发展的基础。除了这些法律文件以外,还有不少专门性人权条约,其中比较重要的有:《防止及惩治灭绝种族罪公约》、《消除一切形式种族歧视国际公约》、《禁止酷刑和其他残忍、不人道或有辱人格的待遇或处罚公约》、《消除对妇女一切形式歧视公约》以及《儿童权利公约》等。

人权法范畴不仅有法律文件,而且还有为落实这些人权法内容和原则的专门国际机构,其中最主要的是联合国人权理事会,其前身为人权委员会。

与保护人权相对应的,还有国际法上新近发展的国家保护责任。2000年,加拿大政府成立了"干预和国家主权国际委员会",并在一年后的2001年9月公布了报告,认为国家除了主权以外还有责任保护自己的公民。当面对灾难、国家没有能力或没有意愿保护其公民时,其保护责任就应让渡给国际社会的其他成员。所以"保护责任"的论点对传统国际法上的"不干涉内政原则"形成了挑战,在国际关系中也引起了很大的争议。

第十四章　和平解决国际争端

国家相互之间免不了会有问题和纠纷。例如,菲律宾海军于2012年4月10日闯入中国黄岩岛海域,并以所谓"维护主权"为名对停靠在该海域的12艘中国渔船进行骚扰,虽然中国的两艘海监船及时赶到并进行了制止,但中菲在黄岩岛海域的主权归属问题上则争执不下。中国认为黄岩岛自古以来就是中国的领土,而菲律宾则不这么认为,由此引发的争端让媒体的焦点再次聚焦中国南海。截至2012年6月16日,中国与菲律宾两国的船只在黄岩岛海域对峙长达两个多月……。[①]由于中国与菲律宾政府在争端中都采取克制的态度,才没有酿成战争或武装冲突。但黄岩岛主权归属问题没有解决,争端也仍然存在。

在国际社会中争端是不可避免的,问题在于如何解决。在人类漫长的历史进程中,国家诉诸武力或暴力可以说是习以为常,甚至曾经是解决争端的唯一方法。然而,现行国际法提倡和强调以和平方式来解决国家间的分歧与争端。

战争与和平是人类社会关注的主题;维护世界和平则是国际法最基本的目标。因此,和平解决国际争端已成为国际法一项基本原则[②]。

[①] "菲两艘政府船只撤离黄岩岛",《参考消息》,2012年6月17日,第8版。
[②] 参见王铁崖:《国际法引论》,北京大学出版社1998年;周鲠生著:《国际法》(上册),武汉大学出版社2007年; United Nations, *Handbook on the Peaceful Settlement of Disputes between States*, New York, 1992; K. V. Raman, *Dispute Settlement through the U.N*, Dobbs Ferry, 1977.

在国家之间不管是关于领土划界,还是经济、贸易等方面的争端中,国际法都主张应以和平方式解决。为此它还专门订立了有关和解争端的原则和方法,以及采取这些方法的规则和程序。

第一节 解决争端方式的选择

如何解决国际争端?这首先是涉及到国家意愿的重要问题。"和平"(peaceful)解决,强调的就是国家要具有通过和平的非武力的方式来解决国际争端的意愿。

2012年4月,在涉及中国与菲律宾在黄岩岛海域的对峙事件问题上,菲律宾外交部长德尔罗萨里奥声明说,"要和中国一同到国际法院寻求解决途径",以便能"确定究竟谁拥有对这一争议水域的主权"。[①] 菲律宾外交部长德尔罗萨里奥的话,表明了菲方具有通过国际司法途径来解决与中国就黄岩岛等主权的归属问题的想法。尽管中国也不想使用武力,但在如何和解方面却有不同的考虑。中国想通过双方直接谈判来解决黄岩岛的主权归属问题。

国际法和解争端的办法包括两类:外交手段和司法裁判。前者是指由争端当事各方自行或在其他实体帮助下通过谈判来解决争端;后者是指由无利害关系的第三方司法机构的裁决对所涉争端作出决定。菲律宾愿意用国际司法,中国则倾向于采用双边谈判,想法不尽相同,但两国在这个问题上分别主张的国际司法和外交谈判却都属于用和平方式解决争端的范畴,只是具体方法上的选择不同。

---

① "菲寻求国际仲裁解决'南海对峙'",《参考消息》,2012年4月29日,第3版。

一、提倡非武力的解决方式

和平解决争端的机制首先需要存在"争端"(disputes)。那何谓"国际争端"呢？简单地说，它就是指国家或国际法主体相互之间的利害冲突和对抗。在国际法上，禁止使用武力与用和平方式解决国际争端，是一个问题的两个方面。国家没有一定要解决它们相互之间争端的一般性义务，但现代国际法禁止国家使用武力作为解决国家间争端的手段。因此和平解决国际争端被作为国际法的一条基本原则确定了下来。[1]

《联合国宪章》第2条第4款规定："各会员国在其国际关系上不得使用威胁或武力，或以与联合国宗旨不符之任何其他方法，侵害任何会员国或国家之领土完整或政治独立。"另外，该宪章的同一条规定里的第3款，呼吁联合国所有会员国"以和平方法解决其国际争端，以避免危及国际和平、安全及正义"。所以国际法除例外性的情况以外，如《联合国宪章》第51条规定的国家自卫权及宪章第七章里规定的集体安全措施外，国际法原则上禁止使用武力。以和平的方式来解决国际争端，是现代国际法上的一个基本原则。当然，这个原则的确立也有一个过程。

在人类社会的发展过程中，战争的历史很长。某种意义上讲，有了人类也就有了战争。但在早期的国际关系中，国家为解决其相互之间的争端诉诸武力，在法律上是被允许的、是合法的。它之所以被视为合法和被视为解决争端的方法，是因为传统国际法将诉诸战争权视为国家主权的属性。不过，战争给人类造成的巨大灾难，也让国际社会感到

---

[1] 周鲠生著：《国际法》下册，武汉大学出版社2007年，第797页；王铁崖：《国际法引论》，北京大学出版社1998年，第5页。

有必要寻求战争以外的手段来解决纠纷或争端。

国际仲裁是一种古老的解决争端的方法。它主要是指经当事方约定将国家间的争端交由仲裁法庭裁决。由于它是根据当事者的同意、通过组成法庭来解决争端,所以容易成为当事者的一个选项。著名的国际法学家詹宁斯认为:"裁决进程不仅能够解决传统法律争端,而且成为更加复杂形势下预防性外交的一个重要工具。"[①]

国际仲裁的现代形式是从 1794 年英、美之间的《杰伊条约》发展而来的。在 1783 年,当美国刚刚通过革命战争摆脱英国的统治取得独立的时候,美国与英国在战争结束时签订了一个和平条约,虽然条约中已经含有调整美国和英国关系的一些原则,但还是没能解决两国间一些比较棘手的问题。从大局考虑,当然为了防止两国间再次爆发战争,时任美国第一位国务卿的约翰·杰伊(John Jay)先生,作为特使就与英国谈判签订新的条约,这就是后来国际法上有名的"杰伊条约"[②]。该条约的特点之一,就是主张通过建立一个仲裁机制来解决两国之间的争端。它发生得早(距今已 200 多年),所以在国际法上具有标志性的意义。

英国和美国通过"杰伊条约",利用仲裁解决两国之间的一些敏感性的问题,如美国和英属北美之间一些边界位置纠纷以及一国公民向另一国政府提出的赔偿问题,等等,并在这之后还以非武力的方式解决了它们在革命战争之后其相互之间的一些争端问题。例如,在 19 世纪中期、当美国内战结束时,两国再次利用仲裁解决了法律层面上又一非常棘手的争端,即国际法上常提到的"阿拉巴马仲裁案"。

阿拉巴马仲裁案主要涉及到英国在内战中违背其中立义务、允许南方叛军的军舰得到来自英国装备支持而引起的纠纷。在美国内战结

[①] R. Y. Jennings, *Presentation in Increasing the Effectiveness of the International Court of Justice* (eds. C. Peek and R. S. Lee), The Hgue, 1997, p. 79.

[②] J. B. Moore, *International Arbitrations*, Washington, DC, 1898, vol. I, p. 495.

束后，美、英两国同意设立仲裁机构来受理美国对英国的控告。在此后的仲裁案中，由美国、英国和第三国仲裁员组成的仲裁庭（仲裁员由瑞士、意大利和巴西的元首来指定）聆听了事实证据，最后依据国际法作出裁决，裁定英国违反其中立义务，应赔偿美国1500万美元①。这在当时是一个不小的数目。

仲裁法庭的组成和适用法律标准方面比较灵活。仲裁效力的法律根据是当事方的仲裁协定。由于英国立刻按照仲裁裁决作了赔偿，美国对通过国际仲裁程序得到赔偿的结果非常满意，这也促使了国际社会在以后的国际关系实践中倾向于利用第三方法律程序来解决争端。

现国际仲裁领域常提到常设仲裁法院，是依据1898年《和平解决国际争端公约》于1900年而设立的。常设仲裁法院除设行政理事会和国际事务局管理档案和行政事务外，还备有一份供选用的仲裁员名单。列入常设仲裁法院仲裁员名单的人选由缔约国提出，每国"至多选定四名公认精通国际法问题。享有最高道德声誉，且愿担任仲裁员职务的人"，任期九年，得连任。由于它不是由固定的法官组成，所以实际上不是通常意义上的法院。

常设仲裁法院的地址在荷兰海牙。虽名为"法院"，却是一个为便利国际仲裁而设立的机构；虽称"常设"，但真正常设的只是一个位于海牙的国际事务局。可尽管如此，国际常设仲裁法院在其成立一百多年后的今天，仍是国家解决彼此之间争端的一个场所和选择，甚至有国际法学者认为："国际仲裁被认为是外交手段失败后最有效和公平的争端解决方式。"②

---

① 〔美〕罗丽·丹逻思："美国在解决国际争端中的角色"，《国际法学》，中国人民大学书报资料中心，2012年第4期，第60页。
② 〔英〕马尔科姆·肖：《国际法》（第六版）下，白桂梅、高健军、朱利江、李永胜等译，北京大学出版社2011年，第827页。

二、"国家同意"是和解的前提条件

在仲裁的程序规则方面,常设仲裁法院显得非常灵活:同意提交仲裁的争端当事国根据协商,可从该名单中选择法官组成仲裁法庭。程序等也全部由当事国根据提交协议规定。国际仲裁裁决具有法律拘束力。

仲裁庭可以因处理一项特定的纠纷,或者因决定多种权利请求而设立。争端交付给国际仲裁时应说明争端的要点,并就解决争端适用的法律和程序达成协议。国家相互之间达成的仲裁协定,里面一般会注明需要仲裁决定的事项,会明确应当遵守的程序规则,同时也会有当事国对遵守及履行裁决书的承诺。除此以外,里面一般还包括仲裁庭的组成、仲裁程序、裁决的效力、仲裁地点和费用,等等。由于仲裁协定是一份国际协定,一方不遵守裁决书将单独构成一种违反国际法的行为。因此,各国通常都会遵守绝大多数的国际仲裁裁决书。

国际仲裁程序一般分辩护和审理两个阶段。在书面程序方面,双方可分别提出诉状和辩护状,仲裁法庭亦有权索取证据和一切相关资料;在口头程序方面,双方可分别选派律师、代理人或辅佐人员出庭,以阐明观点或提交证据。

仲裁庭将在审理结束后秘密讨论并作出裁决。法庭讨论由庭长主持全体仲裁员参加,裁决经多数票作出,除仲裁协定另有规定外,裁决应附注仲裁员的个别意见或异议意见。除非仲裁协定另有不同规定,仲裁裁决书对于争端双方均有约束力,并且不得上诉。

这里需要注意的是:所有用来解决争端的手段只有经当事国同意后才能发挥作用。诉诸国际仲裁必须要经争端当事方协定同意,这是仲裁具有效力的法律根据,也是仲裁的基本特征。国家是主权的。作为一项国际法基本原则,各国不得被要求必须将彼此之间的争端交付仲裁,除非它们在争端发生时自己同意这么做。①

仲裁是和平解决争端方式中的一种,但除此之外还有其他的方式。具体某一争端适用哪一种方式由每个当事国自己决定。所以菲律宾想通过国际司法途径来解决黄岩岛问题,这很好,但不能一厢情愿。它必须还要考虑到对方(中国)的意愿。

《联合国宪章》为了实现维持国际和平与安全的宗旨,把和平解决国际争端列为七项基本原则之一,并在宪章第六章"争端之和平解决"、第八章"区域办法"、第十四章"国际法院"以及作为宪章构成部分的《国际法院规约》,规定了和平解决争端的方法和程序。

而在运用和平方式解决争端的方法方面,《联合国宪章》第33条还特别具体规定:"任何争端之当事国,于争端之继续存在足以危及国际和平与安全之维持时,应尽先以谈判、调查、调停、和解、仲裁、司法解决、区域机关或区域办法之利用,或各该国自行选择之其他和平方法,求得解决。"

和解争端就是通过国际法来维护本国利益并达到争端的解决。在有关争端解决的适用上,无论是选择诉讼(司法)的方式还是选择外交(谈判)的方式,但在解决的过程都必须要从国际法上找依据。因为只有通过国际法规则和对双方具有拘束力的法律文件,才能确定本国有、它国所没有的权利主张。

在和解争端的方式中具体采用哪一种?由当事国自己决定。在所有上列的方式方法中,也没有哪一种好或不好之分。在黄岩岛的主权问题上,菲律宾也想通过提交国际法院的方式来解决,但中国不同意。

关于和解争端究竟是通过"国际法院",还是"双边谈判"?这只能取决于各当事国家的意愿,不存在哪一种和解方式更好或更合适的问

---

① 周鲠生著:《国际法》上册,武汉大学出版社2007年,第149—150页。

题。"在没有同意的情况下,国家不负有把争端提交仲裁的义务。"①中国在黄岩岛主权归属问题或在与其他国家发生争端时,一直主张通过双方相互协商和谈判的方式来解决,这完全符合国际法基本原则。

第二节　国际法院的司法途径

如前所述,菲律宾外交部长德尔罗萨里奥在黄岩岛问题上提出"要和中国一同到国际法院寻求解决途径"。为了对中国施加压力,他在声明中还说:"全世界都知道中国的船只与飞机比菲律宾多得多。然而到最后,我们仍希望表明国际法能维护公平。"②德尔罗萨里奥先生在这里提到的"国际法院寻求解决途径",与上面讨论的国际仲裁一样,同属司法解决的范畴,是和平解决争端的其中一种方式。

联合国国际法院则是联合国主要机构之一,它完全继承前常设国际法院的职能,成为当今世界上最主要,也是最著名的国际司法机构,并在和平解决国际争端中发挥重要的作用。某种意义上讲,只要从国际法的角度谈和解国际争端,就不能不讨论国际法院的作用。当然,这会涉及一些基础性的法律问题,如关于该法院的管辖权、职能以及法院判决如何能得以执行等。

一、司法在和解争端上的意义

《联合国宪章》第 92 条规定,国际法院是"联合国之主要司法机关"。所以国际法院是联合国组织最主要的司法机构。它不能正式创

---

① 〔英〕马尔科姆·肖:《国际法》(第六版)下,白桂梅、高健军、朱利江、李永胜等译,北京大学出版社 2011 年,第 829 页。
② "菲寻求国际仲裁解决'南海对峙'",《参考消息》,2012 年 4 月 29 日,第 3 版。

立法律,因为它不是一个立法机关:"法院的职能是陈述法律",①"它陈述既有法而不是制定法律,即使是在陈述和适用法律时,法院必须说明其范围以及有时需要指出其一般趋势时,也是如此。"②然而,国际法院对于什么是国际法所发表的意见则具有最高的权威。前国际法院拉克斯法官(Lachs)甚至认为:国际法院是"整体的国际社会的合法性的守卫者,无论在联合国体系内还是在体系外"。③

但国际法院并不是一个全新的国际组织,它的前身是国际联盟于1920年设立的常设国际法院。在名义上,常设国际法院是1946年被正式撤销,但早在1939年爆发第二次世界大战时,就实际停止了运作。然而在其不长的时间里,常设国际法院作出过32个判决和27份咨询意见。所有这些判决和咨询意见对国际法的进程产生了相当大的影响,正如王铁崖先生所说,"国际常设法院开了历史的先例,在国际关系上对一些国际争端的解决提供了一种可能性,同时,它的判决在一些方面在国际法上作了贡献。"④即便是在国际常设法院实际停止运作70多年后的今天,国际常设法院的判决和咨询意见仍然被国际性司法机构和国际法学者当作权威资料加以引用和解释。所以常设国际法院以及现在的国际法院,它们在和解国际争端方面具有非常独特、无可替代的作用。

国际司法机构的作用与国际社会现实紧密相关。在一国内部社会中,如果发生涉及严重刑事案件的违法行为,代表国家的检察机关就可以启动法律诉讼程序,而不必考虑具体受害人的态度;国际社会则存在

---

① Haya de la Torre case, ICJ Reports, 1951, oo. 71, 79; 18 ILR, p. 349.
② *Legality of the Threat or Use of Nuclear Weapons*, ICJ Reports, 1996, pp. 226—227.
③ *The Lokebie Case*, ICJ Reports, 1992, pp. 3, 26; 94 ILR, pp. 478, 509.
④ 王铁崖:《国际法引论》,北京大学出版社1998年,第292页。

着明显的区别,由于国家都具有主权,是平等的,所以对一国不法行为能否作出反应,往往取决于受害国是否比犯有不法行为的国家更加强大,或者至少与不法行为国能力同样强大。所以在国际关系中,实力有时显得比法律更加重要。

作为一个独立的和中立的国际司法机构,国际法院主要作用就是通过和解争端,还国家以公正,尤其是当案件涉及一个大国与小国时,这点非常重要。试想一下,如果国际法不提倡国家相互间以和平方法解决争端,而是动辄就可以使用武力或以武力相威胁,大国由于其强大的综合国力,如果为了其自身利益而不遵守国际法规则,世界和平与安全也无从谈起。

这方面比较重要的案例,就是在 20 世纪 80 年代审理的尼加拉瓜诉美国的"在尼加拉瓜境内针对该国的军事与准军事行动案"(Military and Paramilitary Activities in and Against Nicaragua)。①

1984 年 4 月 9 日,尼加拉瓜政府向国际法院提出请求书,将美国告上法院,理由是美国政府干涉其内政,具体是:美国指使某些拉美国家的国民在尼加拉瓜境内从事诸如在尼加拉瓜的港口进行布雷、破坏尼加拉瓜的石油生产设施和海军基地、侵犯尼加拉瓜的领空主权以及在尼加拉瓜组织和资助反政府集团等军事和准军事行动提出指控,请求国际法院宣布,美国违反了根据若干国际文件和一般及习惯国际法对尼加拉瓜所承担的义务,美国的行动构成非法使用武力和以武力相威胁,干涉尼加拉瓜内政和侵犯尼加拉瓜主权的行为,请求国际法院责令美国立即停止上述行动并对尼加拉瓜所受到的损失给予赔偿。

尼加拉瓜在国际法院告美国,说起来也是不得已而为之。尼加拉

---

① 本案的案情、判决均可参见国际法院网站,http://www.icj-cij.org/icjwww/icases。

瓜的国土面积约12万平方公里,人口只有577万;美国的国土面积则有930多万平方公里,人口3亿多[①],无论是在军事、经济还是在政治、文化等方面,这两个国家之间都存在极大的差距。所以尼加拉瓜要阻止美国的干涉和渗透,唯一能求助的就是国际司法,除此以外根本就没有任何其他的可能性。

国际法院的程序由书面和口头两部分组成。法庭辩论原则上是公开进行。国际法院的判决由出庭法官的半数以上作出,如果票数相同,院长有权投决定票。判决应说明理由,对判决全部或一部分持有不同意见的法官有权发表个别意见。从理论上讲,国际法院不承认所谓的"依循先例"的效力。但在实际情况下,法院还是尊重先例。国际法院本身没有强制执行力,但如果当事国不履行判决,法院可向联合国安理会申诉,而安理会如果认为必要,就可为执行判决作出建议或采取必要的措施。

国际法院接受了尼加拉瓜的请求,对该案进行了审理,并在其1985年的判决中认为:美国以提供财政支持、训练、武器装备、情报等形式支持尼加拉瓜境内的反政府武装的军事和准军事行动,既构成了对不干涉内政原则的违反,也违反了国家主权原则;国际法院还认为美国的行为违反了美尼之间的《友好通商航海条约》等等。基于以上理由,法院最终宣布美国有义务立即停止并不再采取上述任何违反其国际义务的行为,并且有义务对尼加拉瓜因美国上述行为所遭受的损失给予赔偿。

国际法院在该案中的意见,在国际法上非常重要:由于基于习惯国际法和条约法的规则,美国对尼加拉瓜承担着尊重尼加拉瓜主权,不干涉尼加拉瓜内政,不对尼加拉瓜非法使用武力等一系列国际义务。然

---

① 《世界地图集:国家和要区概况》(修订版),中国地图出版社2010年。

而,美国却通过与其签订合同的人员从事了上述不法行为。这些人员既然是美国政府所雇佣的,那么他们的行为当然就应被视为美国政府的行为,因而美国政府对他们的行为负有责任。

国际法院在"尼加拉瓜案"中还指出,一国有权决定其政治、经济、社会、文化制度以及外交政策,以强迫方式干预他国在这些方面的自由的行为属于国际不法行为。①

国际法院经过审理后裁定:属于美国策划、监督、组织布设水雷威胁尼加拉瓜安全的行为,构成"武力攻击";美国训练、武装尼加拉瓜反政府武装的行为也属于"武力攻击"的范畴。既然美国政府做出了上述的不法行为,而且这些不法行为又违反了美国对尼加拉瓜承担的国际义务,因此,美国要对它的行为承担责任,要对尼加拉瓜因美国上述行为所遭受的损失给予赔偿。

"在尼加拉瓜境内针对该国的军事与准军事行动案",是国际法中一个非常重要的案例。当然,这是一个小国和弱国,即尼加拉瓜对一个超级大国,即美国的干涉如何通过国际法院来维护本国利益和解决国际争端的案件。国际法院在该案中的判决也被广泛引用。所以,国际法院作为《联合国宪章》专门设立的主要司法机关,在运用法律手段解决国际争端方面意义重大。

从1946年成立到2011年间,国际法院共受理125个案件,其中很多都涉及到国家与国家之间的领土和海洋纠纷问题。事实上,在这125个案件中,共计有30个涉及国家领土、海洋边界划界及大陆架划界的争端(包括4个申请复核的案件),占到法院所有案件的24%②。

---

① Military and Paramilitary Activities in and Against Nicaragua (Nicaragua v. United States). Judgment, I. C. J Rep. 1986, paras. 111.

② 参考 List of All Cases. http://www.icj-cij.org/docket/index.php? p1=3&p2=2 访问时间:2012年5月30日。

国际法院在 2002 年就印度尼西亚与马来西亚关于利吉丹岛和西巴丹岛的主权归属案,是比较典型的一个案例。

利吉丹岛和西巴丹岛(Pulau Litigan and Pulau Sipadan)位于马来西亚沙巴州和印度尼西亚东加里曼丹省边界外海域,周围有丰富的油气资源。西巴丹岛还拥有"潜水天堂"的美誉,每年都吸引大批的潜水爱好者和海外游客前来度假。印度尼西亚与马来西亚是邻国,两国都有发展相互之间友好关系的愿望。然而,由于就该岛主权的归属问题一直悬而未果,印度尼西亚与马来西亚就于 1997 年 5 月签署一项协议,同意将两国之间的岛屿主权之争交由国际法院裁决,并相互约定接受国际法院的裁判。①

印度尼西亚与马来西亚向国际法院提交的这个案件,从政治方面看有着特殊的意义。这两个国家都是东南亚国家联盟组织(Association of Southeast Asian Nations)的成员。该联盟组织的前身,则是 1961 年由马来亚、菲律宾和泰国三国之间成立的经济合作机构。在 1967 年,当英国宣布从东南亚撤军、美援代之而来时,东南亚的五个国家,即马来西亚、菲律宾、泰国、新加坡和印度尼西亚在曼谷成立了东南亚国家联盟,并签署了联合宣言。同年发表的《东南亚国家联盟成立宣言》,宣布这些国家将本着平等与合作的精神,对地区的和平、进步和繁荣作出贡献,同时规定了成员国和平解决争端的义务,宣布"在这个区域的国家关系中严格尊重正义原则和法制,并遵守联合国宪章的原则,以促进区域的和平和稳定。"西巴丹岛和利吉丹岛主权归属一案,在历史上还是东盟成员国第一次将自己内部的领土主权争议交由国际法院进行裁决。2002 年 3 月 13 日,国际法庭宣布同年 6 月 3 日开始公开

---

① 参见 Sovereignty over Pulau Ligitan and Pulau Sipadan (Indonesia/Malaysia), Judgment, I. C. J. Reports 2002。

审理这一主权纠纷案。

从案件的审理情况来看,印度尼西亚与马来西亚其实都没能向国际法院提交比较有力的证据。尽管如此,国际法院在审视了所有与该案有关的事实与法律问题之后,认为历史上虽然没有明确的协议或条约说明马来西亚或是印尼对两岛拥有主权,但有资料表明:马来西亚从20世纪30年代起即开始对两岛行使管理权。马来西亚人常年在岛上收集海龟蛋。20世纪60年代又在岛上建设了灯塔。因此,国际法院于2002年12月17日做出判决,以16票赞成和1票反对的表决结果,裁定马来西亚拥有对西巴丹岛和利吉丹岛的主权。

以和平方式寻求争端的解决,这需要比较高的法律境界。当国家将一争端交由国际法院来裁决时,主观愿望是希望赢,诉讼过程中也会全力来争取赢,但同时心里也明白:自己对最后结果是没有任何操作力的。而且无论国际法院最后怎样裁决,自己都得接受。因此这里的输和赢,似乎与民商事中的司法解决一样,但着眼点不同。国际法上的司法诉讼,主要是争端的解决,不是输和赢,而是为了通过第三者的裁决来解决问题,目的是为了日后能友好地长期相处。例如,在卡塔尔和巴林之间涉及海瓦尔群岛(the Hawar Islands)一案,当国际法院最后判决下来时,两个国家都予以庆祝,认为这解决了它们之间的争端,从而为相互之间发展友好关系提供了空间。[1]

二、接受法院管辖权问题

国际法院在和解国际争端方面虽然作用重大,但能否达到和解,首先有管辖能力问题,也就是法院的管辖权问题。需要强调的是:国际法

---

[1] 关于该案件的案情,参考 Maritime Delimitation and Territorial Questions between Qatar and Bahrain, Merits, Judgment, I. C. J. Reports 2001。

院的诉讼管辖权,只适用于接受管辖权国家之间的争端;国际法院的诉讼程序,都只能在国家同意和自愿的基础上进行。这对国际法院的管辖权来说,至关重要。

根据《联合国宪章》第 93 条(1)款的规定,所有联合国会员国都自然(*ipso facto*)是国际法院的成员国。中国是联合国的创始会员国,所以根据《联合国宪章》的这个规定,中国也是国际法院的成员国。但需注意的是:一个国家是国际法院的成员国,并不等同于它已当然地接受了法院的管辖,因为加入国际法院《规约》与接受其管辖是两个不同的概念。加入国际法院《规约》只是意味着国际法院可以接受《规约》当事国提交的案件。但国际法院是否受理《规约》的一个当事国对另外一个当事国的诉讼,这要取决于这两个国家是否都已接受了国际法院的管辖。

关于国际法院对事管辖权的《规约》第 36 条规定如下:

"一、法院之管辖包括各当事国提交之一切案件,及联合国宪章或现行条约及协约中所特定之一切事件。

二、本规约各当事国得随时声明关于具有下列性质之一切法律争端,对于接受同样义务之任何其他国家,承认法院之管辖为当然而具有强制性,不须另订特别协定:

(子)条约之解释。

(丑)国际法之任何问题。

(寅)任何事实之存在,如经确定即属违反国际义务者。

(卯)因违反国际义务而应予赔偿之性质及其范围。

三、上述声明,得无条件为之,或以数个或特定之国家间彼此拘束为条件,或以一定之期间为条件。

四、此项声明应交存联合国秘书长并由其将副本分送本规约各当事国及法院书记官长。

五、曾依常设国际法院规约第36条所为之声明而现仍有效者,就本规约当事国间而言,在该项声明期间尚未届满前并依其条款,应认为对于国际法院强制管辖之接受。"

从上述规定上看,国际法院可以管辖三类案件:第一,当事国自愿以协议方式提交的一切案件;第二,《联合国宪章》和现行条约中特别规定的事件或者争端;第三,当事国根据规约第36条第2款规定事先声明接受国际法院管辖的争端,即"任择性强制管辖"的情况。

"法院之管辖包括各当事国提交(refer to)之一切案件"中的"当事国"一词表明:国际法院审理的案件,只是国家与国家之间的争端,它不涉及个人或非国家实体之间的纠纷;"提交"一词则从另一角度表明:国家的意愿是国际法院管辖权的前提条件。

国际法院《规约》第40条第1款还规定:"向法院提出诉讼案件,应按其情形将所订特别协定通告书记官长或以请求书送达书记官长。不论用何项方法,均应叙明争端事由及各当事国。"所以,如果中国与菲律宾双方都同意,就可通过特别协定(special agreement)的方式、专门就黄岩岛问题向国际法院提出诉讼,要求裁决,以解决争端。

被称为"任择条款"的第36条第2款,在关于国际法院管辖权经常被提及的一条规定。根据这条规定,联合国的会员国可以以单边声明的方式承诺:他们"关于……一切法律争端,对于接受同样义务自任何其他国家,承认法院之管辖为当然而具有强制性,不须另订特别协定"。所以它的目的是为了让越来越多的国家通过不断接受该条款来逐渐扩大其管辖权,这对于扩大国际法院的管辖权具有非常重要的作用。

从国际法院总体情况看,国家在接受选择条款方面一般持比较谨慎的立场。到1984年年底,生效的声明有47份;到2008年5月底,数量增加到65份；但到了2012年6月11日，联合国193个当事国中就有67个国家声明接受了这一选择条款①。在这67个国家当中，亚洲国家有五个。它们是：柬埔寨、巴基斯坦、印度、日本和菲律宾。其中，菲律宾发表声明，表示愿意接受国际法院强制管辖权的时间为1972年1月18日，这在亚洲国家中属于比较早的。菲律宾在黄岩岛问题上想诉诸于国际法院，反映了该国在和平解决争端方式方法上倾向性的政策和立场。

第36条第2款规定的"任择条款"，涉及到国际法上的"对等原则"，即：一国只须对另一个作出类似声明的国家对它的起诉进行应诉。对等原则具有重要意义，因为接受"任择条款"国家中的大部分都在接受时作了种种保留。对于任何一个争端当事国作出保留的案件，没有作出保留的当事国都可能以此提出抗辩，国际法院的管辖权就会因此缩小。当然，如果都已发表声明，接受了国际法院的强制管辖权，而且对相关的要适用的国际条约都没有保留，那在他国将案件带至国际法院时，自己也就不能回避。例如，澳大利亚于2012年5月31日向国际法院起诉日本，理由是日本继续进行的捕鲸行为违反了日本在《捕鲸规则国际公约》(*International Convention for the Regulation of Whaling*)以及保护哺乳动物和海洋环境方面的义务②。由于澳大利亚和日本分别于2002年3月22日和2007年7月9日都接受了国际法院的强制管辖权，所以日本对澳大利亚提起的诉讼就只能应诉。

国家可以选择加入一个双边或多边条约，在条约中载明当出现条约解释或适用，或者任何其他争端时接受法院的管辖。这一类规定可

---

① 参见 http://www.icj-cij.org/jurisdiction/index.php?p1=5&p2=1&p3=1&sp3=a，访问时间为2012年6月11日。爱尔兰为最近发表声明的一个国家。它接受该国际法院强制管辖权的时间为2011年12月15日。

② 参见 ICJ Press Release, No. 2010/16, 1 June 2012. www.un.org/internationallaw/International Court of Justice.

以局限于某些特定的争端,也可以是一般性的规定。例如,1948年制订的《防止及惩治灭绝种族罪公约》,里面除规定各种有关防止和惩治灭绝种族的国家责任,还规定缔约国之间就公约而引起的争端,只要经争端一方请求就应提交国际法院裁决。据此,如果该公约任何一缔约国认为另一缔约国违反了公约,就可诉诸国际法院。

接受国际法院强制管辖权的决定,在国际法上是一件严肃和谨慎的事情。有的国家,如美国和法国,原来都已声明接受了国际法院《规约》第36条第2款规定的"任择条款",但由于发现情形不妙,具体来说,就是分别在"尼加拉瓜诉美国"和"澳大利亚、新西兰诉法国"案件中认为自己被处于非常不利的情形,所以美国和法国就又撤消了原先对强制管辖权的承诺。[1]

美国对国际法院的态度在很长一段时间内都比较积极。它在1946年声明接受国际法院的强制管辖权,并于1946年至1986年期间,美国在其与其他国家签订的70个双边和多边条约中都有协定管辖条款,里面都规定依据《国际法院规约》第36条第1款同意将因条约引起的国际争端交由国际法院管辖。另外,美国还通过特别协议的方式同意将争端交由国际法院来解决,其中比较有名的是由国际法院分庭在1984年裁决的缅因湾划界案(美国与加拿大)。所以,美国曾经是国际法院诉讼活动的积极参与者,以原告身份参与的案件有10起,以被告身份或通过特别协议参与的大概有12起[2]。这些被起诉的案件的管辖权大部分都是依据条约中的管辖条款,这些条约涉及友好条约、经济条约、航运条约或领事权利条约。

---

[1] 〔美〕罗丽·丹逻思:"美国在解决国际争端中的角色",《国际法学》,中国人民大学书报资料中心,2012年第4期,第61页。

[2] 同上。

然而,1984年4月9日,尼加拉瓜政府将美国告上了法院,理由是美国政府干涉其内政,从而违反在国际法下承担的国际义务,构成了国际不法行为。尼加拉瓜在国际法院启动诉讼程序,依据就是因为美国关于接受任意强制管辖的声明。但美国认为尼加拉瓜关于其1929年接受了常设国际法院强制管辖权的观点不成立,以此来否定国际法院对此案的管辖权。然而,国际法院认为:尼加拉瓜的声明是无条件的、不受时间限制并"具有潜在效力",而尼加拉瓜1945年批准国际法院《规约》则把这种潜在效力转化成拘束力的效果,从而裁决法院对该案具有管辖权。① 于是,美国吸取了"教训",撤回了其接受国际法院任意强制管辖的声明。②

三、"初步反对"问题

每当有国家向国际法院提起诉讼时,国际法院第一时间要审议的,就是对该案件是否具有管辖权。而初步反对(preliminary objection)或可受理性(admissibility)问题,则是在确定国际法院是否具有管辖权时经常会碰到的。

如果国家在被提出诉讼后对法院管辖权提出异议,完全可以理解;但法院是否对该案具有管辖权,则由法院自己来判断,因为《国际法院规约》第36条第6款明确规定:"关于法院有无管辖权之争端,由法院裁决之。"关于这个问题,可以通过"喀麦隆诉尼日利亚"和"尼加拉瓜诉美国"案例来予以讨论。

喀麦隆与尼日利亚之间长期以来一直存在陆地边界以及海洋边界的争议。由于双方谈判未果。喀麦隆于1994年3月29日向国际法院

---

① ICJ Reports, 1984, pp. 392, 403—412; 76 ILR, pp. 104, 114.
② 这样,美国接受国际法院强制管辖权的有效期是从1946年到1986年。

递交了诉讼请求,要求国际法院就相关的陆地边界以及海洋边界的划定作出判决。而在此之前,双方没有达成任何将争端提交国际法院解决的协议。喀麦隆向国际法院起诉是依据《国际法院规约》第36条第2款规定的强制管辖的情形。在此之前,尼日利亚于1965年8月14日发表声明,接受国际法院的强制管辖权。但在喀麦隆在国际法院提起诉讼的时候,由于联合国秘书长将喀麦隆接受强制管辖的声明在11个半月之后才送达,尼日利亚并不知道喀麦隆已经接受了国际法院的强制管辖权。所以,尼日利亚以此为由,认为国际法院对本案没有管辖权,并提出抗辩。

但国际法院在审议后认为:"接受国际法院强制管辖权的国家,通过其向联合国秘书长递交接受声明的方式,在其与其他接受强制管辖权国家的关系上,已经成为了任择条款体系的一个成员。"[1]还有,"国家作出接受强制管辖的声明,与联合国秘书长承担的义务以及秘书长履行其义务的方式不相关。与其他国际法文件不同的是,第36条对于强制管辖从来没有提出过其他附加要求,比如要求联合国秘书长必须将接受国的声明送达成员国,或者在声明递交之后到其生效之前必须经过一段时间等。任何一个附加条件对于任择条款体系的运作来说都将引入一种不确定因素。本法院不能将任择条款解释成包含那样本质的要求。"[2]

所以,国际法院认为,强制管辖权实际上是一个国家之间的契约性结构关系的体现,其特殊的地方在于接受强制管辖的国家向已经接受,或者将来接受强制管辖的国家发出了一个关于把特定争议提交国际法院解决的长期有效的要约。至于接受强制管辖的声明是否被联合国秘

---

[1] *Case Concerning the Right of Passage over Indian Territory* (Portugal v. India), ICJ Report 1957, at para. 146.

[2] *Ibid*, at para. 146—147.

书长送达到其他成员国,是另外一个法律问题,与该声明的生效没有关系。

"尼加拉瓜诉美国"是关于国际法院管辖权的另一个案例。根据《联合国宪章》的规定,国际法院是联合国主要司法机关,完全继承了前常设国际法院的责任和管辖授权机制。美国从来就不是国际联盟和常设法院的成员国,但它是联合国的会员国。此外,美国1946年声明接受《国际法院规约》第36条第2款中的任意强制管辖。但有意思的是:美国参议院在接受该条款时作了两个保留。

美国的第一个保留,就是被称之为"康诺利提案",它是由参议员汤姆·康诺利提出的。通过该保留,美国要排除国际法院对美国认为属于其国内管辖事项的争端的管辖。所以,康诺利提案的要害还不仅是要限制国际法院的管辖权,更主要的是:要由美国来决定国际法院是否对其有管辖权。美国的第二个保留,是被称为"范登堡提案",它是以参议员阿瑟·范登堡的名字命名的。这一保留的目的,是要排除国际法院对多边条约引起的争端的强制管辖。根据这一保留,除非所有受到判决影响的条约成员国都是法院诉讼当事国,或者美国作出特别声明接受法院管辖,否则,国际法院将不拥有强制管辖权。

在1984年当尼加拉瓜将美国告上国际法院时,该法院在审议自己是否有管辖权时,也确实考虑了美国议会通过的保留,尤其是"范登堡条款"中关于涉及条约其他成员国法律效力的保留。在这个案件中,美国认为国际法院缺乏管辖权,因为该案件主要涉及到集体自卫权,涉及到《联合国宪章》第51条规定的国家自卫权。美国认为,它与萨尔瓦多和洪都拉斯都是联合国的会员国,性质上属合法行使的集体自卫权,所以,如果国际法院介入,就将影响它们依据《联合国宪章》的规定所享有的集体自卫权。然而,国际法院却不这样认为。首先,国际法院驳回了萨尔瓦多提出的要求加入该案件相关当事国的申请;另外,国际法院认为美国范登堡法案所通过的保留,无法排除国际法院对此案所享有的管辖权。

另外,国际法院的管辖权还涉及到政治与法律的关系问题。对国际法院来说,它要解决的是国家之间涉及法律方面的争端。根据《联合国宪章》第92条和国际法院《规约》第36条的规定,它作为"联合国的主要司法机关",将受理其会员国和非会员国之间的诉讼,只要这些诉讼的性质属于"法律"性质的争端。但在"西南非洲案"以及"在德黑兰的美国外交和领事人员案"中,当事方(国)曾以"对方对争议标的无法律利益,因而双方间不存在争端"为由提出抗辩,以此来否定国际法院的管辖权。

确实,"国际争端"是国家或国际法主体相互之间的利害冲突和对抗,这种冲突和对抗可能是因为法律权利,也可能是因为政治利益的冲突而产生,其具体的又可分为法律争端和政治争端。对所有这些争端,国际法提倡以和平的方式解决国际争端。

国家意愿非常重要。在几乎所有国际争端中,法律因素和政治因素交织在一起,不容易分开。但只要国家有解决争端的意愿,就能通过相关国际司法机构来解决。《联合国宪章》虽然在第92条要求诉讼请求带有"法律"的性质,但国际法院《规约》第36条则将它的管辖权定为"包括各当事国提交之一切案件,及联合国宪章或现行条约及协约中所特定之一切事件。"

国际法问题往往涉及国际核心利益,这本身就与政治相联。正是考虑到这事实,国际法院在美国外交领事人员案中认为:"主权国家之间的法律争端,从他们本身的性质看,很有可能发生在特定拟制环境之中,而且成为了经常在国家之间更宽范围内、更长时间内政治争端的唯一因素。然而在此之前从来也没有提出这样一种观点——因为提交本法院的法律争端仅仅因为其是政治争端的一个因素,所以法院就应当拒绝为当事国解决这个争端。"①所以对于国际司法机构的可裁判性问题,应该采取一种实际的方法,即:法律争端于政治争端的区分,不在于其本质,而在于用于解决争端的规则。只要当事双方愿意,争端都可在现行国际法框架内评介或裁定。将国际争端问题的性质分为法律争端和政治争端,其实没有太大的意义。

四、国际法院的司法判决的执行

遵守国际法院判决,就是接受法院判决的终局(final)效力,并采取措施善意的履行由此而产生的法律义务。所以,一当事国是否遵守法院的判决,就不仅仅只是涉及它的立场和声明,更主要的是随后对判决的履行。"遵守"同时还意味着,除非当事国在法院作出判决后的 10 年内,发现在其判决宣告时存在着法院和本国当时所不知的具有决定性的事实,而申请法院复核判决,或因判词的意义或范围发生争端而请求法院作出解释,②否则,当事国就必须承认法院判决的终局效力而不能以任何理由宣称该判决为无效。这就是国际法院《规约》第 60 条所规定的"法院之判决系属确定不得上诉"。

《联合国宪章》第 94 条规定,"一、联合国每一会员国为任何案件之当事国者,承诺遵行国际法院之判决。二、遇有一方不履行依法院判决应负之义务时,他方得向安全理事会申诉。安全理事会如认为必要时,得作成建议或决定应采办法,以执行判决。"因此,对于国际法院判决,当事国有遵守的义务;如果一方没有履行国际法院的判决时,另一方就可向安理会提出申诉。

由于国际法院的前身、常设国际法院的《规约》里并没有关于遵守

---

① *United States Diplomatic and Consular Staff in Tehran* (U.S. v. Iran), 1980 ICJ REP. 3, at 20.

② 《规约》第 61.1 条及第 60 条。

该法院判决的规定,因此在关于国际法院刚开始的讨论中,也没有关于成员国如何遵守法院判决的内容。但澳大利亚在对建议草案的评论时,首先提出应在《规约》中增加一个条款,规定所有联合国成员国都应遵守国际法院的判决;古巴和玻利维亚则进一步建议,拒绝遵守法院判决的行为应被视为侵略。最后在澳大利亚提案的基础上,形成了《联合国宪章》的第 94 条第 1 款,即:"联合国每一会员国为任何案件之当事国者,承诺遵守国际法院之判决"的规定,从而明确宣示了当事国应遵守国际法院判决的国际法义务。

从国际法院判决的执行方式来看,尚没有一个集中执行国际法院判决的国际机制,更没有超国家权威的存在,因此,自助仍然是国家执行国际法院判决的主要方式。从实践来看,却极少出现国家明确拒绝遵守法院判决的情形,但当事国有时还是会阻止法院判决的实际生效而不受到有威慑力的惩罚。

在常设国际法院 20 余年的历史里,没有一例不履行法院判决的情形;[1]而在国际法院 60 年历史里,拒绝履行国际法院判决的也仅有两例,即英国诉阿尔巴尼亚的"科夫海峡案"和尼加拉瓜诉美国的"军事和准军事行动案"。"科夫海峡案"在阿尔巴尼亚政权发生更迭后得以最终执行,但"军事和准军事行动案"的结果显然对执行国际法院的判决不利。另外还有柬埔寨在 2011 年 4 月再度要求国际法院重新解释该法院于近 50 年前就柏威夏寺作出的判决问题。

尼加拉瓜案的判决涉及到世界超强的美国,由于美国败诉,所以如何执行?对国际法院的权威就是个考验。其实当尼加拉瓜在国际法院刚一提交诉求时,美国就否认国际法院对该案的管辖权。当最后判决

---

[1] See M. O. H, *The Permanent Court of International Justice*, 1920—1942: A Treatise, The Macmillan Company, 1943, p.596.

下来时,美国就认为它是无效的,自己也就没有义务履行判决。在判决中,国际法院认为美国的行动违反了国际习惯法关于使用武力和不干涉原则以及双边条约相关内容,但美国不仅没有停止该行动,而且就在国际法院作出最终判决那一天国会又加拨1亿美元支持该活动。①

面对这种情况,尼加拉瓜两次将该案提交到安理会讨论。在第二份敦促美国履行国际法院判决的决议案被提交了后,联合国安理会对此进行了讨论。虽然草案由于美国行使否决权未能获得通过,但不少国家在讨论中都表达了应尊重国际法院判决的立场。这些国家竭力避免对法院判决的实质内容进行讨论,以维护法院判决的既判力,避免安理会成为法院的"上诉法院"。另外,美国关于法院判决无效的主张,甚至都得不到包括其同盟国家在内的其他国家的认可。例如,泰国在讨论中认为,《联合国宪章》已明确规定了联合国会员国遵守国际法院判决的神圣义务,所以美国不应违反;丹麦也表示坚定地相信并支持以国际法院为代表的国际正义,因此投票支持该草案;有些国家,如英国,虽然是美国的盟国,但在这个问题上也没有支持美国的立场,而是选择弃权。作为美国的盟国的洪都拉斯,它在应邀参加安理会的辩论时除了指责尼加拉瓜利用国际法院之外,没有就国际法院管辖权的认定作出评论,也没有就国际法院的判决进行实质性的评论。②

绝大多数当事国既然同意审理,所以一般都会声明会尊重国际法院的判决,有的甚至公开承诺履行判决义务,个别国家未能完全履行也只是程度上的问题。说到对国际法院判决的态度,无非就是遵守或不遵守,但美国不但拒不承认判决,而且还使用否决权阻止了尼加拉瓜依据《联合国宪章》第94条2款的规定要采取行动的请求,这就是一种挑

---

① 参见〔美〕罗丹·丹逻思:"美国在解决国际争端解决中的角色",潘俊武译,载入《国际法学》,2012年第4期。
② 参见联合国安理会:《惯例汇辑》(英文版)1985—1998年,第128—134页。

衅了。它从一个方面体现了国际判决，甚至是国际法的局限性，令法律人遗憾。

案子判了后还出现反复，这种情况少见，但也不是没有。1962年6月15日，国际法院曾在"柏威夏寺案"（柬埔寨诉泰国）一案中裁定柏威夏寺归柬埔寨所有。柏威夏寺有着900多年的历史，位于泰柬边界。然而，判决下来后泰国方面一直不满意。当柏威夏寺于2008年7月被列入《世界遗产名录》后，泰、柬两国因柏威夏寺的领土争端迅速升级，多次交火，还造成了人员伤亡。

不得已，柬埔寨于2011年4月28日再次向国际法院提出书面请求，请求法院对近50年前作出的判决"予以解释"（requesting interpretation）①。然而，在国际法院看来，这就不是一个解释的问题，而是一个新的案子（opening of a new case）。于是，国际法院接受了这个案子②，并接受了柬埔寨关于采取临时保全措施的请求（indication of provisional measures），于2011年7月18日下令要求泰国和柬埔寨立刻从柏威夏寺周围有争议地区撤出军队，并重启谈判。法院还裁决在该寺周围划定一个非军事区，准许观察员进入。③

第三节　中国和解争端的实践

中国的生存环境比较复杂。新中国政府成立后，不仅历史遗留下来不少问题需要解决，而且还有新的国际环境下涌现出来的问题。然而，中国政府注重维护得来不易的和平环境，历来主张以和平方式解决

---

① "柬埔寨把泰国告上国际法院"，《参考消息》，2011年5月31日，第2版。
② ICJ Press Release, No. 2011 / 14, May 2, 2011, www.icj-cij.org.
③ "国际法院要泰柬从争议地区撤军"，《参考消息》，2011年7月19日，第2版。

与他国发生的争端,其中包括黄岩岛问题。①

在黄岩岛主权归属问题上,菲外交部长德尔罗萨里奥关于"要和中国一同到国际法院寻求解决途径"的声明,表明菲方具有通过国际司法途径来解决与中国就黄岩岛等主权的归属问题的想法。由于争端涉及关于中国的诉求,菲律宾就还必须要考虑到国际司法的特点和中国关于和解争端的立场和实践。

中国的立场是明确而一贯的:"中国主张,中国同有关邻国之间由于海洋管辖权主张重叠而引起的海域划界问题,有关各方应根据国际法、现代海洋法和1982年《联合国海洋法公约》所确立的法律原则和制度,通过双边和平谈判,寻求都能接受的公平解决办法。"②

一、国家排它性的自主选择权

诉诸国际司法必须要经争端当事方协定同意。这是国际判决具有效力的法律根据,也是它的基本特征。国家是主权的。作为一项国际法基本原则,各国不得被要求必须将彼此之间的争端交付国际司法来解决,除非它们在争端发生时自己同意这么做。

由于历史、政治或经济等原因,国家相互之间有矛盾或有争端,是国际关系中常有的事。为了以和平方式来解决这样的争端,国际法提供了多种选择。如《联合国宪章》第33条里所列举的谈判、和解、司法解决等。菲外交部长德尔罗萨里奥声明中提到的"到国际法院寻求解决途径",属于"司法解决"。当然,这只是多种和解方式中的一种。

对于《联合国宪章》里所列举的方式,不少国际法教科书将其分为政治的与法律的两种。"政治"就是指外交方法,如"谈判、调查、调停与

---

① 段洁龙主编:《中国国际法实践与案例》,法律出版社2011年,第136—161页。
② 同上,第157页。

和解"等,这些都被称之为政治解决方法。"公断"及"司法解决"属于和解争端的法律方法,是指争端当事国把争端交付给它们自行选择的仲裁者或国际法院处理,并相约服从其裁决的争端解决方式。但《联合国宪章》第33条,本身并没有在"政治"与"法律"的模式之间进行定义或者区分。

谈判、斡旋和调停等方式,都是通过当事者相互之间谈判来解决争端。谈判是国家间处理争端的正常方法,形式灵活。当事国就争端事项进行协商,以何种形式以及在什么基础上加以解决,都由当事国自由决定。斡旋和调停旨在劝说争端当事方自行就终止争端达成满意的协议,但并没有规定解决争端的条款。

由于谈判取得和平解决较其它解决方法更为灵活,所以在许多国际条约中都强调首先依靠外交途径通过直接谈判的方式解决争端,如在早期传统国际法重要文件的1907年《海牙和平解决国际争端公约》第38条和《国际联盟盟约》第13条。在当今重要的世界贸易组织的争端解决机制中,也规定了谈判的义务,即:除非当事国选择更具有强制性的其它解决方法,否则不能拒绝就争端进行谈判。但在一般国际法上,除非条约里有明确特别的规定,采用谈判方式还未成为一项义务。

当然,《联合国宪章》只是列举性地提供和平解决争端的模式,要求当事国尽一切努力来维护国际和平与安全,它自己并没有对这些模式的重要性予以区别。从实践上看,不少法律冲突是由于政治原因引起的,或冲突中具有强烈的政治影响;而政治冲突中也常带有法律意义,或冲突方通过法律来支持其政治主张,等等。

国际司法解决固然有它的长处,但也有特点:国家如果一旦同意将国际争端交由国际法院,就再没有退路。它只能是在诉讼过程中全力以赴,但对于结果无任何控制,程序终结时也只能接受该国际法院的裁决。因此,国家在将涉及其重大利益的敏感问题提交国际法院裁决之前,必须要慎重考虑,这也是一个国家对自己、对世界负责任的必然结果。

国际法院作为联合国主要司法机关,在运用法律手段解决国际争端方面意义重大。然而,国际法院虽然是和平解决国际争端机制中的重要一部分,但并不是国家解决争端的惟一选择。由于领土争端关涉国家的核心利益,是否有必要提交由国际法院？国家具有完全的和排它的自主权。

菲外交部长德尔罗萨里奥的言论,涉及中国对黄岩岛的主权问题,这是非常严肃的话题,不能轻易决断。领土是国家行使主权的空间,是国民赖以生存的基础。领土争端包括领土归属、边界划定等各种类型,是所有国际争端中最为重要和复杂的问题。它会涉及诸多非法律因素,如政治、历史、地理、战略、经济、民族等等因素。解决领土争端不仅要考虑适用法律规则,而且还得考虑与划界密切相关的各种因素。此外,法官的素质、教育背景及价值观念等,也会发挥作用。所以领土争端解决兼具政治与法律争端的特殊性,不能单纯由法律来衡量和处理。

因为上述原因,所以国际法院《规约》193个会员国当中,只有67个国家根据《规约》第36条发表了承认该法院强制管辖权的声明。安理会五个常任理事国,也只有英国一家承认了强制管辖权。即便如此,英国在承认的同时还附有不少保留。这些都足以说明国家的慎重态度及国际法院在解决国际争端上的局限性。

二、中国坚持谈判解决争端的立场

在解决争端的所有模式中,谈判是最简单、最直接,也是最有效的方式。解决国际争端主要取决于国家之间的商议与妥协。属于外交方法的谈判具有更加灵活多变的特点。它不涉及第三者,因而不同于其他争端解决方法[①]。又因为它主要是政治考量,所以在解决争端中并不要求严格适用法律,或者根本就不需要适用法律。

和平解决领土争端的方式方法有好多种。中国倾向于采用与当事国直接谈判的方式。新中国成立后,中国政府就一直倾向于通过直接谈判来解决争端。在20世纪的50年代,中国政府就通过与周围邻国的谈判解决了海外华人的双重国籍问题,还通过国际组织和国际会议的形式解决了当时极其紧张的朝鲜半岛局势和印度支那局势问题。另外,中国在解决与他国的冲突和争端中的方式也比较灵活,也乐于接受第三方的斡旋或调停。例如,当20世纪60年代末发生中苏冲突时,中国政府就同意接受了罗马尼亚作为第三方而进行的斡旋。再例如:中国与塔吉克斯坦为解决两国之间的领土划界而进行了互让和妥协,最后两国签署了关于解决领土争端的相关协议后,塔方就同意"把上千平方公里土地让给中国,从而结束了自沙俄时期以来的领土纠纷。"[②]

从国际关系的实践来看,任何一个国家,无论其多么地软弱,都不会轻易地在没有多少把握的情况下将与本国根本利益密切相关的事由交付第三国或国际组织来裁决。迄今为止,中国对国际法院的诉讼管辖权概未接受,也从未与其它国家订有将争端提交国际法院的特别协定,并对国际公约中有关提交法院解决争端的条款均予以保留。

在解决与他国争端方面,新中国政府从来就主张采用政治的方法,如谈判、协商、斡旋以及和解等。1999年5月,当北约(美国军事飞机)因空袭南斯拉夫时炸毁中国驻南使馆时,还有2001年4月在中国南海地区发生中美撞机事件时,中国政府都主张通过与美国政府直接谈判

[①] 〔英〕马尔科姆·肖:《国际法》(第六版)下,白桂梅、高健军、朱利江、李永胜等译,北京大学出版社2011年,第799页。

[②] "中塔彻底解决领土纠纷",《参考消息》,2011年1月14日,第16版。

的方式来解决争端。①

谈判虽然与司法解决不同。然而,当争端要提交和解和司法解决等由第三者解决以前,论点首先需要明确,所以谈判往往就成了提交司法解决的前提。另外在由第三者解决无拘束力的和解的情况下,还需当事者重新进行谈判。在国际法院有些司法案件中,如在关于"北海大陆架案"和"爱尔兰渔业管辖案",国际法院的判决只是一个被视为提出解决标准判决,最终还需由当事者谈判来解决。谈判虽有其缺陷,但仍可以说是最重要的争端解决方法。联合国大会为提高谈判当事者的预测可能性,同时也是为了促进对谈判的信赖度,1999年还专门通过了"关于国际谈判的原则和指导方针"的决议。

从实践方面看,我国通过谈判解决争端方式的运用是卓有成效的。中国是世界上陆地边界线最长、邻国最多的国家,也是边界情况最为复杂的国家之一。新中国1949年成立时,与所有邻国都存在边界问题。但我国坚持采用直接谈判的方式,与缅甸、尼泊尔、朝鲜等12个邻国都已顺利解决了领土和边界争端。特别是中俄在经历了40余年的艰辛谈判后,最后在2004年10月14日签署了《中俄关于两国边境东段的补充协定》,使双方争议的边界线全部确定。②

中国坚持与邻为善、以邻为伴的政策。在处理领土边界争端时,尽管有些国家相对弱小,但中国在谈判时仍尊重他们的利益,会根据历史传统、民族习惯及实际控制情况做出合理的让步和调整。中缅、中俄、中越等边界领土争端的解决都是明显的例子。当然,中国也愿意通过直接谈判的方式来解决与菲律宾之间存在的关于黄岩岛的主权归属问题。

---

① 吴建民:《外交与国际关系》,中国人民大学出版社2006年。
② 段洁龙主编:《中国国际法实践与案例》,法律出版社2011年,第165页。

三、国际法院咨询意见

中国虽从未同意将争端提交给国际法院,但却于 2010 年参加了国际法院就"科索沃单方面(unilateral)宣布独立是否违反国际法"提供咨询意见的过程。2010 年年初,中国外交部法律官员薛捍勤大使代表中国政府向国际法院提交了中国政府在该问题上的立场。由于这是中国第一次出现在国际法院,所以引起了全世界的关注[①]。

自从中国 1971 年恢复了在联合国创始会员国地位以后,于 1985 年首次推荐倪征噢先生担任国际法院法官、并成功当选。从那以后,国际法院就一直有中国法官,法院诉讼活动中也就一直有来自中国的声音和观点。但迄今为止中国从未同意将与它国发生的争端诉诸国际法院。原来持同样立场的俄罗斯,由于 2008 年被格鲁吉亚依据《消除种族歧视国际公约》向国际法院起诉成了该诉讼的当事国。这样中国就成了是联合国五个常任理事国中唯一没有参加过国际法院诉讼案件的国家了。

国际法院具有两种截然不同性质的管辖权,即诉讼管辖权与咨询管辖权。所以国际法院除了诉讼案件外,还具有发表咨询意见的职能。当然,诉讼或咨询管辖权之间有区别,它们适用不同的规则和程序。

根据《联合国宪章》第 96 条的规定,联合国大会和安理会可以要求国际法院就"任何法律问题"(on any legal question)提供咨询意见。该条款还规定:联合国其他机构和专门机构在取得大会同意后,也可以请求法院提供咨询意见,截止到 2008 年 7 月 31 日,国际法院在其存在的 60 多年间共发表了 24 项咨询意见[②]。其中,有 15 项咨询意见是应联

---

① 例如,〔美〕罗丽·丹逻思:《美国在解决国际争端中的角色》,潘俊武译,《国际法学》,2012 年第 4 期。

② 资料来源联合国官方网站:www.icj-cij.org/idecisions.htm。

合国大会和安理会基于《联合国宪章》第 96 条第 1 款的规定提出的请求发表的,另外 9 项咨询意见是应联合国机关和其他专门机关基于宪章第 96 条第 2 款提出的申请发表的。

虽然《联合国宪章》第 96 条规定国际法院只能对"法律问题"发表咨询意见,但这并不妨碍它在实践中对某些政治性很强的问题提供咨询意见,如 1996 年关于使用或威胁使用核武器的合法性问题;2005 年关于以色列修建隔离墙问题;以及 2010 年年初开始审议的关于科索沃独立的合法性问题,等等。

从迄今为止的实践上看,国际法院咨询意见涉及的都是国际社会特别关注的问题,如"为联合国服务受损害的赔偿问题"、"预防及惩治种族灭绝罪国际公约的保留问题"、"接纳联合国会员国的条件问题"、"关于使用或威胁使用核武器的合法性问题"、"在被占巴勒斯坦领土修建隔离墙问题"以及"科索沃单方面宣布独立是否符合国际法",等等。这些问题在国际法院提供咨询意见之前,还属国际法上不太清晰,还未有明确规定的问题。所以这就更凸现出国际法院咨询意见在解决争端方面的重要性。

《联合国宪章》第 96 条第 2 款还规定:联合国其他机构和专门机构在取得大会同意后,也可以请求法院提供咨询意见,但该请求仅限于"其工作范围内之任何法律问题"。这一区别很重要。在 1996 年,国际法院就曾拒绝世界卫生组织(WHO)向它提出的就使用核武器合法性问题提供咨询意见的请求,理由是该问题不属于世界卫生组织"职权范围内所出现的法律问题"。所以在是否要提供咨询意见的问题上,国际法院具有一定的自由裁量权。

国际法院的咨询意见,对国际法的发展发挥了积极的推动作用。例如在 2004 年 7 月 9 日"隔离墙案"的意见中,国际法院认为以色列在被占巴勒斯坦领土上修建隔离墙的行为,是属于国际法上的不法行为,以色列因而有义务中止这些行为,并有义务赔偿由于其修建隔离墙而造成的一切损失①。

国际法院提供咨询意见,本来是为了补救"非国家不能成为国际法院当事方"的缺陷而规定的,是为了让联大、安理会以及联合国专门机构也能够得到国际法院的帮助解决因为法律而引起的争端。"咨询意见"(advisory opinion)因为只是被咨询提供的意见,所以没有法律上的约束力。提出请求的组织对法院的裁定是否遵行或接受,完全取决于要求提供意见的该组织的内部规章。但由于国际法院在国际法律领域所具有的权威性,以及这些问题在国际关系上的重要性和敏感性,结果使得国际法院这些咨询意见与诉讼案件的判决一样,广泛地被其他国际司法机构和国际法学者作为国际法权威加以引用和参考。

有的问题,如关于"政府间海事协商组织海上安全委员会组织问题"或"为联合国服务现受损害的赔偿问题",涉及到与国际组织有关的组织及争端问题。因此,国际法院的咨询意见在界定国际组织的法律地位、国际组织的权力的性质和范围等方面,事实上提供了国际法领域内相当权威性的参考意见。

中国自新中国成立以后,在2010年就"科索沃单方面宣布独立是否违反国际法"问题上第一次出现在荷兰海牙,向国际法院表明自己的立场和态度,既是因为该问题在国际法上的重要性和敏感性,也是中国出于对国际事务负责的立场和态度。

科索沃属塞尔维亚共和国的一部分。但就在科索沃还处于联合国管理期间时,科索沃议会却在2008年2月17日突然通过独立宣言,宣布脱离塞尔维亚。对此,其母国塞尔维亚坚决反对。于是,在塞尔维亚

---

① 关于该案具体情况,参考国际法院网站:http://www.icj-cij.org/icjwww/idocket/imwp/imwpframe.htm。

提议下,联合国大会于 2008 年 10 月通过决议①,要求国际法院就"科索沃单方面(unilateral)宣布独立是否违反国际法"问题提供咨询意见。

一个国家宣布独立的法律效果,与国际法上的承认有密切的关系。在现代国际关系中,由于经济、贸易、政治等各方面的交叉联系,任何一个国家都不可能单独存在,它必须要与其他国家进行交往。基于这个道理,一个国家就不能仅仅满足于自己宣示成立就可以了,它还必须要考虑其他国家对自己的态度,即其他国家是否也认为自己是一个国家,愿意与自己交往。国际法院是联合国的主要司法机构,在国际法领域享有很高的声誉。正是考虑到国际法院的影响力及科索沃独立合法性问题的重要性,中国决定打破以往的习惯做法,第一次出现在位于荷兰海牙和平宫的国际法院法官面前,陈述中国在科索沃宣布独立是否合法问题上的立场。

中国在还未接受国际法院的管辖权问题之前,可以多介入国际法院审理的"咨询意见"案中,发挥中国在国际司法中的建设作用。这既有助于了解和熟悉国际法院诉讼程序,有利于培养我们自己的法律人才,同时也能反映中国作为安理会常任理事国的地位,展示中国在世界上是一个致力于和平解决争端的国家形象。

本 章 要 点

国际社会中争端是不可避免的,问题在于如何解决。现行国际法禁止使用武力,提倡以和平方式来解决国家间的分歧与争端。和平解决国际争端已成为一项基本原则。国际法专门为此订立了有关的原则

---

① 联合国大会决议:UN Doc. A/C 63/3。

和方法,以及实施这些方法的程序。

《联合国宪章》把和平解决国际争端列为基本原则之一,并明确规定:国家相互之间有争端时应尽量通过谈判、调查、调停、和解、仲裁以及司法解决等和平方法来解决。

国际司法是和平解决争端的其中一种。国际法院则是当今世界上最主要也是最著名的国际司法机构,并在和平解决国际争端中发挥重要的作用。但它的诉讼管辖权只适用于接受这类管辖权的国家之间的争端,其诉讼程序也只能在国家同意和自愿的基础上进行。

国际司法解决固然有它的长处,但需要谨慎,因为国家如果一旦同意将国际争端交由国际法院,便再没有退路。它能做的就是在诉讼过程中全力以赴,但对于结果却毫无任何控制,程序终结时也只能接受该国际法院的裁决。因此国家在将涉及重大利益的敏感问题提交国际法院之前,必须要慎重考虑。

和解领土争端的方式方法有好多种。中国倾向于通过与当事国直接谈判的方式。虽然中国从未同意将争端提交给国际法院,但于2010年参加了国际法院就"科索沃单方面宣布独立是否违反国际法"提供咨询意见的过程,让整个世界第一次通过国际法院听到中国对该问题的立场。其实在未接受国际法院管辖权问题情况下,中国可以考虑多介入国际法院审理的"咨询意见"案中,以发挥中国在国际司法中的建设作用,展示中国致力于和平解决争端的国家形象。

第十五章 国家责任

虽然强调守法,但违法行为时有发生。国内法如此,国际法也是如此。所以任何一种法律制度设计时,都要考虑违反规则引起的责任问题。

"国家责任"(State responsibility)是国际法重要的一个分支。根据国家责任规则,国家如果违反国际法规则,就要对其国际不法行为承担法律责任。

国家对其不法行为承担责任,是由国家的国际人格地位所决定的。如果一国违反了国际义务,就不能以主权为由而予以拒绝承担这种责任。例如,1999年5月7日,北约的美国军用飞机用导弹袭击了中国驻南联盟大使馆,造成三名中国记者死亡,多人受伤,致使使馆馆舍也受到严重损害。从国际法角度看,这次受到轰炸的属非军事目标,是受到国际法保护的中国使馆,所以作为行为国的美国,就犯下国际不法行为(unlawful act),就因此要承担国际法上的责任。

国家不法行为会产生后果,行为国与受害国之间就会因此产生法律关系。"国家责任"就是用来确定这些法律关系、后果以及国际责任如何履行的法律制度。当一国犯有国际不法行为时,受害国就有权根据国际法上有关国家责任的规定来采取措施,促使行为国履行所应承担的国际义务。所以国际责任制度是维护正常国际秩序的手段。

第一节 演变与发展

国家所有不法行为均会产生国家责任。但传统国际法将国家责任仅限于外国侨民利益受到损害时引起的责任,对国家责任法的最初编纂范围主要限定在"有关对外国人身或财产造成损害的国家责任"方面,其原因主要是因为传统国际法规则是由西方强国主导制订的。

1930年国际联盟主持召开了海牙国际法编纂会议,把国家责任制度确定为14个编纂专题之一。当国际联盟在1924—1930年为准备编纂国家责任的相关规则而向各国政府征求意见时,不少国家政府在答复中普遍认为,一国对其领土上的外国人因为没有履行其国际义务而使他们受到损害时,应承担国际责任。但对于国家责任制度的编纂范围,是否只应限制在国家对外国人的生命、财产的侵害所负的责任方面,对此国家是有不同意见的。起草委员会试图将公约范围仅局限于国家对在其领土上的外国人人身及财产造成损害而产生的国际责任方面,而拉美及其他发展中国家对这个问题的看法大相径庭。[①]

所谓国家对外国人的生命、财产的侵害所负的责任问题,其实就是外国人待遇的标准问题。在这个问题上,西方国家主张"最低国际标准",即对外国人的待遇标准是一种客观的标准,它不受一国国内法的限制。如果外国侨民的待遇低于这个标准而受到损害,就构成了国际法意义上的国家责任。在侨民用尽当地救济的前提下,侨民的国籍国可以进行干预。针对这一论点,拉丁美洲国家提出了"卡尔沃主义",它

[①] 国际联盟国际法编纂会议:《筹备委员会拟定的会议讨论基础》,1929,第3卷,第20—24页,转引自贺其治:《国家责任法及案例浅析》,法律出版社2003年。

"包括对不干涉的重申",①即在一国居住的外国人享有与所在国国民相同的受保护的权利,但不能要求更多的权利,否则就是对主权平等原则的破坏。由于国家相互之间不能达成一致性意见,国际联盟主持召开国际法编纂会议上也就没能制定出一个关于国家责任的国际公约。

联合国国际法委员会1947年成立后,就在其第一届会议上将"国家责任"选定为优先审议的14个"编纂和逐步制定"的主题之一。1953年,联合国大会正式要求国际法委员会着手制定国家责任问题的国际法原则,并于1955年第七届会议上指定加西亚·阿马多(Garcia Amador)为第一任特别报告员,开始研究国家责任的问题。

加西亚·阿马多赞同传统国际法的观点,认为国家责任仅仅是指"国家对其领土上的外国人人身及财产造成损害的国家责任"。但这个问题实际上是外国人待遇的标准问题,对此有的国际法专家持有不同意见。如我国周鲠生先生认为,"引起国家的责任问题的有多种形式和性质的侵权行为,而侵害外国人的生命、财产所引起的责任,不过是国家的国际责任的一种,并且不是最严重的一种。"②就国家责任问题列入其编纂的议题,自1955年国际法委员会任命加西亚·阿马多为第一任特别报告员开始研究国家责任专题以后,罗伯特·阿戈(Roberto Ago)、威廉·里普哈根(Willem Riphagen)、加埃塔诺·阿兰焦—鲁伊斯(G. aetano Arangio-Ruiz)和詹姆斯·克劳福德(James Crawford)等特别报告员也进行了卓有成效的工作。

1956—1961年,加西亚·阿马多在国际法委员会的六届会议上接连提出了六份工作报告,全面论述了对外国人人身及其财产造成损害的责任问题。但这个时候,国际形势发生了巨大变化。其中一个就是

---

① 〔英〕马尔科姆·肖:《国际法》(第六版)下,白桂梅、高健军、朱利江、李永胜等译,北京大学出版社2011年,第651页。
② 周鲠生:《国际法》上,商务印书馆1981年,第235页。

20世纪60年代后,大批第三世界国家独立并加入了联合国,阿马多的观点遭到了联合国内发展中国家的强烈反对。如何保护外国人的问题,也成了国际法中西方国家与第三世界国家在国际关系中所采取的不同立场并进行较量的主要问题之一。

国际法委员会在1962年第14届会议上设立了一个小组委员会,其任务是编写一份初步报告,载有有关今后研究工作范围和方法的建议。1963年,国际法委员会第15届会议一致认可小组委员会的报告,决定根据国际形势和国际法的发展,采取新的观点重新对国家责任问题进行研究,并任命罗伯特·阿戈(Roberto Ago)为"国家责任"专题的第二任特别报告员。

阿戈在1969—1979年间共提出了八份报告,并着手拟定关于此专题的条款草案。国际法委员会1975年第27届会议通过了《国家责任条款草案》的大纲,设想条款草案的结构如下:第一部分涉及国际责任的起源;第二部分涉及国家责任的内容、形式和程度;委员会可能决定列入的第三部分涉及争端的解决和国际责任的履行。

1975年,国际法委员会通过了国家责任条款草案大纲,把国家责任专题分为三部分:第一部分是国家责任的起源,第二部分是国家责任的内容、形式和程度,第三部分是争端解决和国家责任的履行。1980年,委员会一读通过了条款草案的第一部分。2001年11月,国际法委员会经过努力终于二读通过了《国家对国际不法行为的责任条款草案》(Draft Articles on Responsibility of States for Internationally Wrongful Acts,以下简称为《国家责任条款草案》)。

《国家责任条款草案》总体上比较平衡,但对有些问题各国争议仍然比较大,如对国际社会整体所负义务(obligation erga omnes)概念、反措施问题、非受害国援引责任国责任问题等。总体上看,国际法委员会二读通过的《国家责任条款草案》是该委员会继《维也纳条约法公约》

之后取得的另一历史性成就。

随着国际关系的发展,国家责任规则发生了很大的变化。以前发生国际不法行为时,受害国可以自行决定并首先采取强制行动来"惩治"不法行为国;或者在提出赔偿,而赔偿得不到满足的情况下就单方面地决定是否采用包括军事手段在内的方法以实现其权利。现在不同了。《联合国宪章》第33条提供了国际法解决争端的一般性的义务,有关国家必须在得不到赔偿或赔偿不能得到满意情况下首先要通过谈判、调停、仲裁或其他和平方法来努力解决争端。只有在所有这些方法都无效的情况下,受害国才可能采取和平的反措施。

国家责任的传统法律,主要是由国家实践以及提请国际仲裁处理的大量案件发展的习惯法规则组成的。虽然《国家责任条款草案》从其名称来看是一个"草案",没有法律效力,但由于国际法委员会在发展和编纂国际法规则方面的权威性以及起草时所依据的众多国际法判例,其中不少内容已成为国际习惯法的一部分,国际法院等国际司法机构已开始援引条款草案来审理案件。例如,国际法院在其关于就"隔离墙"向联合国大会提供的咨询意见中,就参考和借鉴了《国家责任条款草案》。

第二节 国际不法行为的构成要件

《国家责任条款草案》第1条明确规定:"一国的每一国际不法行为都引起该国的国际责任。"所以,国家责任是由一国的国际不法行为引起的,其构成要件主要是两个:一是该行为的不法性;二是该行为可归责于国家,属于国家的行为。但需注意的是,"国家行为"也包括其"不行为"。

一、国际行为的不法性

国际法上要追究一个国家对其不法行为所负的国家责任,首先是因为该行为违背了该国的国际义务,即违背了从法律上讲对该国有约束力的国际义务。

《国家责任条款草案》第 13 条规定,一国的行为不构成对一国际义务的违背,除非该行为是在该义务对该国有约束力的时期发生。所谓"对该国有约束力的义务",是指"有效的国际义务"。如果一个国际条约已经终止,条约对缔约国所规定的义务当然随之不复存在。缔约国即使做出了违反原条约规定的行为,也不能认为是违反了该国的国际义务。

国际义务的来源,可以是条约,也可以是国际习惯或国际法的一般法律原则,甚至还可以是国家单方面行为所产生的国际义务[①]。

《联合国宪章》在其"序言"部分明确提出,"尊重由条约与国际法其他渊源而起之义务。"1992 年,伊朗向国际法院起诉美国,控告美国军舰在 1987 年 10 月和 1988 年 4 月先后破坏了伊朗的三个石油钻井平台,因此违反了 1955 年伊朗和美国签订的《友好、经济关系和领事权利条约》,并要求美国做出赔偿。美国却认为 1955 年的那个条约属于商务性质,它和武力事件没有关系。最后,国际法院判决中裁决认为,1955 年《友好、经济关系和领事权利条约》给伊美双方规定了多种义务。缔约一方任何违反这些义务的行为均属非法,而不论行为方式为何。国际法院因此驳回了美国提出的论点。[②]

国际法上关于国家的国际不法行为而导致产生国家责任的例子比

---

① 法国就曾单方承诺不再进行大气层核试验。参见《国际法院报告》(1974 年),"核试验案",澳大利亚、新西兰诉法国,第 253、457 页。
② 参见《国际法院报告》(1996 年),第 803 页。

较多,如 2004 年 7 月 9 日,国际法院裁决认为:以色列在被占巴勒斯坦领土上修建隔离墙的行为违反了国际法;以色列有义务中止其违反国际法的行为,包括停止修建隔离墙、立即拆除已经修建的隔离墙并有义务赔偿由于其修建隔离墙而造成的一切损失。① 当然,北约的美国军用飞机 1999 年导弹袭击中国驻南联盟大使馆也属国际不法行为,美国因此要承担由此而产生的国家责任。

二、可归责于"国家"

国家责任由一国的国际不法行为所引起。但国家是个抽象体,其本身不可能有什么行为,所以"国家"行为必定由隶属于国家的机关或个人所为。如 1999 年 5 月导弹袭击中国驻南联盟大使馆的事件,美国作为国家要承担责任,就是因为造成三名中国记者死亡及中国使馆被损毁的行为,是由隶属于美国的武装部队实施的……。那么,什么样的行为应归责于国家呢?

《国家责任条款草案》第 4 条规定:"1. 任何国家机关,不论它行使立法、行政、司法或任何其他职能,不论它在国家的组织中具有何种地位,也不论它作为该国中央政府机关或一领土单位的机关的特性,其行为应视为国际法所指的国家行为。2. 一机关包括依该国国内法具有此种地位的任何人或实体。"

根据《国家责任条款草案》的这一规定,可以归责于一国而成为该国国家行为的国际不法行为,首先是一国的国家机关的行为。任何一个国家机关,不论它是在行使立法、行政、司法职能,还是行使任何其他职能,其行为都可被视为该国的国家行为;行使政府权力的人或实体的

---

① *The Construction of a Wall case*, ICJ Report, 2004, pp. 136, 198; 129 ILR, pp. 37, 117—118.

行为,由于他们是经该国法律授权而行使政府权力的,其行为应视为该国的国家行为。

一个国家任何机关的行为都被视为该国的国家行为,这是国际习惯法的一个规则。早期的实践就有发生在1926年的"尤曼斯案"(美国诉墨西哥)。在该案中,由墨西哥10名士兵组成的支队在一名军官的率领下,奉命前往安岗谷矿山保护被骚乱威胁的美国人的安全,但他们不但不保护美国人,反而将美国人尤曼斯击毙,并杀害了另外两名美国人。对此,根据1923年9月8日的专约成立的美墨综合求偿委员会对此进行了审理,并做出以下裁决:

"我们不认为这些士兵参与安岗谷谋杀事件是以他们的私人身份所为的,因为情况表明谋杀行为是在军官的直接监督下和当着他的面进行的。士兵们进行人身伤害、肆意破坏或抢掠往往是在违反上级机关制定的规则下所为;如果对士兵的违反命令的任何行为都必须视为私人行为,那么也就不会有对这种恶劣行为的责任。"[①]

如果是以私人名义行事的某一官员的行为,不能归责于国家;但如果是以官方名义滥用权力的行为,则可以归责于国家。经过国际实践的发展,现已经确立了一个原则,即"由于一国官员以官方身份作为掩护而做出未经授权的行为,使一外国人蒙受损失,如果这一行为违背该国的国际义务,则引起该国的国际责任。"[②]

在国家违反国际规则的情况下,犯有不法行为的政府官员所属的

---

① 联合国:《国际仲裁裁决报告》第4卷,1926,第116页,转引自贺其治:《国家责任法及案例浅析》,法律出版社2003年,第102—103页。

② 参见《国际法委员会年鉴》,1975年,第2卷,第61—70页。作为该条原则的证明,还有如1977年《日内瓦公约第一附加议定书》第91条规定:"违反各公约或本议定书规定的冲突一方,按情况所需,应负补偿的责任。该方应对组成其武装部队的人员所从事的一切行为负责。"红十字国际委员会针对该条的评注中指出,第91条"符合关于国际责任的一般法律原则"。

国家就要承担责任。如果该官员根据其本国的法律要受到惩治,但在国际层面上,国家还要承担相应的责任,并且必须采取国际法要求的救济措施。

《国家责任条款草案》第8条规定:"如果一人或一群人实际上按照国家的指示或在其指挥或控制下行事,其行为应视为国际法所指的该国的行为。"一个国家任何机关的行为都被视为该国的国家行为,这是国际法上的一般性规则。美国军机1999年5月7日对中国驻南联盟大使馆的攻击,虽然这是美国军事人员所为,但由于军队是国家的自然组成部分,所以应被看成是美国的国家行为,美国对该行为造成的人员伤亡和馆舍损害要承担责任。

按照国际法的一般原则,个人或者实体的行为是不能归因于国家的。但如果行为人或者实体与国家之间存在着某种明确的事实关系,那么在这种情况下,行为人或实体的行为就要归因于国家。《国家责任条款草案》第8条事实上规定了两种行为可以归因于国家的具体情形。一是行为人或实体按照国家的指示实施了不法行为;二是行为人在国家的指挥或控制之下实施了不法行为。但是需要指出的是,如果想要根据这两种情形将个人或实体的行为归于国家,重要的一点:就是必须要证明行为人或实体与国家之间存在着实际联系。[①]

国家法院在"在尼加拉瓜境内针对该国的军事与准军事行动案"(Military and Paramilitary Activities in and Against Nicaragua)[②]一案中,就尼加拉瓜反政府集团违反国际人道法行为是否可以归责于美国进行了分析。该案的案由,是尼加拉瓜1984年4月向国际法院提出请

---

① 参见 *Draft Articles on Responsibility of States for Internationally Wrongful Acts with commentaries*,2001,pp.103—104。

② *Military and Paramilitary Activities in and Against Nicaragua*. 参见 http://www.icj-cij.org/icjwww/icases。

求,对美国政府指使某些拉美国家的国民在尼境内从事诸如在尼加拉瓜的港口进行布雷、破坏尼加拉瓜的石油生产设施以及在尼加拉瓜组织和资助反政府集团等军事和准军事行动提出指控,认为美国的行为构成非法使用武力和以武力相威胁、干涉尼加拉瓜内政和侵犯尼加拉瓜主权,是违反国际法的行为。经过审理,国际法院判定:美国以提供财政支持、训练、武器装备、情报等形式支持尼加拉瓜境内的反政府武装的军事和准军事行动,构成了对不干涉内政原则和国家主权原则的违反。

国际法院在本案中认为:美国基于国际法对尼加拉瓜承担着尊重尼加拉瓜主权等国际义务,但美国却通过与其签订合同的人员从事上述不法行为,这些人员既然是美国政府所雇佣的,那么他们的行为当然就应被视为美国政府的行为,因而美国政府对他们的行为负有责任。美国要承担责任。[①]

三、国家"行为"的内涵

一国实施国际不法行为会产生国际法上的国家责任,但需要注意的是:一国"不法行为",可以是一国的积极作为(actions),也可以是消极的不作为(omissions)。

国家根据国际法,承担了一些国际义务。因为具有法律义务,所以如果没有履行,自然就要承担责任。比如,2008年4月,国外某些对中国西藏问题产生误解和敌意的人,对一些中国驻外使馆进行冲击和骚扰,由于驻在国没有能切实履行国际使节法方面规定的关于东道国保护的义务,因此要承担责任。

---

① *Military and Paramilitary Activities in and Against Nicaragua*. 参见 http://www.icj—cij.org/icjwww/icases。

东道国由于没有履行国际法义务而被追究国家责任比较典型的案例,是国际法院在1980年受理的关于"美国驻德黑兰的外交和领事人员遭绑架案"(美国诉伊朗)。

1979年11月4日,在美国驻德黑兰使馆外示威的一部分伊朗人袭击了美国使馆。他们在占领了美国大使馆和另外两个美国驻伊朗领事馆后,将馆内文件档案捣毁,并扣留了50多名使领馆人员作为人质长达444天。1979年12月10日,国际法院在伊朗方面没有出庭的情况下,开庭审理此案,并于同月15日发布保全措施的命令,阐明伊朗政府有义务立即释放所有被拘留的美国使馆人员,并应允许使馆人员及位于德黑兰的其他美国国民安全离开伊朗。

在该案的审理后的判决中,国际法院专门对伊朗政府在此事件中的不作为进行了论述。国际法院认为,根据1961年《维也纳外交关系公约》和1963年《维也纳领事关系公约》的规定,伊朗政府有义务保护美国使领馆的人员和财产,但是自伊朗学生占领美国使领馆以来,伊朗政府一直没有采取措施来履行它的这种国际义务。由于伊朗连续地并仍在持续地违背它根据上述两个维也纳公约对美国所负的义务,因而导致了伊朗的国际责任。

所以法律上的"行为"概念可分为"作为"和"不作为"两种。以"美国驻德黑兰外交和领事人员案"为例,国际法院在判决中之所以认定了伊朗的国家责任,就是因为里面也有伊朗政府不作为的因素。在该判决的第69—79段中,国际法院认为:伊朗学生在占领美国使领馆之后,许多伊朗高官,包括精神领袖霍梅尼,都发表讲话表明伊朗赞成对美国使领馆的占领行为和将美国使领馆人员扣为人质的行为。这些讲话就使得学生的行为转变为伊朗的国家行为。既然是伊朗的国家行为,伊朗当然也要对此承担责任。所以在本案中,伊朗的不作为引起其国家责任。认为伊朗当局对于该国民众袭击使馆的行为没有采取任何预防和制止措施,也没有迫使袭击者撤出使馆馆舍和释放人质,反而对这些侵犯行为表示认可,并决定长期维持这些行为所造成的局面,以此作为对美国施加压力的手段。在这种情况下,袭击者的行为转化为伊朗国家的行为,袭击者成为伊朗的国家机关,伊朗国家应对他们的行为承担国际责任。所以,伊朗的不作为当然引起其国家责任。

国际法上还有追究个人刑事责任问题。但国际不法行为与国际罪行在概念上不是一回事。国际罪行除违反国际法规则以外,还需要如"犯意"(mens rea)这样构成犯罪行为的必要因素。

第三节 责任的内容与形式

国际不法行为发生后,行为国自然要对该行为负责。同时,受害国根据国际法也有权采用如战争这样的强制性,或如经济制裁及中止条约这样非强制性的行动,以迫使违反国际义务的国家纠正其不法行为。

一、停止、赔偿、恢复原状及补偿

《国家责任条款草案》第 30 条规定,犯有国际不法行为的责任国有义务"在该行为持续时停止该行为",并"在必要的情况下,提供不重复该行为的适当承诺和保证"。根据这条规定,责任国首先负有停止和不重复不法行为的义务。如果不法行为仍在继续,不法行为国必须要停止其不法行为,并提供不重犯的承诺和保证。所以,停止不法行为和承诺不重复该行为是国际不法行为发生之后在责任国和受害国之间的第一个法律后果。

不重复不法行为是责任国向受害国做出的一种承诺和保证,它经常与赔礼道歉等措辞一起使用,旨在向受害国表达维持两国正常关系的愿望。国际上有许多事件都涉及到这种方式。例如 2001 年 4 月 1

日,美国侦察机在南海上空撞毁中国军机,当时的江泽民主席在出访拉美途中,他在对记者谈话时,要求美方做出道歉,并保证以后不再发生类似事件。[1]

此外,发生国际不法行为后,加害国应当对受害国进行充分的赔偿。《国家责任条款草案》第31条规定,1.责任国有义务对国际不法行为所造成的损害提供充分赔偿;2.损害包括一国国际不法行为造成的任何损害,无论是物质损害还是精神损害。

责任国对其不法行为造成损害进行赔偿,这是早已确立的一项国际法规则。《国家责任条款草案》第35条规定,在并且只在下列情况下,一国际不法行为的责任国有义务恢复原状,即恢复到实施不法行为以前所存在的状况;第36条规定,1.一国际不法行为的责任国有义务补偿该行为造成的任何损害,如果这种损害没有以恢复原状的方式得到赔偿;2.这种补偿应弥补在经济上可评估的任何损害,包括可以确定的利润损失;第37条则规定,如果这种损失不能以恢复原状或补偿的方式得到赔偿,一国际不法行为的责任国有义务抵偿该行为造成的损失。

所以,如果结合《国家责任条款草案》第35、36和第37这三条的规定,就可以看到:"赔偿"是一个广义的概念,其具体形式包括恢复原状、补偿和抵偿三种。而且为达到"充分赔偿",受害国还可以"合并地"采取以上三种赔偿方式。

常设国际法院曾在"霍茹夫工厂案"(*Chorzow Factuory Case*)的判决中认为:"对约定的违背产生了以适当形式提供赔偿的义务,这是一项国际法原则。因此,赔偿是违背一项条约的必然结果。遇有违约情事而必须赔偿时,对于赔偿的不同意见就是对于如何履行赔偿的不

---

[1] "南海来了一群不速之客——中美矛盾冲突案例",载于人民网,2005年8月29日。

同意见。"此外,"赔偿必须尽可能消除非法行为所造成的一切后果和重建该行为未发生时可能存在的形势。恢复原状如果不可能的话,给予相当于恢复原状所需要的赔款。如果需要的话,在恢复原状或给予相当于恢复原状的赔款尚不足以弥补损失时,则判以损害赔偿。这就是借以确定违反国际法的行为所应给予赔偿的数目的原则。"[1]

由此可见,赔偿的作用首先是恢复到不法行为发生前的状况,即恢复原状。"恢复原状"被定义为"恢复到实施不法行为以前存在的状况",这也是一种占主要地位的赔偿方式。在国际法院1962年审理的"隆端寺案"(柬埔寨诉泰国)中,处于两国争端问题的隆端寺是位于柬、泰两国交界的扁担山山脉东部的一处高地上的庙宇。1954年起,泰国派兵占据,致使柬埔寨人前往朝拜受阻。柬埔寨向国际法院起诉,要求宣布隆端寺属于柬埔寨所有。泰国提出初步反对意见,认为国际法院对此无管辖权。法院驳回泰国的初步反对,并裁定隆端寺所属地属于柬埔寨的领土,泰国有义务撤出它在该寺内及周边柬埔寨领土上驻扎的军队,并且有义务将自1954年占领该庙以来运走的属于柬埔寨的一切文物等送还寺庙,对柬埔寨恢复原状。

与这问题相联系的,还有国际法院在2003年审理的"阿韦纳和其他墨西哥公民案"(Avena and other Mexican Nationals)(墨西哥诉美国一案)。案由是因为54名墨西哥国民在加利福尼亚、得克萨斯、伊利诺斯、亚利桑那、阿肯色、佛罗里达、内华达、俄亥俄、俄克拉何马和俄勒冈州境内被判处死刑。如果根据《维也纳领事关系公约》第36条的规定,美国应告知墨西哥国民们有权获得领事的帮助并且提供足够的救济以弥补此类的违法行为。然而,这些案件中美国主管机关并没有一直在履行第36条中的规定。据此,墨西哥合众国于2003年1月9日

---

[1] *Chorzow Factuory Case*, PCIJ, Series A, No. 17, 1928, p. 29.

在国际法院提出对美利坚合众国的诉讼,要求法院裁定并宣告:(1)美国逮捕、拘禁和审判 54 名墨西哥国民并且加以定罪和处以死刑的行为已违反了美国依照《维也纳领事关系公约》中规定的针对墨西哥的国际义务;(2)墨西哥有权获得恢复原状等。墨西哥认为,恢复原状包括有义务恢复原状,废除或消除对所有 52 名墨西哥国民宣判和判决的所有效力或影响等。①

国际法院于 2004 年 3 月 31 日做出判决,认定美国的行为违反了其对涉案墨西哥公民的义务,违反了美国对墨西哥根据《维也纳领事关系公约》所负的义务,并且裁定本案适当赔偿包括美利坚合众国以自己选择的方式审查和重新考虑对墨西哥国民的定罪和判决。

"补偿"是责任国对其国际不法行为所造成的损害,没有或无法以恢复原状的方式给予赔偿时的一种主要的和普遍的赔偿方式。② 它主要是在完全不可能恢复原状的情况下适用。当然,有时即使能够恢复原状,如果恢复原状仍然不足以弥补受害国损失的,也要对受害国剩余的损失进行经济补偿。

在 1999 年 5 月 8 日,美国导弹袭击了中国驻南联盟大使馆,造成三名中国记者死亡,多人受伤,并且馆舍严重损害。中国政府除了提出强烈抗议外,还要求以美国为首的北约承担全部责任,其中包括向中国政府和人民道歉,并赔偿中方的一切损失。时任中国外交部发言人的朱邦造在记者招待会上表示,美国轰炸中国驻南使馆构成美国的严重国际不法行为,美国政府必须为此承担国家责任,包括对中方所遭受的一切损害做出迅速、充分和有效的赔偿。以后,中美两国经过二轮谈判,就对中方伤亡人员的赔偿问题达成一致:美国政府将向中国政府支

---

① 参见《国际法院报告》(2003—2004 年),第 41—46 页。
② 贺其治:《国家责任法及案例浅析》,法律出版社 2003 年,第 240 页。

付 2800 万美元,作为美国轰炸中国驻南联盟大使馆所造成的中方财产损失的赔偿。①

二、受害国以外的国家援引责任

在《国家责任条款草案》中,有对国际习惯法进行编纂的规定,但也有超越对习惯法进行编纂的规定,如对有关强行规范的义务的严重违反,由受害国以外的国家援引责任以及采取对抗措施的条文等。受害国以外的国家援引责任问题,是一个非为本国利益进行诉讼的问题。允许受害国以外的国家援引责任,这是现代国际法的新发展。

《国家责任条款》第 48 条规定:

"1. 受害国以外的任何国家有权按照第 2 款在下列情况下对另一国援引责任:

(a)被违背的义务是对包括该国在内的一国家集团承担的、为保护该集团的集体利益而确立的义务;或

(b)被违背的义务是对整个国际社会承担的义务。

2. 有权按照第 1 款援引责任的任何国家可要求责任国:

(a)按照第 30 条的规定,停止国际不法行为,并提供不重复的承诺和保证;和

(b)按照前几条中的规定履行向受害国或被违背之义务的受益人提供赔偿的义务。

3. 受害国根据第 43 条、第 44 条和第 45 条援引责任的必要条件,适用于有权根据第 1 款对另一国援引责任的国家援引责任的情况。"

所以联合国国际法委员会编纂的责任草案,里面不仅规定国家如果违反对其他国家承担的义务需承担责任,而且还规定了国家如果违

---

① 参见《中国驻南使馆被炸三周年备忘录》,载于中国外交部网站。

反了对整个国际社会承担的义务后也要承担责任。《国家责任条款》第48条确定了国家可以代表整个国际社会要求加害国承担国家责任,这在国际法上是具有开创性意义的。然而,国家为他国或国际社会要求违反国际义务的国家承担责任,还需要借助一定的程序性规则。国际法院迄今为止的实践,显示在非为本国利益进行诉讼的程序方面实际还存在着一定的困难。

西南非洲案是国际法院较早的一个案例。在该诉讼中,埃塞俄比亚和利比里亚作为起诉方,认为南非在西南非洲地区实行的种族隔离政策有悖于其在国际联盟委任统治制度下承担的最大限度的提高该区域居民的安宁生活的国际义务,因而需要承担国家责任。对于埃塞俄比亚和利比里亚这一诉求,国际法院法官先是以8票对7票裁定法院有管辖权,但在四年之后又以7票对8票的结果将这一诉求驳回,其理由是:

> "(埃塞俄比亚和利比里亚)两国的主张请求相当于这么一个诉讼:国际法院应允许'群体诉讼'(actio popularis)的存在,或者是法院应该肯定国际社会的任何一个成员都有权为了保护公共利益而采取行动。虽然上述权利在一些国家的法律中是存在的,但是对于国际法发展的现阶段来说,却是未知的事情:本法院不能认为这一权利是由法院规约第38条第一款第三项所指的'一般法律原则'。"[1]

该案的诉讼结果表明:"群体诉讼"或"公益诉讼"的概念在国际法渊源中还没有其相应的位置。非为本国利益进行诉讼,除需要实体法

---

[1] *South West Africa Cases*, ICJ Report 1966, p.47.

以外，还得有关于允许其进入诉讼程序的规定。而在西南非洲案裁决近30年后的东帝汶案（葡萄牙诉印度尼西亚）中，国际法院再次否认了国家非为本国利益进行诉讼的可能性。

1989年，当时作为东帝汶托管国的葡萄牙在国际法院以澳大利亚为被告提起诉讼，称澳大利亚与印尼就开发、利用东帝汶领土所属大陆架的资源达成的协议，这一协议不仅严重侵犯了东帝汶人民的民族自决权，而且也侵犯了当时作为东帝汶托管国的葡萄牙在托管制度下的权利。然而，国际法院在对该案在管辖权和可受理性方面进行审理后，裁定该国际法院没有管辖权，认为"某一条国际法规则的对世义务的特点和同意接受国际法院的管辖权是不同的两码事。不论所涉及的义务的性质如何，如果本法院的判决将会对一个非本案当事国的行为的合法性暗示某种评价，那么本法院就不能对一个国家行为的合法性作出判断。也就是说，即便所涉及的问题是国家的对世权利，本法院也不能对此作出行动。"[①]

由于《国际法院规约》的规定和限制，国际法院只能审理国家自愿接受其管辖的案件，只能根据已经成为国际法的法律规则。然而，虽然国际法院在上述两个案例都否定了自己的管辖权，没有进入到审理实体法问题的阶段，但也引起了国际法学界对国际诉讼制度的反思。随着国际形势的发展，不管是环境保护方面，还是在惩治国际犯罪及人权保护方面等，都会有涉及到损害人类共同利益而引起的国家责任范围内问题。联合国国际法委员会《国家责任条款》第48条受害国以外的国家援引责任问题，反映了国际法新的发展和思路。

[①] *Case Concerning East Timor* (Portugal v. Australia), Judgment of 30 June 1995, ICJ Reports (1995), para. 29.

第四节 国家责任的免除

国家如果实施国际不法行为就要承担国际法上的国家责任,这是一般的国际法原则。但在某些特殊情况下,行为的"不法性"可以被免除,可以不追究其国家责任问题。所以,是否存在着可以用来排除不法行为的情况,就是确定国家责任时必须要考虑的一项客观要素。

根据《国家责任条款草案》的规定,属于免除国家责任的情况共有六种,即:同意、自卫、反措施、不可抗力、危难和危急情况。《国家责任条款草案》第20条规定,一国以有效方式表示同意另一国实行某项特定行为时,该特定行为的不法性在与该国家的关系上即告解除,但以该行为不逾越该项同意的范围为限。

一、同意、自卫及反措施

"同意"(Consent)可以作为排除行为不法性的理由。关于"同意"的基本条件主要有两个:一是受害国要以"有效的方式"表示"同意";另一是加害国的不法行为不能超过受害国"同意"内容的范围。如甲国同意了乙国的民用船只使用其国内航道,但如果乙国以此为由派遣军事用途的船只使用甲国的航道,那就超出了"同意"的范围,就得承担由此而产生的国家责任。

"同意"比较好理解。如根据国际法上国家主权原则,一国领土不能受到侵犯。但我国四川于2008年5月12日发生大地震后,为了抗震救灾,我国政府不仅同意日本、韩国、德国、新加坡等国的医疗队进入灾区抢救,而且还同意美国和俄罗斯的军用飞机直落四川成都的双流机场。这既然是我国政府表示"同意",自然就不会有侵犯国家主权的"不法行为"之说。基于同样的道理,2010年10月,为了打击海盗及恐怖活动,非洲联盟请求联合国批准对索马里进行海空封锁并提供更多的军队和援助。对此,索马里外长优素福·哈桑·易布拉欣则向联合国安理会表示,索马里政府完全支持非洲联盟的战略①。这里,"同意"构成了解除这些行为非法性的必要条件。

"同意"的做出可以用明示的方式,也可以用默示的方式,但它必须是受害国自愿做出的,是真实的意思表示。如果受害国的"同意"是在加害国欺诈、威胁等方式下做出的,那么这种"同意"就是无效的。1969年《维也纳条约法公约》第48—52条对条约无效的情况做出了明确规定,认为在错误、诈欺、对一国代表之贿赂、对一国代表之强迫、以威胁或使用武力对一国施行强迫五种情形下缔结的条约无效。《维也纳条约法公约》的这个规定,自然能适用于关于"同意"有效性的认定方面。

自卫权(Self-defence)的行使也可以被用来免除原本要承担的国家责任。《国家责任条款草案》第21条规定:一国的行为如构成按照《联合国宪章》采取的合法自卫措施,则该行为的不法性即告解除。

《国家责任条款草案》以上这个条款的规定,虽然明确了合法行使自卫权的行为不属于国际不法行为,从而不会引起国家责任,然而,在国际实践中,什么样的行为才算是"合法地"行使自卫权?这点往往还是存在争议的。

需要提示的是,在国与国的关系中不得使用威胁或武力已是国际法上的基本原则之一,而且也为《联合国宪章》所肯定。② 然而,国际法并没有完全禁止使用武力。《联合国宪章》第51条规定:"联合国任何会员国受到武力攻击时,在安全理事会采取必要办法,以维持国际和平及安全以前,本宪章不得认为禁止行使单独或集体自卫之自然权利。"

---

① "非盟请求封锁索马里海空",《参考消息》,2010年10月23日,第2版。
② 参见《联合国宪章》,第2条第4款。

根据《联合国宪章》的这一规定,当一个国家遭受到别国"武力攻击时",有权对后者动用武力以自卫。在"尼加拉瓜诉美国军事和准军事行动案"的判决中,国际法院认为,"主张自卫行动的国家必须是武力攻击的受难者。"①当然,由于安理会对维持国际和平负有主要责任,所以自卫权的行使应当与安理会的职权进行协调。

《国家责任条款草案》还规定了将受害国的反措施(Countermeasures)不被视为不法行为的原则,"反措施"也可用来解除其行为不法性。但是,既然是"反措施",必须先有他国的国际不法行为的存在,而且,"反措施"本身还不能超过一定的"度",即遵守"相称性"原则,使采取的措施同受害国遭受的损害程度相称。当然,反措施只能针对加害国实施,不得针对任何第三国。②

二、不可抗力、危难及危急状态

不可抗力(Force Majeure)在国内法中一般被理解为不可预见、不能避免且不能克服的客观情况,如我国《民法通则》第 153 条和《合同法》第 117 条。然而,在国际法中也同样存在"不可抗力"。有些行为客观上违反了一国应当承担的国际义务,但这不是出于行为国的故意或是过失,而是出于某种行为国对之无能为力的客观情况。在这种情况下,该行为的不法性就可以得到解除。

《国际责任条款草案》第 23 条规定,一国不遵守其国际义务的行为

---

① 转引自,〔英〕詹宁斯、瓦茨修订:《奥本海国际法》,第一卷,第一分册,中国大百科全书出版社,第 309 页。
② 国际法院在"加布奇科沃—大毛罗斯工程案"(匈牙利诉斯洛伐克)的判决中说,一项反措施必须满足以下几个条件:首先,反措施是对另一国先前的一项国际不法行为的回应,并且必须是针对该国的;同时受害国必须要求加害国停止不法行为,或者要求加害国进行赔偿;一项反措施的效果必须与遭受的损害相称。另外,在"西斯尼号案"中,葡萄牙与德国联合设立的仲裁法庭认为,德国虽然有权对英国及其盟国进行报复,但是却无权对中立的第三国实施报复。

如起因于不可抗力,即有不可抗拒的力量或该国无力控制、无法预料的事件发生,以致该国在这种情况下实际上不可能履行义务,该行为的不法性即告解除。

对该条文稍作分析就可以看到:要援引"不可抗力"条款,必须要满足一定的条件,即:不可抗力是不法行为发生的唯一原因。只有当不可抗力与不法行为之间有直接的、唯一的因果关系时,不可抗力才可能解除该行为的不法性。如飞机由于恶劣天气而不得已通过他国领空,或由于叛乱而失去对国家部分领土的控制等。当然,不可抗力并不是行为国促成的,而是国家控制外的因素或者客观情况引起的。

《国家责任条款草案》讨论过程中,还考虑到了一种可被称之为"危难"(Distress)的情况。该条款草案第 24 条规定,一国不遵守其国际义务的行为,如有关行为人在遭遇危难的情况下为了挽救其生命或受其监护的其他人的生命,除此行为之外,别无其他合理方法,则该行为的不法性即告解除。

根据上述规定可以看出,行为国当时面临着十分危险的情况,以至于除了实施该行为之外,没有其他可行办法挽救行为人或其被监护人的生命。当然,危难情况的出现不是行为国导致的,否则不得援引危难解除其行为的不法性。

危难情况一般发生在飞机或者船舶在恶劣气候条件下,或在发生机械故障或航行故障后未经许可而进入外国的领空或领水的情况。但一方面,在危难情况下为了拯救有关人员的生命,即使侵犯领空的行为是故意的,也可以解除不法性;另一方面也要谨防对"危难"的滥用。

除了"危难",国际关系实践中还有"危急"的情况,英文叫"Necessity",直接显示这种情况的必要性。《国家责任条款草案》第 25 条规定,一国不得援引危急情况作为理由解除不符合该国所承担的某项国际义务的行为的不法性,除非该行为是该国保护基本利益、对抗某项严重迫切危险的唯一办法;而且该行为并不严重损害作为所负义务对象的一国或数国的基本利益或整个国际社会的基本利益。

"危急情况"只能在非常例外的情形才能援引。这也是来自历史上"危急情况"曾经被滥用的教训。一战时期,德国就曾经以"德国正处于危急状态"为借口,对其入侵比利时和卢森堡两个国家做辩解。①

"危急情况"虽然在国际关系的实践中存有争议,但国际社会还是承认"危急情况"可以作为解除行为不法性的理由之一。当然,如何适用"危急情况",里面却有严格的限制条件。首先,适用"危急情况",就必须证明"该行为是该国保护基本利益、对抗某项严重迫切危险的唯一办法"。而且,如果套用国际法院在"加布奇科沃—大毛罗斯工程案"的判决中的观点,对是否存在危急情况的判断不能由援引国单独做出,且仅有不定因素的存在并不足以确定危险迫在眉睫。这种危险必须是客观确定的,而不能是仅仅担心有此可能。除此之外,还要证明此项行为决不能"严重损害"该项义务所针对的国家的"基本利益"和"整个国际社会的基本利益"。②

危急情况虽是能解除国家不法行为的理由之一,但它与其他理由存在着区别。比如,同意、自卫和反措施等,它们针对的是另一国家先前的不法行为;反之,危急情况则不取决于另一国家先前的不法行为,它是根据情况本身的急迫性而采取的保护国家基本利益的果断措施。另外,不可抗力下的行为则是行为人不自愿的行为,危急情况下采取的行为是行为人自愿的行为。如果与危难相比,危急情况保护的是国家的基本利益,而危难保护的则是行为人及其被监护人的生命。③

---

① 参见斯考特主编:《关于欧战爆发的外交文件》,第一部分,牛津大学出版社1916年,第749—750页。
② ICJ Reports,1997,p. 81.
③ 参见 Draft Articles on Responsibility of States for Internationally Wrongful Acts with commentaries,2001,p. 195。

以上是构成国家责任免责的六种情况,即同意、自卫、反措施、不可抗力、危难及危急情况。但在援引解除不法行为理由时有一点不能忽视,那就是《国家责任条款草案》第 26 条规定的:违反一般国际法某一强制性规范规定的义务的一国,不得以本章中的任何规定作为解除其任何行为之不法性的理由。

规定中的"强制性规范",有时被称为"强行法"。1969 年《维也纳条约法公约》第 53 条对此有一个明确的定义,即国家之国际社会全体接受并公认为不许损抑且仅有以后具有同等性质之一般国际法规律始得更改之规律。虽然国际社会迄今为止对"强行法"到底包括哪些规范并没有一个统一的认识,但是经过国际实践的发展,下列规则已经被国际社会广泛接受为强行法规范,如禁止侵略、禁止种族灭绝、禁止奴役行为、禁止种族歧视、禁止酷刑、禁止反人道罪行和民族自决权。[①] 因此,根据第 26 条规定,如果甲国对乙国国民实施了种族灭绝的行为,乙国一方面不得对甲国国民实施这种灭绝行为;另一方面,如果实施了种族灭绝行为,乙国也不得以上述任何事由来解除其种族灭绝行为的不法性。

本 章 要 点

为了惩治国际不法行为,于是就专门制订了"国家责任"规则。根据这些规则,国家如果犯有国际不法行为,就会产生国际法上的责任问题,就要承担法律责任。

国际责任方面的主要法律文件,是联合国国际法委员会于 2001 年

[①] 参见 Draft Articles on Responsibility of States for Internationally Wrongful Acts with commentaries,2001,p. 208。

11月通过的《国家对国际不法行为的责任条款草案》。它对国家实施国际不法行为要承担的国家责任等相关的问题作了比较详细的规定。

国家责任是由一国的国际不法行为引起的,其构成要件主要是两个:一是该行为的不法性;二是该行为可归责于国家,属于国家的行为。当然,"国家行为"包括其"不行为"。

国家责任规则的内容随着国际关系的发展,发生了很大的变化。以前受害国可以自行采取强制行动来"惩治"不法行为国,或在赔偿得不到满足的情况就使用武力。但现代国际法禁止为此使用武力。《联合国宪章》还因此提供了国际法上和平解决争端的一般性义务。

国家如果实施国际不法行为就要承担国际法上的国家责任,但在某些情况下,行为的"不法性"可以被免除。根据《国家责任条款草案》里的规定,属于免除国家责任的情况共有六种,即:同意、自卫、反措施、不可抗力、危难和危急情况。因此是否存在着可以用来排除不法行为的情况,是确定国家责任时必须要考虑的。

第十六章　武力的使用

每当战争爆发时,它就成了人们热议的话题,如海湾战争、伊拉克战争、阿富汗战争、利比亚战争以及叙利亚战争等。人们议论战争的方面很多,但焦点往往落在关于使用武力的性质上。如美国2003年3月对伊拉克使用武力,人们关心的主要问题,就是美国是否有权使用武力? 美国如此使用武力是否违法(或合法)?

这些问题看似简单,但却涉及到国际法上的根本问题,即:现代国际法是否禁止使用武力? 或在什么条件下允许国家使用武力? 在武力使用方面法律上又有哪些规则?

国际法的目标之一,是维护世界和平,所以它要将国家使用武力的可能性降到最低,而且在战争发生时还去规范战争中的行为。因此在战争规则方面,国际法分两个层面,一是"诉诸战争权"(jus ad bellum),另一是"战争的行为规则"(jus in bello)。前者主要是关于战争合法性问题,具体是关于禁止使用武力原则、自卫权及其他允许使用武力的情势等;"战争的行为规则",主要是关于如何保护战争受难者和对战争手段和方式限制的法律规范。这里讨论的,将是国家诉诸战争权问题,即关于武力使用的合法性问题。

国际法词语上有"战争"(war)、"武装冲突"(armed force)或"武力的使用"(use of force)等。虽然称谓不同,但都是关于国际法主体使用暴力问题。早期的国际法对"战争"有一定的定义。如1907年的海牙《陆战规则和惯例》规定,战争的构成要件之一就是首先得"宣战"。然而，现代战争大都是不宣而战，目的当然是为了增加突发性，以取得军事上的优势。于是在这种情况下，为了能继续适用国际法中关于战争的有关规则，1949年《日内瓦公约》及其该公约1977年两个附加议定书等法律文件就开始以"武装冲突"取代"战争"，以强调战争存在的状态，来要求适用战争法规则。所以本章中的"武力的使用"(use of force)一词，既包括"战争"，也包括"武装冲突"。

第一节　限制战争权的历史演变

人们希望和平，但战争却是国际社会司空见惯的现象。国家往往通过诉诸武力，以达到在国际关系中获得某种权利的目的，或通过赢得战争来建立新的国际秩序。所以，国际法律不仅规范国家在和平时期的国际关系，而且还规范战争时期的国际关系。国际法鼻祖格老秀斯在400多年前曾干脆地将国际法分为"平时法"与"战争法"两大部分。从某种意义上讲，关于武力使用规则是国际法的核心部分。这些规则与国家领土主权、国家独立和平等原则等，共同构成了国际秩序的框架。[①]

一、早期关于使用武力的争论

早期的国际法并不禁止国家使用武力。它只是在什么情况可以使用武力的问题上存在分歧。而在相当长的一段时间中，国家强调战争

---

① 国际上关于武力使用问题的专著很多，例如：Gary. D. Solis, *The Law of Armed Conflict*, Cambridge University Press, 2010; Y. Dinstein, *War, Agression and Self-Defence*, 4th Edn, Cambridge, 2005; C. Gray, *International Law and the Use of Force*, 2nd Edn, Oxford, 2004; S. Neff, *War and the Law of Nations: A General History*, Cambridge, 2005; O. Corten, *Le Droit contre la Guerre*, Paris, 2008。

的"正义性"。国际法上的自然法学家一般都主张：战争在正当原因存在时可以被允许。如格老秀斯就将自卫、恢复被掠夺的财产、对恶意行为的处罚等等，作为发动战争的正当理由，但将为获得肥沃土地或统治他国则作为不正当的战争。"所以，正义战争就被理解为对一个不法行为的反应"①。

正义战争说是罗马帝国的基督化和基督教徒追求放弃和平主义的结果。认为只要符合神的意志，就可以使用武力。圣·奥古斯丁（354—430）把正义战争界定为在错误的一方拒绝补偿时对伤害的报复，是为了惩罚错误而发动的战争。② 所以也正如西方有的国际法学者所指出的那样：正义战争的概念体现了希腊和罗马哲学的内容，武力被用作维护一个有秩序的社会的根本制裁措施。③

在中国春秋战国时代，也有"兵不义不可"的说法。强调"师出有名"，认为战争只有在"正当原因"场合才被许可。这种"正义战争"论还深深影响着中国后来战争理论的发展。毛泽东主席就曾把战争简单地归为两类，即正义战争和非正义战争；他主张拥护正义战争，反对非正义战争。④ 所以，无论在中国还是在西方，战争一直有"正义"或"非正义"之分。

所谓"正义战争"的学说，在很大程度上只是一个关于道德方面争论的理论问题。听起来也似乎有理，如将它适用在不存在"世界政府"的国际社会里，会产生一个无法解决的实际问题，即"正义"或"非正义"

---

① 〔奥〕阿·菲德罗斯等著：《国际法》，李浩培译，商务印书馆1981年，第516页。
② 例如，参见 L. C. Green, *The Contemporary Law of Armed Conflict*, 2nd Edn, Manchester, 2000; G. Best, *War and Law since* 1945, Oxford, 1994。
③ 〔英〕马尔科姆·肖：《国际法》（第六版）下，白桂梅、高健军、朱利江、李永胜等译，北京大学出版社2011年，第888页。
④ 毛泽东：《中国革命战争的战略问题》，《毛泽东选集》（第一卷），人民出版社1991年，第158页。

应由谁来判断？所有交战国都会声明自己是正义。另外，正义的国家还可以得到他国的支持，战争会因此扩大；"正义"论还会为打败不正义一方，宽容其使用的作战手段，战争也因此会变得极其残酷。

由于国际法在19世纪前的很长一段时期内没有禁止战争的法规存在，所以不仅向对方索取因其先前不法行为而造成损害的补偿引起的战争是正义的，就是对异教徒的战争有时也被看作是正义的，① 甚至国家为保护它"至关重要的利益"而诉诸战争，也被认为是正义的。由于国际法的主体主要是国家，不存在超国家的立法或司法机关，判断者是国家自己，所以很难有什么限制。

国际社会在18世纪中叶后出现了无差别战争的观念，即不将战争原因是否正当作为一个问题，所有交战国都处在对等和平等的地位。能否诉诸战争不属国际法规定的范畴，国际法只规定战争开始的程序和战争的方法、手段问题，并无差别地适用于交战国相互之间以及交战国和中立国之间。按照这样的理论，战争当事国处于相互平等、无差别的地位。战争在法律上可随意进行，惟有政治上的考虑才可制止国家进行战争的决定。这其实反映了18至19世纪国际社会的现状。在当时的国际社会，只有欧美国家被视为完全的国际法主体，它们为了能在亚洲和非洲地区获得殖民地和势力范围，战争成为它们不可缺少的手段。

但19世纪末期以后，国际法的这种状况开始受到非议。关于战争的观念开始发生变化。有些同属欧美的中小国家及美洲国家，认为自己是大国势力斗争的牺牲品，因此要求对武力的使用进行规制；欧洲的工人运动与和平运动也主张禁止侵略战争。此外，欧美大国本身也体

---

① Peter Malanczuk, *Akehurst's Modern Introduction to International Law* (*Seventh Edition*), London & New York: Routledge, 1997, p.306.

会到：它们相互之间为重新瓜分殖民地和势力范围的帝国主义战争有可能会导致资本主义体制的崩溃。正是这种限制战争的必要性，促成了1899年的第一次海牙和平会议，在国际法领域开始了限制或禁止国家使用武力的进程。

二、尝试限制武力的使用

世界各大国在19世纪末为重新瓜分殖民地、争夺欧洲和世界霸权，纷纷展开军备竞赛。在这些国家中，沙皇俄国由于财政拮据，所以在竞争中感到力不从心。为了争取时间，1898年8月24日俄皇尼古拉二世建议在荷兰海牙召开一个和平会议，并邀请欧、亚及北美等所有的独立国家参加。各国对沙俄的倡议态度不一，但基于各自的外交需要，均都表示愿意参加会议。

第一次海牙和平会议于1899年5月18日至7月29日在海牙举行，参加会议的有中国、俄国、英国、法国、德国、日本、意大利、美国、奥匈帝国等26个国家。会议目的是要限制军备和保障和平，但最后却未能就此达成任何协议，只在和平解决国际争端和战争法规编纂方面签订了3项公约和3项宣言，其中包括次年生效的《和平解决国际争端公约》。法律的关注点从以前的制止国家的不当行为，转变为要用和平的方法来维持国际秩序。

《和平解决国际争端公约》前言部分明确提出："在维持普遍和平的强烈愿望的激励下，决心竭尽全力促进国际争端的友好解决……"，公约第1条规定："为了在各国关系中尽可能防止诉诸武力，各缔约国同意竭尽全力以保证和平解决国际争端。"第2条规定："各缔约国同意，遇有严重分歧或争端，如情势允许，在诉诸武力之前应请求一个或几个友好国家进行斡旋或调停。"

该公约虽然没有明确禁止使用武力，但和平解决国际争端的理念已经开始限制武力的使用。而且为了能和平解决国际争端,还规定了要设立一个常设仲裁法院,①通过仲裁的方式友好解决国家争端。这也说明当时各国已经在尽量避免选择战争作为争端解决的方式了。

1899 年的海牙和平会议取得了一些成果,但是并没有阻止各帝国主义国家瓜分世界的企图。经由美国总统西奥多·罗斯福建议,由尼古拉二世出面再次召集和平会议。于是,第二次海牙和平会议于 1907 年 6 月 15 日至 10 月 18 日在海牙举行。这次共有 44 个国家参加,除第一次与会国(因挪威已与瑞典分立,共 27 国)外,还有 17 个中南美国家。

会议重新审定了 1899 年的 3 个公约,还对《和平解决国际争端公约》内容进行了扩充,并强调了友好解决争端和尽可能避免诉诸武力的重要性。② 但这些努力都没有从法律上根本否定武力的使用。因此,还是没能阻止第一次世界大战的爆发。

将战争作为国际不法行为,是以诉诸武力前有义务将争端提交一定的和平解决程序的方式开始的。1899 与 1907 年的《和平解决国际争端公约》对此作了最初的尝试,但作为一项制度得以确立则是第一次世界大战后成立的国际联盟。

从第一次世界大战的教训中,各国认识到必须对战争权要予以有效的限制,于是就于 1919 年制订了《国际联盟盟约》。该盟约在其序言中声明:"为增进国际间合作,并保持其和平与安全起见,特允承受不从事战争之义务。"这有点显得空洞。但第 12 条却对国家使用武力施加了限制,它要求会员国在其相互之间发生争议时,应当将此争端提交仲裁或依照司法解决,或者交行政院审查,并且"非俟仲裁员裁决或法庭

---

① 常设仲裁法院 1900 年成立,现有 105 个成员国。关于该法院,可参见网站,http://www.pca−cpa.org.

② 参见 1907 年《和平解决国际争端公约》,"前言"以及第 1—2 条。

判决或行政院报告后三个月届满前,不得从事战争。"《国联盟约》第8条还规定:"联盟成员国承允为维持和平起见,必须缩减本国军备至适足保卫国家安全及共同履行国际义务的最少限度。"这对战争的规模进行了限制。

《国联盟约》对战争权做了限制,但并没有完全否定战争权,所以如果认为有必要,会员国仍然可以发动战争。即使只是限制性的规定,在实践中也往往不能得到遵守。盟约的措辞是国家不得从事"战争"。然而,如果不能被称为"战争"或不是"战争",自然就没有遵守规定的问题。所以有些会员国就通过不承认实际存在的战争状态,以逃避责任。

在限制武力使用方面非常重要的国际文件,是1928年的《关于废弃战争作为国家政策工具的一般条约》,即《非战公约》。[①] 它包括序言和正文3条,在历史上第一次以普遍性国际公约的形式,正式宣布废弃以战争作为推行国家政策的工具。该公约第1条规定:缔约国谴责用战争解决国际争端,并在它们的相互关系中废弃以战争作为实行国家政策的工具;第2条还庄严地宣布:"各国间遇有争端,不论何性质,因何争端,只可用和平方法解决之。"

然而,虽然《非战公约》明确宣布废弃战争,但并没有规定违反这个义务将会受到何种国际制裁的具体措施。另外,《非战公约》也只是仅仅"废止战争作为推行国家政策的工具",它并没有明确或具体地规定在国际关系中"不得使用武力"。

---

① 又称《白里安—凯洛格公约》。1928年8月27日由比利时、捷克斯洛伐克、法国、德国、日本、意大利、波兰、英国、澳大利亚、加拿大、印度、爱尔兰、新西兰、美国、南非等15个国家和地区的代表在巴黎签订,1929年7月25日生效,先后批准或加入的共有63个国家,中国于1929年5月8日加入。

第二节　禁止使用武力

现代国际法上禁止使用武力或者以武力威胁作为解决国际争端的方法。如前所述,战争的历史很长。在第18、19世纪之前,战争甚至是国家解决其相互之间争端最常用的手段。这在法律上也是被允许、是合法的。但后来国家意识到:战争的成本太高;为避免给人类带来毁灭性的浩劫,因而有必要制订禁止武力使用的国际法规则。

一、文艺作品改变民众对战争的认知

国际法上确立禁止使用武力的原则,主要是第二次世界大战后的事,但与这之前的反战争文化有一定的联系。在某种程度上,文艺作品对改变对战争的认知发挥了重要的作用。

战争的本质是杀戮,它带给人类的是恐惧和空虚。当这些被毫无保留地反映与呈现在文学和艺术作品中时,就成为社会认识战争的窗口,同时也成为人类反抗战争暴行最好的利器。

1914年,就在第一次世界大战爆发前两个月,英国就有多达64万的青年志愿参军。由于一心奔赴战场的青年人的热情如此之高,造成了征兵处的"混乱",以致于英国政府不得不派出骑兵在那里维持秩序[1]。当然,光荣与战争紧密相联,而战争的胜利更是对荣耀和辉煌最好的诠释。在除英国以外的其他国家,暴力也得到崇拜和尊敬。如在法国,1789年爆发的法国大革命就为大众所崇拜,认为体现了爱国主义的情怀。

但自从第一次大战以后,在世界各地,尤其是在西欧和中欧,以战

---

[1] 转引自张哲:"文艺作品改变民众战争认知",《中国社会科学报》,2012年3月23日,第A-03版。

争为主题的艺术作品通过各种各样的形式在传达着一个最基本的事实，即战争对人类来说是一场灾难。不少诗人针对战争的题材创作了大量作品，如西格夫里·萨松（Siegfried Sassoon）和维尔浮莱德·欧文（Wilfred Owen）。他们通过记录作战时间、伤亡人数等数据，揭露了战争的残酷和战场上士兵们的悲苦。

一战中，在经历了战争带来的巨大痛苦后，这些诗人的作品与其说是对战争的描述，不如说更像是透过文字对读者进行心灵上的洗涤和救赎。他们的作品对战争进行抨击，反战思想深刻鲜明，文字充满张力，使读者对战争感同身受。这些反战作品改变了公众对战争的认识，并成为记忆的载体，转变着民众对于战争的解读，即战争不再是光复荣耀的使命，而是一无是处的灾难。

世界进入20世纪后，除了反战文学作品外，其他艺术形式也带给公众更为直观地认识战争的机会。人类是战争的主角，同时也是最大的受害者。著名画家毕加索以西班牙内战期间格尔尼卡小镇遭受德国和意大利军队的空袭为题材，创作了画作《格尔尼卡》（Guernica）。画中受害人的面孔没有完整地呈现出来，而是象征性地被支离破碎的线条、色块所取代，与破败凄凉的背景融为一体。

战争的本质是杀戮，它带给人类的是恐惧和空虚，而这些被毫无保留地呈现在大批文学和艺术作品中，成为公众认识战争的窗口，同时也推动和促进国家在国际法上制订有关禁止使用武力的规定。

二、《联合国宪章》与使用武力问题

在半个世纪不到的时间内发生了两次席卷全球的战争浩劫以及给全人类带来的灾难，使得国际社会意识到维护世界和平的必要性，从而一开始就在重要的国际法律文件中明确禁止在国家相互关系中使用武力。

《格尔尼卡》(1937年)布面油画　　　　　　毕加索

1945年签署的《联合国宪章》在其序言部分就开宗明义地宣布,联合国的目的就是要维护世界和平,即:"我联合国人民同兹决心,欲免后世再遭今代人类两度身历惨不堪言之战祸。"为了实现这个目的,就要"力行容恕,彼此以善邻之道,和睦相处;集中力量,以维持国际和平及安全;接受原则,确立方法,以保证非为公共利益,不得使用武力"。

基于同样理念,《联合国宪章》第1条就规定其宗旨之一是"维持国际和平及安全;并为此目的:采取有效集体办法,以防止且消除对于和平之威胁,制止侵略行为或其他和平之破坏;并以和平方法且依正义及国际法之原则,调整或解决足以破坏和平之国际争端或情势。"宪章第2条4款更是明确规定,"各会员国在其国际关系上不得使用威胁或武力,或以与联合国宗旨不符之任何其他方法,侵害任何会员国或国家之领土完整或政治独立。"

其措词简单明了。它规定所有联合国会员国在其相互关系上都"不得使用武力";合法还是非法,都不允许。"战争"一词是相对于"和平"而言。虽然宪章在这里并未提到禁止"战争",但对"武力"的禁止无疑已将战争行为包括在内。不得"侵害任何会员国或国家之领土完整或政治独立"的表述,则进一步明确了要维护会员国的主权利益。

如果将两个条文联系起来可以看到,《联合国宪章》将摒弃使用武力或者以武力威胁放在首要的地位,强调"在国际关系中不得使用武力或以武力相威胁"的基本原则。由于现在世界上大多数国家都已成为联合国成员国,因此,联合国这一宪法性文件要求国家放弃使用武力就具有普遍性的意义。

自《联合国宪章》以后,不少其他国际法文件也确认了"不得使用武力"的基本原则。如联合国大会于1970年通过的《关于各国依联合国宪章建立友好关系及合作之国际法原则之宣言》(《国际法原则宣言》)

中,列明了七项国际法的基本原则,第一项就是禁止非法使用或威胁使用武力的原则,规定"各国在其国际关系上应避免为侵害任何国家领土完整或政治独立之目的或以与联合国宪章不符之任何其他方式使用或威胁使用武力"。

《国际法原则宣言》是对《联合国宪章》第 2 条第 4 款规定的进一步细化。根据该宣言的规定,各国依联合国宗旨与原则有义务避免从事侵略战争的宣传;有义务避免涉及使用武力之报复行为;有义务避免组织或鼓励组织非正规军或武装团队侵入他国领土。

何为"侵入他国领土"行为呢?联合国大会于 1974 年 12 月 14 日通过的《关于侵略定义的决议》对此作了回答。它规定"各国有义务不使用武力剥夺他国人民的自决、自由和独立权利,或破坏其领土完整"之后,对侵略行为作出了界定。它将"侵略"定义为,"一个国家的武装部队侵入或攻击另一国家的领土"、"一个国家的武装部队轰炸另一国家的领土"、"一个国家的武装部队封锁另一国家的港口或海岸"以及"一个国家的武装部队攻击另一国家的陆、海、空军或商船和民航机"等,规定这些行为构成国际法意义上的"侵略行为"。国际法院在"在尼加拉瓜境内针对该国的军事与准军事行动案"中,裁决这些规定反映了国际习惯法规则。[①]

1983 年底和 1984 年初,美国派人在尼加拉瓜的港口附近布设水雷,其范围包括尼加拉瓜的内水和领海,从而严重威胁尼加拉瓜的安全和航行。尼加拉瓜于是向国际法院起诉美国,指控它在其境内对自己采取的军事行动和准军事行动构成了非法使用武力,并要求国际法院责令美国立即停止上述行动并对尼加拉瓜所受的损失给予赔偿。

该案件中,美国政府并没有直接派遣武装部队对尼加拉瓜展开军

[①] *Case Concerning Military and Paramilitary Activities in and Against Nicaragua* (Nicaragua v. United States, 1986), judgment, at para. 195.

事行动，所以国际法院需要首先对美国的行为从性质上作出认定，即是否存在"使用武力"的情况。对此，国际法院认为："对于武力攻击的概念，不应该被理解成为只是国家的正规军越过边界这种情况，它还应该包括'通过国家或者代表国家派遣武装集团、非正规军或者雇佣军'这种情况。"[①]所以，国际法院将"武力攻击"分成直接和间接攻击两种。换句话说，国家有时是直接动用其武装部队，有时则是通过另一国境内的武装集团、非正规军或雇佣军对其展开军事行动，但这些都属于武力的使用。此外，国际法院认为"武力攻击"的概念不仅包括了武装部队进行的军事行动，而且还包括"对一国的叛乱者提供武器、后勤保障等方面的帮助。上述帮助，可能被认为是对一个国家使用或威胁使用武力，也可能是对一个国家内部或对外事务的干涉。"[②]所以国际法院对使用武力的解释是比较宽泛的。

虽是使用武力，但如果有好的动机或目的又是否能改变其不法性呢？在刚果领土上武装行动案中，被告乌干达告知法院，其在刚果领土上使用武力的目的并不是为了要推翻刚果总统卡比拉（Kabila）领导的政府，而是为了其自身的安全利益而保护相关城镇、机场的安全，以及支持他们在刚果内战中采取的其他行动。

国际法院不接受这些理由，认为：《联合国宪章》第 2 条第 4 款规定不使用武力原则是《联合国宪章》的基石。只有在满足了《联合国宪章》第 51 条规定的极为苛刻的条件下，使用武力才是合法的。然而，《联合国宪章》第 51 条并没赋予国家为保护自身可以感知到的范围内安全利益而使用武力的权利。[③] 因此，即便正如乌干达宣称的那样，其动用武

---

① *Case Concerning Military and Paramilitary Activities in and Against Nicaragua* (Nicaragua v. United States, 1986), judgment, at para. 195.

② *Ibid*.

③ *Case Concerning the Armed Activities on the Territory of the Congo* (Democratic Republic of the Congo v. Uganda), at para. 148.

力的目的是合法的,其使用武力的行为也是应该被禁止的。①

第三节 禁止使用武力原则的例外

禁止使用武力是现代国际法的一项基本原则。然而,这个原则存在着例外。如反措施或报复等,其中最主要的是国家"自卫权"。由于国际社会没有超国家的立法机构,国家在受到外来进攻的情况下当然具有自卫的权利。

一、自卫权

在国家自卫权中,是权威的、也是被引述最多的当属《联合国宪章》第51条。该条款规定如下:"联合国任何会员国受武力攻击时,在安全理事会采取必要办法,以维持国际和平及安全以前,本宪章不得认为禁止行使单独或集体自卫之自然权利。会员国因行使此项自卫权而采取之办法,应立即向安全理事会报告,此项办法于任何方面不得影响该会按照本宪章随时采取其所认为必要行动之权责,以维持或恢复国际和平及安全。"

根据这条规定,"单独或集体自卫"构成了"禁止使用武力原则"的例外。

从国际法角度看,国家具有自卫权是非常自然的。由于主权国家之上再没有超国家的立法机构或世界政府,所以当国家在受到攻击时,在联合国安理会还没有采取反制办法时就只能靠自己来防卫。"自卫"因此有时又被称为"自助"(self-help)。在《联合国宪章》第51条规定中,"自卫权"之前还有"固有的"(inherent)这一形容词。它除了"固有

---

① *Case Concerning the Armed Activities on the Territory of the Congo* (Democratic Republic of the Congo v. Uganda), at para. 163.

的"意思以外,还有"内在的"或"生来就有的"①,等等。其意思是:只要是国家,自然就有"自卫权"。在国际法委员会编纂的《国家责任条文草案》中,自卫权被作为一个免责事由。根据该草案的第 21 条,"一国的行为如构成按照《联合国宪章》采取的合法自卫措施,该行为的不法性即告解除。"

尽管如此,国家行使自卫权有一定的限制条件。根据《联合国宪章》第 51 条的规定,国家可单独行使和集体行使自卫权。但行使自卫权只限于对"武力攻击"的回应,是为阻止正在实施武力攻击的行为的权利。所以,武力攻击终止后作为报复实施的武力,就不再属于行使自卫权的范畴。另外还有比例原则。因为是自卫性质的,所以必须被限制在击退武力攻击所必要的限度内,不能与攻击行为失去比例。如对较轻的攻击实施大规模的军事行动,或击退攻击后侵入或占领对方国家的领土,这就超过了自卫权的限度。

作为程序上的制约,自卫权的行使仅限于"安理会为维持国际和平与安全采取必要措施之前"。另外,"会员国行使自卫权时采取的措施应及时向安理会报告"。联合国安理会根据《联合国宪章》具有审查当事者主张行使自卫权合法性的权利。

国家进行自卫,是在其受到攻击时进行的反措施。所以,受到武力攻击是国家行使自卫权的前提。在"在尼加拉瓜境内针对该国的军事与准军事行动案"的判决中,国际法院认为,"主张自卫行动的国家必须是武力攻击的受害者。"②

自卫权是国际习惯法赋予国家的权利。根据第 51 条的规定,行使自卫权是自国家受到武力攻击时得开始行使,但自安理会采取必要措

---

① 陆谷孙主编:《英汉大词典》,上海译文出版社 1995 年。
② 转引自,〔英〕詹宁斯、瓦茨修订:《奥本海国际法》,第一卷,第一分册,中国大百科全书出版社,第 309 页。

施以维护世界和平安全之时就得停止。由于联合国的集体安全机制是为维护国际和平与安全而设计，既然安理会采取了职权，自卫权自然应该停止行使。基于同样的考虑，行使自卫权的国家还应及时向联合国安理会报告。因此，国家享有的自卫权在一定程度上受到了安理会职权的限制。

除了单独自卫权之外，还有集体自卫权。所谓"集体自卫"，是指受到武力攻击之外的第三国根据约定对实施攻击的国家采取自卫行动的情况，一般解释为与本国有同盟关系的国家在受到攻击时，以与该国相关的自身利益受到侵害为由，本国虽未受到武力攻击但可享有进行反击的权利。国际法院在尼加拉瓜案判决中，认为集体自卫一定得经过受害国的要求才能由第三国实施。

在"在尼加拉瓜境内针对该国的军事与准军事行动案"一案中，美国认为：由于尼加拉瓜政府曾经对萨尔瓦多、洪都拉斯和哥斯达黎加三国实施了武力攻击，所以它对尼加拉瓜采取的军事行动是出于行使集体自卫权。但洪都拉斯与哥斯达黎加均没有认为自己受到武力攻击，而且也没有要求美国行使集体自卫权，所以国际法院没有接受美国的申诉理由，认为集体自卫权应该由受到武力攻击的国家向第三国提出行使自卫权的请求后才能行使。为了行使集体自卫权，受到攻击的国家必须首先宣布受到武力攻击，并要求给予援助。[1]

集体自卫与集体安全联系在一起。集体安全是指包括对立国家在内的多数国家相互承诺不使用武力，当出现攻击他国破坏和平的国家时，以其他所有共同的力量予以反击的制度。所以，联合国集体安全机制规定的使用武力的情况，构成了《联合国宪章》第 2 条第 4 款的重要例外。

---

[1] *Military and Paramilitary Activities in and Against Nicaragua*, (merits), at pp. 196—200.

根据《联合国宪章》规定，安理会有权决定对和平的威胁、对和平的破坏即侵略行为的存在(第39条)。这一决定和实施强制措施的决定由包括5个常任理事国在内的15个理事国的多数票决定(第27条)。一旦作出决定，就对所有联合国会员国具有法律约束力(第25条)。安理会不仅可认定对他国的武力攻击，还可以认定除此之外的行为和事态是否构成对和平的威胁和对和平的破坏，并决定是否要采取维持和恢复和平的措施。

二、联合国集体安全体制

自冷战结束、东西方思想意识的对立开始淡化，联合国安理会在众多问题上意见能够达成一致，对国际上非法使用武力的情势能作出及时和有力的对应。最典型的就是1991年的海湾战争，起因是伊拉克首先对科威特使用武力。

伊拉克和科威特虽然同属阿拉伯国家，但由于多年来的边界争端，致使两国冲突不断。在1980年到1988年的两伊战争期间，伊拉克与科威特之间关系缓和。但两伊战争后，由于伊拉克陷于经济困境。它为了恢复国内经济，免除所欠科威特巨额债务和提高自己在中东地区的地位，决定吞并科威特。1990年8月2日，伊拉克精锐的共和国卫队突袭科威特，并于当日就占领了科威特全境。8月8日，伊拉克宣布科威特并入伊拉克，成为伊拉克第19个省。

伊拉克的入侵行为立即引起了国际社会的强烈反应。联合国安理会召开一系列紧急会议讨论磋商伊拉克问题，并通过决议要求伊拉克撤军，但决议遭到伊拉克的拒绝。在非军事手段解决不了问题的情况下，安理会启动了《联合国宪章》第七章的机制。

在1990年8月6日通过的第661号决议中，安理会为了敦促伊拉克执行前述决议的有关内容，制定了经济制裁措施，要求"所有国家均应阻止原产于伊拉克或科威特并在本决议通过之日后出口的任何商品和产品输入其境内;阻止其国民或在其领土内进行任何活动去促进或意图促进从伊拉克或科威特出口或转运任何商品或产品,⋯⋯"在随后的9项决议中,安理会继续通过经济和外交手段施压,敦促伊拉克遵守决议内容,尽快撤军。

当非军事措施起不到让伊拉克撤军作用时,安理会于1990年11月29日又通过了第678号决议。① 这个决议和前面的决议不同,它明确警告伊拉克:安理会要采取包括军事手段在内的一切措施迫使其遵守先前的决议。决议中写道:

"安理会注意到伊拉克悍然蔑视安全理事会,虽然联合国做出种种努力,仍拒不遵守其应当执行的第660(1990)号决议及随后各有关决议的义务;⋯⋯根据《宪章》第七章:

1.要求伊拉克完全遵守第660(1990)号决议及随后的所有有关决议,并决定,在维持其所有各决定的同时,为表示诚意,而暂缓一下,给予伊拉克最后一次遵守决议的机会;

2.授权同科威特政府合作的会员国,除非伊拉克在1991年1月15日或之前按上面第1段的规定完全执行上述决议,否则可以使用一切必要手段,维护并执行第660(1990)号决议及随后的所有有关决议,并恢复该地区的国际和平与安全;⋯⋯"。

"使用一切必要手段,维护、执行有关决议,恢复海湾地区的和平与

---

① 本决议是以12票赞成,2票反对(古巴和也门),1票弃权(中国)通过的。中国的立场很明确:第一,伊拉克一定要执行联合国的决议撤军;第二,不主张使用武力,只要有一线希望就要争取和平解决。在安理会各国的态度尚未一致的情况下,美国施加了很大的压力,动员了所有的力量和资源,一个一个把安理会的成员国说服。主要的反对力量在安理会里当时有4家,古巴、也门、马来西亚、哥伦比亚。他们的论点就是,要组织联合国部队,就必须按照联合国宪章第42条规定行动,应该是由联合国指挥的部队。但现在是以美国为首的多国部队,所以不能同意。美国就做工作,结果基本上都摆平了。参见李道豫大使2002年11月11日在北京大学的演讲,http://www.huaxia.com。

安全"一语中的"一切必要手段",当然包括使用武力。正是依据这个决议,以美国为首的多国部队实施了"沙漠风暴"军事行动。

1991年1月17日,以美国为首的多国部队出动了数百架飞机对伊拉克境内的多个军事目标发动了轮番轰击,开始了"沙漠风暴"行动。多国部队于2月24日对伊拉克军队发动了大规模的地面进攻,迅速解放了科威特并攻入伊拉克南部地区。2月27日,伊拉克被迫宣布无条件接受联合国安理会的全部决议,要求停火。次日,多国部队宣布停火,结束了海湾战争。①

海湾战争广泛使用了世界上当时最先进的高技术武器装备,是第二次世界大战结束后现代化程度最高的战争。它是联合国成立以来为数不多的由安理会授权进行军事干预的实例之一。

第四节 使用武力问题的新发展

自从冷战结束以后,国家在使用武力方面有了一些新的实践和发展,其中主要是"预防性自卫"和"人道干涉"。

2003年3月,国际形势围绕伊拉克战争发生了深刻变化,美国对伊拉克的军事进攻,对联合国和以《联合国宪章》为基础的国际法体系及其维护的国际秩序造成了前所未有的冲击。美国以"先发制人"战略为依据,以销毁大规模杀伤性武器为理由对伊动用了武力,推翻了萨达姆政权,并在伊拉克实施军事占领,这对国际法禁止使用武力原则造成重大冲击。

此外,联合国安理会出于"人道"或"人权保护"的目的对利比亚国内局势的干涉和介入,从另一角度对武力使用的规则形成了冲击。当

---

① 《海湾战争》,参见 http://www.coldwarchina.com/wjyj/hwzz/000792.html.

然，采取预防性的自卫或以人道为目的的军事干涉的实践能否成为国际法规范，特别是习惯法的一部分，还有待于国际社会的实践及其发展。

一、预防性自卫

预防性(preventive)自卫是一种认为对于即将来临的，或迫在眉睫的武力攻击采取先发制人的打击的主张。

预防性自卫在现代国际关系中比较受关注，但争论很大。由于当今存在着核武器和生化武器等大规模杀伤性武器，国家一旦遭受攻击，很有可能会受到重创，甚至是受到灭顶之灾。由于没有国家愿意在被攻击之后束手就擒，所以如果将自卫权的行使限定在受到攻击之后，就可能会丧失了行使自卫权的实际能力。如此分析，"预防性自卫"有一定的合理性。但另一方面，"预防性自卫"可能会成为滥用武力的借口。

1. 预防性自卫的基本要件

1981年，以色列曾对伊拉克马上将建成的两个核反应堆进行了轰炸，其所依据的理由就是：一旦伊拉克拥有了核武器，以色列必定会为此付出惨重代价。所以以色列必须行使"自卫权"，首先对伊拉克进行打击，以维护国家安全。

以色列实施轰炸后，联合国安理会马上通过了第487号决议，在《联合国宪章》第2条第4款规定的基础上谴责了以色列的行为。该决议指出，"伊拉克自《不扩散核武器条约》1970年生效时起即是该条约的缔约国，伊拉克的一切核活动都按照该条约接受国际原子能机构的保障措施，原子能机构也证实这些保障措施迄今执行妥善。"所以当时伊拉克的核活动是合法的，对以色列没有任何"紧迫性"威胁，不存在"自卫权"的行使所必须具有的"必要性"。

"紧迫性"和"必要性"，是关于"预防性自卫"是否合理的关键要素。

习惯国际法对自卫权限传统定义产生于"(卡)罗林号案"(The Caroline Case)。该案中强调的就是"紧迫性"和"必要性"这两个要素。①

卡罗林号案发生在1837年加拿大反对英国的叛乱运动中。1837年,当英国的殖民地加拿大发生叛乱时,几百个叛乱者占据了位于加拿大境内的尼亚加拉河中的海军岛,并雇佣"加罗林号"船,通过该河从美国境内的斯洛塞港运输武器到海军岛,再从海军岛运交加拿大大陆上的叛乱者。加拿大政府获悉这种迫切的危险后,于1837年12月29日派遣了一支英国军队,渡过尼亚加拉河到斯洛塞港,捕获了"加罗林号",夺去了船上的武器,将船纵火烧毁,然后使其随尼亚加拉瀑布漂流而下。在对"加罗林号"攻击的过程中,有两个美国人死亡,还有几个受伤。美国相关部门逮捕了参与这次行动的英国部队的主要军官,以谋杀以及纵火的罪名起诉了这些军官。美国政府对英国侵犯了美国的属地最高权提出了抗议。但英国则认为它的行为是自卫所必要的,因为当时没有时间请求美国政府来阻止对英国领土的急迫侵犯。美国政府也承认,如果真有自卫的必要,英国政府的行为可以被认为是正当的,但需要一些先决条件。

在英、美两国交换外交照会的过程中,美国国务卿丹尼尔·韦伯斯特认为如果要让自卫具有正当性,就在必须具备两个条件:

第一,自卫的必要性,即:采取的行为在性质上是刻不容缓的;自卫权的行使必须在及时、压倒一切、没有任何其他任何选择,并且没有时间仔细考虑;

第二,除必要性外,还要有比例性的要求,即:采取的行动必须保持在"必要性"这个范围之内,不得是不合理或过分的行动。②

---

① 参见〔英〕马尔科姆·肖:《国际法》(第六版)下,白桂梅、高健军、朱利江、李永胜等译,北京大学出版社2011年,第897—898页;R. Y. Jennings, *The Caroline and McLeod Cases*, 32 AJIL, 1938, p. 82。

② Webster, *British and Foreign State Papers*, 1841—1842, Vol. 30, 1858, 193.

韦伯斯特提出的这个关于自卫权行使的检验标准为英国所接受，并在这之后被广泛地引用，以作为行使习惯法上的自卫权的条件。例如在纽伦堡法庭的审判过程中，国际军事法庭就曾援引卡罗林号案来处理被告人提出发动侵略战争是出于行使自卫权的抗辩。①

"卡罗林原则"非常重要的一点就是指明了"自卫权"的行使必须是基于紧迫的情形，并且要遵守"必要性"和"相称性"的条件。国际法院在尼加拉瓜一案中认为："对于受到（武力）攻击作出的回应是否合法，这一点取决于是国家采取自卫措施是否遵守了必要性和成比例性的标准。"②

2. 伊拉克战争与预防性自卫

"预防性自卫"的合法性问题，在伊拉克战争问题上再次凸现出来。

2003年3月20日，美国开始对伊拉克进行了军事打击。然而，美国这一军事行动既不是因为受到进攻而实施的自卫（《联合国宪章》第51条），也不是因为联合国安理会通过决议的结果（《联合国宪章》第39条），而是"预防性"地使用自卫权。

这一基于"先发制人"理论而发动的伊拉克战争引起了世界对"合法行使自卫权"条件的争论。美国认为，自卫权并不一定要等到遭受了敌人的武力攻击才能行使。用2002年《国家安全战略报告》的话说，就是"在威胁到达我们的边境之前即予以查明并加以消灭，以此保卫美国、美国人民和我们在国内外的利益。在美国不断努力谋求国际社会支持的同时，我们在必要时也会毫不犹豫地单独采取行动，通过对这类恐怖分子实施先发制人的打击行使我们的自卫权，防止他们伤害我们的人民和我们的国家。"③

---

① O'Connell, *International Law*, Vol. 1, 2nd edition 1970, at 316.
② *Military and Paramilitary Activities in and Against Nicaragua*, (merits), at para. 194.
③ 《美国国家安全战略》第三部分，"加强各方联盟，战胜全球恐怖主义，保护我们自己和盟友免受攻击"，2002年9月20日。

美国明确提出"先发制人"战略的直接原因是"9·11恐怖袭击"。为了消除恐怖主义的威胁,美国政府对其军事战略做了重大调整,从原来的"威慑和遏制"①转为所谓的"先发制人"。② 在美国看来,世界的形势已发生重大变化,军事技术的迅速发展已对美国构成威胁,尤其是大规模杀伤性武器,以致若等到美国受到攻击后再自卫,美国已遭受了巨大损失。布什总统认为,"等敌人对美国发动攻击后再向敌人还击,这是自杀而不是自卫。"③

2002年1月31日,布什总统在一年一度的《国情咨文》中提出"邪恶轴心"的说法,将伊拉克列为其中之一。2002年6月1日,布什总统在西点军校的毕业典礼上的讲话中说:"今后对拥有生化武器和核武器的恐怖分子和敌对国家要采取先发制人的打击。"其理由是:"反恐战争不能靠防御取胜。我们必须向敌人开展进攻,粉碎他们的计划,并且在最严重的威胁出现之前就勇敢的对付他们……我们的安全将需要所有的美国人有远见和决心,做好必要时采取先发制人的行动以捍卫我们的自由和保护我们生命的准备。"④此后,美国发表的《国家安全战略报告》中,也进一步强调了这种预防性自卫的思想。⑤

---

① "威慑和遏制"是美国自二战以来坚持了逾半个世纪的安全政策。1999年12月克林顿政府发表的《新世纪国家安全战略》强调需要建立强大的军队,以威慑力迫使敌对国家不敢轻举妄动,美国的安全则主要通过国际联盟和安全协定得到维护。这就是"威慑和遏制战略"的体现。

② 2006年3月16日发布的《美国国家安全战略》在对2002年《美国国家安全战略》进行总结时写道:"挫败恐怖主义需要制定长期战略和打破旧有模式。我们正在同势力遍及全球的新敌人作战。美国不能再单纯靠威慑让恐怖分子敬而远之,也不能在单纯靠防御措施在最后关头拦住他们。我们必须与敌人战斗,让他们疲于逃命。"

③ 《纽约时报》2002年3月18日,第1版。

④ President George W. Bush, Commencement Address at the United States Military Academy, West Point, June 1st, 2002, http://www.whitehouse.gov/news/releases/2002/06/20020601-3.html.

⑤ The National Security Strategy of the United States of America, Sep. 2002, at http://www.whitehouse.gov/nsc/nss.pdf.

美国对伊拉克使用武力,依据是《联合国宪章》第51条规定,但它对该条规定作了扩大性的解释。按照美国的逻辑,国家既然有"自卫权",就有权在"敌人"发动攻击前对其予以打击,以达到"自保"的目的。美国如此解释,明显将"受到攻击"的客观因素变成了"觉得自己要受到攻击"的主观因素,其适用标准自然含有主观判断的臆想成分。

伊拉克战争之后,先发制人的安全战略思想开始被一些国家认同。澳大利亚、印度、巴基斯坦、以色列、日本、韩国和法国等国相继表示有权实施先发制人的打击,或"不排除先发制人的可能"。

2002年10月发生的印度尼西亚巴厘岛恐怖爆炸案导致180多人遇难,其中一半是澳大利亚公民。这次事件在澳大利亚国内被称为"澳大利亚的9·11事件"。同年12月澳大利亚总理霍华德发表讲话称:如果他认为另外一个国家的恐怖分子计划袭击澳大利亚,他就准备在那个国家采取行动。霍华德提出,应当修改联合国宪章,允许各国先发制人的打击邻国的恐怖分子。霍华德的讲话立即招致了菲律宾、印度尼西亚、马来西亚、泰国等亚洲国家的愤怒与指责。[1] 这表明在对待预防性自卫的态度上,国家态度相差甚大。

国家自卫的概念在传统国际法上一直存在。但在实践中自卫权比较容易被滥用。《联合国宪章》第51条之所以规定一个国家只有在受到军事攻击后才能自卫,目的是为了避免第二次世界大战前夕希特勒借口为保卫德国而侵略捷克斯洛伐克和波兰这样的悲剧再度发生。

在美伊战争爆发后的第58届(2003年)联合国大会上,联合国秘书长安南为解决联合国成员国在使用武力以解决世界所面临的威胁是否妥当方面存在着严重分歧,宣布成立一个高级别名人小组,就这一问题向他提出全面的意见。[2] 该名人小组2003年11月成立,并在一年

---

[1] 参见《反恐声言要在别国先发制人,澳总理讲话掀轩然大波》,载于《参考消息》,2002年12月4日,第1版。

[2] 参见《威胁、挑战和改革问题高级别名人小组的报告——秘书长的说明》,第一段,http://www.un.org。

后的 2004 年 12 月向安南提交了名为《一个更安全的世界：我们的共同责任》的研究报告。①

研究报告第三部分"集体安全与使用武力"肯定了以军事行动的"必要性"和"相称性"为特征的"卡罗林原则"，认为"根据长期以来得到公认的国际法，只要威胁发动的攻击随时可以发生，又没有其他办法可以阻止，而且采取的行动是相称的，受威胁的国家就可以采取军事行动。"但该报告同时还认为："在威胁并非紧迫，但仍被称为在真实威胁的情况下，一个国家是否可以不经过安全理事会采取预防行动（对付非紧迫威胁或非近期的威胁）呢？"对此，《报告》的态度是："如果有充足的理由采取预防性军事行动，并有确凿的佐证，就应将其提交给安全理事会。安全理事会如果愿意，它可以授权采取军事行动。如果安理会不愿意，那么必然会有时间来采用其他做法，包括劝说、谈判、威慑和遏制；然后再考虑选择军事行动。"

综上所述，"预防性自卫"或"先发制人"的概念虽然似乎有一定的道理，但如果超出"加罗林号案"中所设定的标准，就很难为目前的国际法所接受。

二、"人道"因素

冷战结束后的国际关系发生了很大变化，这种变化对国际法上武力使用的前提条件形成了一定的影响和冲击。

---

① 该名人小组由来自世界各地具有广泛经验和专门知识的 16 位名人组成，其中泰国前总理阿南·班雅拉春担任主席，其他成员还有钱其琛（中国）、罗贝尔·巴丹泰（法国）、若昂·巴埃纳·苏亚雷斯（巴西）、格罗·哈莱姆·布伦特兰（挪威）、玛丽·奇内里－赫斯（加纳）、加雷思·埃文斯（澳大利亚）、戴维·汉内（英国）、恩里克·伊格莱西亚斯（乌拉圭）、阿姆鲁·穆萨（埃及）、萨蒂什·南比亚尔（印度）、绪方贞子（日本）、叶夫根尼·普里马科夫（俄罗斯）、萨利姆·艾哈迈德·萨利姆（坦桑尼亚）、纳菲丝·萨迪克（巴基斯坦）和布伦特·斯考克罗夫特（美国）。

在冷战时期,国际法是一个被分为东西方阵营两极体系的法律,它受制于当时世界上两个超级大国之间的意识形态冲突。然而,前苏联解体和柏林墙的倒塌标志了冷战的结束,国际社会迎来了一个无意识形态冲突的时代。原来国际社会的两极体系,似乎已让位于各个国家间相互依赖的体系;原来根据意识形态来划分的世界,现在似乎要保证致力于所谓"民主"与"人道"事业。

西方国家及北约在2011年对利比亚战争的介入,其法律基础就是联合国安理会基于"人道"和保护"人权"而通过的第1970与第1973号决议。安理会这两个决议以及北约的军事行动,使得国际社会将重新审议国际法上禁止使用武力的原则。

1. 安理会决议中的"人道"因素

2011年二月,包括利比亚在内的西亚、北非局势突变,先是内乱,后是外患。而在这个内乱外患的过程中间,西方国家和北约组织在军事、外交及经济等方面都给予反对派以全面的支持和援助。

国际关系中,讲究的是"师出有名"。对西方国家和北约来说,它之所以肆无忌惮、无所顾忌地在利比亚战争中公开站在反对派一边,其根据就是联合国安理会通过的决议。

就在利比亚国内局势发生动乱和局部战争以后,联合国安理会先后于2月26日和3月17日通过以第1970和第1973号决议,决定对利比亚实行武器禁运,并决定在利比亚上空设立禁飞区。也就是第1973号决议通过两天之后,即3月19日晚,法国、美国和英国开始对利比亚进行军事打击。此后,加拿大、比利时、西班牙、挪威、丹麦等北约组织国家也宣布加入对利比亚的军事行动。

综观第1970和第1973号决议内容就可以看到,安理会在利比亚问题决议上的目的和宗旨是为了保护平民,是出于"人道"的考虑。这两个决议在其序言部分首先表明,联合国安理会"对(利比亚)形势的恶化、暴力的升级及大量平民的伤亡表示严重的关注"。第1973号决心在回顾第1970号决议关于要"提供人道援助和有关援助"后表示,"决心保护平民和平民居住区,确保人道援助迅速和无阻碍地通过",并且还表示:该理事会"关切那些被迫逃离阿拉伯利比亚合众国境内暴力行为的难民和外国工人的困境,欢迎邻国,特别是突尼斯和埃及为解决这些难民和外国工人的需要做出的反应,并呼吁国际社会支持这些努力。"同时,联合国安理会"认为在利比亚领空禁止一切飞行是保护平民以及保障运送人道援助的安全的一个重要因素,是促进在利比亚境内停止敌对行动的一个果断步骤"。

因此,涉及到使用武力的安理会第1973号决议内容主要有:

第一,联合国安理会主要是出于"人道"的考虑而通过第1973号决议,因为该决议反复在强调如何能"确保人道援助迅速和无阻碍地通过"以及如何能更好地"保护平民";

第二,为了保护平民和确保人道援助无阻碍地通过,安理会决议决定建立"禁飞区";

第三,第1973号决议明确表达了对利比亚"主权、独立、领土完整和国家统一的坚定承诺"。

尽管有对"主权"的承诺,但通篇下来,"人道"与"保护平民"仍是联合国安理会通过决议的目的和宗旨。

整个决议最重要的是建立"禁飞区"问题。所谓"禁飞区",就是指在特定地域划定的特殊限制空域,其目的在于限制有关方面的飞行器在管制空域内的飞行活动。第1973号决议认为,"禁止一切飞行是保护平民以及保障运送人道援助的安全的一个重要因素",其目的显然是为了限制利比亚空军的飞行活动以防止其对无辜平民的军事轰炸,这应该是出于保护平民并防止其对无辜平民的军事轰炸。然而,安理会在决议里并没有明确授权使用武力。

安理会关于利比亚局势通过的决议,目的是为了向利比亚提供人道援助。换句话说,是为了"人道"才干涉。"人道干涉"则又涉及到价值理念。虽然国际法学界可能有人认为:国际社会出于人道或人权的考虑可以对他国实施干预或使用武力。但需要指出的是:现行国际法还没有任何条约或规则明确赋予国家这样的权力。《联合国宪章》赋予安理会的职责,主要是限制在维护世界安全与和平的目的方面。

2."人道"因素的合法性

发生在西方国家或北约介入前的利比亚内乱和内战,很难说一定会对世界的和平与安全产生威胁或者破坏。根据《联合国宪章》中的规定,联合国安理会主要使命是维护世界和平与安全,而不是什么"人权"或"人道"。但在冷战后的世界变局中,安理会越来越倾向于宽泛地解释《联合国宪章》的规定。它在1990年的海湾战争、1992年的索马里内战、1993年成立前南国际刑事法庭和1994年成立卢旺达国际刑事法庭等问题上,都通过宽泛地理解宪章第七章中的规定,行使了事实上的立法与行政作用。在利比亚问题上也同样如此。

《联合国宪章》的前言部分可以清楚地看到:联合国组织的目的是为了"欲免后世再遭今代人类两度身历惨不堪言之战祸",也是为了"维护世界和平与安全"。该《宪章》第24条明确规定,安理会是一个具有维护国际和平与安全的主要责任(primary responsibility)的联合国机构;第25条接着还规定,联合国会员国有义务执行安理会通过的决议。此外,为了安理会能履行维护国际和平与安全的责任,《联合国宪章》还赋予其各种相应的权力。

作为联合国集体安全制度的强制措施之一,联合国安理会可以依据《联合国宪章》第七章建议或决定采取武力,以完成联合国组织赋予它的维护或恢复世界和平与安全的责任和义务。所以纵观联合国安理会通过的决议,即在利比亚军事干涉行动之前决定并授权使用武力的实践,曾经有过6次,如关于朝鲜战争的第84号决议,关于伊拉克战争的第678号决议等。在安理会授权使用武力的情形中,虽然有对安理会决议的通过是否在政治上具有正义性持有怀疑态度,但并没有任何一个国家对安理会在法律上的授权基础提出过质疑。安理会的实践以及成员国的相应态度表明了《联合国宪章》缔约国对于该宪章解释的共同理解。国际社会成员普遍认可安理会根据《联合国宪章》而享有的授权使用武力的权力。

联合国安理会虽然可以授权使用武力,但与此同时还承担国际法上的其他义务。例如,《联合国宪章》第2条第7款规定联合国不得干预一国内部事务。因此,安理会的权力也必须限制在宪章的基本目的与原则之下,不干涉原则作为国际法的基本原则之一仍对安理会授权使用武力产生限制。国际法院在"尼加拉瓜案"中亦指出,一国有权决定其政治、经济、社会、文化制度以及外交政策,以强迫方式干预他国在这些方面的自由的行为属于国际不法行为。[1] 所以,国际法上不存在以支持一国国内反对势力的方式对他国进行干涉的一般权利,而以武力方式进行直接或间接的干涉也当然地属于对不干涉原则的违反。[2]

联合国安理会1973号决议旨在向利比亚提供人道援助,而非推翻利比亚政府,更不是要追杀利比亚领导人卡扎菲及其家人。美国总统奥巴马、英国首相卡梅伦、法国总统萨科齐也在2011年4月14日发表联合声明,都承认联合国安理会决议没有授权"以武力推翻卡扎菲"。[3]

---

[1] Military and Paramilitary Activities in and Against Nicaragua (Nicaragua v. United States). Judgment, I. C. J Rep. 1986, paras. 111.

[2] 同上, p. 111.

[3] "英美法承认安理会未授权以武力推翻卡扎菲",《广州日报》,2011年4月16日。

但事实表明，北约军队的空袭就是支持反对派的武装斗争以推翻卡扎菲政府。最后卡扎菲被击毙，政权被更迭，违反了安理会的决议内容。

世界上任何国家总是存在着侵犯人权或不人道的现象，有的国家甚至一直有严重侵犯人权的现象，但这不能成为就可以被他国或国际组织入侵的理由或根据。外部的军事干预往往会导致比试图结束所谓侵犯人权现象更大的损害和灾难。

本 章 要 点

国家往往通过使用武力，以达到在国际关系中获得某种权利或通过赢得战争来建立新的国际秩序的目的。正因为如此，国际法鼻祖格老秀斯在400多年前将国际法分为"平时法"与"战争法"两大部分。国际法律不仅用来规范国家在和平时期的国际关系，而且还规范战争时期的国际关系。

早期的国际法并不禁止国家使用武力。它只是在什么情况可以使用武力的问题上存在分歧。那时国家强调战争的"正义性"，自然法学家也都主张战争在正当原因存在时可以被允许。然而，现代国际法上禁止使用武力或者以武力威胁作为解决国际争端的方法。

《联合国宪章》在其序言部分就开宗明义地宣布，该组织的目的就是要维护世界和平，"欲免后世再遭今代人类两度身历惨不堪言之战祸"。基于同样理念，《宪章》第2条4款明确规定，"各会员国在其国际关系上不得使用威胁或武力，或以与联合国宗旨不符之任何其他方法，侵害任何会员国或国家之领土完整或政治独立。"

除了《联合国宪章》，不少其他国际法文件也确认了"不得使用武力"的基本原则。如联合国大会于1970年通过的《关于各国依联合国宪章建立友好关系及合作之国际法原则之宣言》中列明了七项国际法基本原则，第一项就是禁止非法使用或威胁使用武力的原则。国际法院在"在尼加拉瓜境内针对该国的军事与准军事行动案"中，也判决认为美国通过另一国境内的武装集团、非正规军或雇佣军对尼加拉瓜的军事行动，是国际不法行为。

禁止使用武力是现代国际法的一项基本原则，但也有例外。其中一个主要的例外，就是国家的"自卫权"。根据《联合国宪章》第51条的规定，"单独或集体自卫"构成了"禁止使用武力原则"的例外。所以国际法允许国家为了自卫而使用武力。

自从冷战结束以后，使用武力方面有了一些新的提法，其中有伊拉克战争反映出来的"预防性自卫"和利比亚战争问题上的"人道干涉"。但它们能否成为国际法规范，或能否成为习惯法的一部分，还有待于国际社会的实践和态度。

第十七章 国际人道法

国际人道法(international humanitarian law)是关于战争行为的法律规范(rules of warfare conducts),也是所有各方在战争中必须遵守的行为规范。所以只要一发生战争,就必然会有适用和遵守作战行为规则的问题。

虽然一般人对国际人道法比较陌生,但有的规则还都是知道的,如战争中禁止使用生物或化学武器。所以战争中不管是谁,也不管是反侵略还是在合法地自卫,都不能使用这种武器。当然,禁止使用生物与化学武器只是诸多国际人道法规则中的一个[①]。但从这一个当中也可看到人道法规则的两个基本要点,即"保护"和"限制"。"保护"就是对平民以及失去战斗力的人员要予以保护;"限制"就是要对从事战争的方法和手段予以限制。这是国际人道法规则的核心。[②]

国际人道法是国家出于理性,在承认战争不能避免的前提下、制订了旨在对战争行为加以限制和规范的规则,目的是减轻战争给人类造成的伤害。这些规则,如禁止在战争中使用生物或化学武器,都是出于人道的考虑而制订的,也是所有人都必须遵守的。

2012年7月23日,叙利亚外交部发言人马克迪西曾提到使用化

[①] 国际人道法的规则很多,仅其主要法律文件的1949年四个《日内瓦公约》及其1977年两个附加议定书,就有600多条,可以说是一个法典。

[②] Marco Sassoli and Antoine Bouvier, *How does Law Protect in War* (2nd *Edn*), by International Committee of the Red Cross, Geneva, 2006.

学武器的可能性,他宣布说:"叙利亚不会对自己的平民使用任何化学武器或其他非常规武器,只会在应对外来侵略时使用。"[1]武器的使用涉及从事战争的方法和手段,因而属作战行为规则的范畴。由于它明确禁止使用化学武器,所以如果叙利亚真的在战争中使用化学武器,不管针对谁都是违反国际人道法的不法行为,是要承担国家责任的。

国际人道法不太容易理解。因为谈到战争,一般会比较关注"侵略"或"反侵略"、"正义"或"非正义"这样的大问题,但人道法不辨是非、不分好坏,不问战争的起因,更不会去追究谁是侵略或谁是反侵略,它的核心只是"保护"或者"限制"。对此可能有人会质疑:战争的正义性属大是大非问题,如果法律不区分谁对谁错,谁是侵略、谁是反侵略,这不是不讲原则吗?

然而正是这似乎"不讲道理"的法律,在国际社会得到了最普遍的认同。在无可计数的国际条约当中,国际人道法最主要法律文件的1949年《日内瓦四公约》,是世界上194个国家全都批准参加的国际公约[2],也是到目前为止唯一一个所有国家都批准的条约。它的普遍性甚至还超过同期的联合国组织[3]。所以这也容易勾起人们理性的思考:战争原本是你死我活、极其残酷的暴力行为,但战争居然还讲法律,似乎有点不可思议。可正是从这角度看,国际人道法可以说是体现了人类社会的理性与良知。

---

[1] "叙利亚要用化武应对外来侵略者",《参考消息》,2012年7月24日第2版。
[2] 1949年《日内瓦公约》也是新中国成立后批准加入的第一个国际公约。参考红十字国际委员会网站:www.icrc.org/War $ Law/Map of States Party to the Geneva Convention. 最近访问时间:2012年7月25日。
[3] 截止至2012年7月1日,联合国组织的会员国共有193个,参考联合国网站:www.un.org。

第一节 历史发展

现在国际社会及外交场合经常提到的国际人道法①,并不完全是新的东西。从最初的日内瓦公约发展成为现在相当完整的法律体系,其中经过若干阶段和一百多年的历史。除日内瓦公约的两个附加议定书中的一些规定以外,它们都是在以前的公约的基础上,吸收历次战争的经验,修正补充而订成的。

一、保护战争受难者的日内瓦公约

在国际法当中,国际人道法是被编纂得最多的一个分支。但除了条约法规则以外,还有许多习惯国际法规则。②

国际人道法在其发展过程的很长一段时间内,并不规定战争本身的法律地位或交战国间的一般关系,亦不涉及交战国使用的武器或战争方法,更不涉及交战国和中立国间的权利义务,而只是从人道的原则出发,给予战争受难者武装部队的伤者病者、战俘和平民等以必要的保护。

国际人道法就是以条约和惯例为形式,用来在战争或武装冲突中保护不直接参加军事行动(如平民百姓)或不再参加军事行动(如军事

---

① 国际人道法在处理国际问题上是个非常热门和重要的话题。例如,联合国安理会在其2011年通过的76个决议中(从第1967至第2032号决议以及2012年截止7月20日通过的共27个决议中,含关于叙利亚问题的第2059号决议),由于其中大部分决议都关于发生在利比亚、苏丹、索马里、刚果民主共和国、阿富汗、中东等局势动荡的国家和地区,其中大部分决议都提到国际人道法,呼吁并要求这些国家与地区的所有冲突方都要遵守国际人道法规则。参见:www.un.org/security counsel/resolutions.

② 让·马里·亨克茨、路易丝·多斯瓦尔德·贝克:《习惯国际人道法规则》,刘欣燕、王家胤、孙明娟、冯琳等译,法律出版社2007年。

部队的伤、病员和俘虏)的人员为目的,并规定各交战国或武装冲突各方之间交战行为的原则、规则和制度的总体。

战争或武装冲突期间时有针对俘虏或平民的不法事件发生。例如,美国军队在伊拉克占领期间关押了大量被其俘虏的伊拉克士兵,并在阿布格里卜监狱残酷地虐待和侮辱在里面被关押的伊拉克士兵。这一事实被揭露出来后震惊世界,新闻报道多称之为"美军虐囚"事件。以后又有调查报告显示,美国军人特拉萨斯及其他士兵在伊拉克冷酷地杀害多达 24 名手无寸铁的平民,其中包括妇女和儿童。由于此事引起世界舆论的广泛关注,美国海军部调查局不得不对此事进行调查。①

战争行为规则的制订,或国际人道法上每个公约的制定,都是国际社会对战争或武装冲突带来的灾难进行反思的结果,如 1864 年的日内瓦公约、1929 年的战俘公约、1949 年的四公约,以及 1977 年的两个附加议定书,等等。当然,在所有这些法律文件中,最主要的是 1949 年的四个日内瓦公约和 1977 年的两个附加议定书。

1. 早期的日内瓦公约

1949 年日内瓦四个公约,是第二次世界大战后在联合国框架外订立的少数国际法文件之一。看上去距现今时间不长,但其前后发展却有近 160 年的历史。

1862 年,瑞士人亨利・杜南(Henry Dunant)发表他的《沙斐利洛的回忆》(*Souvenir de Solferinl*),描述 1859 年法、意对奥帝国战争中沙斐利洛战役的惨状,以唤起世人对于战时救护伤病员问题的注意②。他提倡各国创立救护团体,并建议由各国政府订成"协定的神圣原则"

---

① 英国《泰晤士报》网站,2006 年 5 月 27 日文章"在伊拉克的海军陆战队员和大屠杀",转引自,《参考消息》,2006 年 5 月 28 日。

② 该回忆录已被译成中文。参见红十字国际委员会东亚地区代表处:《索尔费里诺回忆录》,杨小红译。

(Principe conventionnel et sacré)，作为各国保护团体活动的基础。由于他那本书的影响，在瑞士随即发起了红十字组织运动。1863年创立红十字会组织的日内瓦国际会议，在决议中表示希望使伤员和医务人员"中立化"(Neutralisation)；而这一希望由于1864年瑞士联邦政府召集的外交会议而获得实现。该会议订立了一个《改善战地伤兵境遇的公约》，这就是1864年的日内瓦公约。

1864年日内瓦公约是最早的日内瓦公约，也是狭义的、传统意义上的日内瓦公约。该公约的意义在于它是第一次在战争法中订出有关伤兵待遇的原则，从而使陆战规则"法典化"迈出了第一步。这个公约尽管一共只有10条，但它定出的三个原则，却一直为以后的日内瓦公约所保留。这三个原则是：

第一，受伤的人必须得到及时的照顾和治疗；
第二，为了能减轻战争受难者的痛苦，必须得有所组织；以及
第三，医院、救护车及救护人员等，都应使用一个明显的标志。

通过1864年公约，从法律上规定：军人只要因为负伤、患病失去战斗力和防卫能力，都应当不分国籍地得到照顾；而为着伤兵的利益，军事救护人员和医院以及医务人员均应享受中立利益，即应予保护，不使他们遭到敌对行为；另外，公约还将"白底红字"规定为鲜明的救护符号。

公约里面体现的基本道理很简单，如果要去战场照顾伤、病员，就必须要有一个协定，以便能保障安全地从事救护工作；而要为将照顾伤、病员的人与进行战斗的人分开，就必须要有一个鲜明的符号，以便区别。这协定就是1864年日内瓦公约；这区别的标志就是鲜明的白底红十字符号。

1864年日内瓦公约的内容不多,就当时看来也显不够。况且它只是为陆战而订的规则,不适用于海战。为弥补这些缺点,瑞士政府又于1866年召集了一个国际会议,草拟了一个含有15条规定的公约。前5条补充1864年的公约,后10条适用1864年公约的原则于海战,然而,这个会议订立出的公约始终未被批准。到了1899年的第一次海牙会议,才订出了"推行1864年日内瓦公约原则于海战的公约",并且希望瑞士政府设法召开一次会议,以修正日内瓦公约。结果,1906年6月在日内瓦召开了一个包括中国晚清政府在内的37国会议,订成了"1906年改善战地伤者病者境遇的日内瓦公约",[①]从而对1864年日内瓦公约作了修正和补充。

最初,日内瓦公约里人道的保护只是适用于战争的伤者、病者。但经过第一次世界大战,不但1906年日内瓦公约需要修订,就是战争的其他受难者,尤其是战俘的境遇,也引起了注意。在战俘待遇问题上,虽然1907年海牙第四公约(即关于陆战法规和惯例公约)的第一编第二章里有所规定,但一共只有17条,多半属于原则性的规定。

第一次世界大战中的经验证明,海牙第四公约不能满足保护战俘的需要,因而对于战俘待遇有作全面规定的必要。所以,1929年日内瓦会议除对于1906年改善战地伤者病者境遇的日内瓦公约又加以修正和补充外,新订了一个关于战俘待遇的公约。这就是1929年日内瓦公约,它取代了1907年海牙第四公约中关于战俘的规定。所有这些公约的内容为后来的1949年公约所代替。

2. 1949年日内瓦四个公约

1949年8月12日订立的四个日内瓦公约分别是:

1.《改善战地武装部队伤者病者及遇船难者境遇公约》(简称日内

[①] 商务印书馆编译所编纂:《大清新法令》点校本,第二卷外交,商务印书馆2011年。

瓦第一公约）；

2.《改善海上武装部队伤者病者及遇船难者境遇公约》(简称日内瓦第二公约)；

3.《关于战俘待遇公约》(简称日内瓦第三公约)；

4.《关于战时保护平民公约》(简称日内瓦第四公约)。

1949年4月至8月召开的日内瓦会议,目的是为了将人道原则进一步落实在各种类型的战难者的保护方面,会议通过订成的日内瓦四公约,修正补充了1929年改善战地伤者病者境遇和关于战俘待遇的两个公约,及1907年推行日内瓦公约于海战的海牙公约,产生了一个战时保护平民的公约,从而把对于战争受难者的保护原则,从陆战的伤者、病者,海战的伤者、病者和遇船难者,战俘,一直推及于平民。至此,所谓日内瓦规则的体系算是基本上完成了。

1949年日内瓦四公约共有400多个条文,规则制订得周全和细致,内容也很丰富,这里不可能面面俱到。归纳起来,公约主要是包括以下这几方面的规定。

a.关于伤病员待遇问题

1864年、1906年、1929年和1949年先后订立了关于改善战地武装部队伤者、病者境遇公约,这方面的规定主要有：

(1)冲突一方对在其权力下的另一方伤病员,在一切情况下应无区别地予以人道的待遇和照顾,不得基于性别、种族、国籍、宗教、政治意见或其他类似标准而有所歧视。

(2)冲突各方的伤者、病者如落于敌手,应为战俘,国际法上有关战俘之规定应适用于他们。

(3)每次战斗后,冲突各方应立即采取一切可能的措施搜寻伤者、病者,予以适当的照顾和保护；环境许可时,应商定停战或停火办法,以便搬移、交换或运送战场上遗落之受伤者。

(4)冲突各方应尽速登记落于其手中的敌方伤者、病者,或死者之任何可以证明其身份之事项,并应尽速转送战俘情报局,该局转达上述人员之所属国。

(5)冲突各方应保证在情况许可下将死者分别埋葬和焚化之前,详细检查尸体,如可能时,应经医生检查,以确定死亡,证明身份并便于作成报告。

(6)军事当局,即使在入侵或占领地区,也应准许居民或救济团体自动收集和照顾任何国籍之伤者、病者。任何人不得因看护伤者、病者而被侵扰或定罪。

海战中伤病员的待遇,如适用范围、保护对象、基本原则等方面与陆战的制度完全相同,但由于海战的特点而作了一些特殊规定:

(1)在海上受伤、患病或遇船难的武装部队人员或其他人员,在一切情况下,应受尊重与保护。"船难"一词应理解为是指任何原因的船难,并包括飞机被迫降落海面或被迫自飞机上跳海者在内;

(2)交战者之一切军舰应有权要求交出军用医院船,属于救济团体或私人的医院船,以及商船、游艇或其船只上的伤者、病者或遇难船者,不拘国籍,但须伤者、病者处于适合移动的情状,而该军舰具有必要的医疗适当设备。

b.战俘待遇问题

战俘是战争或武装冲突中落于敌方权力之下的合法交战者,以及1949年《关于战俘待遇的日内瓦公约》规定的其他人员。在国际人道法中对战俘待遇作出规定的公约有:1929年和1949年《关于战俘待遇的日内瓦公约》以及1977年《日内瓦公约第一附加议定书》。按照这些公约的规定,战俘自其被俘至其丧失战俘身份前应享受以下各方面的待遇:

(1)交战方应将战俘拘留所设在比较安全的地带。无论何时都不得把战俘送往或拘留在战斗地带或炮火所及的地方,也不得为使某地点或某地区免受军事攻击而在这些地区安置战俘。

(2)不得将战俘扣为人质,禁止对战俘施以暴行或恫吓及公众好奇的烦忧;不得对战俘实行报复,进行人身残害或肢体残伤,或供任何医学或科学实验;不得侮辱战俘的人格和尊严。

(3)战俘应保有其被俘时所享有的民事权利。战俘的个人财物除武器、马匹、军事装备和军事文件以外的自用物品一律归其个人所有;战俘的金钱和贵重物品可由拘留国保存,但不得没收。

(4)对战俘的衣、食、住要能维持其健康水平,不得以生活上的苛求作为处罚措施;保障战俘的医疗和医药卫生。

(5)尊重战俘的风俗习惯和宗教信仰,允许他们从事宗教、文化和体育活动。

(6)准许战俘与其家庭通讯和收寄邮件。

(7)战俘享有司法保障,受审时享有辩护权,还享有上诉权。拘留国对战俘的刑罚不得超过对其本国武装部队人员同样行为所规定的刑罚。禁止因个人行为而对战俘实行集体处罚、体刑和酷刑。对战俘判处死刑应特别慎重。

(8)讯问战俘应使用其了解的语言。

(9)不得歧视。战俘除因其军职等级、性别、健康、年龄及职业资格外,一律享有平等待遇。不得因种族、民族、宗教、国籍或政治观点不同加以歧视。

(10)战事停止后,战俘应即予以释放并遣返,不得迟延。

c. 战时对平民的保护问题

国际人道法要求对交战者和平民加以区别,目的是为了在战争与武装冲突期间更有效地实行对平民的保护。落入敌国管辖或支配下的平民的保护有两种情形:一种是战争或武装冲突发生时对交战国或武装冲突国境内的敌国平民的保护,另一种是对占领区的平民的保护。

在战争或武装冲突发生时,对在交战国或武装冲突国境内的敌国平民一般应允许离境,而对继续居留者应给予以下人道的待遇:

(1)平民居民本身及平民个人不得成为攻击的对象,禁止在平民中散布以恐怖为主要目的的暴力行为或暴力威胁;

(2)作为报复对平民居民的攻击是禁止的;

(3)保障平民的合法权益,不得把他们安置在某一地点或地区以使该地点或地区免受军事攻击;

(4)不得在身体上和精神上对平民施加压力,强迫提供情报;

(5)禁止对平民施以体刑和酷刑,特别禁止非为医疗的医学和科学实验;

(6)禁止实行集体刑罚和扣为人质;

(7)应给予平民以维持生活的机会,但不得强迫他们从事与军事行动直接相关的工作;

(8)只有在安全的绝对必要的情况下,才可把有关敌国平民拘禁或安置于定居所;

(9)对妇女和儿童予以特殊保护。

在军事占领下,占领当局只能在国际法许可的范围内行使军事管辖权,并对平民应给予以下国际人道的待遇:

(1)不得剥夺平民的生存权,占领当局在行使权利的同时,有义务维持社会秩序和居民生活;

(2)对平民的人格、荣誉、家庭、宗教信仰应给予尊重;

(3)不得对平民施以暴行、恐吓和侮辱,不得把平民扣为人质,或进行集体惩罚,或谋杀、残害及用作实验;

(4)不得用武力驱逐平民;

(5)不得为获取情报对平民采取强制手段;

(6)不得强迫平民为其武装部队或辅助部队服务或加入其军队;

(7)不得侵犯平民正常需要的粮食和医药供应;

(8)不得废除被占领国的现行法律,必须维持当地原有法院和法官的地位并尊重现行法律。

在1949年8月12日制定的日内瓦四公约中,前三个公约都是关于作战人员的法律文件。第四公约《关于战时保护平民的日内瓦公约》则是一个保护平民的公约。专门为保护平民制定公约,在战争法上这还是第一个。所以在1949年日内瓦公约中,第四公约是完全新的。

要制定保护平民的公约,理由很清楚:在战争受难者中除了伤、病员需要保护以外,平民也需要保护,这是显而易见的。第一次世界大战期间早已表现出保护平民规则的缺乏。海牙第四公约所附规则虽然在第二和第三对于占领当局的权力的限制和居民的保护方面,作了一些原则性的规定,但这些规定对于战时保护平民是不够用的。在第二次世界大战爆发之前原来已有召开国际会议讨论拟定战时保护平民公约的计划,由于大战的爆发而未能实现。以至于在第二次世界大战期间,随着战争范围的扩大和深入,战争受难者的境遇越来越惨,尤其是在德国、日本法西斯占领地域,大量的平民遭受了拘禁、残杀和其他种种非人道的待遇。平民的这些痛苦的经历,使人们更加认识到有对战时保护平民专门拟定公约、以贯彻日内瓦公约人道原则的必要性。某种意义上,这个公约是对在第二次世界大战期间,在被占领国领土内对战争法规则大量被践踏而进行反思的结果。

1949年的四个日内瓦公约都是为了保护战争受难者制定的。围绕这个目的,这四个公约有些共同的、基本的条款。它们被称为日内瓦公约"共同条款"。如根据四公约共同第一条规定,缔约国在"一切情况下"都要尊重并保证公约被尊重。这意味着:尽管传统国际法上存在有"相互原则"(principle of reciprocity),缔约国仍愿意准备单独承担公约里的义务,而不管其他国家在履行公约方面做得如何;由于公约的这条规定,国家有尊重公约、并保证公约被尊重,因此所有批准加入公约的国家,不仅自己不能违反公约里面的规定,而且还有义务制止其他国家违反公约的行为。国际法院就曾根据这些规定,在尼加拉瓜诉美国(1986年)一案中,判定美国犯有国际不法行为。①

二、1977年两个附加议定书

1977年6月8日订立了日内瓦公约的两个附加议定书,即:

1.《关于保护国际性武装冲突受难者的附加议定书》(以下简称第一议定书);和

2.《关于保护非国际性武装冲突受难者的附加议定书》(以下简称第二议定书)。

国际社会之所以制订这两个附加议定书,是因为自1949年以后虽然没再发生过新的世界大战,但区域战争和武装冲突不断。由于先进科学技术和武器的发展,以至于现代战争或武装冲突具有史无前例的摧毁力。那些无辜的平民,尤其是妇女和儿童越来越容易受到伤害。因此,有必要根据现代武装冲突的实际情况,对关于战争的法规作一调整。

除了武器越来越先进以外,战争的方式方法也有很大不同。传统上的战争通常由为数不太多的武装人员进行。而现代战争则在庞大的部队之间展开。战斗员数量的增加,使得从事战争准备工作的非战斗人员(如军火和战争器材制造者)也相应地增加。另外,对于敌人从经济方面施行的破坏行为,在法律上是合法的。但其作用在以前比较次

---

① *Military and Paramilitary Activities in and Against Nicaragua*, (merits), ICJ Reports, 1986, at 198—200.

要；而在现代战争中，则成为主要的了。其结果使得平民也不能避免战争带来的灾难。更主要的是，飞机在战争中的运用和空战的空前发展（轰炸战场以外的军火工厂、桥梁、工业中心、车站等），使得武装部队和平民之间的区别越来越不容易区分。所有这些变化，使得在现代战争条件下进一步制定有关作战行为规范的必要性更加突出。正是在这一背景下，1974—1977年在日内瓦召开了"关于重申与发展国际人道法外交会议"，并通过了1949年日内瓦公约两个附加议定书。

这两个法律文件的目的不是为了使1949年的日内瓦公约失去效力，而是通过加强原有规则和引进新的保护性条款对原公约加以补充。

1977年第一附加议定书的规定中，最突出的就是将国际武装冲突的定义扩展到包括各国人民对殖民统治和外国占领以及对种族政权作战的武装冲突。第一议定书本是关于国际性武装冲突的法律文件。但根据该议定书第一条(4)款的规定，其适用范围还包括民族解放组织。

国际法的主体主要是国家。在自己国家取得胜利的解放组织显然还不具备在国际法上享受权利或承担义务的主体资格。代表被外国占领、殖民统治或种族政权进行武装斗争的团体组织，可以依据议定书的规定，通过单方面声明的方式来适用1949年日内瓦公约及其附加议定书的规定。

1977年第二附加议定书，是一个专门规范国内武装冲突的法律公约。在此以前，关于非国际性武装冲突的专门规定，只有1949年日内瓦公约的共同第三条。国际社会同意将共同第三条扩展成为一个专门规定一国国内武装冲突的法律文件，原因主要是因为当时的国际形势的需要。

20世纪50年代末、60年代初，是世界上殖民地国家和人民要求独立的呼声最高涨时期。"国家要独立，人民要解放"，是当时国际形势的主流。而反对殖民者和外国统治的民族解放运动，往往通过武装斗争的手段来进行。民族解放运动的参与者,又主要是广大的人民群众;武装斗争的范围通常局限于一国的境内,在法律上属于非国际性武装冲突。所有这些特点,使得形式多半是游击战的民族解放运动,与国际法传统意义上的战争有很大的区别,也使得原来战争与武装冲突法上关于作战人员的身份、地位及其权利的规定,都有修改的必要。这也是需要对有关国内武装冲突的法律规范进行补充和调整的原因。

所以第二附加议定书具有它的历史意义。原来传统战争法中的规则和协定,主要是用来调整国家之间所发生的武力争斗的行为。在国际协定和公约中,除了1949年日内瓦公约共同第三条以外,还没有任何其他关于规范非国际性武装冲突的法律文件。作为第一个专门规定在内战或非国际性武装冲突中、对个人实施保护及对使用武力加以限制的普遍性国际条约,第二议定书不少规定在国际法上都具有深远的影响。

第二议定书在不改变共同第三条的适用条件下,对它是一个补充。换句话说,第二议定书涵盖第一议定书关于国际性武装冲突(第1条)规定中所没有包括的武装冲突。它包括在缔约国一方领土上发生的、有负责统率的武装部队与其他有组织的武装集团之间的一切武装冲突,条件是只要该武装部队能进行持久、协调的军事行动,并执行第二附加议定书里的规定。

尽管如此,有些国家虽然加入了第一议定书,但对第二议定书仍持保留,尤其是当时仍处于内战的国家。国家间为了通过达成协商一致,谈判中对提交的草案,不得不做大量删减。有关战斗人员特权地位的问题在讨论之初就被删除,而关于敌对行为、救助、医疗职责和实施机制的问题在最后的一轮外交谈判中也都被删去。

第二附加议定书在保护一国国内武装冲突受害者方面仍制定了一些基本的规则。例如,基本保障条款(第4条)、自由受到限制人的权利条款(第5条),以及司法保障条款(第6条)等内容。另外,虽然敌对行为一章内容确被大量删减,但还是订立了"禁止攻击平民居民的原则"(第13条),以及"对平民居民生存所不可缺少的物体的保护"和"不得强迫平民迁移"(第17条)等规定。所有这些规定,对在非国际性武装冲突中保护战争受害者都具有积极的意义。

第二节 战争行为的基本原则与主要内容

有关战争行为的一些规则,如前一节所提到的关于"冲突各方选择作战方法和手段的权利不是无限制的"、"禁止使用导致不必要痛苦的性质的武器"以及"平民与民用物体不得成为攻击的目标"的原则,是国际人道法中的重要原则。对战争行为进行一定的限制,是国际人道法中的特点之一。

所谓"限制",就是说在战争或武装冲突中,并不是所有的人或物体都可以成为合法的被攻击目标。另外在适用战争行为的法律规则方面,战争或武装冲突的性质的区分(国际性还是非国际性)也是在适用规则时要考虑的一个重要因素。有些作战行为规则,如在战争或武装冲突中禁止使用化学武器,已成为国际习惯法。所以,尽管叙利亚没有批准加入1992年《禁止化学武器的国际公约》,但它仍有义务尊重并履行禁止化学武器的国际法义务。

一、基本原则

根据1977年第一附加议定书的规定,在原则上,各交战国和冲突各方对作战方法和手段的选择都应受到法律的限制。例如:禁止使用不分青红皂白的作战手段和方法;禁止使用大规模屠杀和毁灭人类的作战手段和方法;禁止使用滥杀滥伤、造成极度痛苦的作战手段和方法。

1. 对战争手段和方法的限制

限制原则(restriction),顾名思义,就是要在战争和武装冲突中对一些作战手段和方法加以限制。

早期对战争行为进行限制的规定,主要是1868年签定的《圣彼得堡宣言》和1899年及1907年两次海牙和平会议通过的国际公约。《圣彼得堡宣言》是人类历史上第一次以公约的方式,明确在战争中禁止某一特定的武器的使用。该宣言规定在战争中不得使用任何轻于400克的爆炸性弹丸或是装有爆炸性或易燃物质的弹丸,而且还规定战争的唯一合法目标是"削弱敌人的军事力量"。如果由于武器的使用无益地加剧失去战斗力的人的痛苦或使其死亡成为不可避免,将会超越削弱敌人军事力量这一目标。

《圣彼得堡宣言》的意义,在于它在战争法中开始确立"禁止使用将引起不必要痛苦的作战手段和方法"的原则。正是为了使战争的需要能够符合人道的法律,后来所制订的1899年和1907年海牙公约的附件,即《陆战法规和惯例的章程》又作了进一步地重申,[①]认为,"基于即使是在(战争)这样极端的情势下,仍为人类的利益和日益增长的文明的需要而服务的愿望"[②]。所有这些用语都反映了从人道原则出发,在战争或武装冲突的情况下,重申对战争行为予以限制的重要性和必要性。

1899年和1907年的两个海牙公约,在战争法上对作战人员的原则和规则,以及对战争的手段和方法的限制上,起了很大的作用,其中不少都是开创性的。海牙公约还对战斗人员的资格作出了规定。根据

---

① 该附件的第23条(五)规定:禁止"使用足以引起不必要痛苦的武器、投射物或物质。"

② 1899年和1907年海牙《陆战法规和惯例公约》序言。

该公约附件《陆战法规和惯例的章程》第一条的规定，有关战争法规不仅适用于正规的军队，也适用于民兵和志愿兵，只要他们符合如具备指挥官、固定明显标志、公开携带武器以及在作战中遵守战争法规和惯例等条件。

海牙公约还给予被占领土上的居民以作战人员的地位，只要他们在敌人迫近时自动拿起武器、并遵守战争法规和惯例（第3条）。而不管是作战人员还是非作战人员，在被敌人俘获后都有权享受战俘的待遇（第3条）。因为战俘是"处于敌国政府权力之下，而不是在俘获他们的个人或军队的权力之下"。对于他们所应享有的人道的待遇，海牙公约作出了较为详细的规定。

战争法公约的编纂并不是从零开始，而是在已有的法规和惯例的基础上进行修改、整理和编纂。正如1899年海牙第二公约前言所说：缔约国"为此目的（即为了人类的利益和文明需要的目的），修改一般战争法规和惯例，使其臻于更明确，或为其规定一定的界限，以尽可能减轻其严酷性都是重要的。"①

对战争行为规则进行编纂不可能穷尽，尤其是在不能达成完全一致的情况下就会因此留下空白。考虑到这一点，《海牙章程》明确表明，"现在还不可能对实践中所出现的一切情况制定一致协议的章程"。但同时，缔约各国又不愿意军事指挥官在战争中任意武断行事。为防止出现这种情况，于是就制定了在两个海牙公约中最重要的"马尔顿条款"（Marten's Clause）。该条款规定：即便在条约没有规定的情况下，武装冲突各方仍有尊重国际法义务的原则。由于武装冲突法的原则、规则和制度不仅存在于条约之中，而且还通过习惯的形式发挥作用，并

---

① 二战后成立的纽伦堡国际军事法庭把《海牙公约》及其附件《陆战法规和惯例章程》视为是对习惯法的宣示。参见：41, AJIL, 1947, pp. 172, 248—249。

随着军事科学和武器装备技术的发展而迅速发展。因此,在武装冲突法尚无具体规则的情况下,有关各方不能为所欲为,他们仍然受来源于既定习惯、人道原则和公众良心要求的国际法原则的保护和支配。

尽管"马尔顿条款"是放在海牙公约的序言部分,只是起对解释公约的指导作用,对缔约国没有拘束力,但由于它将对作战人员和非作战人员的保护置于国际法的一般原则上,而不是某一个具体的公约或协定上,并可用来填补战争法在其发展的任何阶段所存在的"真空"(lacunae),因而对战争行为规则在国际法中的地位的解释,起了相当的作用。

此后,在第一附加议定书的制定中,马尔顿条款的内容被写进了该议定书第一条第二款:"在本议定书或其他国际协定所未包括的情形下,平民和战斗员仍受来源于既定习惯、人道原则和公众良心要求的国际法原则的保护和支配。"这一规定充分体现了对战争手段和方法进行限制的原则。

2. 区分原则

区分原则(distinction)就是强调区分,要把平民居民与武装部队中的战斗员与非战斗员、军用物体与民用物体以及民用目标与军事目标等区分开来,并在战争与武装冲突中分别给以不同的对待。

对战争行为最基本的限制或规定就是要区分战斗员与非战斗员。在战斗中消灭敌人或摧毁对方军事目标,都是合法的;但如果攻击非军事目标,如平民百姓、平民居住区、教堂、红十字救护站或设备等,则违反了区分原则,因而是不法行为。

区分原则在战争或武装冲突的实践中不好掌握,如何界定军事目标的难点主要体现在军用与民用可以双用的情况下。例如,高速公路、机场或电视台等,它们在和平时期与军事都没有关系,但在战争期间可以被用作军事用途。那对这些物体该如何判断呢?

1977年第一附加议定书第52条第2款对此规定:"攻击应严格限于军事目标。就物体而言,军事目标只限于由于其性质、位置、目的或用途对军事行动有实际贡献,而且在当时情况下其全部或部分毁坏、缴获或失去效用提供明确的军事利益的物体。"根据这一规定,是否属于军事目标应该同时满足以下两个条件:

第一,从性质、位置、目的或用途上判断具有军事利益。以大桥为例:大桥从其本身的性质判断不具有军事利益,但是如果这座大桥所处的位置对于军事行动具有重要意义——例如占领并控制大桥可以切断敌方军队撤退路线——这就显得非常重要了。[1]

第二,在当时情况下对其进行攻击将会使攻击方取得明确的军事利益。所谓明确的军事利益是指攻击该目标后取得的军事利益不是潜在的或间接的。[2]

为了对军事目标和民用物体的区分能规定得更为明确,第一附加议定书第52条第3款做出了补充规定:"对通常用于民用的物体,如礼拜场所、房屋或其他住处或学校,是否用于对军事行动作出有效贡献的问题有怀疑时,该物体应推定为未被这样利用。"

除了物体以外,还有人员。在战争规则方面,区别原则还要求区分战斗员和非战斗员,从而达到保护平民和民用的目标。战争行为规则的核心是"保护",即保护那些不参加,或原来参加但又退出武装冲突的平民和其他人员。所以,国际人道法所有规则的目的和核心,是为了保护伤病员、战俘、平民等各种类型的战争受难者。

1977年第一附加议定书第48条规定,冲突各方在任何时候都区

---

[1] Yves Sandroz, Christophe Swinarski and Bruno Zimmermann(ed) *Commentary on 1977 Protocol I Additional to Geneva Conventions* 1949, Martinus Nijhoff Publishers, Geneva 1987, at para. 2019—2030.

[2] Ibid, at para. 2031.

分平民居民和战斗员以及民用物体和军事目标,其军事行动仅应以军事目标为对象,以便能保证对平民居民和民用物体的尊重和保护。

与"区分原则"相关的还有"中立原则"。这也是国际人道法的一个重要原则。根据这一原则,受保护人员必须严守中立。第48条规定既然将受保护权力只给予那些"不直接参加或不再参加敌对行为的人员",那么,任何团体或个人只要继续从事于"有害于"敌方的行为,自然就不能主张这项权利。一个负伤的作战人员,在公约的含义下属于被保护人员,但前提是他必须放下武器。如果他不顾伤痛,继续射击或参加战斗,那他就不属于战争行为规则概念里的"受保护人员"。正是由于这一点,日内瓦公约及其附加议定书里经常出现"中立"(neutrality)这一术语。

"中立"概念很是贴切。它表示出了战争行为规则中受保护人员所处地位的两个方面:权利和义务。按照日内瓦公约的规定,医务人员以及医院和医疗单位等,都是公约的保护对象。他们之所以受到保护,是因为他们从事有关人道职责方面的工作。而一旦他们超越出其人道职责的范围,如从事有害于敌方的行为,就会受到警告,并在警告继续被忽视的情况下,可按照公约的规定,停止其在国际人道法规则下享受的保护。

所以战争行为规则里的"受保护人员"必须在武装冲突的任何时候都严守中立,即不参加实际的敌对行为。如果放弃中立,这些本该受公约保护人员将不再受到公约的保护。

3. 比例原则

比例原则(proportion)主张作战方法和手段的使用应与预期的、具体的和直接的军事利益成比例,禁止过分的攻击,以及引起过分伤害和不必要痛苦性质的作战方法和手段。

根据这个原则,如果攻击一个军事目标将会造成与该攻击预期得到的直接军事利益相比要过分重大的、不成比例的平民的伤亡或损失，那么这样的攻击应该被禁止。① 比如在战争中，如果冲突一方占领了一核电厂，并在电厂周围布置防御阵地。这种情况按照上述的第一附加议定书第 52 条的规定来判断，核电厂属于军事目标，可能被攻击。然而，核电厂被攻击后产生、造成核泄漏事故会对平民的人身和财产造成极大的威胁，这与攻击取得的直接军事利益相比引起损害过于巨大。鉴此，第一附加议定书第 56 条规定，即便是含有危险力量的军事目标，如堤坝和核发电站，如果这种攻击可能引起危险力量的释放，从而在平民居民中造成严重的损失，就不应成为攻击的对象。

同样，出于对平民居民生存的保护，第一附加议定书第 54 条也规定，"不论是什么动机，也不论是为了使平民饥饿、使其迁移，还是为了任何其他动机，基于使对平民居民生存所不可缺少的物体，如粮食、生产粮食的农业区、农作物、牲畜、饮水装置和饮水供应和灌溉工程，对平民居民失去供养价值的特定目的，进行的攻击、毁坏、移动或使其失去效用，都是禁止的。"

所以由于比例原则，战场指挥官就需要在攻击前尽可能查明将予攻击的目标既非平民也非民用物体，而且不受特殊保护，而是第 52 条的意义内的军事目标；而且在选择攻击手段和方法时，采取一切可能的预防措施，以期避免，并无论如何，减少平民生命附带受损失、平民受伤害和民用物体受损害。当然，如果发现目标不是军事目标或是受特殊保护的，或者发现攻击可能附带造成与预期直接军事利益相比为过分的平民生命受损失或民用物体受损害时，该攻击应予取消或停止。

4. 禁止使用导致不必要痛苦的武器

对从事战争的手段要进行一定的限制。从这个基本原则出发，自

---

① 比例原则是国际人道法的一条基本原则，编纂在 1977 年第一附加议定书第 51 条第 5 款和第 57 条。

然也禁止使用可引起过分伤害或不必要痛苦的武器。

"避免不必要痛苦"原则最早被规定在1868年《圣彼得堡宣言》当中,它规定禁止使用重量轻于400克的装有爆炸性和易燃物质的投射物,即达姆弹,认为这武器将导致不必要痛苦。达姆弹是一种坚硬的外壳没有完全覆盖弹心部分的子弹,是一种能在人体内极容易膨胀或变形的子弹,所以会产生比普通子弹要痛苦严重得多的效果。由于普通子弹就能使中弹的人退出战斗,就能达到《圣·彼得堡宣言》所宣布的那一个目的,那自然就没有必要再使用如此残酷的子弹呢。这个规定为禁止使用能引起不必要损害的武器提供了一个较为清晰的例子。

虽然今天随着科学技术的发展,有关使用装有爆炸性和易燃物质的投射物在战场上不会再被考虑使用,但《圣彼得堡宣言》中关于"避免不必要痛苦原则"意义却仍然存在。因为其他禁止性规定仍然有效,如达姆弹、毒药和有毒武器等。所有这些都是属于不人道、能引起不必要痛苦的武器。

海牙规则禁止战争中一些太残忍的行为,因为这些行为违背了哪怕是最低的文明标准,如第23条(c)款项规定:"杀害或伤害一名敌人,如果其已经放下武器,或其已不再有反抗的余力,或可判断其已经投降。"第23条(d)款项规定"宣布不给予宽恕"即战俘将不予宽恕和仁慈,第28条规定"掠夺一个城镇或地区,即使是使用攻击的手段。"

1899年和1907年海牙《陆战法规和惯例公约》除了禁止使用能在人体内极容易膨胀或变形的子弹以外,还禁止使用毒药和有毒武器。国际社会在1925年于日内瓦还专门制订了一个禁止使用毒气的议定书。根据这一议定书的规定,由于在战争中使用窒息性、毒性或其他气体,以及使用一切类似的液体、物体或器件等,都"受到文明世界舆论的正当的谴责",也由于"世界上大多数国家缔结的条约中已经宣布禁止这种使用",因此,为了使这项禁止成为"被普遍接受为国际法的一部分","兹宣告:各缔约国……禁止使用细菌作战方法"。

与有关战争中使用武器的原则和规则相关的,还有1907年海牙第八公约即《关于敷设自动触发水雷公约》(公约限制而非禁止这些地雷和饵雷的使用)。该条约第2条禁止"仅以中途拦截商船为目的,在敌军的海岸和港口敷设自动触发水雷"。国际法院1986年在尼加拉瓜诉美国一案中引用了这一规则,认为美国在尼加拉瓜海岸线上敷设水雷是对该条规定的违反。

以上这些是传统战争法中有关禁止特殊武器使用的规定。以后,随着战争与武装冲突中军事技术的发展,订立于1977年的日内瓦公约第一附加议定书又严禁在武装冲突中采取报复行为。被绝对禁止报复的范围包括平民、平民的财产、对"构成各国人民文化或精神遗产"的文化财产、农业区、灌溉工程及其对平民百姓的生存所不可缺少的物体、自然环境[①],等等。使用某些武器,如易燃易爆武器,如燃烧弹和粉碎性炸弹等,并没有被法律明文所禁止。

在战争行为规则对武器的限制或禁止方面比较重要的一个法律文件,是1980年在联合国框架内制定的《禁止或限制使用某些可被认为具有过分伤害力或滥杀滥伤作用的常规武器公约》(简称《常规武器公约》),其主要目的就是为了保护平民免受该公约及其议定书里常规武器的伤害,同时也为了避免武装部队人员在敌对行为中受到过分的痛苦。

1980年《常规武器公约》在其通过时制订有关于禁止或限制某些具体常规武器的议定书,即:"关于无法检测的碎片的议定书"(第一议定书);"关于禁止或限制使用地雷(水雷)、饵雷和其他装置的议定书"(第二议定书);"禁止或限制使用燃烧武器议定书"(第三议定书)。但

---

① 1977年第一附加议定书,第51—55条。

国际社会在 1995 年又订立了《关于激光致盲武器的议定书》(第四议定书);1997 年 9 月 18 日在挪威奥斯陆通过"禁止使用、存储、生产和转让杀伤人员地雷及销毁此种地雷的公约",国际上有时被称作《渥太华条约》,因为该条约是 1997 年 12 月 3 日 4 日在加拿大渥太华签字生效的;2003 年 11 月又制订了《战争遗留爆炸物议定书》(第五议定书)。

所有以上这些法律文件,使得在战争中禁止使用可引起过分伤害或不必要痛苦的武器的规则,成为国际法的一般性法律原则。

二、非国际性武装冲突问题

非国际性武装冲突问题,是国际人道法中另一比较复杂的问题。在前南国际刑事法庭的第一个案例,即"塔迪奇案"中,被告被起诉的部分罪行发生在非国际性武装冲突当中,罪名是"严重违反 1949 年日内瓦公约行为",[1]于是就产生了"战争的性质"与"罪行"之间是否吻合的问题,即:日内瓦公约主权国家所制订,但国家在制订时是否有意将"严重违反"适用于非国际性武装冲突中去呢? 所以在具体要对被告的罪行进行审议之前,法庭首先要对该战争或武装冲突的性质作个裁决。

前南国际刑事法庭的上诉庭在经过审理后认为,1949 年日内瓦公约只能适用国际性武装冲突。于是,如果检察官继续要求国际法庭认定被告塔迪奇犯有"严重违反 1949 年日内瓦公约行为",检察官首先得证明:该被告被指控行为发生的环境属于法律意义上的国际性武装冲突,而不是非国际性的武装冲突。[2] 所以战争或武装冲突的性质不同,将要适用的国际人道法的规则也不同。

---

[1] *Appeals Chamber Decision on the Tadic Jurisdictional Motion* (2 October 1995), in Yearbook of 1995, International Tribunal for the Former Yugoslavia, The Hague, The Netherlands, pp. 54—175.

[2] *Ibid.*

1. 日内瓦公约共同第三条

相对大量适用于国际性武装冲突的规则而言,只有一小部分规则适用于非国际性的武装冲突,其中主要是日内瓦公约共同第三条以及1977年第二附加议定书。

之所以出现这种情况,是因为一国的内战在传统国际法上属于一国主权范围内的事。国际法的主体主要是国家。国家出于政治上的考虑,想通过自己的武装力量来对反叛势力进行镇压,不愿意让它成为一个国际事件,或通过国际法给予反叛力量以任何形式上的国际承认。因此,国家只是愿意就它们相互之间的战争来订立规则,不愿涉及一国国内的武装冲突问题。这就使得国内武装冲突应该遵循什么规则在很长的一段时间内是一个真空。然而,国内战争的军事行动以及对人身和财产的损害与国家之间的战争是没有任何区别的,而且如果没有法律规则的限制,战争会变得更加残酷。

基于这一考虑,国家在1949年四个日内瓦公约中规定了专门处理非国际性武装冲突的共同第三条,规定:

"在一缔约国之领土内发生非国际性的武装冲突之场合,冲突之各方最低限度应遵守下列规定:

(一)不实际参加战事之人员,包括放下武器之武装部队人员及因病、伤、拘留,或其他原因而失去战斗力之人员在内,在一切情况下应予以人道待遇,不得基于种族、肤色、宗教或信仰、性别、出身或财力或其他类似标准而有所歧视。

因此,对于上述人员,不论何时何地,不得有下列行为:

(甲)对生命与人身施以暴力,特别如各种谋杀、残伤肢体、虐待及酷刑;

(乙)作为人质;

(丙)损害个人尊严,特别如侮辱与降低身份的待遇;

(丁)未经具有文明人类所认为必需之司法保障的正规组织之法庭之宣判,而遽行判罪及执行死刑。

(二)伤者、病者应予收集与照顾。公正的人道团体,如红十字国际委员会,得向冲突之各方提供服务。

冲突之各方应进而努力,以特别协定之方式,使本公约之其他规定得全部或部分发生效力。

上述规定之适用不影响冲突各方之法律地位。"

尽管共同第三条明确被确定只适用于非国际性的武装冲突,但由于它是冲突各方在武装冲突中所应遵守的"最低限度"的规定,因而是一个重要的条款。国际法院在尼加拉瓜军事行动及准军事行动一案中,认为美国没有就其在尼加拉瓜港口或该等港口附近布雷的情况发出任何警告或者通知,是违反国际法。① 同时,国际法院认为:"1949年日内瓦公约的共同第三条,定义了对非国际性武装冲突应该适用的确定规则。毫无疑问,在国际性武装冲突中,这些规则同样也构成了最低程度的准绳,除此之外,更为精细的规则将适用于国际性武装冲突;在本法院看来,共同第三条的规则反映了本法院在1949年科弗海峡案中所指出的'对人道的最基本的考虑'。因此本法院发现,共同第三条的归罪则适用于本案的争议,从而无须就美国提出的关于多边条约保留可能对相关条约产生的影响作出决定。"②

2. 日内瓦公约第二附加议定书

日内瓦公约共同第三条虽然重要,但在对国内战争中作战方式方

---

① *Judgment of Case Concerning Military and Paramilitary Activities in and Against Nicaragua* (Nicaragua v. US), ICJ Reports, 1986, at para. 215.

② *Ibid*, at para. 218.

法作出限制还是有不足之处。例如,它仅仅规定了保护那些没有实际参加战斗的人,而在对作战方式方法的限制、如禁止使用化学武器等,却没有明确的具体的规定。此外,它也没有涉及到在国内性战争如何保护战俘的问题。在用语方面,它只是使用"非国际性武装冲突"一语,但究竟什么是"非国际性武装冲突"? 却没有作任何明确界定。由于武装冲突和国家内乱、暴动或骚动行为有着很大的区别,所以如果没有一个客观操作标准,国家就会为本国主权利益考虑。即便有武装冲突存在,国家也会轻易地否认武装冲突的性质,从而不必适用共同第三条的规定。

因为上述原因,国际社会在1974至1977年于瑞士日内瓦召开的外交大会上制定了1949年《日内瓦公约》两个附加议定书。其中第二附加议定书旨在重申、并发展适用于非国际性武装冲突的人道法规则。这可以看作是共同第三条的一个扩展。

关于适用范围,第二议定书的第1条第1款规定:"本议定书发展和补充1949年8月12日日内瓦四公约共同第三条而不改变其现有的适用条件,应适用于为1949年8月12日日内瓦四公约关于保护国际性武装冲突受难者的附加议定书(第一议定书)所未包括,而在缔约一方领土内发生的该方武装部队和在负责统率下对该方一部分领土行使控制权,从而使其能进行持久而协调的军事行动并执行本议定书的持不同政见的武装部队或其他有组织的武装集团之间的一切武装冲突。"

根据上述规定,要适用第二附加议定书,非国际性武装冲突就必须发生在一国领土之内;而且该武装冲突的双方必须一方为国家政府,另一方是持不同政见的、必须已经控制了国家的一部分领土的武装部队,而且还是能够进行持久军事行动,也有能力执行议定书规定的武装部队。如果一个国家内部同时有数个反政府武装,那这些反政府武装之间的冲突就不属于附加议定书的适用范围。所以,这里的非国际性武装冲突已经被限制在一个相当狭小的范围之内。

第三节 惩治严重违反日内瓦公约的行为

违反规则就要受到惩治,这是常理。国际人道法是为国家以及个人在战争环境下设定了行为规则。如果违反了这些规则,自然也有惩治的问题。

国际人道法对事不对人,它只关注从事战争或武装冲突的行为,并不在意战争的性质(即"正义"或"非正义"问题)。所以无论什么人,哪怕你从事的是保卫祖国的战争,但只要违反了国际人道法规则,就要被追究个人刑事责任。例如,20世纪90年代发生在前南斯拉夫的巴尔干战争中,有塞尔维亚、克罗地亚以及穆斯林人。但不管什么人,只要犯有"严重违反日内瓦公约的行为",联合国前南斯拉夫国际刑事法庭就要追究其刑事责任[1]。

一、"严重违反日内瓦公约"的行为

在1949年四个日内瓦公约里,每个都包含两个关于要追究和惩治违反作战行为规则不法行为的条款。在这两个条款中,前一个规定什么是"严重违反日内瓦公约"的行为[2],后一个则规定各国在惩治"严重违反日内瓦公约行为"方面承担的义务,[3]如关于战俘待遇的第三公约的第130条规定:"上条所述之严重破坏公约行为,应系对于受本公约保护之人或财产所犯之任何下列行为:故意杀害,酷刑或不人道待遇,

---

[1] 前南斯拉夫国际刑事法庭《规约》第2条,就是关于"严重违反1949年各项《日内瓦公约》的情事"。
[2] 第一公约第49条,第二公约第50条,第三公约第129条,第四公约第146条。
[3] 第一公约第50条,第二公约第51条,第三公约第130条,第四公约第147条。

包括生物学实验,故意使身体及健康遭受重大痛苦或严重伤害,强迫战俘在敌国部队中服务,或故意剥夺战俘依本公约规定应享之公允及合法的审判之权利。"严重违反战争规则的行为,在第一附加议定书里还被规定为"战争罪"。该议定书第 85 条第 5 款规定:"在不妨碍各公约和本议定书的适用的条件下,对这些文件的严重破坏行为,应视为战争罪。"

违反作战行为规则的罪行,在《前南国际刑事法庭规约》和《卢旺达国际刑事法庭规约》里面有了进一步的编纂和相应的审判实践。前南法庭规约处理战争罪的条款有两条:第二条"严重违反日内瓦公约"和第三条"严重违反战争法规和战争习惯"。其中第三条是非常特别的条款。第三条中列举的行为,直接来源于《1907 年关于尊重陆战之法规及习惯的海牙第四公约》及其附件《陆战章程》之中。① 但第三条并不是一个封闭性的条款,前南法庭上诉庭将第三条解释为第二条之外的所有严重违反国际人道法规则的行为。

卢旺达国际刑事法庭《规约》还单独创设了一类新的战争罪——"严重违反共同第三条以及第二附加议定书的行为"。由于卢旺达国际刑事法庭起诉的是在卢旺达一国国内发生的武装冲突中的国际罪行,所以这实际上规定的是非国际性武装冲突下的战争罪。这是第一次在国际刑事法庭的规约里边明确规定非国际性武装冲突中的战争罪。

关于惩治违反战争规则行为的最新发展规定在《罗马规约》的第 8 条。该条在习惯法的基础上将战争罪分成四个类别,即:

第一,严重违反日内瓦公约的行为;

第二,严重违反国际法既定范围内适用于国际武装冲突的法规和

---

① Report the Secretary-General Pursuant to Paragraph 2 of Security Council Resolution 808 (1993), s/25704, at para. 41.

惯例的其他行为；

第三，非国际性武装冲突中，严重违反1949年8月12日四项《日内瓦公约》共同第三条的行为；

第四，严重违反国际法既定范围内适用于非国际性武装冲突的法规和惯例的其他行为。

二、"严重违反行为"的时间和空间要素

严重违反国际人道法行为是战争罪，是一种罪行。既是罪行，当然要有其构成要件。由于这是与战争有联系的罪行，在构成要件有一个大的前提，即犯罪行为和战争要有联系。但是对于与战争"相联系"这一要素，国际法上是如何界定的呢？是不是所有发生在战争期间的谋杀行为，都是战争罪呢？此外，发生战争罪的地点与武装冲突的联系是什么，是不是一定要在战场上呢？

关于这些因素，前南国际刑事法庭上诉庭在"塔迪奇案"中认为："不论是国际性武装冲突还是国内武装冲突，其时间范围和空间范围均超越了发生敌对行动的具体的那一刻的时间和地点。就国际性武装冲突中的时间范围而言，四个日内瓦公约中的任何一个都包含了明确表示其适用将持续到停火以后的规定。例如，第一公约和第三公约的适用都将持续到落入地方控制之中的受保护的人被释放并遣返的那一刻。……"[①]

关于国际性武装冲突中人道法规则适用的空间范围，上诉庭认为："虽然日内瓦公约没有对国际性'武装冲突'的空间范围作出规定，但是公约的某些条款暗示至少有一些条款应该适用与武装冲突所设缔约国

---

① *Appeals Chamber Decision on the Tadic Jurisdictional Motion* (2 October 1995), in Yearbook of 1995, International Tribunal for the Former Yugoslavia, The Hague, The Netherlands, at para. 67.

的整个领土,而不是仅仅适用于实际发生敌对行动附近的区域。当然,某一些与敌对行动明显相关的条款其适用范围是应该受到限制的。而对于其他条款来说,特别是与保护战俘以及平民相关的条款,它们的适用就不怎么受到限制了。就战俘而言,日内瓦公约适用于在敌方控制之下的战斗员,但这些战斗员是否被关押在敌对行动发生地点的附近则是无关紧要的。基于相同道理,第四公约是为了保护平民,不论这些平民身处武装冲突一方领土内的何处。"[1]

关于非国际性武装冲突罪行和武装冲突的联系,上诉庭认为:"对于非国际性武装冲突而言,其时间和空间的适用范围与国际性武装冲突相似,也是广泛的。这一理念在这样一个事实中得到了反映:日内瓦公约共同第三条规定的受保护者是那些没有积极参加(或者说是不再积极参加)敌对行动的人。这表明共同第三条中包含的规则同样也适用到实际发生军事行动的狭窄空间之外的其他地方。"[2]

在此基础上,前南国际刑事法庭的上诉庭得出结论认为:"不论是国际性武装冲突还是非国际性武装冲突,国际人道法自武装冲突开始起就开始适用,对于国际性武装冲突,其适用要延续到和平状态形成;对非国际性武装而言,其适用将延续到达成和平解决方案。直到那一刻,国际人道法将在交战国的全部领土内适用,或在国内武装冲突的环境下,国际人道法的适用及于敌对一方所控制的全部领土,而不论实际发生战斗的地点在哪里。"[3]

---

[1] *Appeals Chamber Decision on the Tadic Jurisdictional Motion* (2 October 1995), in Yearbook of 1995, International Tribunal for the Former Yugoslavia, The Hague, The Netherlands, at para. 68.

[2] Ibid, at para. 69.

[3] Ibid, at para. 70.

本 章 要 点

国际法律不仅用来规范国家在和平时期的国际关系，而且还规范战争时期的国际关系。国际人道法是关于战争行为的法律规范，是战争或武装冲突中所有当事方都要遵守的行为规范，如战争中禁止生物及化学武器。由于这些规则只是出于"人道"原因制订的，所以在国际上被称为"国际人道法"。

国际人道法的文件和规则很多，但要点就是两个：一是"保护"，二是"限制"。"保护"就是对平民以及失去战斗力的人员要予以保护；"限制"就是要对从事战争的方法和手段予以限制。国际人道法是以条约和惯例为形式，用来在战争或武装冲突中保护不直接参加军事行动（如平民百姓）或不再参加军事行动（如军事部队的伤、病员和俘虏）的人员为目的，并规定各交战国或武装冲突各方之间交战行为的原则、规则和制度。

违反规则就要受到惩治，这是常理。作战行为规则是为国家以及个人在战争环境下设定了行为规则，违反了自然也会有惩治问题。然而，这个惩治只是对事不对人。不管是战争中哪一方，只要犯有战争罪行就要受到惩治。由于这是国际法严重罪行，所以无论是二战后的东京和纽伦堡国际军事法庭，还是冷战后成立的联合国前南国际刑事法庭和卢旺达国际刑事法庭，它们予以惩治的国际罪行里都包括战争罪行为。

第十八章　个人刑事责任

有两件事能比较清楚地说明个人刑事责任问题的发展及其影响力：一是在 2010 年 11 月，斯里兰卡总理拉贾帕萨尔由于担心被英国以战争罪逮捕起诉，于是就取消了原定要对英国牛津学联的访问；①另一是在 2011 年 2 月，美国前总统乔治 W.布什也取消了他原定参加的在瑞士举行的年度克伦哈耶斯奥德慈善晚宴，原因是因为人权组织指责他在任期间以反恐名义并采用水刑虐待嫌疑人，从而向瑞士政府施压，要求逮捕布什并威胁发动抗议活动。②

这两个事例都很有意思，听来都有点让人觉得不可思议：堂堂的国家领导人居然会因为担心被刑事起诉而取消原定行程。而这样的案例之所以能发生，就是因为国际法上追究个人刑事责任问题的实践与发展。

个人刑事责任问题属国际刑法范畴。自从冷战结束后，国际刑法得到了迅速发展。1993 年成立的前南国际刑事法庭，是联合国安理会设立的第一个国际刑事司法机构；1999 年 5 月，时任南斯拉夫联盟总统的米洛什维奇被国际法庭起诉，从而成为人类历史上第一个被起诉的在位的国家元首；2008 年 7 月，前波黑塞族领导人卡拉季奇，居然在起诉书公布 13 年后被捕；2008 年 7 月，常设国际刑事法院起诉了苏丹

---

① "斯国总统担心被捕取消访英"，《环球时报》，2010 年 11 月 10 日第 2 版。
② "美前总统布什取消瑞士之行"，《参考消息》，2011 年 2 月 7 日第 2 版。

现任总统巴希尔,后又在2009年3月4日向全世界公布了对他的逮捕令……所有这些案例表明:个人刑事责任确确实实已成为国际关系和国际法中的一个重要问题。

上述案例其实都涉及到国际法上的重要问题,即:原本享有外交豁免权的国家元首怎么会被起诉?起诉他们的国际司法机构是如何成立的?其法律依据从何而来?又有哪些罪行可以被起诉?等等。

第一节 历史发展

国际刑法上的一些案例,如原南斯拉夫联盟总统米洛什维奇、前波黑塞族领导人卡拉季奇、原卢旺达总理康邦达以及苏丹现任总统巴希尔等国家元首被起诉或审理,让人一听会感到十分诧异,还不太好理解,因为这些可都是国家元首或政府首脑呵,他们说话行事都是以国家的名义……。但如果从国际刑法的角度看,他们之所以被起诉或审判,则都因为被怀疑犯有国际法罪行而被追究其个人刑事责任。

一、追究刑事责任的理念

有些国际罪行,如战争罪,可以说是自古以来就有。自从有了人类,有了国家,会有利害冲突,就会发生战争。战争中又会有犯罪行为。

现代意义上的国际法通常被认为始于欧洲30年战争结束后的威斯特伐里亚公会,从那时起才有现代国际法意义上的主权国家。但真正成立国际刑事司法机构,追究个人在国际法上的不法行为或刑事责任,则是第二次世界大战以后的事。国际刑法不少规则来自国际法,但它与国际法又有所不同。国际法是用来调整国家与国家之间法律关系规范的总称,追究个人国际罪行的刑事责任则是以个人为对象。

在国际法发展过程中的很长一段时间里,无论是国际条约还是国际习惯法都仅仅满足于将某些行为界定为国际罪行,如在1864年《日内瓦公约》、1868年《圣·彼得堡宣言》、1899年和1907年两次海牙和平会议上制定的《陆战规则和惯例》等,就已经把在战争和武装冲突期间杀害战俘或者平民定为战争罪。但犯了这些罪行该有什么后果?这些国际罪行该如何惩治?国际法文件中没有什么具体规定,也没有为了处置这些犯罪行为设置可行的机制。换句话说,国际法在其长期的发展过程中只规定某些行为属于国际不法行为,为国际法规则所禁止,但不存在关于对这些行为从刑法上、对个人采取惩罚的规定。

在传统国际法中,每个人仅受自己国家排他性(又称"专属性")的司法管辖(exclusive jurisdiction)。根据国际法的属地管辖权原则,如果犯有国际法上的不法行为,如:虐待外国人、袭击外交官、政府官员违法逐出外国人等。如果被起诉或惩治,那也只能由该行为发生地的司法当局进行起诉和惩罚。我国刑法也明确规定:对在中国境内触犯刑律的行为(不管是中国人还是外国人所为)以及对中国"国家工作人员和军人"在外国所犯违反法律的行为,我国法院都具有管辖权。①

当然,对国际不法行为进行起诉和惩罚,有关司法当局只有在按照法律有权并且愿意对此进行起诉和惩罚的情况下才有可能。在传统国际法上,国家只有向他国请求引渡,欲以惩治的人是自己本国国民,被请求国一般才会考虑。例如:A国的国人在B国的领土管辖范围内杀死一个A国外交官,A国因此向B国请求引渡。那么在这种情况下,B国一般才可能答应A国的请求,否则犯有不法行为的人就会逃脱惩罚,但答应的根本原因是因为行为人不是本国的公民;在国际实践中,如果国际不法行为是本国人,尤其如果是国家官员所为,国家一般都不愿将其引渡到其他地方进行审判。

---

① 《中华人民共和国刑法》,第6、7、8条。

国际社会对国际犯罪活动进行惩治的努力，一开始表现在对战争法的编纂方面。国际社会于1899年和1907年两次在荷兰海牙举行的和平会议上对战争法进行的编纂，并制定了《陆战法规和惯例公约》。

当第一次世界大战结束时，就开始有一些关于起诉和审判战争罪行的案例。这些案子的审理或者是基于国际法上的"属地管辖原则"，即：由罪行发生地国家来对战争犯罪嫌疑人进行审理；或者是基于"被动国籍原则"，即：由受害者所属的国家来对战争犯罪嫌疑人进行审理，而受害者只要具有大战中同盟国中某一国家的国籍即可。理论上国家可以基于"主动国籍原则"（active nationality）、即由不法行为者所属的国籍来进行起诉和审理，但实践中却很少使用。

第二次世界大战结束后，战胜国（二战同盟国）在1945年和1946年分别通过了《纽伦堡国际军事法庭规约》和《远东国际军事法庭规约》，成立了纽伦堡国际军事法庭和远东国际军事法庭。这两个国际军事法庭对德国战犯和日本战犯的审判，标志着国际法上个人刑事责任问题的重要转折，从而在国际法上确立了追究个人刑事责任的原则。

追究个人刑事责任，折射出来的基本理念就是要通过惩治犯罪来实现公正。为了实现这个理念，成本、空间或时间的因素有时都可以忽略不算。2011年9月18日，都已97岁高龄的匈牙利前军官凯普伊罗18日在匈牙利首都布达佩斯市一家法院出庭受审。他受控在69年前（1942年）在如今塞尔维亚北部诺维萨德镇下令围捕并处死36名犹太人和塞族人[①]。那时，匈牙利与德国、意大利、日本等结成法西斯轴心国同盟。匈牙利部队1942年1月在南斯拉夫王国诺维萨德镇实施大屠杀，以致于超过1200名犹太人、塞族人和吉卜赛人丧生。而在这场大

---

① "匈牙利九旬纳粹通缉犯获判无罪，曾下令处死36人"，《参考消息》，2011年9月20日第3版。

屠杀中,凯普伊罗身为宪兵队长,涉嫌下令围捕并处死 36 名犹太人和塞族人。虽然这一审判中被告由于缺少直接证人,而尽管没能被定罪①,但匈牙利对此予以起诉,表明了其具有惩治国际罪行和实现正义意愿。

二、个人刑事责任原则的确立

纽伦堡国际军事法庭和远东国际军事法庭的审判,在国际法实践中开创了追究国际犯罪者个人刑事责任的先例。纽伦堡国际军事法庭明确认为,"对破坏国际法的个人是可以处罚的。因为违反国际法的罪行是个人做出来的,而不是抽象的集体(国家)做出来的。只有处罚犯有这些罪行的个人,才能使国际法的规定有效实施。"②

上述判决的理念比较清楚:法律实体在法律上是一个较为抽象的概念。但无论哪一种国际法罪行,其政策的制定、操作以及执行都是由具体的个人(自然人)予以实施,因而有必要更加精确地区分个人和法律实体的刑事责任。同时还要对法律实体刑事责任的结果进行鉴别,政策制定者和政策执行者实施的法律禁止行为,作为下级行为人的自然人以及那些仅仅是这种实体的成员,其个人的作用并不构成禁止性的行为。

根据同盟国在战时和战后表示要惩治法西斯战犯的意愿,美国、苏联、英国和法国代表在伦敦郑重了会议,专门讨论设立国际法庭审判德国和日本战犯问题,并于 1945 年 8 月 8 日签订了关于设立国际军事法庭的四国协定和作为协定附件的纽伦堡国际军事法庭宪章,规定了法庭的组织、职权和审判的基本原则。这些文件又被称之为《伦敦宪章》。

---

① "匈牙利九旬纳粹通缉犯获判无罪,曾下令处死 36 人"。
② 见纽伦堡审判判决书,转引自 P.A.施泰尼格尔:《纽伦堡审判》上卷,商务印书馆 1988 年,第 188 页。

第二次世界大战后制定的《纽伦堡宪章》和《东京宪章》规定了直接适用的方式,而且经历了国际军事法庭和前南法庭的诉讼过程。《纽伦堡宪章》第 6 条创设了关于个人刑事责任原则,它规定纽伦堡国际军事法庭将有权对犯有该法庭管辖权范围内罪行的"所有人员进行审判和惩处"(to try and punish all persons who committed the crimes within the jurisdiction of the Tribunal)。

纽伦堡国际军事法庭和远东国际军事法庭这两个法庭的审判,对国际刑法的发展意义重大。纽伦堡国际军事法庭在 1946 年的判决中明确地声明,《伦敦宪章》有关追究个人刑事责任的规定是宣示国际法的一项不可避免的原则。

联合国大会在纽伦堡国际军事法庭审判结束之后,指示国际法委员会将该国际军事法庭的原则予以编纂并通过决议,一致肯定由该法庭的《宪章》和法庭审判所确认的国际法原则,即:"任何人实施构成国际法下一项犯罪的行为都应负责并受到惩罚"的原则,这就是国际法上的"纽伦堡原则"[①],即:

"原则一,任何人实施构成国际法下一项犯罪的行为都应负责并受到惩罚;

原则二,国内法不对构成国际法下犯罪的行为进行刑事惩罚这样的事实不能免除实施此行为的人在国际法下的责任;

原则三,一个人作为国家元首或负责任的政府官员而实施构成国际法下罪行的行为这样的事实不能免除他在国际法下的责任;

原则四,一个人根据他的政府或上级的命令而行事这样的事

[①] 见联合国大会 1946 年 12 月通过的 95 号(1)决议。

实不能免除他在国际法下的责任,如果当时实际上对他来说有精神上选择的可能的话;

原则五,任何被指控犯有国际法下罪行的人都有权得到根据事实和法律而进行的公平的审判;

原则六,下列规定的罪行是国际法下应受到惩罚的罪行:

A　破坏和平罪……

B　战争罪……

C　反人道罪……

原则七,共谋实施原则六规定的破坏和平罪、战争罪或反人道罪是国际法下的犯罪。"

它们确立了对所有实施违反国际法罪行的人追究个人刑事责任的原则,并得到国际社会的确认,成为国际刑法的基石之一。继纽伦堡国际军事法庭成立以后,远东国际军事法庭也根据"波茨坦公告"、"日本投降文书"和"莫斯科会议"等一系列的国际文件成立,通过远东盟军最高统帅部的授权而开始正式运作。

波茨坦公告是中、美、英三国政府在1945年7月26日宣布的,后来苏联也附署参加了这个公告。公告目的是促令日本武装部队尽速无条件投降,并规定了日本投降时必须接受的各项条款。公告第六项规定:"欺骗及错误领导日本人民使其亡欲征服世界者之威权及势力,必须永远剔除;盖吾坚持非将不负责之黩武主义驱出世界,则和平及正义之新秩序势不可能。"公告第十项规定:"吾人无意奴役日本民族或消灭其国家,但对于战犯,包括虐待吾人俘虏者在内,将处以严厉之法律制裁。"[①]

[①] 1945年7月26日"中、美、英三国促令日本投降之波茨坦公告",载《国际条约集(1945—1947)》,第77—78页。

日本投降之后,盟国还制订了远东国际军事法庭《宪章》,准备对日本军国主义分子予以审判。盟军最高统帅部根据各同盟国政府的提名还任命了包括中国梅汝傲法官在内的11名远东国际军事法庭的法官,并于1946年5月3日开始国际检察处(远东国际军事法庭的起诉机关)对东条、广田、平沼、小矶、松井、板垣、土肥原等28名日本主要战犯的公开庭讯。

自从纽伦堡国际军事法庭和远东国际军事法庭审判以后,所有其后成立的国际刑事司法机构,都无一例外地重申了国际法关于禁止性行为的个人刑事责任原则,从而确立了国际法上关于追究个人刑事责任的原则。

第二节 追究个人刑事责任的国际司法机构

国际法上追究个人的刑事责任,自然得有合法成立的国际司法机构。事实上,对原南斯拉夫联盟总统米洛什维奇、前波黑塞族领导人卡拉季奇、原卢旺达总理康邦达以及苏丹现任总统巴希尔国家元首等的起诉或审理,是由不同国际刑事司法机构决定和执行的。

追究个人刑事责任,既可由国内法庭,也可由国际法庭来操作。由于刑事审判涉及国家主权,具有很强的政治敏感性,所以国家司法机构一般都不愿介入,而是交由国际刑事司法机构审判。迄今为止,国际社会已成立了不少国际刑事司法机构。从性质上看,它们大致可分为特设、混合型和常设性质的国际刑事法院。当然,这些司法机构的组织结构和具体使命相互之间有很大的区别。

一、"特设"国际刑事法庭

"特设"一词,是从拉丁语 *ad hoc* 翻译而来,意思是"一事一理"。

特设国际刑事法庭就是为了起诉和惩治在某一时间内、某一地方发生的某些特定罪行而设立的国际性质的刑事司法机构,所以它具有临时性质。纽伦堡国际军事法庭、远东国际军事法庭、联合国前南国际刑事法庭和卢旺达国际刑事法庭在性质上都属于特设国际刑事法庭。

1. 纽伦堡与远东国际军事法庭

第二次世界大战是以轴心国的失败而告终。就在德国和日本分别在 1945 年 5 月 8 日和同年 9 月 2 日无条件正式投降以后,取得胜利的同盟国便在德国纽伦堡和日本东京先后设立了两个国际军事法庭。前者名称是"纽伦堡国际军事法庭";后者名称是"远东国际军事法庭",由于审判地在东京,所以有时又被称为"东京国际法庭",对日本军国主义分子的审判,有时被简称为"东京审判"。

从法庭的组织和结构上来看,纽伦堡国际军事法庭不同于远东国际军事法庭,但它们的任务和目的却是一样,都是为了惩治战争罪犯。纽伦堡国际军事法庭宪章第一条:"依照……协定,应设立一国际军事法庭,以公正并迅速审判及处罚轴心国之主要战争罪犯。"远东国际军事法庭宪章第一条:"远东国际军事法庭之设立,其目的为公正与迅速审判并惩罚远东之主要战争罪犯。"

纽伦堡与远东国际军事法庭成立的目的是为了惩治战争罪犯。在这两个国际军事法庭受审主要战争罪犯都是当年纳粹德国和法西斯日本政府中对策划、准备、发动或执行侵略战争有最高或主要责任的人物。这些人对于国家侵略战争政策的制定和侵略战争的进行是起过重大作用的,所以在报纸和新闻媒体方面时常被称为"甲级战犯"(Class A War Criminals)。

把战犯分为甲、乙、丙级是一种习惯性的用语。在正式的国际文件中,比如在 1945 年英、美、法、苏四国签订的"伦敦协定"和《国际军事法庭宪章》中,用的是"控诉及处罚欧洲轴心国主要战争罪犯"一语;1946

年1月19日东京盟军最高统帅部颁布的设立远东国际军事法庭的通告和法庭的《宪章》中,用的是"公平及迅速审讯并惩罚在远东的主要战争罪犯"。

从两个国际军事法庭的司法实践可以看到,"甲级战犯"有它自己的特征。首先,所谓甲级战犯们的地位都很高,属于国家政治核心领导人的范围;其次,所有甲级战犯都被指挥犯有纽伦堡和东京国际军事《宪章》中所规定"甲项"罪行。即"反和平罪",亦即策划、准备、发动或实施侵略战争的罪行。由于这种罪行被国际军事法庭认为"最大的国际罪行",是"包括全部祸害的总和"的罪行,因此,被称为"甲级战犯"的也都是侵略战争中的"罪魁祸首"。

对战犯进行审判并定罪更是第二次世界大战后国际法和国际关系中的一件大事,也是人类发展史上的一个创举。战争罪、灭绝种族罪、危害人类罪和侵略罪等国际犯罪以及个人的国际刑事责任原则在二战后通过国际习惯、条约及纽伦堡和远东军事法庭的实践而得以确立和发展。中国作为战胜国之一,参加了远东国际军事法庭的审判,为国际法上确立个人刑事责任作出了贡献。

2. 前南与卢旺达特设国际法庭

在纽伦堡和远东军事法庭审判后的45年多的时间里,尽管国际上不时也发生严重的国际罪行,但由于当时国际社会处于冷战和极度分裂状态,不能达成一致意见,所以不可能追究这些人的刑事责任。直到20世纪80年代末冷战结束以后,国际社会才重新关注发生有国际罪行的情势,并成立了前南和卢旺达两个国际刑事法庭。

联合国前南与卢旺达两个国际刑事法庭与二战后成立的纽伦堡和远东国际军事法庭一样,都属于"特设"性质,但相互之间还是有许多不同之处。

前南国际刑事法庭是针对在1991年前南斯拉夫联邦解体的过程

中，武装冲突各方犯下的严重违反国际人道法的行为而设立的。在这场武装冲突中发生了大规模的屠杀平民百姓，有组织有计划地拘留和强奸妇女，实施酷刑，毁坏文化和宗教财产等不法行为。联合国安理会鉴于这一情形，断定它对国际和平与安全构成威胁，于是就在《联合国宪章》第七章"关于维护世界和平和安全"规定的基础上通过第827号决议，决定设立一个特设国际法庭来审理前南斯拉夫境内所发生的上述罪行。

关于成立前南国际刑事法庭的目的，联合国安理会在其通过的第827号决议的序言中明确表明："联合国安理会决定……建立一个国际法庭，其唯一目的(for the sole purpose)是起诉自1991年1月1日起至安理会确定的日期之间在前南斯拉夫境内实施的严重违反国际人道法的行为负责的人，并为此目的通过附在(annexed to)上述(联合国秘书长)报告之后的国际法庭规约。"

卢旺达国际刑事法庭则是针对1994年发生在卢旺达境内的种族大屠杀而设立的。1994年4月6日，卢旺达总统哈比·亚里马纳的座机在卢旺达首都基加利机场上空遭火箭袭击坠毁，总统遇难。这一事件立即引发了在卢旺达境内发生由胡图族(Hutu)对图西族(Tutsi)所实施的种族大屠杀。

从1994年4月至7月，在短短的一百天左右的时间里，就有80—100万人被杀，其屠杀情形可以说是惨不忍睹，全世界都为之震惊。联合国安理会鉴于这一屠杀行为构成了1948年《预防和惩治种族灭绝罪公约》里所界定的罪行，并断定这一局势对国际和平与安全也构成威胁，于是接受卢旺达总统给联合国秘书长信里关于要成立一个国际刑事法庭的建议，于1994年11月在《联合国宪章》第七章"关于维护世界和平和安全"规定的基础上通过了第955号决议，设立一个特设国际法庭来审理1994年在卢旺达境内所发生的种族灭绝及其他严重违反国际人道法的行为,以达到维护和平和民族和解的目的。

卢旺达国际刑事法庭与前南国际刑事法庭的目的一样,都是为了惩治在这些国家发生的严重国际罪行。联合国安理会为成立这两个特设法庭而通过的决议表明:成立这两个司法机构是为维护世界和平和安全而采取的措施,是为了将对这些罪行负有刑事责任的人交付法庭审判,以便能依法起诉和审判,从而打破对无辜的人民采取暴力行为和报复的无止境循环。

二、混合型法庭

混合型法庭(mixed tribunal)有时被称为国际化法庭。它里面既有国内、同时又有国际诉讼因素。之所以混合,目的是为了在尊重国家主权的前提下、在当事国的参与之下保障在审判过程中适用国际标准,尊重被告的权利,并通过公开审判能使所有国家都能够全面参与和目睹正义和公正的实现。

1. 东帝汶严重犯罪特别法庭

东帝汶严重罪行特别法庭(Special Panels for Serious Crimes)是2000年根据联合国过渡行政管理局于1999年颁布的法令建立的。

东帝汶(East Timor)原是葡萄牙殖民地,1960年成为非自治领土。1975年,葡萄牙了为使它逐渐过渡到独立就撤出东帝汶。然而,就在葡萄牙一撤出以后,印度尼西亚便占领了东帝汶,并于1976年12月7日宣布东帝汶是印度尼西亚的第27个省。但不少民众对此不服。1999年8月30日联合国就东帝汶是否独立举行了公民投票。结果,绝大多数东帝汶人投票反对东帝汶继续留在印度尼西亚内。在公民投票前,当地就已发生暴力事件。投票后,遍布东帝汶的暴力事件越发增多,其中包括谋杀、绑架、强奸、破坏财产、偷盗、放火和捣毁军事设施、办公室和民用住宅,其目的是为了强制驱逐东帝汶人。在这些暴力事件中,许多东帝汶人被杀害,成千上万人被迫流离失所。

1999年9月20日联合国派维和部队恢复了东帝汶的秩序,而后设立了联合国过渡行政管理局(UNTAET)。2000年,联合国过渡行政管理局颁布了关于东帝汶法院组织法,规定在帝力地区法院内设立一个由国际和当地法官组成的特别法庭,对严重犯罪具有专属管辖权。

东帝汶特别法庭关于设立对严重刑事犯罪行为进行排他性能管辖的组织法第22部分对上诉庭的组成明确规定,该法庭在帝力地区的上诉庭应由两名国际法官和一名东帝汶法官组成。在特别重要或严重的案件中可以由三名国际法官和两名东帝汶法官,共五名法官组成。

在迄今为止成立的几个混合型特别法庭中,东帝汶严重罪行特别法庭是第一个。该法庭是在当地社会秩序混乱、司法体系受到严重破坏的情况下成立的。所以,在其成立之初,法庭本身就存在一些司法管理方面的问题。然而,东帝汶严重罪行特别法庭在2001年正式开始运转以后,通过努力理顺自己内部体制,逐渐提高法庭的工作效率,成功地对犯有严重国际罪行的嫌疑人都进行了起诉和审理,从而为以后成立的其他混合法庭提供了经验和借鉴。

2. 塞拉利昂特别法庭

塞拉利昂特别法庭(Special Court for Sierra Leone)是2002年1月16日通过塞拉利昂政府与联合国组织签署协议建立的。

1991年3月,利比里亚总统查尔斯·泰勒支持的塞拉利昂革命统一战线发动了反政府的起义,并杀害了成千上万的平民。1997年革命统一战线和军队革命委员会一起夺取了政权,并于1999年5月22日与政府签署了《洛美和平协议》,给予革命统一战线成员以大赦。然而,联合国秘书长特别代表在《洛美和平协议》签署时附了一个声明:认为联合国并不认可《洛美和平协议》的大赦条款应适用于灭绝种族罪、危害人类罪和战争罪以及其他严重违反国际人道法的国际罪行。

《洛美和平协议》签订后不久,安理会建立了塞拉利昂维和部队帮助执行《洛美和平协议》以及解除武装等。但《洛美和平协议》不久又被撕毁,武装冲突再度发生,其间发生了攻击联合国维和人员,绑架了数百名维和部队人员等严重的违法事件。2000年8月14日,联合国安理会通过第1315号决议,对在塞拉利昂所发生的针对塞拉利昂人民、联合国维和人员及其他相关人员的犯罪行为表示了关切,要求联合国秘书长与塞拉利昂政府谈判,以便能设立一个独立的特别法庭来对犯罪分子进行起诉和审理。

与此同时,塞拉利昂总统写信给联合国秘书长,请求国际社会的援助以恢复国内司法程序,并要求对在国内动乱时期犯了罪行的人进行审判。在这一背景形势下,联合国秘书长与塞拉利昂政府进行了谈判,就成立塞拉利昂特别法庭达成了协议并通过了塞拉利昂特别法庭《规约》。

塞拉利昂特别法庭《规约》第1条规定了该法庭的管辖权问题(Competence of the Court),即该法庭"有权起诉为1996年11月30日以来发生在塞拉利昂境内的严重违反国际人道法和塞拉利昂法律而负最大责任的人,包括那些对塞拉利昂和平进程的确立和执行构成威胁的人。"

塞拉利昂特别法庭《规约》第12条规定,法庭应有8位或11位独立法官。关于这些法官的分配,该条款规定:"(1)初审庭由三名法官组成,其中一名应由塞拉利昂政府任命,另外两名由联合国秘书长任命;(2)上诉庭由五名法官组成,其中两名法官应由塞拉利昂政府任命,三名由联合国秘书长任命。"

塞拉利昂特别法庭于2002年7月1日开始运作后,已对不少被涉嫌犯有国际罪行的人进行了起诉和审判,其中包括利比里亚总统查尔斯·泰勒。这些人被控犯有战争罪、危害人类罪和其他严重违反人道法的行为,包括谋杀、灭绝、强奸、恐怖主义行为、奴役、抢劫和放火、性奴役、招募儿童参军、强迫结婚、攻击联合国维和部队人员和人道救援人员等。

3. 柬埔寨特别法庭

柬埔寨特别法庭(Extraordinary Chambers for Crimes Committed during the Period of the Democratic Kampuchea)是根据《联合国和柬埔寨王国政府关于按照柬埔寨法律起诉在民主柬埔寨时期所犯罪行的协定》建立的。

柬埔寨在20世纪下半叶经历了一个悲惨的时期。1970年,西哈努克政府由于军事政变而被推翻,成了流亡政府。红色高棉组成了新的政府,并制定政策对共产主义者和越南人进行镇压。1975年,红色高棉掌握了政权,宣告成立民主柬埔寨共和国(Democratic Kampuchea)。从1975年到1979年,红色高棉在全国进行了清洗运动,尤其对受过国外教育的知识分子进行迫害,意图建立一个不受外国支持的由工厂工人和农场农民组成的公社组织。在这一政策的执行过程中,城市里不少人被强制迁移到农场去,很多人被饿死或劳累致死,甚至不经审判被处死。在红色高棉统治的四年期间,不计其数的人被迫害致死。

以后,柬埔寨有关这段血腥历史的材料逐步公诸于世,引起整个国际社会的愤慨。1997年,柬埔寨政府请求联合国帮助起诉和审理红色高棉在其统治时期所犯下的罪行。但与此同时,柬埔寨出于维护本国主权的考虑,又不同意联合国专家小组关于建立一个国际法庭的建议,认为柬埔寨完全有能力进行审判。联合国与柬埔寨经过协商和谈判,最后同意在国际参与的情况下,根据柬埔寨的法律建立一个在柬埔寨控制下的法庭。

《关于按照柬埔寨法律起诉在民主柬埔寨时期所犯罪行的协定》第1条规定了其的宗旨和目的,即:"制订本法的目的,是为了审判民主柬埔寨高级领导人(senior leaders)和那些为1975年4月17日至1979年1月6日之间发生的犯罪和严重违反柬埔寨刑法、国际人道法和习惯以及柬埔寨承认的国际公约的行为而负主要责任的人。"所以,柬埔寨特别法庭并不是对什么人都进行审理,它只是要审判民主柬埔寨高级领导人和那些对犯罪负主要责任的人;法庭的属时管辖也只是从1975年至1979年期间。

关于法庭混合性的组成,《协定》第9条明确规定:审判庭将是一个由五名专业法官(professional judges)组成的特别法庭(an extraordinary chamber),其中三名为柬埔寨法官(Cambodian judges),一名为庭长,另外两名是外国法官(foreign judges);联合检察官将向该庭提交他们的案件。庭长将任命一名或多名职员(one or more clerks)参加法庭工作。

柬埔寨特别法庭是一个国际和国内混合型的法庭,这与塞拉利昂特别法庭一样。但不同的是,柬埔寨特别法庭设立在柬埔寨法院内,所以不是一个完全独立于国内司法体系之外的法院。

三、常设国际刑事法院

2008年起诉苏丹总统巴希尔先生、2011年对利比亚前领导人卡扎菲发布逮捕令的,是成立于2002年的国际刑事法院。国际刑事法院与前述所有国际刑事法庭不同,它是一个常设性质、对全世界范围内国际严重罪行都具有管辖权的国际刑事法院。

1989年12月,联合国大会应特立尼达和多巴哥共和国的请求,请国际法委员会重新就国际刑事法院的创设问题进行工作。1994年,国际法委员会将该法院《规约》草案提交给了联合国大会。经过国际刑事法院筹备委员会的多次讨论和协商,《规约》草案提交给于1998年6—7月在意大利罗马召开的外交大会,并最后于1998年7月17日得以通过。此后,因为超过 60 个国家在 2002 年 4 月 11 日批准加入了该《规约》(又称《罗马规约》,Rome Statute),国际刑事法院根据《规约》第 126 条关于"生效"的规定,于 2002 年 7 月 1 日正式成立。截至 2011 年底为止,已有 117 个国家批准加入了国际刑事法院[①]。

《国际刑事法院规约》里所规定的管辖权,不仅与国家管辖权不同,而且与前南、卢旺达国际刑事法庭的管辖权相比也有很大的不同。它不是依据安理会决议或联合国与一个国家的双边条约,而是根据一项多边国际条约建立的。它是建立在缔约国自愿基础之上,在管辖权方面具有普遍性。所以国际刑事法院本身就是一个独立的国际组织,它对其管辖权范围内的犯罪行动可以启动其诉讼程序,不一定非要联合国安全理事会或任何其他国家的特别授权。自成立以后,除起诉了苏丹总统巴希尔及其他一些高官以外,还曾于 2011 年 6 月 27 日对利比亚领导人卡扎菲发出国际逮捕令。不过,由于它起诉的多是非洲国家领导人,所以非洲联盟曾指责国际刑事法院采用"双重标准",并认为国际刑事法院起诉犯有战争罪行、侵犯人权罪行及其他暴行的嫌疑人时,将"矛头专门指向非洲人"。[②]

国际刑事法院的管辖权,是该法院受理案件的权能和效力的根据。国际刑事法院的权能和效力根据则来自于国际刑事法院《罗马规约》,它具有补充管辖权的性质(complementarity)。这是国际刑事法院管辖权方面最重要的特点之一。

《罗马规约》第一条规定:国际刑事法院"为常设机构,有权就本规约所提到的、受到国际关注的最严重犯罪对个人行使其管辖权,并对国家刑事管辖权起补充作用。"《罗马规约》第 17 条在肯定该《规约》第一

---

① 第 117 个成员国是亚洲的菲律宾。关于国际刑事法院的基本情况,参见 www.un.org/international law/icc.

② "非盟批国际刑事法院双重标准",《参考消息》,2011 年 4 月 22 日第 3 版。

条和序言里"补充原则"的基础上,更是明确规定,如果对案件具有管辖权的国家正在对该案件进行调查或起诉,国际刑事法院就"应断定案件不可受理","除非该国不愿意或不能够切实进行调查或起诉"。

这些规定表明,国际刑事法院对国际罪行的管辖人具备特定的条件,只有当一国的国内法院不愿意或不能够时,国际刑事法院才可以行使管辖权。因此,国际刑事法院成立的目的,不是为了包揽对所有犯灭绝种族罪、危害人类罪和战争罪的起诉和审判,而只是对国家管辖起一种"补充"的作用。当一国国内法庭和国际刑事法院对罪行都有管辖权时,首先由国家法庭来进行审理。只有当国家"不愿意"或"不能够"(unable or unwilling)进行审理,才轮到国际刑事法院来行使管辖权。因此,成立国际刑事法院的目的,是通过该法院对国家管辖"补充"性的这一司法机制,来防止犯有《罗马规约》里规定的严重罪行的人逃脱法律的惩罚。

第三节 被追究的国际罪行

个人被惩治的国际罪行的种类很多,但并不是所有都被惩治。由于国家政治态度和资源有限等原因,只有少数最严重的国际罪行才会被起诉和被惩治。那什么是国际法上最严重的国际罪行呢?

从追究个人的刑事责任的实践上看,灭绝种族罪、危害人类罪、战争罪和侵略罪,这些都被认为是国际法上最严重的罪行(the most serious crimes)。前南斯拉夫国际刑事法庭、卢旺达国际刑事法庭、塞拉利昂特别法庭,以及柬埔寨特别法庭等,它们起诉和审理的也都限于这些国际罪行。所以,国际法称这些罪行为"核心罪行"(core crimes),是整个国际社会认为必须要予以惩治的罪行。

一、种族灭绝罪

杀人的理由有很多种,其中最可怕的当属于因为人种而不同产生的屠杀灭绝行为。第二次世界大战中发生的德国纳粹屠杀犹太人的事件,至今都一直在震撼人类的良知。老年人相互搀扶、情侣们被迫拆散、妈妈怀抱着婴儿而走向焚烧炉,走向死亡,而这不因为其他,只是因为是犹太人……。细想一下,这样的罪行确实是最残酷、最没有人性,是最不公正、也是无论如何要被禁止的。所以,二战后国际社会将预防和惩治这样的罪行放在国际法日程表的最前面。

《种族灭绝罪公约》订立于1948年。这是国际社会在种族灭绝罪方面迄今为止通过的、在种族灭绝罪(Crimes of Genocide)方面被视为最具权威的法律文件。国际刑事法庭和国际刑事法院的法律文件中所规定的灭绝种族罪的规定,都是从1948年的国际公约援引而来的。

联合国秘书长声明说:"《防止与惩治种族灭绝罪行公约》,今天已被认为是习惯国际法的一部分,这可以从1951年国际法院关于防止及惩治灭绝种族罪公约保留案的咨询意见中显示出来。"[1]卢旺达国际刑事法庭、国际刑事法院,及其他国际刑事司法机构《规约》关于种族灭绝罪的规定,也都与《防止与惩治种族灭绝罪行公约》的第2条内容一样。

种族灭绝罪的行为中最重要的罪行构成要件,是关于"特别的杀人动机",即:被控者的行为,必须为了全部或部分地摧毁定义所保护四个团体中的其中一个。这个罪行在其表现形式中,必须呈现出灭绝种族的特征。在联合国卢旺达国际刑事法庭 Gambanda 案中,该法庭的庭长 Gama 法官认为:种族灭绝罪是罪中之罪(crime of the crimes)[2]。

---

[1] Report of the UN Secretary-General, UN Doc. S/25704, May 3, 1993, para. 45.
[2] 联合国文件 Prosecutor v. Kambanda, UN Doc. Case No. ICTR 97-23-S, para. 16.

前南和卢旺达国际刑事法庭《规约》里的种族灭绝罪①,其中不仅有《种族灭绝公约》第 2 条的定义,而且还有其第 3 条:除了追究该罪行主要行为者,也追究如协助人、企图行为人、直接地和公开地鼓动其他人犯下该罪行的人的责任。

二、反人道罪

国际法禁止并惩罚反人道罪(Crime Against Humanity)的行为。包括酷刑、非法人体实验、奴役、种族隔离等行为,在法律上都属于反人道罪的犯罪行为。如第二次世界大战后订立的《纽伦堡国际军事法庭宪章》第 6 条(c)和《远东国际军事法庭宪章》第 5 条(c)就分别确立了这种犯罪,《管制委员会第 10 号法案》第 2 条(c)也规定了反人道罪。其反人道罪的规定如下:

"反人道罪。即,战前或战时针对任何平民人口实施的杀害、灭绝、奴役、驱逐,以及其它非人道行为,或基于政治、人种或宗教理由为实施法庭管辖权下的任何罪行而进行迫害或因为与之有关的原因而进行迫害,而不管在犯罪地国是否违反其国内法。"

前南斯拉夫国际刑事法庭《规约》也将一些具体行为规定为反人道罪,如:杀害,灭绝,奴役,放逐,监禁,酷刑,强奸,基于政治、人种和宗教理由而进行的迫害以及其它非人道行为,只要这些行为在国际性的或非国际性的武装冲突中实施,并且针对任何平民人口。

在这一定义中,"国际或国内武装冲突中所犯的针对平民的罪行"一语与"武装冲突"(committed in armed conflict)要素联系在一起,要求反人道罪只能发生在武装冲突中。这一规定与卢旺达国际刑庭又不一样。根据卢旺达国际刑事法庭《规约》的规定,该法庭对类似于该法

---

① 卢旺达国际刑事法庭《规约》第 2 条。

庭对类似于杀害，灭绝，奴役，放逐，监禁，酷刑，强奸，基于政治、人种和宗教理由进行的迫害以及其它非人道行为具有管辖权，只要这些行为作为基于民族、政治、种族、人种或宗教理由而针对任何平民人口的广泛的或系统的攻击的一部分实施。

从反人道罪的国际立法过程来看，在类似于 murder, extermination 等具体行为方面没有什么争论或不同意见，但关于这些行为发生的大环境，即反人道罪行为究竟是只发生在武装冲突期间，还是应将和平时期也包括在内？对此则有不同的意见。

前南国际刑事法庭在 Tadic 一案中认为：

> "反人道罪并不需要与国际武装冲突存在联系，这是现在国际习惯法中一个确定了的规则。如同检察官指出的，国际习惯法可以根本就不需要反人道罪和任何冲突之间存在联系。这样，通过要求反人道罪应在国内或国际武装冲突中实施，安理会就把第5条中的罪行定义确定的比习惯国际法所需要的限度还要狭窄……。
>
> 第5条作为对国内或国际武装冲突期间发生的罪行进行管辖的基础而被援引。"①

国际刑事法院《规约》第7条也是关于"反人道罪"的规定。由于在这以前，对平民进行大规模或有系统攻击的反人道罪行为是否应仅被限制在战争时期还是应包括和平期间有不同的规定，所以在国际刑事法院成立的讨论过程中，意见不太统一。但国际社会最后决定不再要

---

① *Decision on Defence Motion for Interlocutory Appeal on Jurisdiction*, *Prosecutor v. Tadic*, 2 October 1995, UN Doc. IT—94—1—T, paras. 141—142.

求有与"武装冲突"这一要素相联系。其第 7 条具体行文为:"为了本规约的目的,'危害人类罪'是指在广泛或有系统地针对任何平民人口进行的攻击中,在明知这一攻击的情况下,作为攻击的一部分而实施的下列任何一种行为"。

国际刑事法院《罗马规约》第 7 条在取消与武装冲突有联系的要素后,"大规模或有系统"攻击这两个因素就显得非常重要。因此,法院在《罪行构成要件》(Elements of Crimes)中进一步规定:"每项反人道罪的最后两项要件描述行为发生时的必要背景情况。这些要件明确指出了必须是参加且明知系广泛或有系统地针对平民人口进行的攻击。"

《国际刑事法院规约》第 7 条关于反人道罪的定义,与国际习惯法在该罪行方面的基本概念是相一致的。从国际刑事法院反人道罪的定义上可以看到,该罪行的范围、罪恶的程度和它的规模,都足以对国际社会构成危险,并对人类的良知引起震惊。这在对反人道罪的构成要件进行分析时应作为一个指导性的原则来考虑。

三、战 争 罪

战争罪(War Crimes)是国际法的重要罪行之一。战争罪一词,涵盖着由国际公约和国际习惯法里许多被禁止的行为。它也是国际人道法整个法律体系在很长历史时期内的调整对象。

战争罪在历史上被认为是作战人员在国际武装冲突中违反战争法的行为。如果发生有战争罪行为,有关人员(其中也包括职位较低的人员)将会因为其不法行为而被审判和惩罚。当然犯有如此不法行为的人不仅会受到本国司法当局的起诉和惩罚,而且还可能受到敌国的起诉和惩罚。但战争的特殊性质,即战争的每一方都声明是为了保护国家的利益,又使得国家不愿起诉己方的将士。所以在历史很长的一段时间内,都是战争取得胜利的一方在冲突结束以后,通过运用国际法上的"被动国籍原则",即为了保护本国受害者利益的原则,对战争中对方犯罪的人提起诉讼和实行惩罚。

但随着国际法的发展,尤其是战争法或国际人道法的发展,使得国际社会认识到惩治战争罪的必要性与重要性。在所有国际犯罪种类中,与战争罪相关的国际法律文件的数量最多。它涵盖了广泛的禁止性规定和规范,具体说明、编纂或者阐明了习惯国际法,并规定违反这些文件将在国际法上受到起诉和惩罚。这些文件中比较重要的有:

1899年7月29日《关于陆地战争法与习惯公约》(第一次海牙和平会议);

1907年10月18日《关于陆地战争法与习惯公约》(第二次海牙和平会议);

1949年8月12日四个《日内瓦公约》;

1977年6月8日《日内瓦公约的两个附加议定书》,等等。

这些国际法律文件都充分编纂了战争罪的具体行为,并明确包含了刑罚特征的规定。尽管对这些文件里规定的禁止性条款的执行还做不到完全和彻底,但这些规定至少表明,国际社会一直存在对犯有这类犯罪行为的人进行起诉和惩罚的意愿。

战争罪在传统国际法中仅仅适用于国际性的武装冲突。然而随着国际法的发展,尤其是因为国际刑法和国际人道法的发展,战争罪适用于国内性武装冲突也被国际社会所承认和接受。

1994年,联合国安理会通过第955号决议,决定成立卢旺达国际刑事法庭,对1994年期间在卢旺达国内武装冲突中所犯种族灭绝行为和其他严重违反国际人道法行为的人进行起诉并追究刑事责任。卢旺达国际刑事法庭《规约》第4条具体规定:该国际刑事法庭将对违反1949年日内瓦公约的共同第三条和日内瓦公约1977年第二附加议定书的人进行起诉。它对国际法中战争罪概念的发展,起了相当大的推动作用。

国际刑事法院管辖下的战争罪既有"严重违反国际法既定范围内适用于国际武装冲突的法规和惯例的其他行为"等,同时也包括有"在非国际性武装冲突中,严重违反1949年8月12日四项《日内瓦公约》共同第三条的行为,即对不实际参加敌对行动的人,包括已经放下武器的武装部队人员,及因病、伤、拘留或任何其他原因而失去战斗力的人员"的行为。

概括地说,在战争罪定义下,有些行为被国际性的武装冲突所禁止,有些被国内性质的武装冲突所禁止,而有些则被所有性质的武装冲突所禁止。

四、侵略罪

在国际刑法的历史上,除了第二次世界大战后纽伦堡与东京国际军事法庭曾对德国和日本法西斯以反和平罪进行起诉、审判和定罪以外,其后所有国际刑事司法机构还从来没有就"侵略罪"(Crimes of aggression)行使管辖权。究其原因,是因为国际法迄今为止还没有一个国际社会能普遍接受的关于侵略罪的定义。

二战同盟国在1943年11月1日的《对德国暴行宣言》中表示,他们将承担起诉和处罚战犯的责任和义务。以后在1945年8月8日的关于起诉和惩治欧洲轴心国主要战犯的协定的《伦敦宪章》和1946年1月19日《远东国际军事法庭宪章》中履行了惩治战犯的承诺,从而成功地对德国纳粹分子和日本法西斯分子进行了审判。在这些法律文件里,反和平罪(侵略罪)的定义为:"计划、准备、发动或进行一场侵略战争或一场违反国际条约、协议或保证的战争,或为前述任何行为而参加共同计划(common plan)或共谋(conspiracy)"的行为。

在纽伦堡与东京国际军事法庭的诉讼审判中,虽然订有关于反和平罪(侵略罪)的规则,也成功地进行了审判,但还是缺乏明确处罚战争犯罪的法律禁止性的规定。不少指控"反和平罪"的证据,似乎更能证明是战争罪的行为。所以,在二战结束以来,国际社会始终未就"侵略罪"的定义达成普遍共识。

传统国际法上关于"正义"战争与"非正义"战争的观念,在联合国成立的时候被反映在1945年国际社会所起草和通过的《联合国宪章》里面。该宪章第2条第4款明确禁止对他国使用武力。《联合国宪章》明确禁止对他国使用武力。但在联合国大会1974年12月14日通过《关于侵略罪的定义》之前,国际社会始终没有就"侵略罪"的定义问题达成一致。不过,即便联合国大会通过了关于"侵略罪"定义的决议,从国际法角度来说,文件也不是一份对国家具有约束性的国际文件。

然而,传统国际法上没有侵略定义的情况已有呈现很大突破之势。2010年6月12日,在乌干达首都坎帕拉会议上,国际刑事法院成员国通过了一项修正《罗马规约》的决议①,从而将侵略罪的定义和法院对之行使管辖权的条件写入了《规约》②。

尽管如此,国际刑事法院对犯有侵略罪行为具体真正行使管辖权,却还需耐心等待一些时日。因为根据修正案,法院仅能对修正案获得30个缔约国批准或接受一年后发生的侵略罪行使管辖权。而且,国际刑事法院实际对侵略罪行使管辖权的时间要在2017年1月1日以后做出的一项决定中才加以规定,该决定须由与通过《罗马规约》修正案所需的相同缔约国多数做出。所以综合来看,国际刑事法院真正要对侵略罪行使管辖权,还须经过一段时间才能得到最终实现。

---

① Resolution RC/Res. 6.
② 凤凰网 http://news.ifeng.com/world/detail_2010_06/12/1616808_0.shtml。

第四节　基本原则

在国际刑法的发展过程中形成了一些基本原则。这些基本原则体现了国际刑法的宗旨和目的，构成了国际刑法的基础，并对国际刑法规则的适用具有指导性的作用。基于国际刑法自身的特点，这些基本原则在某种意义上也反映了国际法一般意义上的原则，如对个人刑事责任的追究、官方身份不免责以及在国际刑事诉讼过程中对基本人权的保障措施，等等。

一、官方身份不免责

当人们听到米洛什维奇总统、原卢旺达总理康邦达或苏丹总统巴希尔等国家领导人被起诉时一般都会吃惊，这非常自然，因为他们毕竟都是国家领导人。但需要强调的是，他们并不是要对他们所代表的国家行为负责任，而是因为涉嫌犯有国际罪行要被追究其个人刑事责任。理论上则有"官方身份不免责"一说。

依照传统国际法，国家元首以及外交代表就刑事诉讼享有完全豁免。国家元首以及外交代表根据国际法享有完全豁免权。但纽伦堡和远东国际军事法庭的审判则确立这样的规则，即：犯有国际法下严重罪行的人在为犯罪行为时其作为国家元首或负责的政府官员的事实不能免除其在国际法下的刑事责任。任何人，其中也包括国家官员，如果犯有严重国际不法行为，也将被追究其个人的刑事责任。即便是国家领导人，其官方身份也不能成为免除他（她）应对其犯下的国际罪行负个人刑事责任的抗辩理由。这是国际刑法发展过程中另一确定的原则。

第二次世界大战是以轴心国的失败而告终的。战胜的同盟国在德日投降后，就先后在德国纽伦堡和日本东京设立了两个国际军事法庭。

这两个国际刑事法庭在机构的组织上略有不同,但它们的任务和目的却是一样的:把轴心国对侵略和其他国际不法行为负责任的领导人当作首要的战争罪犯加以起诉和审判。

针对与身份有关的豁免权的适用问题,建立纽伦堡国际军事法庭的法律文件《欧洲国际军事法庭宪章》就明确规定,被告的官职地位不得成为其免除责任或减轻刑罚之理由。从而明确取消了国家元首及政府首脑享有的不被刑事起诉的豁免特权。被纽伦堡审判的有22名甲级战犯,他们都是纳粹德国最重要的领导人,其中被判处绞刑的有12人,判处无期徒刑的3人,判处有期徒刑的4人,无罪释放的3人。①

纽伦堡国际军事法庭和远东国际军事法庭对国家和军队领导人如此规模浩大的审判和极其严厉的惩罚,是以前国际法与国际关系的历史上从未有过的。通过这两个国际刑事司法机构的审判,在国际法上不仅确立了"个人刑事责任原则",而且还开创了"个人官职地位不能成为其开脱罪责之理由"的原则。

第二次世界大战以后所发生的关于国际刑法有关实践清楚地表明,国际法上的国家刑事责任和实践发生了变化。国家官员以官方身份所作的行为不是由本人负责而是仅由国家负责的这条普遍规则不再适用于导致国际犯罪的行为,行为时具有的官方身份不能成为免除他(她)应对其犯下的国际罪行负个人刑事责任的抗辩理由。由此可见,二战后两个国际军事法庭的国际刑法实践对传统国际法上的管辖豁免原则形成了很大的冲击和影响。

在1993年和1994年,联合国安理会通过决议,分别建立了前南斯拉夫国际刑事法庭和卢旺达国际刑事法庭。这是联合国在1945年成

---

① 参见纽伦堡审判宣判书,转引自 P. A. 施泰尼格尔:《纽伦堡审判》上卷,商务印书馆1988年,第325页。

立以后第一次用设立国际司法机构的形式,以求达到恢复并维持世界和平与安全的目的。由于人员资源受到限制的原因,这两个国际刑事法庭自然而然地把起诉对象的重点,放在国家元首和政府高级官员方面。就在国际刑事法庭准备要成立时,不少人给联合国秘书长写信,要求追究一些政府高级官员的个人刑事责任:

"(联合国)秘书长收到的几乎所有书面评论(Virtually all of the written comments)都主张国际法庭规约应包括关于国家元首、政府官员以及以官方身份行事的人的个人刑事责任的条款。这些主张吸收了第二次世界大战之后的先例(the precedents)。因此,规约中应有条款规定以国家元首身份做抗辩或被告人的行为以官方身份实施将不构成辩护理由,也不能减轻惩治。"[①]

前南斯拉夫国际刑事法庭《规约》第7条第2款和卢旺达国际刑事法庭《规约》第6条第2款分别规定了国家元首豁免权的不适用性,即"任何被告人的官职,不论是国家元首、政府首脑,或政府负责官员,不得免除该被告的刑事责任,也不得减轻刑罚。"

这两个法庭分别起诉了前任国家元首——前南斯拉夫联盟总统米洛舍维奇(Melosevic)和卢旺达前总理康邦达(Kambanda)。总理因犯有"种族灭绝罪、反人道罪和战争罪"被起诉。这些案例表明:追究个人刑事责任的实践对国际法豁免原则正在产生巨大的影响和冲击。

二、执行命令不免责

个人刑事责任不仅是涉及国家元首或政府首脑这样的高官,同时也涉及到一般的军人与普通人。前南国际刑事法庭在1995年曾有一

---

① Report of the Secretary General of the United Nations, UN Doc. S/25704, para. 55.

个案例,被告埃尔德莫维奇(Erdermovic)因屠杀平民而被指控犯有战争罪或反人道罪。对于犯罪事实,检察官与被告方都没异议,但问题是:埃尔德莫维奇作为军人是在其长官监督下被迫执行命令的。那么从法律方面看,在被迫执行命令是否也应被追究其个人刑事责任呢?

"军人以服从命令为天职",可以说是天经地义,这在各国军队里都是一项重要的规则。从广义上讲服从权威或服从领导是维护社会秩序的一个基本条件,也是统治者维护和巩固政权一个不可或缺的重要因素。如果下级不服从上级的命令,就会被视为违法犯罪行为。相反,如果服从上级命令,即使造成严重后果也不需承担刑事责任。然而国际法开始主张:一个人只应该服从合法的命令,而不应该服从违法的命令。如果一名军人因服从命令而违反国际法,便要承担其不可逃避的责任。

奥本海(Oppenheim)是国际法学界的权威之一。他在下级服从上级命令能否免责方面的论点是:"只有当没有得到有关交战政府的命令时(without an order)实施违反战争规则的行为才是战争犯罪。如果武装部队成员根据他们政府的命令而实施违法行为,那么他们就不是战争罪犯,因此不能得到敌人的惩治;不过,这可能会受到敌人的报复(reprisals)。"①

随着国际法的发展,执行上级命令不再被作为免除刑事责任的辩护理由,并逐渐单独构成国际刑法的一项重要原则。执行上级命令者之所以被认定犯罪,主要的不在于上级命令的违法性,而在于执行行为本身构成了战争罪等罪行,因此它主要是追究作为行为的刑事责任。

第二次世界大战后的国际刑法实践,从理论和实践上对执行上级命令是否应免责的问题产生了很大的冲击和影响。根据《纽伦堡宪章》

---

① Oppenheim, International Law (1st ed., 1906), pp. 264—265.

第8条的规定,下级如果服从其政府或部队上级命令而犯有违法行为,不能被免除其刑事责任;然而,如果法庭为了实现公正的需要,则可以在减轻刑罚上予以考虑。

1946年1月19日,当时美国在远东盟军司令(The Supreme Commander for the Allied Powers in the Far East)麦克阿瑟(MacArthur)将军为审判日本军国主义分子在东京颁布了《远东国际军事法庭宪章》。其中第6条规定:"在任何时候,一个被告人的官方地位,或一个被告根据他的政府或一个上级的命令而行事(pursuant to the order),这样的事实,不足以免除此被告为自己被指控的任何罪行应承担的责任,但此类情况可以在减轻惩治的时候给予考虑,如果法庭认定正义有此要求。"

国际法委员会在1951年起草的《危害人类和平及安全治罪法草案》中也规定,"一个被指控犯下一项本法典规定罪行的人根据他的政府或一个上级的命令行事,这样的事实不能免除他的责任(responsibility),如果一个道德选择实际上对他来说可能的话。"[1]

此后,由于前南国际刑事法庭、卢旺达国际刑事法庭以及国际刑事法院等,也都重申了《纽伦堡宪章》里关于下级执行上级命令不免责的规定。例如,前南国际刑事法庭《规约》第7条"个人刑事责任"中规定:"被告人按照政府或上级命令而犯罪不得免除他的刑事责任,但是如果国际法庭裁定合乎法理则可以考虑减刑。"这个规定反映了当今国际刑法在执行上级命令不免责的总体原则。

三、被告的人权保障原则

追究个人刑事责任的目的是为了实现公正。由于国际人权法的发

---

[1] Report of the ILC, 2 Yearbook of the ILC, 1951, pp. 123—124.

展,现在有一个很普通的道理,即:实现公正意味着不仅要将犯有严重国际罪行的人绳之以法,而且还要保证犯罪嫌疑人和被告人在刑事程序中的权利得到充分尊重。所以国际刑事司法机构在案审过程中,都会力求于保障被告的一些基本权利。

1. 无罪推定

刑法的基本要求,就是一个案件不仅在实体上要判得正确、公平,而且还得完全符合程序法的规定和精神,使人感受到判决过程的公平性和合理性。这其中包括一些基本的原则,以用来保障被告的权利。程序正义中的一个重要概念就是"无罪推定"。

所谓"无罪推定"(presumption of innocence),是说某人虽然已经被起诉、被逮捕和被指控,但在法律意义上仍然是无罪的。推定(presumption)一词来自拉丁文(praesumption),如果从法律逻辑角度来看,推定主要涉及证明及反证问题。

无罪推定是在刑事法律领域内为保障人权而制定的一个重要的刑法原则,这一原则的制定已有相当的历史。1789年法国《人权和公民权利宣言》第9条规定:"任何人在其未被宣告为犯罪以前应被推定为无罪。"第一次从法律上确定了一些人权在刑事诉讼中的保障。联合国1966年订立的《公民权利和政治权利国际公约》第14条(2)款规定:"被告人在根据本规约规定被证明为有罪之前(until proved guilty)应被推定为无罪。"所以,虽然受刑事控告,犯罪嫌疑人在没有依法被证实有罪之前就有被视为无罪的权利,从而赋予了任何被告拒绝自证其罪的权利。

由于国际人权法的发展和保障人权意识的提高,世界上几乎所有主要法系国家的刑事法律上都有无罪推定的原则。任何一个被告在最后被定有罪之前,都被假定为无辜。这一原则也被引进了国际刑法的实践。联合国前南国际刑事法庭《规约》第21条第(3)款规定:"在根据本(规约)的规定证明被告有罪前须假设其无罪。"

无罪推定不仅是公民的一项基本权利,而且从一开始便成为刑事诉讼活动的基本原则,其涵义超越了无罪推定表象的本身。南联盟前总统米洛舍维奇虽然作为被告在前南国际刑事法庭受审,但他于2006年3月案审还未结束时在荷兰海牙去世。因此,不管历史研究者将如何对他进行评价,但从法律上讲,根据无罪推定原则他就是一个无辜之人。

2. 获得律师帮助权

被告获得律师帮助的权利,是无罪推定原则的自然结果,也是被告或嫌疑人的一项重要权利。由于国际刑事法庭的规则和国际刑法的内容属于非常技术性和专门性的学科,一般人不可能对它有了解,因此被告或嫌疑人享有这项权利就显得至关重要。

享有律师帮助权是与辩护权紧密相联的。在刑法上,辩护权是被告人享有的一项根本性的权利。基于此项权利,被告人针对对他的指控有进行申明、辩解和反驳的权利。在司法制度和律师制度比较完善的国家,协助被告人行使辩护权的就是律师。刑事诉讼是公诉机关对公民进行最严厉的否定性评价的过程,其严厉性决定了在此过程中起诉方面强制力可能被误用或滥用的危险性和危害性。从这方面讲,赋予被告人辩护权以对抗公诉方的追诉权是非常必要的。与强大的资源充足的公诉机关相比,被告的力量显然不够,需要帮助。

法律是错综复杂的专门性学科,一般人都不熟谙法律,对复杂的刑法诉讼程序更是知之甚少。这在国际刑法上更是如此,所以一旦被国际刑事法庭起诉,不管是谁都需要帮助。即使是通晓国际刑法的人,也需要在财力和精力等方面的帮助。因此允许具有专业水平的人员作为律师来帮助被告一起行使辩护权,这对司法公正和保障被告人的权利来说是至关重要的。

在所有已经成立的国际刑事司法机构,都建立了保障被告人行使律师帮助权的程序和机制。例如,根据联合国成立的前南斯拉夫国际刑事法庭、卢旺达国际刑事法庭、塞拉利昂特别国际刑事法庭和国际刑事法院《证据与程序规则》的规定,被告都有权聘用律师帮助自己在法庭抗辩。前南国际刑事法庭《关于拘留等候法庭审判或上诉的人或法庭命令因其他原因拘留的人的规则》第12条规定:只要被告自己没有明确地表示放弃他聘请律师的权利,他(她)在被逮捕或在起诉书被送达时就有权得到律师的帮助。

《关于指定辩护律师的指令》第16条规定:如果在一个案子中有一个以上的被告,那该案中的每个被告都有权请求指定各自的律师。如果因为公正原则的需要,其中每个被告可以配有两个律师。不仅是被告,就是嫌疑人在调查中受国际法庭检察官询问时也享有律师帮助的权利。《关于指定辩护律师的指令》第5条规定:嫌疑人接受前南国际刑事法庭检察官询问时,为了保护该嫌疑人的权利,因而他也享有律师帮助的权利。

3. 平等诉讼权

根据无罪推定原则,任何人在被确定为有罪前,都应视为无罪的人来对待,所以被告在整个审理过程中享有与起诉检察机构相同的诉讼权利。给检察起诉方与被告方平等对抗的机会,其实也是由刑事司法案审的性质决定的。

控辩双方之间平等的原则,是国际人权法发展的结果,是一个已得到普遍认可的刑法原则。根据这个原则,相对于检察起诉方,被告在诉讼程序中不能处于不利的地位。所以,这一原则在很大程度上是为被告方制定。另外,诉讼权平等也是普通法系中抗辩式法律制度的自然产物。因为在抗辩式的法律制度下,诉讼双方应首先是法庭案件审理中的平等当事者。

法庭审理阶段，是展示和审查证据的阶段，也是确定被告是否有罪最具有实质内容的阶段。从国际刑法的实践来看，所有国际刑事法庭或国际刑事法院在审理阶段的程序都大同小异。以前南国际刑事法庭为例，按照《程序与证据规则》第85条的规定，控辩双方在审理阶段都有权传唤证人提出证据。顺序是控方提出证据，辩方提出证据，控方反驳证据，辩方再反驳证据。当然在这个过程中，法庭自己也可以根据《程序与证据规则》第98条的规定提出补充证据，或传唤证人："初审庭可命令任何一方提出补充证据。该庭可自己传唤证人和命令其出庭。"

在现代西方国家，主要存在两种不同的刑事审判类型，即对抗式审判（adversarial）和讯问式审判（inquisitorial）。前者适用于英美法系国家，后者则主要为大陆法系国家所实行。前南刑庭的审判方式，基本上是普通法系国家的对抗式的方式，但同时又融合了大陆法系讯问式的色彩。对抗式审判（又称辩论式审判）主要是基于相对哲学和公平竞争的理念。依据这一哲理，刑事案件的事实真相，应当由那些与案件结局有着切身利害关系的诉讼双方从有利于自己的角度通过对抗而得以揭示，法庭审判也应当以诉讼双方的对抗性活动为主线而进行。公平竞争则意味着起诉方和被告方应当站在相同的基点上，平等地展开诉讼攻击与诉讼防御活动。法官则不能戴上"有色眼镜"去看待控辩双方的任何一方。这已成了追究个人刑事责任中的一个基本原则。

本 章 要 点

追究个人刑事责任，既可由国内法庭，也可由国际法庭来操作。自从冷战结束后，国际刑法得到了迅速发展。世界上成立了不少国际刑事司法机构，来追究国际罪行。这使国际法发生了很大的改变。因为在国际法发展过程中的很长一段时间里，无论是国际条约还是国际习惯法都仅仅满足于将某些行为界定为国际罪行,为国际法规则所禁止,但并不存在关于对这些行为从刑法上对个人采取惩罚的规定,亦不存在任何起诉的实际可能性。

惩治国际犯罪,是第二次世界大战后国际生活中的一件重要事情,对德国和日本法西斯进行的起诉和审判,可以说是国际法和国际关系上的一个创举。由于刑事审判涉及国家主权,具有很强的政治敏感性,国内法庭难以操作,所以国际社会为此成立了不少国际刑事司法机构,其中大致可分为特设、混合型和常设性质的。这些机构的组织和具体使命相互之间有很大的区别。

国际罪行的种类很多,但并不是所有的罪行都被国际法庭惩治。由于国家政治态度及资源有限等原因,只有少数最严重的国际罪行才会被起诉和被惩治。从实践上看,灭绝种族罪、危害人类罪、战争罪和侵略罪,这些都被认为是国际法上最严重的罪行,是国际社会认为国际刑事法庭必须要惩治的"核心罪行"。

参考文献

著作类

1. 〔以〕尤瓦·沙尼著:《国际法院与法庭的竞合管辖权》,韩秀丽译,法律出版社 2012 年
2. 〔英〕郑斌著:《国际法院与法庭适用的一般法律原则》,韩秀丽、蔡从燕译,法律出版社 2012 年
3. 〔英〕马尔科姆·N.肖著:《国际法》,白桂梅、高健军、朱利江、李永胜、梁晓晖译,北京大学出版社 2011 年
4. 〔美〕何塞·E.阿尔瓦雷斯著:《作为造法者的国际组织》,蔡从燕等译,法律出版社 2011 年
5. 〔美〕杰克·戈德史密斯、埃里克·波斯纳著:《国际法的局限性》,龚宇译,法律出版社 2010 年
6. 〔奥〕菲德罗斯等著:《国际法》上、下,李浩培译,商务印书馆 1981 年
7. 〔意〕安东尼奥·卡塞斯著:《国际法》,蔡从燕等译,法律出版社 2009 年
8. 〔英〕伊恩·布朗利著:《国际公法原理》,曾令良、余敏友等译,法律出版社 2007 年
9. 〔美〕路易斯·亨金:《国际法:政治与价值》,张乃根等译,中国政法大学出版社 2005 年
10. 〔英〕安托尼·奥斯特著:《现代条约法与实践》,江国青译,中国人民大学出版社 2005 年
11. 〔比〕约斯特·鲍威林著:《国际公法规则之冲突——WTO 法与其他国际法规则如何联系》,周忠海、周丽瑛、马静、黄建中等译,法律出版社 2005 年
12. 〔荷〕格老秀斯著:《战争与和平法》,〔美〕A.C.坎贝尔、英译,何勤华等、中译,上海人民出版社 2005 年

13.〔奥〕曼弗雷德·诺瓦克著:《民权公约评注——联合国〈公民权利和政治权利国际公约〉》,毕小青、孙世彦译,生活·读书·新知三联书店 2003 年

14.〔英〕詹宁斯、瓦茨修订:《奥本海国际法》,王铁崖等译,中国大百科全书出版社 1998 年

15.〔英〕劳特派特修订:《奥本海国际法》,王铁崖、陈体强译,商务印书馆 1981 年

16.朱文奇主编:《国际法学原理与案例教程》(第二版),中国人民大学出版社 2009 年

17.朱文奇、李强著:《国际条约法》,中国人民大学出版社 2008 年

18 朱文奇著:《国际人道法》,中国人民大学出版社 2007 年

19.朱文奇著:《国际刑法》,中国人民大学出版社 2007 年

20.李浩培著:《条约法概论》,法律出版社 2003 年

21.王铁崖主编:《国际法》,法律出版社 1995 年

22.周鲠生:《国际法》,商务印书馆 1976 年

23. Paul F. Diehl & Charlotte Ku, *The Dynamics of International Law*, Cambridge University Press, 2010

24. Samantha Besson & John Tasioulas (eds.), *The Philosophy of International Law*, Oxford University Press, 2010

25. Olivier De Schutter, *International Human Rights Law: Cases, Materials, Commentary*, Cambridge University Press, 2010

26. Jorg Kammerhofer, *Uncertainty in International Law: A Kelsenian Perspective*, Routledge, 2010

27. Conway W. Henderson, *Understanding International Law*, Wiley-Blackwell, 2010

28. Malcolm N. Shaw, *International Law (6th edition)*, Cambridge University Press, 2008

29. Christopher Shortell, *Rights, Remedies and the Impact of State Sovereign Immunity*, State University of New York Press, 2008

30. Jack L. Goldsmith, *The Limits of International Law*, Oxford University Press, 2006

31. Beth A. Simmons & Richard H. Steinberg (eds.), *International Law and International Relations*, Cambridge University Press, 2006

32. José E. Alvarez, *International Organizations as Law-makers*, Oxford University Press, 2006

33. Christian Tomuschat & Jean-Marc Thouvenin (eds.), *The Fundamental Rules of the International Legal Order: Jus Cogens and Obligations Erga Omnes*, Martinus Nijhoff Publishers, 2006

34. Antonio Cassese, *International Law* (2nd edition), Oxford University Press, 2005

35. Yoram Dinstein, *War, Aggression and Self-Defence* (4th edition), Cambridge University Press, 2005

36. Anthony Aust, *Handbook of International Law*, Cambridge University Press, 2005

37. Duncan B. Hollis, Merritt R. Blakeslee & L. Benjamin Ederington (eds.), *National Treaty Law and Practice*, Martinus Nijhoff Publishers, 2005

38. Yuval Shany, *The Competing Jurisdictions of International Courts and Tribunals*, Oxford University Press, 2004

39. Robert McCorquodale & Martin Dixon, *Cases and Materials on International Law* (4th edition), Oxford University Press, 2003

40. Bruno Simma, *The Charter of the United Nations: A Commentary* (2nd edition), Oxford University Press, 2002

41. James Crawford, *The International Law Commission's Articles on State Responsibility: Introduction, Text and Commentaries*, Cambridge University Press, 2002

42. Mark E. Villiger, *Customary International Law and Treaties: A Manual on the Theory and Practice of the Interrelation of Sources* (2nd edition), Kluwer Law International, 1997

43. Vaughan Lowe & Malgosia Fitzmaurice (eds.), *Fifty Years of the International Court of Justice: Essays in Honor of Sir Robert Jennings*, Cambridge University Press, 1996

44. Myron H. Nordgquist (ed.), *United Nations Convention on the Law of Sea 1982: A Commentary*, Martinus Nijhoff Publishers, 1991

文章类

1. 古祖雪:《国际造法:基本原则及其对国际法的意义》,载《中国社会科学》2012年第2期

2. 梁开银:《对现代条约本质的再认识》,载《法学》2012年第5期

3. 江河:《南海争端的国际法研判及韬略筹划——以中菲南沙群岛主权争端为视角》,载《南京师大学报(社会科学版)》2012年第3期

4. 万鄂湘:《岛屿的法律地位问题初探》,载《江西社会科学》2012年第3期

5. 龚刃韧:《论人权条约的保留——兼论中国对〈公民权利和政治权利国际公约〉的保留问题》,载《中外法学》2011年第6期

6. 黄伟:《对单一海洋划界法律基础的反思——以大陆架制度与专属经济区制度融合程度为视角》,载《武汉大学学报(哲学社会科学版)》2011年第5期

7. William Thomas Worster, The Evolving Definition of the Refugee in Contemporary International Law, *Berkeley Journal of International Law* (2012), Vol. 30

8. Christopher Stephen, International Criminal Law: Wielding the Sword of Universal Criminal Justice, *The International and Comparative Law Quarterly* (2012), Vol. 61

9. Theresa Reinold, State Weakness, Irregular Warfare, and the Right to Self-Defense Post—9/11, *The American Journal of International Law* (2011), Vol. 105

10. Peter J. Spiro, A New International Law of Citizenship, *The American Journal of International Law* (2011), Vol. 105

11. Alberto Alvarez-Jiménez, Methods for the Identification of Customary International Law in the International Court of Justice's Jurisprudence: 2000—2009, *The International and Comparative Law Quarterly* (2011), Vol. 60

12. Anthea Roberts, Comparative International Law? The Role of National Courts in Creating and Enforcing International Law, *The International and Comparative Law Quarterly* (2011), Vol. 60

13. Raul Pedrozo, Preserving Navigational Rights and Freedoms: The Right to Conduct Military Activities in China's Exclusive Economic Zone, *Chinese Jour-

nal of *International Law* (2010), Vol. 9

14. Jacob K. Cogan, Representation and Power in International Organization: The Operational Constitution and Its Critics, *The American Journal of International Law* (2009), Vol. 103

15. Graham Mayeda, Pushing the Boundaries: Rethinking International Law in Light of Cosmopolitan Obligations to Developing Countries, *Canadian Yearbook of International Law* (2009), Vol. 47

16. Viljam Engstrom, International Organizations, Constitutionalism and Reform, *Finnish Yearbook of International Law* (2009), Vol. 20

17. Scott J. Shackelford, From Nuclear War to Net War: Analogizing Cyber Attacks in International Law, *Berkeley Journal of International Law* (2009), Vol. 27

18. Thomas M. Franck, On Proportionality of Countermeasures in International Law, *The American Journal of International Law* (2008), Vol. 102

19. Katak B. Malla, UN Security Council Reform and Global Security, *Asian Yearbook of International Law* (2005—2006), Vol. 12

国际法院判例

1. Jurisdictional Immunities of the State (Germany v. Italy: Greece intervening), 2008

2. Accordance with international law of the unilateral declaration of independence in respect of Kosovo (Advisory Opinion), 2008

3. Application of the International Convention on the Elimination of All Forms of Racial Discrimination (Georgia v. Russian Federation), 2008

4. Legal Consequences of the Construction of a Wall in the Occupied Palestinian Territory (Advisory Opinion), 2003

5. Arrest Warrant of 11 April 2000 (Democratic Republic of the Congo v. Belgium), 2000

6. Armed Activities on the Territory of the Congo (Democratic Republic of the Congo v. Rwanda, Uganda & Burundi) (New Application: 2002), 1999

7. Vienna Convention on Consular Relations (Paraguay v. USA), 1998

8. Fisheries Jurisdiction (Spain v. Canada), 1995

9. Legality of the Threat or Use of Nuclear Weapons (Advisory Opinion), 1995

10. Gabčíkovo-Nagymaros Project (Hungary/Slovakia), 1993

11. Application of the Convention on the Prevention and Punishment of the Crime of Genocide (Bosnia and Herzegovina v. Serbia and Montenegro), 1993

12. Oil Platforms (Islamic Republic of Iran v. United States of America), 1992

13. Questions of Interpretation and Application of the 1971 Montreal Convention Arising from the Aerial Incident at Lockerbie (Libyan Arab Jamahiriya v. USA & UK), 1992

14. Maritime Delimitation in the Area between Greenland and Jan Mayen (Denmark v. Norway), 1988

15. Elettronica Sicula S. p. A. (ELSI) (United States of America v. Italy), 1987

16. Military and Paramilitary Activities in and Against Nicaragua (Nicaragua v. USA), 1984

17. Continental Shelf (Libyan Arab Jamahiriya/Malta), 1982

18. United States Diplomatic and Consular Staff in Tehran (United States of America v. Iran), 1979

19. Continental Shelf (Tunisia/Libyan Arab Jamahiriya), 1978

20. Aegean Sea Continental Shelf (Greece v. Turkey), 1976

21. Western Sahara (Advisory Opinion), 1974

22. Nuclear Tests (New Zealand & Australia v. France), 1973

23. Fisheries Jurisdiction (Federal Republic of Germany & UK v. Iceland), 1972

24. Legal Consequences for States of the Continued Presence of South Africa in Namibia (South West Africa) notwithstanding Security Council Resolution 276 (1970) (Advisory Opinion), 1970

25. North Sea Continental Shelf (Federal Republic of Germany v. Netherlands & Denmark), 1967

26. Northern Cameroons (Cameroon v. UK), 1961

27. South West Africa (Liberia & Ethiopia v. South Africa), 1960

28. Temple of Preah Vihear (Cambodia v. Thailand), 1959

29. Barcelona Traction, Light and Power Company, Limited (Belgium v. Spain) (New Application: 1962), 1958

30. Right of Passage over Indian Territory (Portugal v. India), 1955

31. Nottebohm (Liechtenstein v. Guatemala), 1951

32. Anglo—Iranian Oil Co. (UK v. Iran), 1951

33. Ambatielos (Greece v. UK), 1951

34. Asylum (Colombia/Peru), 1949

35. Reparation for Injuries Suffered in the Service of the United Nations (Advisory Opinion), 1948

36. Corfu Channel (UK v. Albania), 1947

索　引

一、国际条约

《联合国宪章》　14、34—36、162
《联合国反腐败公约》　121
《联合国海洋法公约》　187—188
《联合国气候变化框架公约》　249—251
《维也纳条约法公约》　22、31、52、55、63、71
《维也纳外交关系公约》　150、153、156—157、159
《领海与毗连区公约》　192
《国际法院规约》　23—24
《国家和国际组织间和国际组织相互条约法公约》　55
《关于禁止使用、储存、生产和转让杀伤人员地雷及销毁此种地雷的公约》　62
《关于国家在条约方面继承的维也纳公约》　92
《关于国家对条约以外事项的继承的条文草案》　92
《关于外交庇护公约》　120
《关于外国航空器对地面第三者造成损害的公约》（简称《罗马公约》）　215
《关于在航空器内的犯罪和其它某些行为的公约》《东京公约》　216
《关于制止非法劫持航空器的公约》《海牙公约》　217—218
《关于制止危害民用航空安全的非法行为的公约》《蒙特利尔公约》　217—218
《外层空间条约》　220—222
《赔偿责任公约》　223
《营救宇宙航行员、送回宇宙航行员和归还发射到外层空间的物体的协定》
《营救协定》　225—226
《登记公约》　226
《月球协定》　226—227

《芝加哥国际民用航空公约》 211、213—214

《关于航空管理的公约》(简称巴黎公约) 210

《建立国际私法统一规则的利马条约》 104

《禁止酷刑和其他残忍、不人道或有辱人格的待遇或处罚公约》 106;272

《引渡示范条约》 116

《中华人民共和国和西班牙王国引渡条约》 117

《国家及其财产管辖豁免公约》 130、138

《国家责任条款草案》 311、313、320

《西姆拉条约》（Simla Convention） 183

《捕鱼与养护生物资源公约》 187

《大陆架公约》 187;199

《美国—英国关于边界水源及边界问题条约》 233

《人类环境宣言》(即《斯德哥尔摩宣言》)239

《南极条约议定书》240

《里约环境与发展宣言》240

《二十一世纪议程》(Die Agenda 21) 241

《保护臭氧层维也纳公约》 247

《蒙特利尔议定书》 248

《京都议定书》 250—252

《生物多样性公约》(Convention on Biological Diversity) 253—254

《世界人权宣言》 261—263

《公民权利和政治权利国际公约》 264—266

《经济、社会、文化权利国际公约》 266

《消除一切形式种族歧视国际公约》 269—270

《禁止并惩治种族隔离罪行国际公约》 271

《消除对妇女一切形式歧视公约》 273

《儿童权利宣言》 274

《杰伊条约》 284

《国际联盟盟约》 332

《关于废弃战争作为国家政策工具的一般条约》 332

《非战公约》 332

《1864年日内瓦公约》 353—354

《改善战地武装部队伤者、病者境遇公约》 355

《1949年日内瓦四公约》 359
《1868年圣·彼得堡宣言》 362
《陆战法规和惯例的章程》 362
《1949年日内瓦公约第一附加议定书》 364
《1949年日内瓦公约第二附加议定书》 360—361、371
《常规武器公约》 368
《种族灭绝罪公约》 389
《罗马规约》 388、391—392
《欧洲国际军事法庭宪章》 395
《欧洲国家豁免公约》 128
《欧洲引渡公约》 113
《南海各方行动宣言》 191
《威斯特伐利亚和约》 7

二、国际法案例

阿利穆拉多夫案 114
阿桑奇庇护案 121—122、146、152
巴赫比案 107
巴塞罗那电气、电车与电力公司案 19、76、272
帕尔马斯岛案 168
德国诉意大利案 24—25、128—130
温勃勒顿号案 31
关于联合国行政法庭的赔偿判决效力的咨询意见 32
国际法院关于《防止与惩治灭绝种族罪公约》的咨询意见 66
科索沃独立是否违反国际法问题的咨询意见 89
诺特鲍姆案 18、110
斯库诺交易号案 125
中航油母公司请求国家豁免案 134
仰融案 132—133
湖广铁路债券案 136、139—141
莫里斯案 140—141
香港法院刚果（金）案 133、141、143
美国驻德黑兰外交和领事人员案 151、316

荷花号案　100
霍尔曼案　107
西撒哈拉案　170
白礁岛、中岩礁和南礁的主权归属　176
喀麦隆和尼日利亚间陆地和海洋边界案　176—177、206
东格陵兰案　172、177
隆端寺案（又称为柏威夏寺案）　177—181、300
突尼斯诉阿拉伯利比亚民众国案　206
英伊石油公司案　54—55
丹麦诉挪威案　207
北海大陆架案　200
特雷尔冶炼厂案　234—235
太平洋海豹皮仲裁案　235—237
西巴丹岛和利吉丹岛案　290—291
"尤曼斯案"　314
在尼加拉瓜境内针对该国的军事与准军事行动案　289—290、296—297、300、
　314—315、335—336、338
"霍茹夫工厂案"　318
"阿韦纳和其他墨西哥公民案"　319
西南非洲案　321

三、法律词条

A

爱斯特拉达主义　91

B

柏林墙　94
被告人的权利保障　398—401
比例原则　365—366
庇护　118—121
边界　163
边沁（Bentham）　5；10

宾凯姆斯·胡库(Cornelius Van Bynkemshoek) 6
博丹(Bodin) 2
补偿 319
不承认主义 83
不可抗力 324
不受欢迎的人 158
毗连区 195—196

C

采纳 29
常设国际法院 288
常设仲裁法院 285
惩治海盗 104—108
臭氧层保护全球气候变化 248—249
初步反对 295

D

大陆架划界的"公平原则" 203—204
大陆架划界问题 204—206
大陆架制度 199—203
等距离规则 205
缔结条约 57
缔约能力 55—56
丁韪良(William Matin) 3
对所有人 105
对战争手段和方法的限制 362

F

《凡尔赛和约》 8
东帝汶特别法庭 384—385
对抗式审判 401
法律确信 29
反措施 323—324

反和平罪 393

反人道罪 390—391

防止外空军事化 233—234

防止在外空放置武器、对外空物体使用或威胁使用武力条约草案 231

非国际性武装冲突 374;393

非政府组织 47

G

高级别名人小组 345

割让 167—168

格老(劳)秀斯(Grotius) 2—4;6

个人刑事责任原则 395

公平原则 205

共同但有区别责任原则 244—246

构成说 85—86

官方身份不免责 395—397

管理权行为 127

国籍的丧失 109

国际不法行为 317

国际法编纂 12

国际法的效力 24

国际法辅助渊源 33

国际法能力 38—39

国际法委员会 12

国际法协会 11

国际法研究院 11

国际法与国内法的关系 19—20

国际法渊源 22;26—27

国际法院 287—288

国际法院管辖权 292

国际法院管辖权 305

国际法院强制管辖权 294;296

国际法院咨询意见 306—307

索引　563

国际法主体　40—41;45
国际联盟　12
国际人道法　351
国际条约　26—27
国际习惯　28—30
国际协定　50
国际刑法基本原则　395
国际刑事法院补充性管辖权　388—389
国际组织的法律人格　44—45
国家承认　87
国家的保护责任　279—280
国家的构成要素　86
国家及其财产享有管辖豁免原则　124
国家继承　93
国家领空主权　211
国家领土取得的基本模式　165
国家实践　28
国家责任的免除　322
国有企业的豁免　134

H

《海洋自由论》　186
合并　167
和解争端　286—287
黄岩岛问题　282—283
恢复原状　318
混合型法庭　384
获得律师帮助的权利　399—400
霍布斯(Hobbes)　2

J

基线　189—190
加入　63

甲级战犯 383
柬埔寨特别法庭 386—387
接受 62
禁止反言原则 178—179、184
禁止奴隶制 255
禁止种族灭绝行为 267—269
静止轨道 228
绝对外交特权与豁免 158
绝对主权豁免原则 128
军事目标 366

K

卡罗林原则 342;345
凯尔森（Kelsen） 18
科索沃独立 89—90
可持续发展原则 243—244
可受理性 295
空中五大自由 214

L

李浩培 63
历史性权利 206
联合国大陆架范围界定委员会 201
联合国集体安全体制 339—340
联合国人权理事会 276—277
临时性等距离线 206
领海 194—195
领水 163
领土的取得 166
《领域庇护宣言》 119
卢旺达国际刑事法庭 27

M

马岛之战 169

马尔顿条款 363
马基雅弗利(Machiavelli) 2
麦克马洪线 182—183
美国《外国主权豁免法》 128;140
美国轰炸中国驻南联盟大使馆事件 313;319
美军虐囚事件 353
明示承认 82
莫舍尔(Moser) 6
默示承认 82

N

内水 192
纽伦堡国际军事法庭 382—383;395
纽伦堡审判 395

O

奥本海 (Oppenheim) 12;19

P

派遣国 149
判例法 142
赔偿 318
批准 60—61
平等诉讼权 400
普遍管辖原则 103;107—108
普通法 142

Q

起草 58
签署 59
强行法 326
强行法 77—79
强制性措施 135—136

侵略罪　393—394
情势变迁原则　72—73
区别原则　364—365
群岛水域　193—194

R

二元论　19
人道干涉　340—344
人道军事干预　347—349
人权委员会　274—276
任意法　78
任择条款　293—294
日内瓦公约共同第三条　359—360；369—370
软法　238

S

塞拉利昂特别法庭　385—386
善意履行原则　71
商业交易的判断标准　133
生物多样性　252—254
时效　171
实在法学派　6
史汀生主义　83
使馆档案不得侵犯　147
受保护人员　365
双重犯罪原则　115
死刑不引渡原则　115
诉诸战争权　328
索马里海盗　104—105
属地管辖原则　100—101
属人管辖原则　102

T

谈判　304

特设国际刑事法庭　381—382
条约保留　63—69
条约必须遵守　70—71
条约不约束第三方　74
条约的继承　93
条约的修订　75
条约的终止　76—77
同意　322—323
统治权行为　127
托巴主义　91

V

法泰尔（Vstte）　6—7；28
菲德罗斯（A. Verdross）　18
威斯特伐利亚和会　2；7
维多利亚（Francisco de Vitoria）　5

W

亨利·惠顿（Henry Wheaton）　3
外层空间残骸　232—233
外交保护　111—112
外交代表　148
外交代表的人身安全不得侵犯　153
外交代表的特权与豁免　155—156
外交官员　150
外交机关　157
外空和平利用问题　233—234
外空使用核能源　231
王铁崖　30；185
危害人类罪　391
危急情况　324—325
卫星遥感地球　229
卫星直接电视广播　239—241

慰安妇　253
温策尔(Wenzel)　18
无差别战争　330
无罪推定原则　398—399;400

X

先发制人　343—344
先占原则　169—171
限制豁免原则　127;140
香港基本法的解释　142—144
熊玠教授　8
宣告说　85

Y

严重违反国际人道法行为　372—373
一般法律原则　31—33
一个中国立场　97
一元论　19
引渡　112—113
英国《国家豁免法》　142
有条件的承认　96
有效控制　171
有效控制　91
预防性"自卫"的合法性　341—344
预防性原则　244
远东国际军事法庭　380—383
月球开发制度　226—227

Z

"中间线原则"　203
"中立"原则　365
"转化"　20
《中国领海与毗连区法》　196

《中国外国中央银行财产司法强制措施豁免法》 137
《中华人民共和国缔结条约程序法》 58—59;63
《中华人民共和国民用航空法》 215
《中华人民共和国外交特权与豁免条例》 137
《中华人民共和国引渡法》 114、117
苏世(Richard Zouche) 5
战俘待遇 356—357
战争的行为规则 328
战争罪 392—393
真提利斯(Gentilis) 2;5
征服 171
正常基线 190
正义战争学说 329—330
政府承认 90
政府继承 95
政治犯不引渡原则 115
执行豁免 135—136
执行命令不免责 397—398
直线基线 191
治外法权说 155
中俄边界问题 182
中国《专属经济区和大陆架法》 202
中国的政府继承问题 97—98
中国与和平解决争端 303—304
中国与环境保护 251
种族隔离 260
种族灭绝罪 389
仲裁 283—286
周鲠生 17;96;288
专属经济区 196—198
追究个人刑事责任 376—380
资源开发主权权利原则 242—243
自然法 5

自然法学派　6
自然延伸原则　204—205
自卫权　323;337—338
佐恩（Zorn）　18